中華譯學館

莫言題

中華譯學館立信守与

以中華為根 譯与学并重

弘揚优秀文化 促進中外交流

拓展精神疆域 驱动思想創新

丁酉年冬月許鈞撰 羅衛東書

中華譯學館 · 中华翻译家代表性译文库

许　钧　郭国良／总主编

刘半农 卷

刘云虹／编

ZHEJIANG UNIVERSITY PRESS

浙江大学出版社

总　序

考察中华文化发展与演变的历史,我们会清楚地看到翻译所起到的特殊作用。梁启超在谈及佛经翻译时曾有过一段很深刻的论述:"凡一民族之文化,其容纳性愈富者,其增展力愈强,此定理也。我民族对于外来文化之容纳性,惟佛学输入时代最能发挥。故不惟思想界生莫大之变化,即文学界亦然。"①

今年是五四运动一百周年,以梁启超的这一观点去审视五四运动前后的翻译,我们会有更多的发现。五四运动前后,通过翻译这条开放之路,中国的有识之士得以了解域外的新思潮、新观念,使走出封闭的自我有了可能。在中国,无论是在五四运动这一思想运动中,还是自1978年改革开放以来,翻译活动都显示出了独特的活力。其最重要的意义之一,就在于通过敞开自身,以他者为明镜,进一步解放自己,认识自己,改造自己,丰富自己,恰如周桂笙所言,经由翻译,取人之长,补己之短,收"相互发明之效"②。如果打开视野,以历史发展的眼光,

---

① 梁启超.翻译文学与佛典//罗新璋.翻译论集.北京:商务印书馆,1984:63.
② 陈福康.中国译学理论史稿.上海:上海外语教育出版社,1992:162.

从精神深处去探寻五四运动前后的翻译,我们会看到,翻译不是盲目的,而是在自觉地、不断地拓展思想的疆界。根据目前所掌握的资料,我们发现,在 20 世纪初,中国对社会主义思潮有着持续不断的译介,而这种译介活动,对社会主义学说、马克思主义思想在中国的传播及其与中国实践的结合具有重要的意义。在我看来,从社会主义思想的翻译,到马克思主义的译介,再到结合中国的社会和革命实践之后中国共产党的诞生,这是一条思想疆域的拓展之路,更是一条马克思主义与中国革命相结合的创造之路。

开放的精神与创造的力量,构成了我们认识翻译、理解翻译的两个基点。在这个意义上,我们可以说,中国的翻译史,就是一部中外文化交流、互学互鉴的历史,也是一部中外思想不断拓展、不断创新、不断丰富的历史。而在这一历史进程中,一位位伟大的翻译家,不仅仅以他们精心阐释、用心传译的文本为国人打开异域的世界,引入新思想、新观念,更以他们的开放性与先锋性,在中外思想、文化、文学交流史上立下了一个个具有引领价值的精神坐标。

对于翻译之功,我们都知道季羡林先生有过精辟的论述。确实如他所言,中华文化之所以能永葆青春,"翻译之为用大矣哉"。中国历史上的每一次翻译高潮,都会生发社会、文化、思想之变。佛经翻译,深刻影响了国人的精神生活,丰富了中国的语言,也拓宽了中国的文学创作之路,在这方面,鸠摩罗什、玄奘功不可没。西学东渐,开辟了新的思想之路;五四运动前后的翻译,更是在思想、语言、文学、文化各个层面产生了革命性的影响。严复的翻译之于思想、林纾的翻译之于文学的作用无须赘言,而鲁迅作为新文化运动的旗手,其翻译动机、翻译立场、翻译选择和翻译方法,与其文学主张、文化革新思想别无二致,其翻译起着先锋性的作用,引导着广大民众掌握新语言、接受新思想、表达自己的精神诉求。这条道路,是通向民主的道路,也是人民大众借助掌握的新语言创造新文化、新思想的道路。

回望中国的翻译历史,陈望道的《共产党宣言》的翻译,傅雷的文学翻译,朱生豪的莎士比亚戏剧翻译……一位位伟大的翻译家创造了经典,更创造了永恒的精神价值。基于这样的认识,浙江大学中华译学馆为弘扬翻译精神,促进中外文明互学互鉴,郑重推出"中华译学馆·中华翻译家代表性译文库"。以我之见,向伟大的翻译家致敬的最好方式莫过于(重)读他们的经典译文,而弘扬翻译家精神的最好方式也莫过于对其进行研究,通过他们的代表性译文进入其精神世界。鉴于此,"中华译学馆·中华翻译家代表性译文库"有着明确的追求:展现中华翻译家的经典译文,塑造中华翻译家的精神形象,深化翻译之本质的认识。该文库为开放性文库,入选对象系为中外文化交流做出了杰出贡献的翻译家,每位翻译家独立成卷。每卷的内容主要分三大部分:一为学术性导言,梳理翻译家的翻译历程,聚焦其翻译思想、译事特点与翻译贡献,并扼要说明译文遴选的原则;二为代表性译文选编,篇幅较长的摘选其中的部分译文;三为翻译家的译事年表。

需要说明的是,为了更加真实地再现翻译家的翻译历程和语言的发展轨迹,我们选编代表性译文时会尽可能保持其历史风貌,原本译文中有些字词的书写、词语的搭配、语句的表达,也许与今日的要求不尽相同,但保留原貌更有助于读者了解彼时的文化,对于历史文献的存留也有特殊的意义。相信读者朋友能理解我们的用心,乐于读到兼具历史价值与新时代意义的翻译珍本。

许 钧

2019 年夏于浙江大学紫金港校区

目　录

第二编　戏　剧

第三编　诗　歌

第四编　民　歌

第五编　日　记

导　言

　　鲁迅说："我愿以愤火照出他的战绩,免使一群陷沙鬼将他先前的光荣和死尸一同拖入烂泥的深渊。"①他,就是刘半农(1891—1934),新文化运动先驱,我国著名的现代诗人、文学家、语言学家、翻译家、教育家,以其多方面的卓越成就在中国现代革命史、文学史和语言学史上占据独特而重要的地位。刘半农的名字前应冠以许多个"家",但称其为"杂家"最合适不过。他一生兴趣广泛,研究工作涉及多个领域,如其弟刘北茂所言,"他所参加过的工作和活动而有著述的,择其重要者有下列各项:文学创作和翻译,文艺批评,语音学研究和仪器发明,中国文法研究,民歌收集与研究,方言调查,考古和历史语言研究,乐律及古代音乐史研究,编辑书报、字典以及艺术摄影等等"②。

—③

　　刘半农生于 1891 年 5 月 29 日,江苏江阴人,原名寿彭,后改名复,初

---

①　鲁迅. 忆刘半农君//鲍晶. 刘半农研究资料. 北京:知识产权出版社,2011:300.

②　刘北茂. 纪念长兄半农先生//鲍晶. 刘半农研究资料. 北京:知识产权出版社,2011:49.

③　本节关于刘半农生平的内容主要参考徐瑞岳编著《刘半农年谱》(徐州:中国矿业大学出版社,1989)和鲍晶编《刘半农研究资料》(北京:知识产权出版社,2011)。特此致谢!

字半侬,后改为半农。1907 年,刘半农以江阴考生第一名的优异成绩考入常州府中学堂。1911 年 10 月,常州府中学堂因政局动荡宣告停办,刘半农不得不终止学业。

1912 年春,刘半农赴上海,在开明剧社任文字编辑,编译过剧本《好事多磨》,时而也充当演员。

1913 年,经人介绍,刘半农进入中华书局编辑部工作,任编译员;10 月在上海《时事新报·杂俎》发表百字小说《秋声》,揭露张勋部下镇压二次革命、荼毒地方的罪行,获该栏悬赏第 33 次一等奖。

1917 年 5 月 1 日,刘半农在《新青年》第三卷第三号发表《我之文学改良观》;夏末秋初,他受蔡元培之邀赴京,任北京大学预科国文教员。

1919 年 4 月 21—25 日,刘半农与北京大学代表蔡元培、朱希祖、马裕藻、钱玄同、胡适等一同出席国语统一筹备会成立大会,负责拟定的《国语统一进行方法》议案经大会决议通过;同年,兼任北京高等师范学校本科讲师。

1920 年 1 月,国语统一筹备会召开第二次大会,成立国语辞典委员会,刘半农被推选为委员;3—4 月,受教育部派遣赴欧洲留学,乘船抵达英国伦敦,入伦敦大学的大学院学习;8 月 9 日,在上海《时事新报·学灯》发表《她字问题》,首创"她""牠"二字,作为第三人称女性和无生物代词;9 月 4 日,作歌词《教我如何不想她》,后由赵元任谱曲;同年,入伦敦大学语音实验室工作。

1921 年 6 月,刘半农从英国伦敦转赴法国巴黎,入巴黎大学学习实验语音学,并在法兰西学院听讲。

1922 年初,因实验语音学首创于德国,刘半农选择赴德国柏林继续学习语音学方面的知识。

1923 年,刘半农在巴黎国家图书馆抄录该馆所藏我国敦煌写本中有关文学、语言、历史等方面的珍贵资料,时约半年。

1924 年 3 月,刘半农的专著《四声实验录》由上海群益书社出版,由蔡元培题签封面,吴敬恒、傅斯年作序;12 月 6 日,法国巴黎语言学会召开常委会,经巴黎大学语音学院院长提名,刘半农被推举为该学会会员。

1925年3月17日,刘半农以《汉语字声实验录》与《国语运动略史》两篇论文及自行设计制造的测音仪器"音高推断尺"与"刘氏音鼓甲种"参加法国国家文学博士学位答辩,获得优异评语并被授予法国国家文学博士学位;4月15日,《法国最高文艺学院公报》宣布,《汉语字声实验录》获1925年康士坦丁·伏尔内语言学专奖;6月,刘半农由法国马赛启程回国;9月,刘半农回到北京,任北京大学国文系教授,讲授语音学课程,兼任北京大学研究所国学门导师、中法大学讲师,并积极筹建北京大学语音乐律实验室。

1926年3月18日,"三一八"惨案爆发,刘半农当晚作"敬献于死于是日者之灵"的战斗诗歌《呜呼三月一十八》,表达对牺牲者的悼念之意及对当权者的愤慨之情;4月,其民歌体诗集《瓦釜集》由北京北新书局出版;6月,其作品《扬鞭集》上卷由北京北新书局出版;6月中旬,刘半农应邀担任《世界日报·副刊》主编;7月1日,其主编的《世界日报·副刊》出版;秋,刘半农兼任中法大学文学院中文系主任,讲授中国文法、语音学、法文戏曲,并任图书馆顾问;12月6日,由北京大学评议会议决,刘半农任北京大学聘任委员会委员;同年,兼任北京师范大学本科讲师。

1927年10月1日,刘半农兼任北京中法大学服尔德学院中国文学系主任,教授中国文法、语音学、法文戏曲、中国名著选读等课程;秋,因不满奉系军阀统治和教育部长刘哲的作为,辞去所任国立各校的教职。

1928年4月初,刘半农与马衡同去日本,出席东亚考古学协会举办的学术会议;8月13日,中央研究院第三次院务会议议决,聘请吴稚晖、胡适、陈寅恪、赵元任、顾颉刚、刘复(刘半农)、林语堂为中央研究院历史语言研究所研究员。冬,刘半农和李家瑞合作,着手中国俗曲的研究整理工作。

1929年1月17日,刘半农被选为北平大学北大学院(即北京大学)评议会候补评议员,由评议会议决,任图书委员会委员长、仪器委员会委员;当月,与钱玄同、刘大白等七人被南京国民政府教育部聘为名誉编审;6月

15 日,被聘为北京大学《国学季刊》编委会委员;7 月,应邀兼任北京辅仁大学教务长,赴南京办理辅仁大学董事会立案及恢复辅仁大学名称等事宜;南京国民政府教育部与中华教育文化基金董事会合组国立北平图书馆,设图书馆委员会,刘半农被教育部聘为该委员会委员;9 月,刘半农两次出席北平图书馆委员会会议,被推选为北平图书馆建设委员会委员;11 月 4 日,经北京大学评议会议决,任评议会书记,兼任仪器委员会委员。

1930 年 4 月 28 日,刘半农被南京国民政府教育部任命为国立北平大学女子文理学院院长;5 月 25 日,出席国立北平大学校务会议,继任第五届校务会议主席;5 月 31 日,主持国立北平大学第三十九次校务会议,讨论向教育部催索积欠经费等问题;夏,开始测试故宫收藏的古代乐器的音律;暑期,应北新书局之约,为高中生编写《中国文法讲话》;同年,将 1925 年创制的"音高推断尺"改进为"最简音高推断尺",将"刘氏音鼓甲种"改进为"刘氏音鼓乙种"。

1934 年 6 月 19 日,刘半农率助手离京赴西北一带调查方言,先后抵达包头、呼和浩特、大同、张家口等地;7 月 9 日,因病返京;14 日,入协和医院,被诊断为回归热,14 时 15 分病逝。10 月 14 日,北京大学的各级负责人、教职员、学生代表及北京各界代表共五百余人,在北京大学第二院大礼堂为刘半农举行隆重的追悼会。追悼会由北京大学校长蒋梦麟主持,胡适、钱玄同、魏建功报告其生平与思想。

胡适致哀辞曰:

半农与我相处有二十余年的历史,回忆过去,我等同在北京大学教书时,寓今日第五宿舍之卯斋……今日回忆斯情,不胜留恋。又谓半农先生为人,有一种莫名其妙之"热"处。共作事素极认真,其对于学术之兴趣极广博,故彼卒能成为歌谣收集家,语言学家,音乐专家,俗字编辑家。彼之成功,完全由于一"勤"字,兹有一例可证,当彼在世时,对于音乐最感兴趣,然而喉不能唱,耳不能听,手不善弹,由此可见其天资愚笨,但伊并不因此灰心,终日以机械之方式,来作声音之探讨,结果不但对音乐能以讲通,且发明各种测量声音之器械,由此一点，足以代表半农一生治学之精神。①

钱玄同挽曰：

> 当编辑《新青年》时，全仗带情感的笔锋，推翻那陈腐文章，昏乱思想；曾仿江阴"四句头山歌"，创作活泼清新的《扬鞭》，《瓦釜》。回溯在文学革命旗帜下，勋绩弘多，更于世道有功，是痛诋乩坛，严斥"脸谱"。
>
> 自首建"数人会"后，亲制测语音的仪器，专心于四声实验，方言调查，又纂《宋元以来俗字谱》，打倒烦琐谬误的《字学举隅》。方期对国语运动前途，贡献无量，何图哲人不寿，竟祸起虮虱，命丧庸医。②

二

刘半农一生致力于文学、语言学领域的探索和实践，"在文学革命、新文学创作、语言乐律研究等方面，做了大量的工作"③。1916 年，他积极投身文学革命运动，开始在《新青年》发表《灵霞馆笔记》，逐步与鸳鸯蝴蝶派报刊分道扬镳。对改良文学，刘半农不仅有热情，更有行动的自觉。他在给钱玄同的信中，把文学改良比为"做戏"，称"你，我，独秀，适之，四人，当自认为'台柱'"④。正是在这份责任感与使命感的驱动下，他不计毁誉，身体力行，成为新文化运动中的一员干将。鲁迅对新文化运动的"四台柱"也颇为认同，在《伪自由书·后记》中曾写道：

> 到了五四运动那年，陈独秀在《新青年》上一声号炮，别树一帜，提倡文学革命，胡适之、钱玄同、刘半农等，在后摇旗呐喊。这时中国青年外感外侮的压迫，内受政治的刺激，失望与烦闷，为了要求光明

---

① 朱洪. 刘半农传. 北京：东方出版社,2007:267.
② 朱洪. 刘半农传. 北京：东方出版社,2007:268.
③ 鲍晶. 刘半农研究资料. 北京：知识产权出版社,2011:3.
④ 朱洪. 刘半农传. 北京：东方出版社,2007:35.

的出路,各种新思潮,遂受青年热烈的拥护,使文学革命建了伟大的成功。①

1917年5月、7月,刘半农接连在《新青年》发表了《我之文学改良观》与《诗与小说精神上之革新》两篇重要文章,极力赞成胡适提倡的文学改良之议,并为文学革命提出许多可贵的新见解,如:打破崇拜旧时文体的迷信,将古人作文的死格式推翻,脱离老文学的窠臼而建立新文学;破坏旧韵,重造新韵;增多诗体,将诗的精神从诗律的束缚中解放出来;等等。1918年,为推动文学革命的发展,刘半农与钱玄同合作完成著名的“双簧信”,由钱玄同化名王敬轩,归纳了封建文人反对新文学的种种荒谬言论,用文言文写了致《新青年》编者的信,再由刘半农以记者的名义,用白话文写出《复王敬轩书》,针锋相对地予以驳斥。谈及“双簧信”的影响,朱湘所言颇具代表性:“是刘半农的那封《复王敬轩书》,把我完全赢到新文学这方面来了。现在回想起来,刘氏与王氏还不也是有些意气用事;不过刘氏说来,道理更为多些,笔端更为带有情感,所以,有许多的人,连我在内,便被他说服了。将来有人要编新文学史,这封刘答王信的价值,我想,一定是很大。”②

刘半农的重要成就体现在新诗创作方面,代表性诗集有1926年出版的《瓦釜集》和《扬鞭集》。正如沈从文所言,“在新文学新方向上,刘先生除曾经贡献给年青人以若干诚实而切要的意见外,还在一种勇敢实验中,写了许多新诗”③。我们知道,五四运动的精神内核在于革新,“在那个时期,对‘新’的追求有着革命性的意义,《新青年》的根本立场,更是出自于‘新’:反对旧道德,提倡新道德;反对文言,提倡白话;反对旧文学,提倡新

---

① 朱洪. 刘半农传. 北京:东方出版社,2007:223.
② 朱湘. “双簧信”的影响//鲍晶. 刘半农研究资料. 北京:知识产权出版社,2011:307.
③ 沈从文. 论刘半农的《扬鞭集》//鲍晶. 刘半农研究资料. 北京:知识产权出版社,2011:245.

文学"①。作为新文化运动的倡导者之一,刘半农在新诗创作上以"拓荒者的姿态"②积极探索,在诗的内容和形式两方面都力求新颖——不仅诗要有新的思想内容,并且在形式和语言运用上也始终追求创新。在《扬鞭集》中,他将民歌、古典诗歌和外国诗歌的各种形式融合在创作中,进行了多方面新的尝试。其"幻想之丰富,用笔之灵活,格式之新奇"③,在现代新诗中堪称出类拔萃。《瓦釜集》收录的是刘半农用江阴方言,依据江阴最普通的民歌之一"四句头山歌"的声调所创作的诗歌。对为何要用江阴方言和江阴民歌的声调写诗,他在《〈瓦釜集〉代自叙》中明确表示:"我们做文做诗,我们所摆脱不了,而且是能于运用到最高等最真挚的一步的,便是我们抱在我们母亲膝上时所学的语言:同时能使我们受最深切的感动,觉得比一切别种语言分外的亲密有味的,也就是这种我们的母亲说过的语言。"④这在某种程度上正彰显出刘半农对诗歌创作及新文学的立场,应和了他在《我之文学改良观》中所提的文学应表现自我的真情实感这一主张。

刘半农对于文学革新的追求,与他率真的性情和文艺上求"真"的目标息息相关。对于文学的精神与价值,他有明确而精辟的见解:"文学为有精神之物,其精神即发生于作者脑海之中。故必须作者能运用其精神,使自己之意识、情感、怀抱,一一藏纳于文中。而后所为之文,始有真正之价值,始能稳立于文学界中而不摇。否则精神既失,措辞虽工,亦不过说

---

① 许钧. 翻译精神与五四运动——试论翻译之于五四运动的意义. 中国翻译,2019(3):5-6.
② 刘北茂. 纪念长兄半农先生//鲍晶. 刘半农研究资料. 北京:知识产权出版社,2011:48.
③ 苏雪林.《扬鞭集》读后感//鲍晶. 刘半农研究资料. 北京:知识产权出版社,2011:256.
④ 刘半农.《瓦釜集》代自叙//鲍晶. 刘半农研究资料. 北京:知识产权出版社,2011:158.

上一大番空话,实未曾做得半句文章也。"①也就是说,文学的真正价值在于展现作者真实的思想与情感,任何矫揉造作或空洞无物的表达都有悖于文学的求真精神,也就不是文学应有的姿态。因此,他指出"文章是代表语言的,语言是代表个人的思想情感的,所以要做文章,就该赤裸裸的把个人的思想情感传达出来:我是怎样一个人,在文章里就还他是怎样一个人,所谓'以手写日',所谓'心手相应',实在是做文章的第一个条件"②。而他正是一个性情率真之人,对自然界的景物、对文艺都有自己的"偏见"。关于自然界的景物,他写道:"我爱看的是真山真水,无论是江南的绿畴烟雨,是燕北的古道荒村,在我看来是一样的美,只是色彩不同罢了。至于假山假水,无论做得如何工致,我看了总觉不过尔尔。"③关于文艺,他直言:"我的偏见简单说来,是爱阔大,不爱纤细;爱朴实,不爱雕琢;爱爽快,不爱腻滞;爱隽趣的风神,不爱笨头笨脑的死做。"④在《诗与小说精神上之革新》一文中,刘半农强调文学的真实性,批判无病呻吟、背离现实的虚假诗文,明确提出"做诗"的本意就在于"将思想中最真的一点,用自然音响节奏写将出来"⑤。

在语言学方面,刘半农同样孜孜以求,并有很深的造诣。留学期间,他辗转英国伦敦大学、法国巴黎大学和德国柏林,专攻实验语音学。1924年出版的《四声实验录》,是一部运用近代实验语音学的仪器和方法研究汉语四声的重要学术专著。该书指出:"声音的要素在于强弱、音质、长

---

① 刘半农.我之文学改良观//鲍晶.刘半农研究资料.北京:知识产权出版社,2011:91.

② 刘半农.《半农杂文》自序//鲍晶.刘半农研究资料.北京:知识产权出版社,2011:212.

③ 刘半农.《国外民歌译》自序//鲍晶.刘半农研究资料.北京:知识产权出版社,2011:183.

④ 刘半农.《国外民歌译》自序//鲍晶.刘半农研究资料.北京:知识产权出版社,2011:182.

⑤ 刘半农.诗与小说精神上之革新//鲍晶.刘半农研究资料.北京:知识产权出版社,2011:100.

短、高低,但汉语的四声与强弱绝不相干,与音质、长短有某种关系,但不起决定作用;决定四声的主要因素是高低。但这种高低是复合的,不是简单的,两音之间的移动是滑动的,不是跳跃的。"①书中还记录了北京、南京、武昌等十二地方言的声调实验结果,厘清了汉语调类和调值的关系。《四声实验录》的出版破除了"一千五百年间在四声解释上的层层疑云,给了四声以科学的说明,在我国音韵学史上具有划时代的意义"②。此外,刘半农1925年在法国提交博士论文答辩的《汉语字声实验录》荣获法国康士坦丁·伏尔内语言学专奖。

三

在刘半农涉足的诸多领域的研究与实践中,文学翻译是重要而有特别意义的一项活动。刘半农的翻译生涯可追溯至20世纪10年代初:辛亥革命后,他曾北走清江,"在革命新军中担任文牍和翻译工作"③;在上海开明剧社任文字编辑期间,曾编译过剧本《好事多磨》。1912年,经徐半梅推荐,刘半农在《时事新报》和《小说界》发表了两篇译文,这可以说标志着他持续近一生的翻译事业的肇始。刘半农的译作涉及小说、戏剧、诗歌、民歌等多种文学体裁,被认为是最早将高尔基、狄更斯、托尔斯泰、安徒生作品翻译成中文的译者,也是首批译介外国散文诗的作家之一。他于1914年翻译发表了英国狄更斯的《伦敦之质肆》、俄国托尔斯泰的《此何故耶》,以及丹麦安徒生的《洋迷小影》(根据安徒生的《皇帝之新衣》改写);1915年翻译了俄国屠格涅夫的散文诗及美国欧文的《暮寺钟声》,由于转译及散文诗叙事性强等,他将屠格涅夫的《乞食之兄》等四首散文诗作为短篇小说介绍给中国读者;1916年译出了俄国高尔基的《二十六人》、美国霍桑的《塾师》;1918年将美国欧·亨利的《最后之一叶》译为中文,同时翻

---

① 徐瑞岳. 刘半农年谱. 徐州:中国矿业大学出版社,1989:91.

② 徐瑞岳. 刘半农年谱. 徐州:中国矿业大学出版社,1989:91-92.

③ 鲍晶. 刘半农研究资料. 北京:知识产权出版社,2011:54.

译了印度泰戈尔的《恶邮差》《著作资格》《海滨五首》《同情二首》等诗作。同年,刘半农翻译了屠格涅夫的《狗》和《访员》并发表在《新青年》上。其出版的译著主要有《欧陆纵横秘史》(1915)、《乾隆英使觐见记》(1916)、《茶花女》(1926)、《国外民歌译》(1927)、《法国短篇小说集》(1927)、《苏莱曼东游记》(1937)等。除文学译著外,刘半农还译有学术著作《比较语音学概要》(1930)。

　　刘半农不仅翻译数量可观,对原著的选择有独到眼光,而且他的文学翻译观与文学创作观一样,彰显出革新与求真的鲜明特征。革新是五四时期具有革命性意义的追求,五四运动所选择的求"新"途径在于与旧思想、旧道德决裂,在于向域外寻求新的思想和道德,"这样一来,翻译便成了必经之路"①,必然在语言、文学、文化等多个层面肩负起创新的使命。就翻译而言,革新与求"真"密切相连,若没有不断寻求翻译之"真"的精神,翻译就无法成为一种革命力量,甚至可能沦为保守势力的同谋共犯。显然,晚清文人所提倡的"旧瓶装新酒"式的翻译方法及其背后的文化立场,都无法满足那个时代的革命需求。因此,刘半农积极投身翻译活动,希望通过翻译推动对文学与文化之"新"的追求。他提倡选译文学价值高的外国作品,坚决反对林纾式的"豪杰译",主张在翻译中应尽可能保留原文的意义和神韵。著名的"双簧信"所涉及的一个主要译学问题便是"用笔措词",即翻译方法的问题。"王敬轩"在致《新青年》的信中写道:

　　　　林先生为当代文豪。善能以唐代小说之神韵。迻译外洋小说。所叙者皆西人之事也。而用笔措词。全是国文风度。使阅者几忘其为西事。是岂寻常文人所能企及。而贵报乃以不通相诋。是真出人意外。以某观之。若贵报四卷一号中周君所译陀思之小说。则真可当不通二字之批评。某不能西文。未知陀思原文如何。若原文亦是如此不通。则其书本不足译。必欲译之。亦当达以通顺之国文。乌

① 许钧. 翻译精神与五四运动——试论翻译之于五四运动的意义. 中国翻译,2019 (3):6.

可一遵原文逐译。致令断断续续。文气不贯。无从讽诵乎。噫。贵报休矣。林先生渊懿之古文。则目为不通。周君謇涩之译笔。则为之登载。真所谓弃周鼎而宝康瓠者矣。林先生所译小说。无虑百种。不特译笔雅健。即所定书名。亦往往斟酌尽善尽美。如云吟边燕语。云香钩情眼。此可谓有句皆香。无字不艳。香钩情眼之名。若依贵报所主张。殆必改为革履情眼而后可。试问尚复求何说话。①

对信中的种种谬论，刘半农从翻译选材、翻译方法和译文风格等方面逐一予以驳斥：

> 林先生所译的小说，若以看"闲书"的眼光去看他，亦尚在不必攻击之列……若要用文学的眼光去评论他，那就要说句老实话：便是林先生的著作，由"无虑百种"进而为"无虑千种"，还是半点儿文学的意味也没有！何以呢？因为他所译的书：——第一是原稿选择得不精，往往把外国极没有价值的著作，也译了出来……第二是谬误太多：把译本和原本对照，删的删，改的改，"精神全失，面目皆非"……第三层是林先生之所以能成其为"当代文豪"，先生之所以崇拜林先生，都因为他"能以唐代小说之神韵，逐译外洋小说"；不知这件事，实在是林先生最大的病根……当知译书与著书不同，著书以本身为主体，译书应以原本为主体；所以译书的文笔，只能把本国文字去凑就外国文，决不能把外国文字的意义神韵硬改了来凑就本国文。②

他还以鸠摩罗什的《金刚经》和玄奘的《心经》为例，对实事求是的翻译方法大加赞许，认为在"我国古代译学史上最有名的两部著作"中，译者

> 本身生在古代，若要在译文中用些晋唐文笔，眼前风光，俯拾皆是，岂不比林先生仿造二千年以前的古董，容易得许多，然而他们只是实事

---

① 王敬轩君来信//鲍晶. 刘半农研究资料. 北京：知识产权出版社,2011:130.
② 刘半农. 复王敬轩书//鲍晶. 刘半农研究资料. 北京：知识产权出版社,2011：120.

求是,用极曲折极缜密的笔墨,把原文精义达出,既没有自己增损原义一字,也始终没有把冬烘先生的臭调子打到《经》里去;所以直到现在,凡是读这两部《经》的,心目中总觉这种文章是西域来的文章,决不是"先生不知何许人也"的晋文,也决不是"龙嘘气成云"的唐文;此种输入外国文学使中国文学界中别辟一个新境界的能力,岂一般"没世穷年,不免为陋儒"的人所能梦见![①]

尽管刘半农的回复中对林纾翻译的评价难免有值得商榷的地方,但他对拟译文本选择、翻译方法与原文风格再现等方面的关注,以及他就这些翻译根本性问题所阐发的富有洞见的观点,无疑在理论与实践两个层面都体现出重要价值。"使中国文学界中别辟一个新境界",正是出于这一明确的革新诉求。刘半农对翻译活动的认识不仅鲜明地代表了《新青年》派的进步翻译见解,而且在中国译论史上也理应成为值得重视的一部分。

在 1927 年《语丝》第 139 期发表的《关于译诗的一点意见》中,刘半农更为明确地提出其直译观,表示"我们的基本方法,自然是直译"。就此,他进一步指出:

> 因是直译,所以我们不但要译出它的意思,还要尽力的把原文中的语言的方式保留着;又因直译(Literal translation)并不就是字译(Transliteration),所以一方面还要顾着译文中能否文从字顺,能否合于语言的自然。在这双方挤夹中,当然不免要有牺牲的地方。但在普通应用的文字里,可包含的只是意义(很粗略的说);而所以表示这意义的,只是语言的方式:此外没有什么。到了文艺作品里,就发生一个重要问题:情感。感情之于文艺,其位置不下于(有时竟超过)意义,我们万不能忽视它。但感情上种种不同的变化,是人类所共有的;而语言的方式,却是各不相同的……因此在甲种语中,用什么方

---

① 刘半农. 复王敬轩书//鲍晶. 刘半农研究资料. 北京:知识产权出版社,2011:121.

式或用什么些字所表示的某种情感,换到乙种语言里,如能照它直译固然很好,如其不能,便把它的方式改换,或增损,或变改些字,也未尝不可;因为在这等"二者不可得兼"之处,我们斟酌轻重:苟其能达得出它的真实的情感,便在别方面牺牲些,许还补偿得过。[①]

在这一段不长的文字中,他围绕直译进行了相当精彩的论述,并着重分析了情感传达之于文学翻译的重要性,以及翻译中面对"异"如何选择翻译策略与方法等问题。这样的翻译思想不仅在当时的语言变革与思想启蒙中发挥了重要作用,即便在今天看来,仍然具有不可忽视的借鉴意义。

四

本书选取了刘半农的部分重要译作,涉及多种文学体裁、多个国家的文学作品,兼具代表性与可读性。包括《法国短篇小说集》(第一册)、法国著名作家小仲马的剧本《茶花女》、诗歌与民歌各若干篇及英国著名外交家马戛尔尼的日记《乾隆英使觐见记》。

《法国短篇小说集》(第一册)收录伏尔泰、狄德罗、雨果、福楼拜、左拉等法国著名作家的短篇小说共十四篇,包括拉萨尔的《狗约》,那法呋(今译那瓦尔)的《不幸的情人》《小兄弟的罪恶》,服尔德(今译伏尔泰)的《若脑与戈兰》《八巴贝克与法奇呋》,底得啰(今译狄德罗)的《戈姆与尸体》,嚣俄(今译雨果)的《克洛特格欧》,弗洛倍尔(今译福楼拜)的《游地狱记》,阿雷费(今译哈莱维)的《梦》,左拉的《失业》《猫的天堂》《爱情的小蓝外套的故事》,丹梭的《黑珠》,阿雷司(今译阿莱)的《邮电局里的女职员》。

本书所选诗歌取自人民文学出版社 1958 年出版的《刘半农诗选》中的译诗部分,包括爱尔兰柏伦克德的《火焰诗七首》、印度泰戈尔的《海滨五首》、俄国屠格涅夫的《狗》《访员》等,共计四十一首。刘半农十分喜爱

---

① 刘半农.关于译诗的一点意见.语丝,1927(139):363-364.

和欣赏民歌,认为民歌"能用最自然的言词,最自然的声调,把最自然的情感发抒出来"①。1927 年,其所译民歌由北京北新书局以《国外民歌译》为题结集出版。本书所收录的民歌均出自其中,共遴选了来自法国、英国、西班牙、希腊、罗马尼亚、波斯、尼泊尔、中央亚细亚②、小亚细亚、高丽、西印度等国家和地区(以当时的地名为准)的民歌若干首。

刘半农的译作以小说、诗歌、民歌为主,据目前掌握的资料,《茶花女》是其所译的唯一的一部剧本。1926 年 7 月 7 日,刘半农写成《译〈茶花女〉剧本序》,自言对《茶花女》在中国的命运不抱多大希望,因为法国社会"旧尽可以旧,却是有活气的,不是麻木不仁的",而当时的中国社会"却处处是漠不关心,'无可无不可'"③。尽管如此,他仍在心底里期盼能够借翻译促动国人的思考、激发社会的活力,在译本序中恳切地写道:"希望国中能有什么一个两个人,能够欣赏这一出戏的艺术,能够对于剧中人的情事,细细加以思索。国中能有这样的一个两个人没有?要是有,我把这一部书呈献给他。"④

乾隆末年(1793),英国外交家马戛尔尼率领一支由近七百人组成的庞大外交使团访华,成为中西关系史上最具影响力的外交活动之一。《乾隆英使觐见记》系马戛尔尼所著,以日记形式翔实地记录了出使期间他在中国大地的所见所闻所感,不仅对研究中西文化交流史和外交史具有珍贵的史料价值,而且内容丰富,文笔细腻,可读性很强。(需说明的是,该译著 1916 年由上海中华书局首次出版,没有采用新式标点,本书在辑录中主要参考了百花文艺出版社 2010 年出版、南开大学原图书馆馆长李广生教授整理的版本。特此向李广生教授表示衷心感谢!)

---

① 刘半农.《国外民歌译》自序//鲍晶. 刘半农研究资料. 北京:知识产权出版社, 2011:183.
② 现称"中亚细亚"。
③ 刘半农. 译《茶花女》剧本序//鲍晶. 刘半农研究资料. 北京:知识产权出版社, 2011:179.
④ 刘半农. 译《茶花女》剧本序//鲍晶. 刘半农研究资料. 北京:知识产权出版社, 2011:180.

　　随着社会的发展,语言文字的用法也不断发生变化。刘半农所处时代语言文字的许多使用习惯到当代也已经有了不少改变,如"帐"和"账"、"的"和"地"、"惟"和"唯"、"能于"和"能"、"丰度"和"风度"、"决不"和"绝不"、"年青"和"年轻"、"受委曲"和"受委屈"、"考查"和"考察"、"希奇"和"稀奇"、"规订"和"规定"、"原由"和"缘由",等等,因此在刘半农的原译文中有许多在当时并不存在问题而与当今的"规范"要求不尽相符的用词。另外,刘半农翻译时使用的一些剧名、人名和地名等专有名词和现代通行的译法也有较大差异。考虑到原来的表述基本不会对当今读者的阅读理解造成困难,反而有助于读者更贴近那个时期的文化原貌,认识那一段离我们渐行渐远的历史,对于历史文献的存留更有着特殊的意义,所以我们对这些词语和专有名词基本上都保留了原貌。译作中还有一些现在已经很少见甚至并不使用的表述和用法,我们尽力进行了查考,或保留,或做必要的调整(如为了保持上下文统一)、删改(如怀疑是原来的笔误或排印错误)。原作其他诸如表达习惯、语法(尤其是标点)等方面与现代汉语仅存在一些细微的差异,考虑到这些差异并不影响读者对原文的理解,我们就按原样保留,这里就不再赘述了。

　　刘半农一生在文学革命和新文学创作上取得了非凡成就,成就的背后是对思想创新与文学革新的孜孜追求,而这样的追求与他对翻译的认识和对翻译的实践紧密关联。举一个小小的例子,可以说没有翻译,很可能就没有刘半农对"她"字的创制,而没有翻译带来语言的变革,现代汉语的发展也可能难以想象。在《她字问题》中,他这样写道:

　　　　在今后的文字中,我就不敢说这"她"字绝对无用,至少至少,总能在翻译的文字中占到一个地位。姑举一个例:

　　　　她说,"他来了,诚然很好;不过我们总得要等她。"这种语句,在西文中几乎随处皆是,在中国口语中若是留心去听,也不是绝对听不到。若依寒冰君的办法,只用一个"他"字:

　　　　他说,"他来了,诚然很好;不过我们总得要等他。"这究竟可以不可以,我应当尊重寒冰君的判断力。若依胡适之先生的办法,用"那

个女人"代替"她",则为:

　　那个女人说,"他来了,诚然很好;不过我们总得要等那个女人。"

　　意思是对的,不过语气的轻重,文句的巧拙,就有些区别了。①

　　如"中华翻译家代表性文库"总主编许钧在总序中所言,中国的翻译史承载着思想不断拓展、创新与丰富的历史,在这一历史进程中,伟大的翻译家既是参与者,更是推动者,"不仅仅以他们精心阐释、用心传译的文本为国人打开异域的世界,引入新思想、新观念,更以他们的开放性与先锋性,在中外思想、文化、文学交流史上立下了一个个具有引领价值的精神坐标"。刘半农正是这样一位开风气之先、勇于创造的伟大翻译家。

刘云虹

2021 年 2 月于南京

---

① 刘半农. 她字问题//鲍晶. 刘半农研究资料. 北京:知识产权出版社,2011:155-156.

第一编

短篇小说①

---

① 据法国短篇小说集(第一册). 刘半农,译. 北京:北新书局,1927.

狗　约

拉萨尔①

　　现在,如果你喜欢的话,就请你听我说前天发生的一件故事。是一个乡村上的小教士,因为他愚昧,被主教敲诈去了五十金元。

　　这位好教士有一只狗,是他从小养大的。这只狗的本领超过了全教区中的一切狗。它能捞起投在水中的手杖,也能把他主人遗忘在别处的,或者有意搁置在什么地方的帽子衔回家。总而言之,凡是好而聪明的狗所知道的和所做的事,它无一样不精明。因此,它主人爱它爱得发昏了。

　　但是,我也不知道是怎样的一个不小心,也许是受了热或者受了寒,也许是吃了有害的东西,它就大病了,而且死了;它一直就进了好狗们所进的天堂了。而那位好教士又怎么办呢? 正对教堂前面,就是个教中公葬场。当他看着他的狗脱离了这一个世界,他就想:这样一只好而聪明的畜生,该有正式埋葬的权利。于是他就在他门外掘了个坑,把他的狗埋葬在里面,像一个耶教徒一样。

　　我不知道他有没有在坟上竖起白石的碑来,有没有在碑上刻起哀词来,所以在这一件事上,我只能默着了。只是,过了不久的时候,这只有价值的狗的死耗,已传到了邻村各教区中,再从邻村各教区中传到了主教的耳朵里,连它主人用耶教葬礼葬它的流言,也一同传了去。于是主教就发出命令,要传这教士到庭。

---

① Antoine de la Sale,1386—1462,法国作家、教育家。——编者注

教士向传令的律师说:"唉! 我做了什么事主教要传我到庭呢? 我真不知道为什么要传我,我真猜不出我做错了什么事。"

主教差来的人说:"我呢,我也不知道他们为什么要传你,莫非因为你把你的狗,葬到了安葬耶教徒的圣体的地方去了罢。"

"吓! 就为了这件事么?"教士想。

直到现在,他头脑中才觉得他做的事过了一点份了。同时他也在想:这可要预备遭受最恶的恶运了。因为他的主教,是全国中最贪婪的一个;处在主教四周的人,都在找寻了道路输运东西去填塞他的欲壑,这种道路是只有上帝能于辨认得清楚的。

教士知道:要是他给主教下了狱,那一笔罚款一定是很重的。

于是他说:"我的钱总是要用去的了,还不如翻过来用的好。"

于是他就应了传,一直去见主教。主教就在这葬狗的一件事上说起法来,说了大大的一篇法。照他所说,似乎即使那教士否认了上帝,他所犯的罪还可以比葬狗轻些。到说法完了,他就命令把罪犯关到牢狱里去。

教士听得人家要把他关到那石头匣子里去,真吓得不知所措了。他就求他的主——那主教——求他先听他说几句话。这个请求是答应了。

想来你们都知道,在审判的时候,有种种色色的人在旁边:有执行吏,有告发吏,有书记,有代书,有状师,有检查吏,等等——他们都欢欢喜喜的听审这样一件狗葬圣地的案子。

教士只说了很少的几句话替他自己辩护:

"主教,我的主,要是你能知道我那只好狗像我自己一样清楚,你对于我所用的葬礼,就不会觉得奇怪了。因为像它一样的狗,不但以前从不会有过,就是将来也决不会有的。"

于是他就开始赞颂他的狗了:"它活的时候是最聪明的,到死也还是最聪明的。它曾立下了而且执行了一个极好的约①。它知道你的清苦,你

---

① 这个"约"字,原文作"Testament",通常可以翻作"遗嘱"。但"新约""旧约"的"约",原文也是这一个字。在此处,似乎翻作"约"字有趣些。而况所谓"遗嘱",实际也只是"约"的意思。——译者原注

的需要,它把它的五十金元遗赠给你。这一笔钱我现在带来了。"

他打开他的皮包,取出钱来数给主教。主教爷爷很愉悦的收受了这宗遗产,随即对于这只有价值的狗,对于这狗所立的约,对于它主人所用的葬礼,一一加以赞颂,而且证明其为有善意。

二

不幸的情人

那法咏①

在道非内省与柏咯方司省的交界处，住着个少年人，他的天才和所受到的教育，都比他所有财产丰富。他对于一位姑娘有了热烈的爱。这姑娘的名字我不愿意说，因为她的亲族们的门第，都是很高贵的。但是，你可以相信得过：这是一件真确的事。

他因为他自己的门第没有她的高，所以始终没有敢把他的爱情说出口来。而且，他虽然觉得他自己的门第不配和她结婚，他对于她所用的爱，还是纯洁到这样，高贵到这样：他情愿他自己死，决不愿意向她要求些什么，使她的名誉受到连累。所以，他的爱她，只是因为他思想中觉得这个人是可爱罢了；而且，他爱她爱得这样的长久：到临了，她也不免微有所闻了。

她既然看出了他对于她所用的爱是完全建筑于道德上面的，她就不免私心窃喜：以为能于受到这样一个人的爱，真是自己的幸福。因此她对于他，也就殷勤了些。他心中所渴望的，也只要有了这一点就够了，所以他就不禁满心欢喜起来了。

但是妒忌这东西，它是宁静的仇敌，它决不愿意忍受这样一个坦白而甜蜜的交际好好的继续下去。于是，就有了个不知谁何去告诉了她母亲，

---

① Marguerite de Navarre，1492—1549，今译玛格丽特·德·那瓦尔，文艺复兴时期法国贵族，醉心于文化沙龙事业，为艺术家和作家提供大力赞助，对当时的法国及整个欧洲产生了重要影响。——编者注

说他看见这少年不时到你家里来,心上不免有些奇怪;又说外面的议论不很好听,都说令爱的面貌生得好,这少年发了昏了;又说有许多人看见,他们俩往往在一起。

她母亲可是个明白人;她断定那少年的品格是很高尚的,如今为着他到家里来走动走动,就惹出这一套不相干的话来,她听了心上着实生气。但是,这下流而含着恶意的流言,到底是可怕的,所以她不得不请求那少年,暂时停止往来。那少年自问从来不曾有过什么不正当不高贵的态度,所得结果,却是如此,他自然不免分外的伤心。但是,为消弭流言起见,他也只得暂时停止往来,到流言泯灭了的时候为止。

分隔是分隔了,爱情却不因此减淡。一天,他又看见了他的爱人,而且听见她说:她母亲将要把她许配给另一个少年了。据说这少年并不比他自己富;而且,就他想:这样的一个少年决然没有什么别种优胜之处可以娶得她。于是,他就不禁心动了;他请求他的朋友们替他说好话,希望做女儿的人,亦许可以有得选择的权利;她若有得选择的权利,被选的当然是他了。无如那另一个少年的确比他自己富,结果是做母亲的把女儿许给了富的一个。

他,一壁是悲伤着他自己的失败,一壁是悲伤着他的爱人和他同样的不能如愿,他就病了。他的病是没有名目的,只是渐渐的枯萎下去;不久,他那俊秀的脸上,就像套了个死神的假面具,而且还逐点钟逐点钟的灰败下去。他起初是对于他的爱人还念念不忘,照常的到她家里去看她。到后来,他实在起立不得了,只得整天的躺着;但他还不愿意他的爱人知道,恐怕伤了她的心。

于是,他就完全憔悴于失望之中了。他已不能饮,不能食,不能安眠,也不能静养;他已瘦得谁都不能认识了。

有人把这种的情形告诉了他的爱人的母亲。这位太太的心地原是很慈厚的;而且,她对于这少年也很有敬意——要是就着她自己和她女儿的本心说,这一个少年实在比那富的一个好;无如亲族方面决不愿意她把女儿嫁给一个穷人,她也只得违了本心选择了那富的。

她听到了这消息,就带了女儿来看这不幸的少年。那时他已是死的成分多,活的成分少。他已知道末日快到了,忏悔式和通神式都已做过,只是躺着等死,再不希望有什么人来看他了。但是,他看见了他的爱人——他的生命,他的复活——他的精神又恢复了。他坐了起来,向他爱人的母亲说:

"太太,你怎么会来的呢?你怎么会来看我这一只脚已经跨进了坟墓的人,而你,可又是置我于死地的?"

"什么!我们都很爱你,你说我置你于死地,不是怪事么?我请你告诉我,你为什么要说出这样的一句话来?"

"太太,我对于你女儿所用的爱,自始至终只愿自己隐藏着,不愿意说出来。而我的朋友们,却要替我向你求亲。这实在超过了我的愿望了。到求亲失败了,我就陷于绝望的悲哀之中了。我这所谓悲哀,并不是说为了自己的愿望不能满足而悲哀,实际还是为了她,你的女儿:因为我知道再没有别人可以同我一样的爱她,可以同我一样的待她好。她从此失去了一个世界上最好而又最忠实的朋友兼仆人。她这种的损失,使我觉得比我失去了我自己的生命还要伤心,因为我所以要保全我的生命,原是为了她,而且只是为了她。如今我这生命对于她已经全无用处,那么就听它去消失罢;消失了我反觉得要安心些。"

她们母女俩竭力的劝慰他。母亲说:"朋友,你快活些就是了。我现在答应你:要是上帝能恢复你的健康,我女儿一定嫁给你,决不嫁给别人。她现在也在此地,我叫她亲口答应你一声罢了。"

她女儿已经哭得满脸尽是眼泪,听见母亲这么说,就随口答应了。但是他,他知道即使上帝能恢复他的健康,他也未必能得到这一个妻;现在的话,只是安安他的心便了。于是他说:

"要是你这话在三个月之前说了,我就是全法国中最健康最幸运的一个人了。不幸你这救助来得这样的迟,这真叫我非但不能相信,而且即使相信了,也不能认为希望的了。"

她们母女俩竭力的向他反复申说,叫他不要不相信她们的话。他说:

"这件事虽然承你们的情答应了,却已是不能实现的了。但是,既承你们答应了这一件,我却愿意向她要求一件小事;这是件小得许多的事,然而我也从没有敢要求过。"

她们母女俩都向他立誓,说无论他要要求什么,总可以答应得,他尽可以直说。于是他说:

"我恳求你叫她——这已经许给我做妻的一个人——到我怀抱中来,和我拥抱着接个吻。"

他爱人从来不曾有过这习惯,心上很有些不愿意;她母亲——心上料定这少年是活不成的了——却苦苦的劝她答应他。她听了母亲的话,就走到床边,向他说:

"我的朋友,快活些罢,快活些罢,我求你。"

他,这可怜的垂死的人,虽然已经疲弱到了万分了,却立时把他的两支枯瘦的臂膀伸了出来,用他所有的力抱住了她——她,这置他于死地的人——把他冰冷的嘴唇接住了她的,接了好久好久的一会。

最后,他说:"我爱你,我爱你,我对于你的爱情是这样的秾郁,这样的纯洁:虽然我也希望着结婚,而我所愿意得到的,也不过是这样的一吻,此外没有什么了。既然是上帝不愿意使我们有婚姻的联结,我也就安心乐意的叫我的灵魂服从他的意思便了。他是爱,他是完全的慈悲,他知道我对于你的爱情有多么的深挚,多么的纯洁。我求他接受我的灵魂,因为我已经拥抱着了我愿望中的爱人了。"

这样说着,他又尽用了他最后所剩的力量,将她拥抱着。他那疲弱的心,当然不能保持这样热烈的努力,他的精灵就渐渐的消散了:正当他的心花渐渐的往外开放的时候,他的灵魂就脱离了躯壳,回到造物主那里去了。

他断了气之后好一会,他当然没有力量抱住她的了——而她,她对于他的爱情,她对于他的一向隐藏着的爱情,可就在这个时候爆发开来了:她母亲和仆人,费了好多的力才能把这个一恸几绝的未亡人,从死人身上拉了下来。

　　这不幸的少年死了，自然是安葬如仪；在葬仪中最有光荣的一件事，就是他那不幸的爱人的眼泪与恸哭。她到他死后，就把她从前对于他所具有的情愫，老老实实的说出，不再隐藏着，亦许是弥补过失的意思罢。据说后来人家为安慰她的孤寂起见，终于给她配了一个丈夫，不过，她在这一生之中，就再没有过真正快乐的一刻了。

小兄弟的罪恶

那法咏

在奥国马克西米里安皇帝的疆土之内,有一座很有声名的小兄弟①的寺院。在这寺院相近,住着一个绅士。这绅士已给小兄弟们迷惑到这样的地步:他所有的东西,没有一样不施舍给他们,心中以为这样办了,他们因断食及祷告所得到的幸福,他也就可以沾到一点了。

在寺院里众小兄弟的中间,有一个年轻而且伟俊的小兄弟,他把他请做了自己的忏悔师。因此,这小兄弟常常到他家里去,而且,什么事都有绝对的自由,像做主人的一样。

这个小兄弟眼看得这位绅士的夫人面貌既美,风仪又好,整天的胡思乱想,终而至于不饮,不食,失去了一切的自然的理智。一天,他已决计要实行他的计划,他就独自走到绅士的家里来。他一看绅士不在家,就问他夫人:你丈夫那里去了?她说:他到一个产区里去了,要在那里住上两三天;可是,如果你要见他,我马上派个人去找他回来就是了。小兄弟说:这可以不必;说着,只顾来来往往的在屋子里走,好像有什么心事似的。

到他离开了夫人以后,夫人向一个女仆(她只有两个女仆)说:

"你追上去问一问神父,他有没有什么需要,我看他的神气,似乎很不快活。"

---

① 小兄弟(Frères mineurs)是圣方济派教徒(Franciscains)的称呼,亦称为 Cordeliers。——译者原注

那女仆追到了院子里,看见了他,就问他是不是要什么东西。他说:是的;一面说,一面把她拉到了一个角落里,从袖子里抽出一把短剑来,对着她胸口一刺,就把她刺死了。这一件事刚做完,恰巧有一个到远处去收租的男仆,骑着马从外面走进来。他到了院子里,下了马,就走过来向小兄弟行礼;小兄弟把他拥抱在怀中,趁手把短剑向他背上刺去,也刺死了;接着,他把宅门也关闭了。

夫人等了许久,不见女仆回来,心上不免有些疑心:她和小兄弟在一起做什么呢? 她就向另一个女仆说:

"你去看一看,你的同伴为什么还不回来?"

这一个女仆也去了。她一见到小兄弟的面,小兄弟就把她招到身旁,用对付另一个人的手段对付了她。

这时候,他知道屋子里再没有别人了,就走回到夫人处,向她说,他已爱了她好久;又说她到了现在这一刻,非服从他不可。

她,从来也不曾想到他会做这样一类的事,就说:

"神父,要是我不幸而屈服,我相信要判我的罪,要拿着石子掷我的人,第一个就是你。"

"你且到院子里来,"小兄弟说,"看一看我已经做的是什么事。"

这可怜的夫人到了院子里,看见她的两个女仆和一个男仆都死在地上了,吓得动也动不得,话也说不得,像一个偶像一样。那恶汉,心上并不是要占有了她一点钟就完事,所以也并不就马上向她用强暴,只向她说:

"夫人,请你不要害怕,你现在已经在全世界中最爱你的一个人的手里了。"

说着,他脱去他身上所穿的法衣,中间还穿着一身较小的法衣。他把这较小的法衣脱了下来,递给夫人,而且恐吓她:说要是她不肯把这法衣立刻穿上,他就用对付别人的手段对付她。

她在这时候,已经吓得半死半活,只得点了点头答应他,一方面是为着要保全性命,一方面是要借此拖延些时间,心上希望她丈夫亦许能在这个时候回来。当她被小兄弟强迫着解卸头饰的时候,她只顾一点儿一点儿的迟延；到她解卸完了，小兄弟也没有看一看她的头发有多美，就抢上前去把它割了去；接着又强迫着她剥去她自己的衣服，穿上那套小法衣，同时他自己也把法衣穿好了。于是，他带着他已垂涎了好久的这一个小小兄弟在身旁，开了门，飞也似的逃去。

可是上帝对于受委曲的人总是有慈悲心的。他此刻被这位可怜的夫人的眼泪感动了，就发出命令，使她丈夫能于在预定的时间以前把事办完，而且就从小兄弟带着他夫人逃走的一条路上回来。小兄弟看见他从远处迎面而来，就向夫人说：

"现在你丈夫来了。我知道，要是你向他瞧一瞧，他一定要把你从我手里夺了过去。所以，你该在我前面走，而且我不许你向着他回头；要是你向他露出些什么风色来，在他没有能把你抓得到手以前，我的短剑早已插进了你的胸中了。"

一会儿，她丈夫已经走近，而且问他从那里来。

他说："先生，我刚从你家里来。你夫人很好，正等着你回去咧。"

他听了这话，就照常的策着马走了过去。自然也没有能看出他的夫人来。可是他的跟班，往常见了小兄弟的同伴，名叫弗哩阿·约翰的，总要谈几句话，此刻仍旧把他的女主人当作了他，向她招呼。

这可怜的夫人，不敢向丈夫回头，自然也不敢和这跟班答话。可是在两人摩肩而过的时候，这假约翰的面貌，仍旧给跟班看清了。那时夫人虽然没有说什么话，却也斜过眼去看了他一看，眼中充满着眼泪。于是跟班走马向前，向他主人说：

"先生，一点也没有错，那弗哩阿·约翰很像我们的主妇太太。我已经看清他的面貌，他决然不是平常的弗哩阿·约翰。就算是他，他也在苦苦的哭着，因为他把充满眼泪的眼睛看了我一眼。"

他主人却以为他在那里说梦话，完全不当作一回事。

他可还坚持着说，这里面一定出了什么岔子；他要赶回去看一看，请他主人等他一下。他主人答应了他，勒住了马等着。

这边小兄弟听得后面有人赶来，口中叫喊着弗哩阿·约翰的名字，知道事情已经败露了，就回转头来，把手中所握的一根包铁皮的大棍，从旁面向跟班身上猛打；只一打，就把他打坠了马。他乘势扑上身去，抽出短剑来把他刺死了。

那边在远处等着的主人，看见这跟班忽然跌下马去，还以为是马出了毛病，连忙赶过来救助他。到他走近时，小兄弟也照样的送他一大棍，将他打了下马，又照样的举着短剑扑向他身上来。无如这位绅士，是个强有力的人，他趁着小兄弟扑上身时，就迎上去把他一把掰住，掰得他动弹不得，连手里的短剑也坠在地上。夫人在旁边看见了，连忙拾了起来，交给她丈夫；一面又帮着她丈夫，尽力的把小兄弟法衣上的头兜拉着；她丈夫就举起短剑，猛猛的在小兄弟身上刺了几下。

小兄弟到了这一刻，就再也不能为非作歹了，只能承认了他自己的罪恶，哀求饶命。绅士并不要取他的性命，只叫他夫人去找些人，推一辆小车来装押罪犯，到有人来了，夫人就脱去了法衣，穿着贴身的内衣，披着截短的头发，急急的赶回家去。一会儿，绅士和许多帮手，已把捉到的一只豺狼带回家中；后来商量了一下，又把他送到法郎特尔去，请皇帝的官员审问。

在审问的时候，他不但招承了他自己所犯的罪，而且还供出了这样的一件事（这件事供出之后，当有特派委员前往就地调查，证明确实），那就是：在这一座寺院里，还有许许多多的女人，也是用这一个小兄弟所用的手段逼诱进去的；至于这一个小兄弟计划之所以不能成功，那还是全仗着上帝的恩德，因为他永远是照顾着信仰他的人的。

后来，这寺院里所藏匿的女人，以及被教士们偷窃进去因而糟蹋坏了的人，全都放了出来；而那寺院，连同寺院里的教士，也就一块儿焚烧了，算是在这一件可怖的罪恶上，做一个永久的纪念。

在这一件事上，我们可以看得出：世界上最凶恶的事，无过于以卑劣为原则的爱情，而最人道，最可赞美的事，却无过于居留在有德操的人的心里的爱情。

四

若脑与戈兰

服尔德^①

　　欧佛尔尼省的伊所瓦尔镇，是个以办理学校和制造锅釜著名于全世界的地方。在这镇的小学校里，有好多老实朋友看见过若脑和戈兰这两个孩子。若脑的父亲是个极有名的罗马商。戈兰的父亲，却只在镇外种地过活。他家里有四只骡子为种地之用；但到每年年底，他把所得税，所得附加税，补助税，盐税，值"磅"抽"沙"税，人头税，值廿抽一税等等付去了，他就发现他自己并不太富了。

　　就欧佛尔尼省的居民说，这若脑与戈兰，都是生长得很俊美的小孩。他们两人很要好，且而彼此都能玩味这亲爱憨嬉的儿童生活。这种的生活，到人们入世之后，回想起来是很有趣味的。

　　正当将要毕业的时候，就有一个裁缝给若脑送来了一套三色丝绒的衣服，和一件里昂绸做成的异常华丽的坎肩；外面还有一封信，信面上写明是呈给若脑底曷尔的爵爷的。

　　戈兰看见了那衣服，自然是称赞不置，虽然他心里并不羡妒。若脑可两样了：他觉得他现在已经高人一等，见着人总是目空一切——这真叫戈兰有些难受了。

　　自此以后，若脑不再读书了，只是常常对着镜子照，而且把所有的同

---

① 　Voltaire，1694—1778，今译伏尔泰，法国启蒙思想家、哲学家、文学家，启蒙运动公认的领袖和导师，被称为"法兰西思想之父"。——编者注

伴全都不放在眼里。

过了些时,又有一个跟班趁了快邮车到来,再给这若脑底曷尔的侯爵爷送上一封信:这是他父亲老爵爷的分付,要请少爵爷到巴黎去。于是若脑坐上马车,伸出手来和戈兰握别,口边微微的一笑,充满着最高贵的赏脸的神情。

于是戈兰感觉着他自己的低无了;他哭了。

而若脑可就在他的打足了气似的光荣之中走了。

要是读者们喜欢明白得真切,他就该知道这小若脑的父亲若脑先生,已经在他的事业上暴发了横财了。你若要问:为什么人家会发大财? 那可要说:这是人家的运气好。若脑先生是个生长得很漂亮的人,他夫人也生得很漂亮;而且,她还有些风情。当初他们俩,是为着料理一件官司上巴黎去的;到官司打完,人家也就毁了。可是,运气这东西——这能与能夺,要怎么便怎么的东西——不久就把他们介绍给一个军医院的经理的太太认识了。这个军医院的经理,是个极有才干的人;他能于自信一年之内所杀死的兵,比十年之内被大炮所轰死的还要多。

于是,若脑先生得到了经理太太的欢心,若脑太太也得到了经理先生的欢心。不久,若脑先生就参加了经办军医院的事;接着又办理别种的事。到得一件事已能依着水线走了,你尽可以听它自己走去;你完全不消费心,就可以发财。那些站在岸上的不肖东西,看你扯足了满帆向前走,只能瞠目结舌的瞧着;他们不知道你用了什么方法,才能做到这样的一步;有时他们还要冒冒失失的妒忌你,做出小本子的书来反对你——这种的书,你当然是看也不看一看的。

若脑先生的遭遇,就是如此。他在六个月之内,就买了一个侯爵的头衔,他就做了若脑底曷尔的爵爷了。于是,他把他的儿子少爵爷从学校里叫了回来,要使他到巴黎富贵场中来露露面。

戈兰那小孩,永远是天真烂漫的,曾经写过一封信给他的老同学,向他说了些祝贺的话。而这位小侯爵,可连回信也没有。于是戈兰就大大的感觉到痛苦了。

小侯爵初回巴黎时，他父母替他特聘了一位教师先生。这教师先生是个虚有其表的时髦朋友，实际是什么都不懂，什么都不能教。而且，在这教育上，爵爷与爵太太的意见也不一致。爵爷的意思是要儿子学拉丁，爵太太可不愿意。他们俩争持不决，就去请一位著作家来做公判人。这位著作家在当时是很有声名的，因为他的作品能博到一般人的喜爱。

他们请他到家里来吃饭。起头是家主公先向他说：

"先生，你是懂得拉丁的，而且你也在内廷做事……"

"先生，你说我懂得拉丁么，"那位高明朋友说，"我是一个字也不懂；而且，正惟是不懂的好。要是我们不分心于学习外国话，我们说起本国话来，一定可以分外的好。这是件明显的事。你且看一看太太们：她们的精神比男人们的优美可爱；她们写的信，比男人们写的要漂亮到一百倍；她们并没有什么可以超越我们，只是不懂拉丁罢了。"

于是爵太太说："怎么样！难道是我错了不是？我所要的是，我们的儿子能于成功一个有精神的人，能于在社交中占到胜利；便是你，也可以看得出要是他学习了拉丁，他这人就算走错了路丢去了。你说罢，现在演戏是用拉丁语演的么？打起官司来，是用拉丁语诉说的么？男女间做爱，也用得着说拉丁语么？"

爵爷被这种的话说得模糊了，也就认错了。于是乎议决，不要把什么Cicéron，Horace，Virgile等来白费少爵爷的工夫。但是，究竟学些什么呢？无论怎样，总得叫他知道些什么才好。能不能叫他稍稍学习学一点地理呢？

于是教师先生说："这有什么用处？要是爵爷要到他的爵区里去，难道车夫们不认识路？难道他们会走错了？便是说旅行，也用不着随身带什么象限仪；譬如要从巴黎上欧佛尔尼去，也很便当，断然用不着研究什么经度纬度。"

"你的话不差，"爵爷说，"可是，我听见人家说，有一种很好的学问，好像是叫什么天文学的……"

"这可更要不得了!"教师先生说,"难道我们走路,要看了天上的星当作向导么?难道要知道那一天日蚀,就该爵爷自己拼着性命去算么?这只消翻一翻历本就是;历本上边可以查得出各种的节气,可以查得出月亮的年龄,以至于全欧洲各国的公主们的年龄。"

爵太太的意见与教师先生的完全一致,因此少爵爷就快乐得无可言说了。老爵爷可还有点犹豫,他说:

"究竟我这儿子学习些什么好呢?"

那位请来指教他们的著作家说:"只要他是个可爱的人就是。他应当知道的是使人愉乐的方法;知道了这一样,就什么都知道了。这一种艺术,他只须跟着他令堂太太学习就是,也用不着请这个请那个来多费事。"

爵太太听了这份话,就抱住了这位温文尔雅的混沌物接了个吻,说:"先生,你真是一位最博学的体面人了。将来我这儿子的教育,就完全依了你的话做去了。可是,我以为要是他略略知道一点历史,也不见得有什么害处罢。"

"唉!太太,可又有什么好处呢?只是当代的历史,还有点兴趣,有点用处。至于古史,早先就有一位高明的先生说过,无非是相传下来的一套板的神话;近代史呢,可又是一篇糊涂账,要整理也整理不清。其实是,譬如沙勒马尼王创立了法兰西的十二世卿,而他的继任者是个口吃的人一类的事,对于令郎少爵爷能有得半点关系么?"

"这话真说得再好没有了!"教师先生叫着说,"把一堆堆的没用的知识教小孩,只是戕贼小孩的性灵罢了。可是,据我的意思看来,在一切学问中,那最没有道理,最能把所有的天能吃没得干干净净的,要算几何这一科了。这一种荒唐的学问,所讨论的是什么面咧,线咧,点咧,其实是,在自然界中,就没有这么些东西。他们理想中,以为一条直线和一个圆周相切了,中间还可以通得过十万条的曲线,而其实,连一茎草心子也通不过去。所以这几何一科,老实说来,只是一种恶劣的儿戏罢了。"

爵爷和爵太太对于教师先生所说的话虽然未必能够听得太懂,心上却是完全同意的。

于是教师先生接着说："像侯爵爷这样的贵人，决不应当在无用的学问上把脑汁绞干了。如果有一天，他需要一个精通几何的人，把他爵区里的地面画起一张图来，他有的是钱，雇人去测量一下就是了。如果他要考查他先世的德业，直推溯到最渺远的时期，他也只须分付个本笃会的教士去研究一下就是。其余无论何种艺术，都可以照着这样办。总而言之，小爵爷是个有福运的人，他并不是做画师，做乐师，做建筑师，做雕刻师的；他是要用他伟大的精神去提倡艺术，使一切艺术自己发达起来的。与其自己动手去做，总不如站在上面做个保护人的好。所以，侯爵爷只要能于赏鉴，自有美术家来替他做工。有人说：有身分的人（当然，这是说很有钱的人），什么都可以不必学，却什么都可以懂得。这话真说得有理，因为他经验得多了，他就能鉴别他所买的东西是好是坏了。"

于是那位可爱的混沌物又开口了；他说："太太，你的意见真不差，人生的最大的目的，只是要在社会上占到高等的地位；而严格说来，这目的难道是科学所能达到的么？难道我们和朋友谈话，竟可以碰到要谈论几何的时候么？难道有人碰到了个体面人，竟要问他今天出太阳时，是什么一座星跟着太阳同出的么？难道我们吃晚饭的时候，还要讨论那长头发的克洛的翁已经走过了莱因河没有么？"

"那当然是没有的事，"这位风骚自喜，在交际场中已经略有门径的爵太太叫着说，"我们决不该把这些杂碎东西来厄塞我们少爵爷的天能。不过，究竟叫他学些什么呢？我们爵爷说的：年青的贵人学了些什么东西，到有机会时炫耀一下，也很好。我记得听见一位教士说过，有一种最好的学问——名目我可忘记了，只记得写起来是用 B 字起头的，……"

"用 B 字起头的？太太，不是植物学（Botanique）么？"

"不是；他说的不是植物学，是 B 字起头，on 结尾的。"

"哦！我知道了，这是徽章学（Blason）。这实在是一种很高明的学问。可惜，自从车门上绘画徽章的风尚消歇以后，这一种学问也就不算时髦了。在当初，这车门上绘画徽章原是文明国家上等社会中一件极有用处的事。现在是,你要研究也就无从研究起,因为连剃头匠都没有一个没有徽章的了。你知道,事物到了普遍的时候,就自然没有什么身价了。"

这样把各种学问的好坏都考查过了,最后所议决的,是请少爵爷学习跳舞。

全能的自然给与这位少爵爷的天能,不久就一转而为异常的成功:他能唱得一口的好歌。以他那种翩翩的丰度,加之以这种优越的才华,人家看了,都以为是个有最大的希望的少年。他能得到女人们的怜爱;而且,他脑子里也充满了歌,他就一章章的做出来送给女人们。他可以抓到了"酒神"与"爱神"就诌成一章歌,再找到了"日"与"夜"就再诌一章,再找到了"艳"与"惊"就再诌一章。可是,在音节上,他老是安排不妥当:有时是多了些什么,有时又短了些什么。他就花上二十金元一首的重价请人改正,改正以后,就在《文学年报》中发表——他于是乎列名于著作之林,和什么 La Fare,Chaulian,Hamilton Sarrasin,Voiture 等辈一样。

侯爵太太这就相信她自己是个高明的孩子的母亲了。她就请了一次客,把巴黎的高明朋友都请了来,请他们看看她的儿子。她儿子的头脑,早已是完全翻身的了。他已能说得一套漂亮的话,而这种漂亮话是他自己完全不懂的;他一举一动都漂亮,而这种的漂亮是半钱不值的。他父亲眼看得这孩子多才善辩,心上不禁万分懊悔:要是当初叫他学习了拉丁,现在花上些钱,就可以替他在司法界中买一个重要的位置了。他母亲的意见可更高贵些:她正在替他谋一个军务上的差事。而他自己,可又坠进了爱网。爱情的价值,有时比军务上的差事还要贵,所以他所花的钱就很多了。他父母两人所花的钱比他更多:因为他们要在阔人们中间混,自然不得不尽量的挥霍。

有一个年轻的贵族寡妇,住在他们的邻近,因为自己的财产很有限,就把念头转到了这爵爷和爵太太和少爵爷的大宗财产上来。她想把这宗财产安放在一个有保障的地位,使她可以一起占有:其办法,就是她自己和少爵爷结婚。于是,她把他引到她家里去;她听任着她自己给他爱;她使他明了她对于他,并不是个了无情义的人;她一步步的引诱他,迷惑他;她没费什么事,就征服了他。她有时给他些谀颂,有时给他些劝告。同时他又巴结上了他的父母,使他们认她为最要好的一个朋友。于是就有一位邻居的老太太出来议婚。他父母两人听见说起了这种的结合,就好像被光华闪花了眼,连忙欢天喜地的答应:把他们的独子,给与他们最知己的一个朋友做匹配。而就小爵爷说,他所要娶的,是一个爱他,而又为他所爱的女人。于是,凡与这一个家庭有关系的朋友们,都来庆贺他;一方面就预备写订结婚的文件,置办结婚的衣服,编制结婚的歌曲。

一天,正当他坐在他的艳丽的未婚妻的膝上;正当那爱情与隆宠与友谊不住的往他身上灌注;正当他们俩在亲爱活泼的谈话中咀嚼着幸福将要开场时的滋味;正当他们俩商量着如何走向甜蜜的生活的路上去——忽然,他母亲爵太太处的一个跟班,惊惶失措的走了来,说:

"现在的事可是大不相同了!爵爷爵太太屋子里的东西,已被债务公堂里的执行吏搬走了;什么东西都给债主拿去了。听说还要拿人。我现在急急赶来报告你一声,请把工钱付给我罢。"

"让我想一想看,"小爵爷说,"这究竟是什么一回事?为什么要闹出这岔子来呢?"

"你去看一看,"那小寡妇说,"把那班混账东西惩罚一下就是。你快去罢!"

他急忙赶回家里一看,他父亲早已给人拿到牢里去了。仆役们也都已逃走一空;而且,把所有可以抢走的东西,都抢了走了。

屋子里只剩着他母亲一个人,没有人来救助,没有人来安慰,哭得好像浸在眼泪里似的;她此刻所剩有的,只是一大堆的回忆:她回忆着她的财产,回忆着她的美貌,回忆着她的过误,回忆着她的愚昧的挥霍。

他跟着他母亲哭了好一会之后,就向她说:"我们不要绝望。那小寡妇爱我爱到了万分以上,她虽然并不很富,心地却是很慈厚的。这是我相信得过的一个人。我现在就飞奔过去向她说一说,回头来领你同去。"

他回到了他的爱人家里,看见他爱人正和一个生得很俊美的年青军官头靠着头并坐着:

"吓!原来是你若脑底曷尔的爵爷啊!"他的爱人说,"你到这里来有什么事?难道就把母亲丢了不成?你还是回去向她说:她是个苦恼女人,我很愿意帮助她。我这里正用得着一个老妈子,就用了她罢。"

"我的孩子,"那军官说,"我看你相貌生得很不错。要是你愿意到我队上去当个兵,我一定好好的提拔你。"

这就把少爵爷气得头昏心痛了。他又去找到了当初的那位教师先生,把自己的痛苦一一陈说了,问他有什么办法没有。据他的意见,少爵爷可以学学他的样,做个儿童的教师。少爵爷说:

"唉!你叫我教什么东西呢?我是什么都不知道,你也从来没有教过我什么。你就是第一个陷我于不幸的人啊!"

他这样说着,就呜呜的哭起来了。

另有一位高明朋友,正在教师处闲谈,向他说:"做些小说罢。这在巴黎地方,也是一个很好的富源啊。"

从来也没有经过这样的失望的少爵爷,接着又赶去拜会他母亲的忏悔师。这是个极有声名的德阿打派的教士,只有社会上的最高等的妇女才能受到他的指导。他一看见少爵爷,就投身迎上前来,说:

"啊!我的上帝,原来是少爵爷,你的车子呢?令堂侯爵太太好么?"

不幸的少爵爷就把家中所遭的劫运告诉给他听。当他说的时候,那教士的面色,就渐渐的沉着了,就渐渐的冷淡了,就渐渐的庄严了。他说:

"我的孩子,这是上帝要你们如此。有了钱,只是把良心闹坏了。上帝爱怜你的母亲,所以要叫她到乞丐队中去受些苦。"

"是,先生。"

"这实在很好。她将来一定能够得到天堂中的永福。"

"可是,我的父,在没有进天堂的时候,难道就没有什么方法可以在这人世中找到些救助么?"

"再会罢,我的孩子;那边还有一位内廷的贵太太等着我说话咧。"

到了这一刻,少爵爷已经预备着昏晕过去了。他所有的朋友,没一个不用这一类的面目对待他;他在这半天之内所领略到的世情,比这半天以外他一生一世中所领略的更多了。

正当沉浸于绝望的压迫之中的时候,他看见对面来了一辆旧式的马车,像是一种有篷的垃圾车,车幔是用皮做的;车后还有四辆大塌车,都是装得满满的。前面的那车里,坐着个衣服穿得很粗简的少年人,圆圆的脸,活泼泼的神情,呼吸着温和与快乐的气息。他的妻,是个棕黄皮色的小女人,粗粗看去也还漂亮,就坐在他身旁,随着车身一摇一摆的动着。车子并不像花花公子们的轻车走得那么快。坐在车子里的人,尽有功夫把那站在路旁的,动也不动的,被痛苦侵蚀坏的少爵爷,细细的辨认一下。

"啊!上帝!"那少年人说,"我想这是若脑罢。"

少爵爷听见叫这个名字,略略把头向上一抬,马车就立时停住了。

"正是若脑,正是他!"

车上的少年一壁说,一壁一跃而下,抱住了他的老同学。

若脑认得他是戈兰,满脸都给羞惭与眼泪蒙住了。

戈兰说:"你抛弃了我了。虽然你做了阔大爷也很光鲜,我可是永远爱你的。"

若脑又惭愧,又感激,就带哭带说的把家庭里的事变说出了一部分。

"留着其余的到我客店里去说罢,"戈兰说,"来,和我的女人见见面;我们一块儿吃饭去。"

三个人一同徒步走去,叫行李在后面跟着。

"这些累累坠坠的都是些什么? 是你的不是?"

"是;这都是我们夫妻俩的。我们刚从本乡来。我现在在一家殷实的铜铁铺里做掌柜。我这妻,也是个殷实的家具商人的女儿。我们做工做得很勤苦。上帝保佑着我们:我们的景况没有改变过;我们是永远快乐的;我们要帮助我们的朋友若脑。你不要再做侯爵了;所有这世界上的一切伟大光荣,总不如有得一个好朋友的好。你可以同我回到本乡去,让我把谋生的方法教给你,这是并不很难的。我们可以合着伙做事;我们从此快快乐乐的在当初生养我们的一块土上生活着。"

若脑听了这话,真惊异得不知所以然了。他的感觉,一方面是被痛苦与快乐均分,一方面又被亲爱与羞愧均分;他低低的说:

"我所有的漂亮朋友都欺背了我,独有这被我蔑视的戈兰来救我,这是多大的一个教训啊!"

这是戈兰灵魂中的善素,在那幸而还没有被世情所堵塞的若脑的心坎里,种下了一粒善性的种子。

若脑的意思,以为不能就此把父母抛弃了。戈兰说:

"你母亲当然要由我们料理。至于你父亲的事,我也略略懂得一点。他现在虽然还在牢狱里,债主们见他已经一无所有了,也就不见得要怎么样的难为他。这件事也归我去办理就是了。"

果然,他尽他的力,把若脑的父亲从牢狱里救了出来。

于是若脑和他的父母,重新回到本乡;他父母也重新做起原来的买卖来。

后来若脑和戈兰的一个妹子结了婚。这人的性情脾气,也和她哥哥一样好,使若脑非常愉快。

于是乎父若脑,母若脑,子若脑,才知道幸福并不存在于虚荣之中。

五

八巴贝克与法奇吥

服尔德

当先我住在恒河旁边,婆罗门教的旧都,贝那呢斯城里的时候,我心上很想研究一点印度的东西。我于印度话已能勉强听得懂。我听得很多。看呢,那是什么都要看的。我住在我的通信人阿莫哩家里。这是我从来没有见过的一个最正直的人。他的宗教是婆罗门。我们各奉各的教。我们饮的是同样的水,吃的是同样的饭,像两兄弟一样。

一天,我们同到迦拔尼寺里去。我们看见了许多群的"法奇吥"。其中有的是"真其司派",就是默想派。有的是古时的"基莫纳派"的信徒,却是动的,不是静的。大家都知道,他们有一种神圣的语言,是从最古的婆罗门遗传下来的。有一部用这种语言写成的书,他们唤作"三司克哩脱"①。这是全亚洲中最古的一部书,连"生得-阿费司打"②都比它不上。

当我走过一个正在读这一部圣书的法奇吥的面前的时候,他忽然叫将起来:

"妄徒!我正在点数书中的字母,给你这一来就扰乱了。我自信我的灵魂可以进得鹦鹉的身体,现在却只能进兔子的身体了。"

我要安慰他,就给了他一个啰比。

我走了几步,不幸又打了个嚏。这声音早惊动了一位正在入静的法

---

① "三司克哩脱"(Sanskrit)即梵语,是语言名,不是书名。书名应当是《吠陀》(Veda)。这是服尔德弄错了。——译者原注

② "生得-阿费司打"(Zend-Avesta),火妖教的圣书。——译者原注

奇咏,他说:

"啊!我到那里去了?这是多么可怕的堕落啊!我已看不见了我的鼻尖:天光已经消失了。"①

我说:"要是为了我的缘故,使你的眼光看得比鼻尖更远,那么,这一个啰比就算赔偿了你的损失罢。请你再去找你的天光罢。"

我闹了这么些的乱子,随后便走到基莫纳派的众法奇咏的面前。于是有许多人,拿一种做得很精致的小钉来卖给我,说礼敬婆罗门的时候,可以拿来刺在手臂上和大腿上的。我买了一些,预备拿回去钉地毯。又有许多人把身体倒竖着,用手在地上跳舞。又有许多人在走绳索。又有许多人老是只用一只脚跳着走路。又有许多人身上盘了条大铁链。又有许多人背上驮了个粗劣重大的马鞍。又有许多人头上套了一只斗。而他们心中,都自以为这样便是世界上最好的好人了。

我的朋友阿莫哩把我领进一间寮房,去看一个极著名的法奇咏。这人的名字叫作八巴贝克。他全身一丝不挂,像只猰狊。头上盘了条大链子,有六十多磅重。坐的是一张木椅子,上面满钉了钉,一个个的钉尖都刺入他身体里;而人家看去,好像他是舒舒服服的坐在绸缎铺成的软榻上一样。

有许多女人来向他问家事的休咎。从这上面看,可见他的名气真不小。

我的朋友阿莫哩也和他谈了好一会的话。他说:

"父,要是我经过了七个轮回,你说,也就能到得婆罗门的圣土了罢?"

"那不一定。要看你的生活是怎样。"

"我所努力的,"阿莫哩说,"是要做一个良善的国民,做一个良善的父,做一个良善的夫,做一个良善的朋友。我把钱财施舍给穷人。有时也借给富人,却并不取利。我和邻人们往来,永远是和气的。"

"你坐钉不坐?"

———————————

① 服尔德自注:法奇咏欲看天光,即以两眼注视其鼻尖。——译者原注

"那是从来没有，我尊敬的父。"

"我替你可惜：你只能进到第十九天。这真可惜。"

"怎么呢！我的生活是万分诚实的。要是我的命运是这样注定着，我也就很满意的了。只要在这一条朝天进香的程途中，我能把我的责任完成了，而到了最后一步，我又能受到优良的接待，至于十九天或二十天，在我有什么关系呢？难道在这一个世界中做了个诚实的人，接着到了婆罗门的世界中也快快乐乐的过着，还自以为不够么？而且，八巴贝克先生，就你自己说，你盘着链，坐着钉，将来能升到第几天呢？"

"第三十五天。"

"我看你是说笑话罢！说你可以比我升得更高，简直是一种绝端的妄想。在这一个世界里，人家要想好好的做一个人，你把他看作要不得，为什么到了彼一个世界里，你就可以突然的伟大起来呢？而且，你凭着什么可以希望比我受到更好的待遇？你应当知道，我十天之内所施舍的东西，总比十年之内你尊臀上所刺的钉子的价钱更大些。你整天的裸着体，盘着链，坐着钉，对于婆罗门做得好事了；你对于你国家，也就此做得好事了！我的意思，却以为一个人种菜也好，种树也好，他比到你们这些看鼻尖驼鞍子的灵魂过剩的人的全体，至少总要重要到一百倍。"

阿莫哩说完了这些话，随即用温和的话语安慰他，用手抚摩他，向他开导，向他设譬，结果，他居然愿意离开了他的链和钉，由阿莫哩领到家里，做起一个好好的人来。于是就有人替他洗澡，替他在身上抹起香油，替他穿起端端正正的衣服。

他这样过了十五天的很智慧的生活。他自己也承认：这种的生活要比从前愉快到一百倍。但是，他在民众方面的信用，就从此失去了。也再没有妇女们来向他问休咎了。结果，他为恢复名誉计，不得不辞别了阿莫哩，重新回坐到他那钉上去。

六

戈姆与尸体

底得啰①

这是一幕近在眼前的小喜剧,开演的地点就在慈善医院里。

赏佩弗扬勋章的著名割科医生弗哩阿·戈姆,一天,想找一个尸体练练刀法,自己到医院里来问起值院的神父。

神父说:"你来得真巧。那边四十六号里,有一个身材高大的少年人,至多只能再活两点钟的了。"

"两点钟么?"弗哩阿·戈姆说,"这可太快了。我用不着这样快。我今天晚上要到枫丹白露去,至早也得明天晚上七点钟才能回来。"

"那不要紧。你要去只管去,我总尽我的力,想法使他等你一等就是了。"

弗哩阿·戈姆去后,值院神父就分付药剂师给四十六号用上一剂很强的强壮药。这强壮药的功效真大:病人吃了之后,一连安睡了六点钟。

明天早晨,值院神父去看他,见他已经坐了起来了。咳嗽已咳得畅,热已经几乎退清,身上不再觉得有什么压迫,胁肋下也已一点不痛。

他说:"唉! 神父,我不知道你给了我一剂什么药,你竟把我的性命夺了回来了!"

"真的么?"

---

① Denis Diderot,1713—1784,今译德尼·狄德罗,法国启蒙思想家、哲学家、文学家和翻译家,百科全书派的代表之一。——编者注

“怎么不真！要是再给我这样的一剂,我就可以全好了。”

“是。可是弗哩阿·戈姆来了又怎么样呢?”

“你为什么说起弗哩阿·戈姆来?”

“没有什么,没有什么,”值院神父一壁说着,一壁用手摸着自己的下腮,神色之间似乎很奇怪而又很失望。

“神父,”病人说,“我看你神情沮丧,是不是因为我的病好了一点,你心上就不舒服起来了?”

“那不是,那不是！不是这回事。”

话虽这么说,他可是每过一点钟,就到病榻前来看一次,而且向病人问:

“朋友,怎么样? 好一点么?”

“好得多了！ 神父！”

当神父回到他自己房间里去的时候,口中喃喃的说:“要是就这么样下去,这可比替弗哩阿·戈姆看守一个尸体麻烦得多了。”

而不幸事实竟是如此。

晚上,弗哩阿·戈姆一回来,就到医院里来做他的实验工夫。他向值院神父说:“现在好了。那尸体搁在什么地方呢?”

“尸体！ 没有了！”

“没有了！ 这是什么回事?”

“总是你不好。他早已预备着死;为了你,他可改变了心想活了。现在只能罚你等。你为什么要到枫丹白露去? 要是你不去,我决然想不着给他强壮药吃,自然他也决然不会无端的好起,不是你的实验工夫早就可以做成了么?”

“那不要紧,”弗哩阿·戈姆说,“这并不是大不了的失误。我们再等第二个人就是了。”

七

克洛特格欧

嚣　俄①

　　在七八年以前,有一个名字叫作克洛特格欧的苦工,在巴黎生活着。与他同居的,是他所结识的一个女人,和这女人的一个孩子。我现在只是就事记事,至于道德问题,却要留给读者们就一路所经过的事实去鉴别出来。他这人是有能力的,聪明的,而且是有技巧的。他在教育上所受到的待遇极坏,在先天上所受到的待遇却极好。他不能够读书,可能够思想。

　　一年冬天,没有工做了。在他那陋室中,既没有面包,也就拢不起火。男人,女人,孩子,都在饿着,冻着。结果是做男人的出去偷了人家的东西了。我也不知道他偷的是什么,也不知道他是在什么地方偷的。我只知道偷的结果,是使女人与孩子,有了三天的面包与火,使男人有了五年的牢狱生涯。

　　于是这男人就给人押送到克雷尔福去。克雷尔福原是个教堂,但教堂已改做了监狱,教士的寮房已改做了罪犯的卧室,祭台呢,也已改做了枷号罪犯的地方。当我们说到进步这一句话的时候,当然就有许多人能于懂得而且能于实行。瞧,我们所要记的就是这一类的事。

　　且让我们说下去。

---

① 　Victor Hugo,1802—1885,今译维克多·雨果,法国浪漫主义文学的代表作家,19世纪前期积极浪漫主义文学运动的领袖,人道主义的代表人物。——编者注

到了那边之后,晚上,人家把他关在牢房里;白天,就把他带到工场里去做工。我所要指斥的,可并不是这工场。

克洛特格欧,不久还是个诚实的工人,从今以后已成了个贼,可有得一副庄严而且郑重的面容。额角是高高的,虽然年纪还轻,可已起了些绉。在一丛黑发之中,隐隐的包藏着几丝白的。一双和蔼的眼睛,深深的嵌在那生长得很合式的眼眶里。鼻孔是宽大的。下颌是突出的。嘴唇的形态是很高傲的。这是个生得很美的头。我们且看社会要它有什么用处。

他说话的时候很少。说话时也几乎从不装腔作势。好像是他全身中都装满着什么高抗的东西,使他服从,使他的神情富于思想而严重,像是并没有什么苦恼,虽然他早已是苦恼得够了。

在克洛特格欧囚禁的地方,有一个工场监督。这是狱吏的一种。他总管一切。他一方面是个牢头禁子,一方面又是个工主。一方面他可以把你当工人指挥,一方面又可以把你当罪犯威吓。一方面他把做工的器具放在你手里,一方面又把脚镣套在你脚上。就他自己说,却是个随时变化的人。一方面,他很专制,他态度很简峭,只知道服从自己的意思,只知道使用他的威权。另一方面,他有时也可以做得人家的好同伴,也可以受到人家的推崇;他也能愉快,也能谈笑得很有韵致。他是个硬心的人,不是稳健的人。他不但不用理性对人,而且也竟可以不用理性对己。他在家庭中,是个慈父,而且当然还是个贤夫;这可是就职任说,不是就道德说。总而言之,他不是个混蛋,是个坏蛋。他这样的人是不能颤动的,而且是没有弹性的。他全身用无机的分子组织成功。无论是怎样的一个意识去打动他,无论是怎样的一种情感去和他接触,总不能使他发生共鸣作用。他有的是冰冷的愤怒,阴毒的仇恨,无情的奋激。他可以不须烧热就发出火来;他所含的温素是等于零。人家说,这样的人是木头做成的:一端烧得火焰熊熊了,一端还冷着。这人性格中的一条主线——一条对角的斜线——就是强韧。他强韧得发狂,而且自比于拿破仑。这也只是光学上的幻象罢了。世间真有不少的人像这样的自己被自己欺蒙着。他们把强韧看做了意志,而实际可相差得很远。他们真把一支蜡烛看做了一颗星了。当这样的人在什么一件没道理的事上自以为是意志已经固定了,他就昂头走去,经过了一切的荆棘,直走到那件没道理的事的尽头。这样顽愎而没有智慧,只是在愚昧之上再焊接了一段迷妄,而自以为是才具增长了。这样要说到远处去了。就普通说,当我们碰到了一件公众的或私人的祸事临头的时候,若然我们仔细去考究它所遗留下来的灰烬,并审查它前后经过的情形,我们可以说,这里面十分之八九是由于什么个庸愚而固执的人从中盲目胡闹,由于他的自信,由于他的自赞。这种不顾死活的小顽固党,世界上真有得不少,而他们还自以为大有功劳呢。

瞧,这就是克洛特格欧的监狱里的工场监督。这就是社会上把他用作火石,向罪犯身上去敲取火星的。

同样的火石所敲出的火星,有时候也就可以闹成了火警。

克洛特格欧一到克雷尔福,自然就得编起号来,而且指定了一种工作给他做。工场监督也认识了他了,而且承认他是个良好的工人,对待他也还不坏。一天,大约是这位监督心情很好的时候,他看见克洛特格欧容色非常悲苦(因为他老是想着他所称为"妻"的一个女人),就走过来和他说话,一半像是为着高兴,一半像是为着消遣。他告诉克洛特,而且还安慰他:说他那不幸的女人,已去做了公娼了。克洛特冷冷的向他问起他那孩子是怎么着,他可不知道。

到几个月之后,克洛特已经吸惯了监狱里的空气,再也没有什么梦想的了。他这时候的神情,是严重而畅快;这种的神情,原是他天性中所有的。

大约也就在同时,克洛特已变成了全监狱中一切同伴所仰望的一个人。这也是莫名其妙的一件事:非但别人不知道所以然,就连克洛特自己也全不知道,而大家就好像订结了一宗默约一般:大家都同他商量,都听他的话,都赞颂他,都模仿他——模仿就是赞颂的最后一个阶级。

这样能于被天性不肯服从的人的全体所服从,可并不是个平凡中等的光荣。这样的一种境地,克洛特非但没有强求,而且从来就没有梦想到。但究竟为着什么他能得到的呢?这就要说到他的目光了。人的眼睛,就好比是个窗洞。所有在脑海中来来往往的思想,都可以从这窗洞中被人家看出。

你若是把一个有意识的人,放在许许多多没意识的人的中间,到过了相当的时候,那一条不可抵抗的吸引律,就自然而然的发生作用了。那许许多多的蒙昧的脑子,一定像被大地的吸力吸着一般,向着那一个光明的脑子辐凑上去,谦卑而且恭顺。

世界上的人,有的是铁,有的是磁。克洛特就是磁。

这样过了三个月之后,克洛特就变成了全工场中的灵魂,与法律,与秩序;他好比是钟表上的磁面,所有的针都在这磁面上转。有的时候,他自己也不禁怀疑:究竟他做的是罪犯呢?还是帝王呢?实际,他也竟像什么个教王被人囚禁了,而身旁有许多红衣大教主跟随着。

但是,这就引起了一种极自然的,而且影响于全体的反应了。克洛特一壁为囚犯们所爱戴,一壁就为牢头禁子们所仇恨。这也是常有的事。只要是众意之所向,就从没有不遭到嫌憎的。所以,对于奴隶们所用的爱,常使奴主们的恨加倍。

克洛特的食量极大。这是他身体组织上的特别处。他的胃竟要用普通两个人的食料才能勉强装得满。

当先郭打的拉有过这样的一个胃,他自己快乐得发笑了。但是,在于他,做的是公爵,有西班牙国那样的伟大,有五十万头的绵羊的产业,这自然是个可以笑乐的机会。要是换在一个工人身上,就是个特别担负;换在一个罪犯身上,却是个大不幸了。

当克洛特自由的时候,他整天的做工,每天所吃的面包是四磅。现在他做了罪犯,也还是整天的做工,而所得到的面包只有一磅半,再加上四两的肉。这分量是限定的,是无可变更的。所以,他在这克雷尔福监狱里老是饿着。

他饿着就饿着。他从没有向别人说起这份话。他的天性是如此。

一天,克洛特已经吞完了他那一份清苦的食料,正想回去工作,心上以为工作昏了,也就可以把饥饿欺骗过去了。

那时众囚犯们正在欢欢喜喜的吃着。在克洛特身旁,有一个面色灰白,身体瘦弱的年轻罪犯。他那一份食料还没有动。他只是一手握着刀,一手抚摸着面包。他靠着克洛特站着;看他神气,像是有话要说,而又不敢说出。

这样的一个人,这样的一份食料,竟使克洛特怀疑起来了。结果,他就突然的问:

"你要什么?"

"我要你帮帮我的忙。"那年轻的罪犯说,面上似乎很惭愧的。

"帮什么呢?"克洛特问。

"帮我吃这个。我实在吃不了。"

一大滴眼泪从克洛特的高傲的眼眶中滚了下来。他立刻拿起刀来把那份食料分成了两等分,自己取过一份来吃。

"多谢你,"那年轻人说,"要是你愿意的话,我们每天都是这样分着吃便了。"

"你叫什么名字?"克洛特问。

"我叫阿尔班。"

"你犯的是什么案?"

"是窃案。"

"那我也是。"

自此以后,他们俩每到吃饭时,就照样的分着吃。

克洛特的年纪是三十六岁。但是,因为他平时的思想,老是很严重的,看上去好像已是五十来岁的人了。阿尔班呢,实在的年纪虽然是二十岁,人家可当他只有十六七岁,因为他还没有脱得了那呆头呆脑的孩子气。

从此他们两人做了要好的朋友了。他们间的友谊,与其说是兄弟般的,还不如说是父子般的。阿尔班实在够不上算大人,只是个孩子;克洛特可已几乎能算得一个老人了。

他们白天在同一个工场里做工,晚上在同一个屋顶下睡觉,休工时在同一个院子里散步,吃饭时吃的是同一块面包。他们彼此相依为命。他们很快乐。

我们已经说过那工场监督了。这是个罪犯们所仇恨的人。有时候,他眼看得罪犯们要不肯服从了,他就不得不求助于克洛特,因为克洛特是罪犯们所爱戴的。

有好多次,罪犯们无端的起哄,或者是有意要捣乱,工场监督觉得虽然用了官厅的威力还仍旧禁厄不住,就不得不乞灵于克洛特的全无名义的威力。只须克洛特向罪犯们说十句话,其效力就可以抵得到招十个宪兵来弹压。

克洛特在这种的事上,帮过了工场监督好多次的忙,工场监督就不免切齿的恨他了。他做了工场监督,竟要妒忌着一个做窃贼的。他对于克洛特,心底里怀着一种秘密的,热烈的,不能和解的毒恨——这是法定的威权者对于事实的威权者所怀的毒恨,是物质方面的威力对于精神方面的威力所怀的毒恨。

最糟的就是这种的毒恨。

克洛特和阿尔班很要好,他梦也不曾做到工场监督要在这上面出他的花样。

一天早晨,正是守牢房的禁子开了门,把罪犯们两个两个的从牢房里放到工场里去,忽然另外来了一个禁子,要把阿尔班叫走,说这是监督分付的。

克洛特正在阿尔班旁边,就问:"叫你去有什么事?"

"我也不知道。"阿尔班说。

那禁子把阿尔班带走之后，整整的过了一个早半天，就没有看见他回来。到休工的时候，克洛特总以为可以在院子里见到他的，院子里却并没有他。到再回到工场以后，工场里还是没有他。

这一天，就这样的过去了。

到晚上，克洛特被禁子领回到了囚房里，仍是连阿尔班的影子也看不见。这时候的克洛特，真是苦恼得可以了。他平时从不和禁子说话的，现在却不免要向他打听打听：

"阿尔班病了么？"

"没有。"

"那么为什么不见了？"

"唔！"那禁子有样无力的说，"调到那边去监禁了。"

克洛特手中正拿着一支蜡烛。这样一句答语说出之后，烛上的火光也就随同着他的身体微微颤动了。但他又连忙镇静着，问：

"是谁发的命令？"

"是 MD。"

MD 就是工场监督的名字。

第二天也是照样的过去，没有看见阿尔班。

晚上，工作完了的时候，工场监督照例要到工场里来稽查一回。克洛特远远的看见他来了，就连忙把他那顶粗羊毛的帽子脱了下来，把他那件灰色的衣服——就是克雷尔福的囚衣——纽了一纽，因为在监狱中有这样的一种习惯：把衣服纽好了去见上官，总要占便宜些。他手里拿着帽子，走到他做工时所坐的一行板凳的口上，静静站着，专等工场监督到来。到监督走近了，他说：

"先生！"

监督停住了脚，把身体打了半个旋。

"先生，"克洛特接着说，"听说阿尔班已调到那边去监禁了，真的么？"

"是。"

"先生，没有阿尔班，我就不能活。你要知道，这牢狱里的饭食，实在不够我吃。阿尔班在这里的时候，他每天都把面包分一半给我的。"

"那也由得他！"

"先生，有没有什么方法可以把阿尔班调到这边来呢？"

"那做不到。这是已经决定的事。"

"是谁决定的？"

"是我。"

"先生，这就完全靠托在你身上了。这是有关于我的死活的一件事。"

"我决定了的事，从来没有更改过。"

"先生，我有什么对你不起的地方没有？"

"那没有。"

"既然这样，你为什么要把阿尔班调去呢？"

"为的是——"

工场监督把这"为的是"一句话做了解释，随即放开步子，踱到外面去了。

克洛特低着头，并不答辩。

关在牢笼里的苦恼的狮子啊，人家又夺去了你的狗了！

事情虽然是这样，克洛特的近乎病态的食欲，却并不因此就改变了。非但食欲不改，其余一切也完全不改。他从没有向同伴们提起过阿尔班的名字。到休息时，他就独自在院子里散步。只是他饿着。此外什么都没有了。

有些能于深知他的人，却可以看得出他面容上已经有了一层幽暗的凶光，而且一天天的在加厚。此外，他为人可比往常分外的温和了。

有些同伴们愿意分匀出一部分食物来给他吃，他都笑了一笑谢绝了。

自从那天晚上工场监督把"为的是"一句话给他做了解释以后，他天天晚上都要做同样的一件蠢事；以这样一个严重的人而做这样一件蠢事，可真有些奇怪了——

工场监督是每到那时间,就要走到克洛特做工的地方来的。克洛特每见他来了,就抬起头来,定着眼光看着他,随后用一种一半痛苦一半愤恨,听上去一半像祷告一半像威吓的声调,向他说:

"阿尔班呢?"

工场监督装作好像没有听见似的,或者是,只微微耸了一耸肩膀就走远了。

他耸一耸肩膀,这就是他的大错了。因为,在旁人眼中,却早已看得明明白白。他们料到克洛特心中,必定已经决定要做什么一件事了。他们都等得不耐烦,急着要看一看这一方的意志,与彼一方的决断,两下交战的结果如何。

有一次,克洛特向工场监督这样说:

"先生,听着,把我的同伴调回来! 我相信你一定能做这一件好事。请你注意我这句话。"

又有一次,是礼拜日,他坐在院子里的一块石头上,两手捧着头,动也不动的坐了几点钟。一个名叫非也脱的罪犯,走到他面前,笑着向他说:

"克洛特,你在这里捣什么鬼?"

克洛特慢慢的抬起他那郑重的头来,说:

"我在这里裁判一个人。"

最后这一次,是在一千八百三十一年十月二十五日的晚上:

工场监督又来巡查了。克洛特把他那天早上在夹道中拾到的一块表面上掉下的玻璃,锵的一声向地下掷去。工场监督听见了,就问这声音是那里来的。

"没有什么,"克洛特说,"这是我。监督先生,请你把我的同伴调回来罢。"

"做不到。"监督说。

"然而非做到不可。"克洛特用低稳的声音说;接着又把目光向监督的

面上正注着,说:

"请你想一想。今天是十月二十五日,我等到你十一月四日就是了。"

旁边的一个禁子听了这句话,就向监督说:他这样恫吓上官,该把他关到地牢里去才是。

"那用不着,"监督说,带着轻蔑的态度笑了一笑,"这一类的人,应当好好的对他的。"

明天,当众犯人们都在院子里有太阳光的一端嬉戏的时候,克洛特却独自在彼一端走来走去,好像正想着什么心事似的。一个名叫贝尔诺的罪犯走过来,冲着他问:

"克洛特,你在这里做什么梦?"

"我怕的是不久就要有什么祸事临到这位好 MD 的头上罢!"

从十月二十五日到十一月四日,共有九天的工夫,克洛特一天都没有错过:他每天总把他自从没有了阿尔班以后所受到的,而且还在逐天增进的痛苦,用诚挚悲切的态度向监督说。结果,监督有些厌烦了,罚他坐了二十四点钟的地牢,为的是他那请求,太像了一种强者对于弱者的劝告了。

瞧,这就是克洛特所得到的。

十一月四日了。

这一天克洛特醒来的时候,面上就表露着一副很高兴的神情;这种的神情,自从 MD 下了决心把他的朋友调开以后,人家就从没有看见过。

他起了床,就把床脚旁边的一个安放破衣零物的白铁箱子打了开来,似乎要找寻些什么。他从箱子里掏出了一把缝纫用的剪刀。这一把剪刀和一部已经散脱的厄米尔,都是他从前有家的时候的家用东西,也就是他所爱的一个女人——他儿子的母亲——所遗留给他的东西。这两件东西对于他是全无用处的,因为剪刀只有女人要用,书只有识字的人要读。他可是不能缝纫,也识不得字。

当他走过那从前的寮廊——现在已经受了侮辱,涂上白垩,改做了罪犯们的冬季散步处——的时候,他看见一个名叫费啦哩的罪犯,正对着一座栅栏上的粗大的格子瞧着出神,他就走上前去,把手中所握的那把剪刀给他看,而且说:

"今天晚上,我就用这把剪刀来剪断这格子。"

费啦哩不相信他,笑了;克洛特自己也笑了。

这一天早晨,他做工比平时分外认真;他从来没有做得这样的好,这样的快。他做的是一顶草帽,是脱罗亚司地方的一位名叫柏嘈西厄的老实先生预付了钱叫他做的;他好像是要尽着这一个早晨的工夫,把那顶草帽做完了工,去向买主领什么一个奖。

到将近正午的时候,他托言有事,从楼上走下楼去。他自己做工的地方在第一层楼,楼下平地上,就是木工场。他是人人都爱的一个人,所以木工场里的罪犯们也和别处的罪犯一样,都很爱他。可是,他并不常到这木工场里来。现在他一到,只听得一声:

"瞧! 克洛特来了!"

众罪犯就把他团团的围了起来,像是开什么欢迎会的。他溜着眼睛向四面瞧了一瞧,看见并没有什么禁子看守着,就说:

"谁有斧头的借一把给我?"

"有什么用?"

"预备今天晚上砍死那工场监督。"

于是大家就拿出许许多多的斧头来,听他自己拣选。他拣中了一把顶小的,可是很锋利的,把它往裤子里一插,就走出门去了。他并没有要求大众替他守秘密,却没有一个人不替他守秘密。

而且,他们彼此间也不再谈起这一件事。

他们只是各自各的静等着,看有什么结果出来。他们知道这件事是可怕的,径直的,简单的。这里面断没有中途变化的可能。因为克洛特是不能劝阻的,而且是不能告发的。

一点钟以后,他和一个十六岁的年轻罪犯同在散步处,正在劝导他,叫他要好好的学习读书。忽然又有一个拘留犯,名叫费耶脱的,走过来问他:裤子里藏的是什么鬼东西? 他说:

"这是一把斧头,预备今天晚上砍死 MD 的。"

又接着说:

"你可以看得出来么?"

"略略看出一点儿。"费耶脱说。

余下的半天工夫是照常的过去了。到了晚上七点钟,工场的门就关锁了——把做工的囚犯,都关锁在原来做工的场所;关门之后,禁子们就离开工场,而且,好像已经成功习惯的了,要到工场监督来巡查之后才回来。

克洛特格欧也就像其余的罪犯一样,被关在他自己的工场里,和他的同伴们在一起。

于是一幕非常的戏剧,就在这工场里开始了。这并不是一幕没有威严没有恐怖的戏剧;这是自有历史以来同性质的戏剧中的最独特的一幕。

在这工场里,连克洛特在内,共有八十二个贼——就是自从有了司法以后才发明的所谓贼。

一到禁子们出了门,克洛特就立了起来,站在他自己的板凳上,向大众们说:有话要说。大众们就静了。

于是克洛特就提高了嗓子说:

"你们都知道,阿尔班是我的兄弟。这里给我吃的食,不够我吃。即使我把我自己赚到的几个钱也买了面包,也还是不够。阿尔班把他自己的食分给我吃。我爱他,一层是因为他能分食给我吃,二层是因为他也爱我。可是监督 MD,硬把我们俩分开了。我们俩同在一起做工,对于他并没有什么不好;无如他是个坏蛋,他偏要叫我们吃苦。我已经向他要求过,要他把阿尔班调回。不是你们都看见的么,他只是不肯。我限他在十一月四日以前把阿尔班还给我。他因为我说了这句话,就罚我坐地牢。

我呢,我在这几天以内,已经裁判了他,已经判决了他的死刑。今天就是十一月四日。他在两点钟之内就要来巡查了。我预先向你们说明:我要杀死他。你们有什么意见没有?"

大家都不做声。

克洛特就接续着往下说。他这时候好像是个极有口才的人,而这口才之于他,可是十分自然的。他说明他要做的一件事是凶暴的,但他相信这样的事做了也并不错。他从种种方面证明这一句话,使八十一个听他说话的贼都能明了:

他说他现在已到了忍无可忍的地位;

他说人到了走投无路的时候,只有实行个人裁判的一法;

他说就真理上说,他结果了监督的性命,他就不得不把自己的性命去抵偿;但是,他以为为了做一件正当的事而牺牲性命,是很好的;

他说他在这件事上,已经考虑得很成熟的了,而且自从两月以来,就只在这一件事上考虑;

他说他做这一件事,自信并不是由于简单的仇恨;但是,假使是的,他很愿意有人告诉他;

他说他用诚实的态度,把他的理由陈述给公正的,听他讲话的人听;

他说他本此理由,所以要把 MD 杀死;但是,假使有人提出反对的话来,他也愿意听。

他这样说了,只听得有一个人说:在杀死工场监督之前,应当向他下一个最后的警告,看他能不能屈服。

克洛特说:"不差,准是这样办便了。"

这时候,大时钟已敲了八点。工场监督可要到九点才来。

克洛特所提出的一件死刑判决状,现在已由这奇怪的大理院批准了,因此克洛特就照常的高兴起来了。他把他的衣服及衬衣之类——举凡一个做罪犯的人所有的一些不值钱的遗物——全都摊在一张棹子上,把所有和阿尔班最要好的几个罪犯,一个个的叫了来,把东西一样样的分送给他们,直到分完为止。他自己所留的,只是那一把剪刀。

于是,他和全工场中所有的罪犯一一拥吻了一回。有许多人对着他哭,他可对着他们笑了。

在这最后一点钟之内,他和人家谈话,竟有几次谈得如此其恬静,如此其欢欣:据他的同伴们后来说,他们中竟有人暗暗希望着他亦许就此把他的决心改变了。甚至于他还自寻笑乐,把他做顽童时所学到的劣戏重演一回:他呼出他鼻孔中的气,把工场中所点的蜡烛——当然只点了很少的几枝——吹灭了一枝。这是因为他所受的教育不好,所以有时候要把他的恶习惯流露出来,破坏了他天性中原有的庄严。他本是个耍街的野孩子,你要他身上不时时透出些巴黎的阳沟水的臭味来,那是无论如何也做不到的。

他看见一个年青的罪犯,面色灰白着,瞪着两眼向他看着,全身在抖着——这当然是因为即刻就要看见一幕杀人的惨剧,所以吓呆了。

克洛特轻轻的向他说:"少年人,有点儿勇气! 这是一霎那就做完的事。"

他把他的衣服分完了,和同伴们也一个个的都说过"再会"了,一个个的都拉过手了;他看见同伴中也有三三五五,躲到工场的幽暗处去纷纷谈论的,他也一一招呼,一一阻止了;于是他说:大家可以做工了。大家都依从他的话,立时静静的做工。

这一个工场是长方形的。左右两道长墙上,都开了许多的窗;南北两头,各有一个门。做工的桌子,就一行行的放在左右两壁近窗处;工人坐的板凳,与墙壁相接,作直角。在这左右两排的桌凳中间,空出一条长路;路的两端,就是南北两门。这条长路是很直的;平时工场监督来巡查的时候,就循着这条路走。他总是从南门进来,从北门出去。他一壁走,一壁向左右两旁的做工的人略略看看,看过了就出去,并不停留。

这时候克洛特又重新坐到了他自己的板凳上,又重新做起工来,像是

Jacques Clément 在暗杀亨理三世以前又重新祈祷起来一样。

大家静静的等着。时候快要到了。

忽然听见大钟打了一下。克洛特说：

"这是九点缺一刻了。"

他立了起来，悄悄的走过了工场的一部分，走到紧靠南门旁边的，左首第一行桌子的转角处。他的面色仍旧是十分安静而且表示着好意。

打了九点钟了。门开了。监督进来了。

这时候，工场中所有的人都寂静得像雕塑的偶像一样。

监督是和平常一样，是独自一个人进来的。

他进来时，面色是快活的，满意的，威严的。他并没有看见站在门左的，右手藏在裤子里的克洛特。他一进门就匆匆的走过了第一行的桌凳，头是一摇一摇的，嘴里是喃喃的像在说什么话，一壁走，一壁东张张，西望望，始终没有看出环绕着他的全场的人的目光，都注射在一个可怕的意念上。

他忽然发现背后有人跟着他走，心上吃了一惊，就突然的旋过身来。

这跟他走的就是克洛特：他已悄悄的跟他走了一会了。

"你做什么，你？"工场监督说，"你这东西为什么不坐到你位置上去？"

因为人到了此地就不是个人，是只狗，所以人家可以说："你这东西。"

克洛特格欧恭恭敬敬的回答："监督先生，我有话要向你说。"

"要说什么呢？"

"要说阿尔班。"

"还是说这一件事！"

"当然永远是这一件事！"

"这件事啊！"监督一面说，一面回头往前走，"难道你坐了二十四点钟的地牢还不够么？"

克洛特跟着他走，向他说：

"监督先生，把我的同伴还给我罢。"

"做不到！"

"监督先生，"克洛特用一种魔鬼听了也要感动的声音说，"我求你把阿尔班调回来给我罢，你将来可以看得见，我总好好的做工就是了。你是个自由人，有没有朋友，于你没有关系，所以你也不知道有了朋友有什么好处；而我，我所有的只是监狱里的四壁罢了。你可以来，可以去，你是很自由的；而我，我所有的只是阿尔班。把他还了我罢！你也知道，他是分食给我吃的人。这在你一方面，并不费什么事，只须说一声'可以'就是了。在同一个工场里，有一个人叫做克洛特格欧，又另有一个人叫做阿尔班，这样简单而并不复杂的事，对于你有什么关系呢？监督先生，我的好 D 先生，我真正的恳求你，用上天的名义恳求你。"

亦许克洛特从来也没有向一个狱更一连说过这么些的话。到说完了，他就觉得再没有什么话可以说得，只是静等着。而工场监督可仍旧用一种不耐烦的态度对答他：

"做不到！我说做不到！你不用多说。你这人真讨厌！"

监督是很忙的，所以两步改做了一步走。克洛特也照样的跟着。

这时候，他们俩已经走到了近门的地方了。全工场中的八十个贼，都看着他们，听着他们，热切切的守候着。

克洛特轻轻的在监督的手臂上拍了一拍，说：

"可是，至少你也该把为什么要把我饿死的理由告诉我。说罢，你为什么要把我和阿尔班分开？"

"我早已说过了，"监督说，"为的是——"

说着，回转身子，伸出手去开门上的锁插。

克洛特听了这个回答，就向后退了一步。于是在场的八十个偶像，就看见他把他那握着斧头的手，从裤子里抽了出来。这只手举起之后，连工场监督叫也没有能叫得一声，就是接连的往下砍了三斧，而且，说起来也很可怕，这三斧是砍在同一条裂缝里的，结果就把他的脑盖砍开了。当他翻身倒下的时候，克洛特又给他劈面的加上一斧；接着又在他右股上砍一斧。其实，这末后的一斧是没有用的，因为工场监督已经砍死，只是克洛特动了怒，一时收不住手罢了。

于是克洛特抛去了斧头,大声呼唤道:

"现在挨到了另一个人了。"

所谓另一个人,就是他自己。他从坎肩袋中掏出了"他的妻"的那一把剪刀,连旁人还没有梦想着要去阻止他,他就把它向着自己的胸膛直刺。剪刀头是短的,胸膛是深厚的。他乱刺了好久,一连刺了二十多刺,口中高呼着:

"你这判定了死罪的心,我竟找不到你么!"

最后,他跌倒了;他满身都给他自己的血湿透,他昏绝了跌下去,正压覆在旁边的死人身上。

这两人,谁做了谁的牺牲呢?

到克洛特格欧醒来时,他已躺在一张床上,身上有被单盖着,有绷带捆着,而且有人调护着。在他床前的,除看护他的贞姑们之外,还有一位法官。他对于他一面施行检察的任务,一面还很关切的向他问:

"你现在觉得怎么样,好点了么?"

他的血流去了不少;可是,他所迷信为可以结果他自己的性命的那把剪刀,实在没有能履行它的职务:他虽然乱刺了一阵,实际却没有一刺是致命伤。所以他的致命处,并不在于他自己身上所受到的伤,而在于他所给与 MD 的伤。

到了可以调取口供的时候了。人家问他:这克雷尔福监狱里的工场监督是不是你杀死的? 他说:是。再问他为什么。他说:为的是——

可是,在相当的期间以内,他的伤创常有暴烈的变动,因此他发热发得很利害,时时要昏晕过去。

因此,由十一月而十二月,而一月,而二月,所有这四个月的时间,都在调护与预备中过去了。医生与法官,都来环绕着这克洛特献殷勤:医生的目的是要治好他的伤,法官的目的是要送他到断头台上去。

我们说得简短些罢。到了一千八百三十二年三月十六日,克洛特的伤创已经完全好了,已经提到了脱洛阿市的重罪法庭里来听审。看审的人极多:所有全市中能去的人都去了。

克洛特到庭时的态度很好。脸上的胡子是剃得干干净净的,头是科的,身上穿的是克雷尔福监狱里的罪衣,就是用两种灰色布一边儿一半拼做起来的。

检察厅长把本区的刺刀队都调了来,把一座法庭挤塞得满满的,据他向看审的人们说,"这是为了要调集所有的凶犯来做证人,所以要有这样的戒备"。

到了开始审判的时候,可就发现了一个奇怪的困难问题了。所有十一月四日的当场人证,谁都不肯把不利克洛特的话直说出来。主席法官使用了他的临时处分权,要想诱骗他们说,他们只是不肯说;后来还是克洛特命令他们说了,他们才一致答应。他们就把当场目睹的事,照实说了出来。

克洛特对于他们的陈述,都听得很仔细。要是有什么一个人忘去了些什么,或者是,为了爱护克洛特的缘故,省略了些什么,克洛特都给补充完全了。到所有的证人一个个的都问过,我们所记述的一段事实,就完全在法庭上展露了。

有一个时候,听审的女人,都听得哭了起来。

接着是挨到阿尔班来做证人了。执行吏叫了他的名字,他一拖一拖的走上庭来,一面还在哭着。他一见克洛特,就投身到他的怀抱里去,连宪兵们也无从禁止他。克洛特一壁扶住了他,一壁微微笑着,向检察厅长说:

"瞧!这就是把面包分给饿的人吃的一个凶犯啊!"

说着,他在阿尔班手上亲了一个吻。

到所有的证人都已照单审问之后,检察厅长就站了起来,说了这样的一套话:

"诸位陪审员先生:若然公家的刑罚不能达到这种样的大凶大恶的人的身上,社会就免不得要有根本摇动的一天了。……"

　　这样一个可以纪念的演说说过以后,接着是克洛特的辩护人站起来说话。接着是辩护的辩护,反抗的反抗,各自各的挨着次序闹了一阵,像赛马的时候的手续一样,这就是所谓刑庭上的审判手续了。

　　克洛特觉得这种的话都是无关重要的,到轮到他说话时,他就站起来说了。他的话说得这样的好:连在场的知识阶级中人听了,也都异常惊奇。看上去,似乎这可怜的工人并不是个杀人的凶犯,而是个雄辩家。他站在那里说话,他的声音调节得很好,能够清清楚楚的送到人家耳朵里;他的眼光是清澈的,诚恳的,坚定的;他的面容里好像充满了一种的威权,而且始终一致。他把所有的话照直说出,又简明,又严密;无论是怎样的一句话,他说来都能恰合分际;他与刑律第二百九十六条面对着面说话,他把他的头颅交付给这一条刑律。有些时,他表现出他的真正的高等的雄辩才能,使听众们感动,使听众们耳朵里听到之后,还在不住的环回着,还在不住的玩味他话中的意义。

　　有时他停一停,透一口气,他把他的高慢的目光向听众们看一眼,听众们便趁此机会,交头接耳的谈论他。

　　有时候,这一个一字不识的人的态度是温和的,有礼貌的,高尚的,像是个读书人一样;有时候,他是谦恭的,有斟酌的,谨慎小心的,便是在辩论得很纷乱的时候,还是井井有条的说,对于审判官们还表示着好意。

　　他自始至终,只有一次是禁不得动了怒。这是因为检察厅长的演说词中——就是前文说过的那一个演说——有这样的一段话:

　　克洛特格欧把工场监督杀害死了。在杀死之前,并没有经过什么事实,工场监督也并没有什么暴烈的行为。所以,这种的杀害,并不由于对方面的挑激。

　　克洛特听了这话大叫道:

　　"什么! 不由于对方面的挑激? 啊! 是的! 的确! 不错! 我懂了! 要是有什么人喝醉了酒,打了我一拳,我把他杀死了,那么,我的杀人,是由于对方面的挑激,你就可以从宽发落,你只须罚我做些苦工就完了。但是,现在是一个没有喝醉的人,是一个神智清醒的人,他在这四年之中天天的压迫着我的心,他在这四年之中天天的叫我受委曲,他在这四年之中没一天,没一点钟,没一分钟不拿着一只针子对着我心上的没有防御的部分刺!我有一个女人,为了有这女人我才做了贼;而他,他因此就把酷刑加到了我身上,同时也就加到了我女人身上。我有一个孩子,为了有这孩子我才做了贼;而他,他因此就把酷刑加到了我身上,同时也就加到了我孩子身上。我的面包不够吃,我有一个朋友分给我吃;而他,他把我这朋友拆开了,同时也就把我的面包夺去了。我向他要回这朋友,他可罚我坐地牢。我要探察他的意思,同他好好的说话,他可用极坏的脸嘴对付我。我向他诉我的苦,他可说我讨了他的厌。那么,你说我还有什么办法呢?我就杀了他。不差,我是个怪物,我杀了这样的一个人,我并没有受到他的挑激,因此你要砍我的头!砍罢!"

据我们的意思,无形的挑激,还远在于有形的挑激之上,而法律上的挑激,总是有形的说,其余的都得以减等论;因此,所谓道德上的挑激这一个理论,在法律上竟完全遗忘了。

到辩论终结时,主席法官就把他的公正而且光明的结论宣布出来。他这样说:克洛特格欧是个怪物;他的生活是下流的;他起初是和一个公娼姘识了;其次是做贼;其次是杀人。凡此种种,都是真确的。

到陪审员将要退席商量的时候,主席法官向被告问:在这些问题上,你还有什么要说的话没有?

克洛特说:

"也没有什么了。可是,还有这么一点儿。我是个贼,我是个凶手,因为我偷了东西,我杀了人。不过,我为什么要偷?为什么要杀人?陪审诸先生,请把这两个问题和其余的问题一起讨论罢?"

于是,经过了一刻钟的讨论,由那十二个香槟省的乡下人——即所谓陪审诸先生者——议决:处克洛特格欧以死刑。

在开始审判的时候,这里面早已有几个人注意到被告的名字"格欧"这一个字(Gueux,意谓无赖),而且这一个观念,早已深深的印在他们心中了。

克洛特听见判决书已经宣读完了,他心上觉得很满意,说:

"这很好。可是,我这人为什么要做贼?为什么要杀人?这两个问题他们并没有回答啊。"

回到了监狱以后,他畅畅快快的吃了一餐晚饭,而且说:

"三十六年就这样的过去了!"

他不愿意上诉。有一个贞姑,当先替他调理病创的,含着眼泪苦苦的劝他。他为使她满意起见,才答应了。但是,他似乎坚持到了最后一刻才答应的,因为法定的上诉时限只有三天,到他上注册处去在上诉簿上签名的时候,三天的期限已经过去了几分钟了。

那可怜的贞姑满心欢喜,给了他五个法郎。他受了她这钱,而且向她表示感谢。

在上诉期中,脱洛阿监狱里的罪犯,都愿意帮助克洛特,使他设法逃遁,因为他们对于他,没有一个不是心悦诚服的。克洛特却并不愿意逃。

他们找到了一只钉,一段铁丝,一个铁桶的柄,分次从气孔里投到克洛特的地牢里。以克洛特那样聪明的人,这三种东西中只须有得一种,就很可以磨断了镣铐走路了。他可把这三样东西全都交给了禁子。

到了一千八百三十二年六月八日,即肇事以后的七个月零四天,克洛特要断头了,即所谓犯法的要正法了。

这天早晨七点钟,注册吏走进克洛特的地牢,向他说:他只还有一点钟可以活得,因为他的上诉已经驳回了。

克洛特冷冷的说:

"这很好。我这一夜睡得很舒服,明天夜里一定睡得更舒服。"

强硬的人到死要临头的时候还说强硬话,好像是这样说了,就一定可以接受得到什么一种尊荣的。

一会儿,教士到了,接着是刽子手也到了。他对于教士很谦恭,对于刽子手也很和气。他并不吝惜他的灵魂,也不吝惜他的身体。

他还保持着他十分自在的神情。当人家替他剪头发的时候，有人在地牢的一角，谈起目下脱洛阿地方，虎列刺症正是流行着，他就笑了一笑，接上去说：

"什么虎列刺！我是不怕的。"

他对于教士所说的话，听得非常仔细；他说出许多自己谴责自己的话，悔恨当初没有能受到宗教上的训育。

为了他要求的缘故，禁子们把他当初用以自杀的那一把剪刀也交还了他。这把剪刀已经缺少了一个头，就是他自杀时掘断在胸膛里的。他请狱吏替他把这一把剪刀交付给阿尔班，而且说，在这一项遗产之外，他愿意把他当天应吃的一份食料，也一同交付给他。

到他的两手已经捆绑好了，他请捆绑他的人把当初那位贞姑给与他的一个五法郎的银币，放在他的右手里；到了此一刻，他所有的就只是这一样东西了。

到八点缺一刻，他就走出牢门来；所有监押的人，自然和通常执行死刑的时候一样，冷森森的在他前后左右簇拥着。他的面色是白的，目光是注射在教士所拿的十字架上，走路的步子，却还很安稳。

这一天是市集期。官厅中人特地选了这一天行刑，为的是观看的人可以多一点。似乎直到现在，法国还有些半野蛮的地方，每当处决了一个人，社会上便自以为是一件光荣的事。

克洛特默默的走上断头台，目光是始终注射着那耶稣的标帜——那十字架。他愿意先和教士拥吻一回，表示他的感谢；接着再和刽子手拥吻一回，表示他的宥恕。但是，据说那刽子手把他轻轻的一推推开了。

到帮手们把他绑上那狞丑的断头机上去的时候，他把教士招呼到近旁，把右手里所握的一个五法郎的银币给了他，向他说：

"这是给苦人们的。"

这时候，大钟上正打着八点，钟声皇皇，阻盖了他的嗓音，使教士没能听得见他说的是什么。他就只得再候中了钟声的间歇处，用凄苦的声音向教士说：

"这是给苦人们的。"

钟声还没有打到第八下,这一个高贵而且聪明的头颅已经落了下来了。

这刑人于市的效果是大可颂扬的!就在这一天,断头机还矗立在群众的中间,机上的血还没有洗净,市集里的人忽然为了税则上的争论大起哄,几乎把一个收市税的人打死。柔和的民众,你可定下了这样的法律啊!

我们相信这克洛特格欧的故事,应当详详细细的讲述出来,因为就我们的意思说,如果有人要著一部书解决这十九世纪里的重大问题,这一段故事里的无论那一节,都可以用作篇章的标目。

在人生的递变之中,有两个时期是很重要的:第一,在堕落之前;第二,在堕落之后。因为有这两个时期,所以就有两个问题:第一是教育问题,第二是刑罚问题。在这两个问题的中间,就是社会的全体。

这一个人,当然,生养出来的时候是很好的,身体上的组织也是很好的,天赋的才能也是很好的。那么,他缺少的是些什么呢?大家想想罢。

在这上面,就有了一个重大的比例问题,必须设法把它解决了,才能有得世界的平衡。这问题是:社会对于个人所给与的,应当和自然所给与的一样的多。

你就看克洛特格欧罢。他的脑生长得很好,心也生长得很好,这是无须疑惑的。但是,命运把他放到了这样的一个恶劣的社会里去,所以他结果就做了贼;社会把他放到了这样的一个恶劣的牢狱里去,所以他结果就杀了人。

当真谁是凶犯呢?

是他么?

是我们么?

严刻的诘问,刺心的诘问,它在目下这一刻,正向一切有知识的人请愿;它正拉住了我们一切人的衣裾向另一条路上走;它总有一天要把我们现在所走的路完全堵塞住;——因此,我们应当用正眼看它,应当明了它对于我们所要求的是什么。

写这一段文字的人,亦许不久就可以把他自己的见地说出来。

当我们实际碰到了这样的事的时候,或者是当我们梦想着这样的问题发生的时候,我们总不免要揣问:要是政府中人不肯在这些事上用思想,那么,他们所思想的是什么?

上下两议院,年年都是忙得要不得。譬如要裁汰闲员,要减缩预算案——这当然是很重要的。又如要规订了法律,叫我穿起兵的衣服来,跑到我所不认得,而且我也不愿意认得的什么个洛卜伯爵的家里去看门,于以表示我的爱国心——这也是很重要的。或者是,要强迫我到马哩尼校场里去演武,而叫我家隔壁杂粮铺子里的掌柜做了我的上官,叫我听他的命令,承他的意旨——这当然也是很重要的。(原注)我们在这里所攻击的并不是市民所组织的巡查队,因为这是保护道路与住户的安全的,是有用的东西;我们所攻击的,只是无聊的演武,奇怪的装饰,虚妄的荣典,以至于仪式上的山呼等等。这些都是很可笑的事,其作用只是叫做老百姓的也模仿着兵士们的样,胡闹一回便了。

议员也罢,阁员也罢,你们要把这一个国家里的所有的事与所有的意见一起讨论,讨论得精疲力竭,爬动不得,终而至于一场无结果,流产了了结——这也是很重要的。又如,你们把这十九世纪里的艺术,看做了罪大恶极,把它放到了被告的位置上,由你们狂呼乱噪的审它,问它,它本是好好的,它不愿意回答你们,而你们还只是要问——这也是很重要的。你们做立法人员的也好,做行政人员的也好,没事做了要消遣,就开会演讲国故,演讲的结果,只是使乡村里的小学教师耸几耸肩——这也是很值得的。你们要宣布现代戏剧的罪状,说所有一切乱伦,奸秽,弑长,贼幼,虐毒等等,都是它发明的,又说自从有了它,人家连 Phèdre, Jocaste, Oedipe, Médée, Rodogune 等都不知道了——这也是很有用处的。你们全国的政治雄辩家,为了规订预算案,整整的辩论了三大天;你们所赞成的是 Corneille 与 Racine,你们所反对的可不知道是谁;你们利用了这大逞文才的机会,你一句我一句的互相讥刺,互相争竞,把法语中很不堪的话也都说出,直到卫兵们不答应的时候为止——这也是万不可少的。

凡此种种,都是很重要的;可是我们相信,总还能于有得些更重要的事罢。

当议院里为了些鸡零狗碎的事纠缠不清的时候(**这是常有的事;往往为了这样的事,做阁员的要抓起议员的衣领来拼命,做议员的也要抓起阁员的衣领来拼命**),若然忽地有人从议席上或讲台上(**这有什么关系呢?**)站了起来,说出这种严正的话:

"闭你的嘴!无论你是谁,此刻说着话的都得闭嘴!你以为你抓到了一个问题了,实在那里能算得问题呢。"

这个人这样说了,议员们接着往下说的又是些什么问题呢?

让我说罢,这就是问题:在不到一年以前,在 Pamiers 地方,法律用一把木柄的小刀,刮剥了一个男人的皮;在 Dijon 地方,它又砍去了一个女人的头;在巴黎的 Saint-Jacques 城门口,它又执行了许多的莫须有的死刑。

这就是问题。你们研究研究罢。

你们将来有了空,尽可以为了研究禁卫军的衣纽应红应白而打架,或者是为了研究"担保"与"保证"两个名词之孰美孰丑而打架。

执衷派的先生们,极端派的先生们,大多数的民众正在受苦啊!

你说这国家是共和也好,是专制也好,反正民众们总在受苦,这是事实。

民众们饿着,民众们冻着。痛苦把他们推挽着,使他们依着性别之不同,犯罪的犯罪,无耻的无耻。你就可怜可怜这民众罢,监狱在夺取他们的儿子,娼寮在夺取他们的女儿。你们所有的军犯已经太多了,你们所有的娼妓已经太多了。

这两种脓疮所证明的是什么呢?

它所证明的是:在这社会的本体的血液里,有一点毒质存在着。

你们大家都聚集在这病人的床头商量办法,你们就在这病症上研究研究罢。

这一个病症,从前你们把它医治坏了,现在应当研究出一个较好的治法来。你们所订的法律,当你们订定时,就只是个治标的,敷衍门面的下策。你们的一部部的法典,一半是沿用了古老的习惯,一半是根据于所谓经验,却全没有顾到事理。

当初的烙刑,是一种化疮疖为腐溃的炙治法;叫人受这种样的疯狂般的痛楚,其结果只是永远的把罪恶钉牢在,铸牢在罪犯们的身上!只是把罪恶与罪犯结合成功了两个朋友,两个同伴,两个不可分解的东西!

充军是一种荒谬绝伦的发散法;它可以把它所提出的坏血一起吸收完,同时还可以把原来的血化得更坏。至于死刑,那是一种野蛮的割治法。

烙刑与充军与死刑,这是三种互相连结的东西。你们既然把烙刑废止了,若然你们懂得逻辑,就把其余的也废止了罢。

烙铁与铁球与刀,相合了才能成功一个三段论法。(法国当年的军犯,身上要挂一条两米突半长的铁链,链端有一个八磅重的铁球。这恶例是直到一八五七年才废止的。)

现在你把烙铁拿走了,余下的铁球与刀,也就没有什么意思了。Farinace 是个残酷的人,可并不是个胡涂蛋。

你给我把这古老而且残跛的罪与罚间的处分法拆毁了,重新改造起来。你给我改造你的刑律,改造你的法典,改造你的监狱,改造你的法官。你给我依据了人民的风习,把法律重新编订起来。

先生们,在法国国境之内,每年所杀的头太多了。你们既然要讲经济,就在这上面经济些罢。

你们既然有兴致要裁撤这样,裁撤那样,就把你的刽子手也裁撤了罢。你那八十个刽子手的饷,可以做得六百个小学教师的俸。

想想大多数的民众罢。想想孩子们的学校与大人们的工场罢。

在欧洲各国之内,不识字的人以法国为最多,你知道么?瑞典人识得字,比国人识得字,丹麦人识得字,希腊人与爱尔兰人也识得字,而你法国人不识得,呸!这不丢尽了你的脸?

你到囚徒流戍所去看看。你把那些罚做苦工的罪犯们一起叫了来。你把他们这些被人类的法律判定了罪的人一个一个的用心考查一下。你测算一下他们的侧面的倾斜度,你摸一摸他们的脑盖。你就此可以看得出:他们这些堕落的人,在原有的人相之下,已经各各有了一种的兽相,好像他们已经处于人类与某种或某种兽类的交切点:这一个有些像山猫,那一个有些像猫,那一个又有些像猢狲,那一个又有些像秃鹫,那一个又有些像狼。这种可怜的头颅所以生成了这样的恶相,第一是不消说,由于自然;第二呢,就由于教育了。

自然把草稿起坏了,教育又把这草稿修改坏了。你把你的注意点转向这一方面来罢。对于大多数的人民,该有一种良好的教育。你该尽你的力,把这种不幸的头颅好好的启发,使它中间所包有智慧能够生成滋长。

一个国家所有的头颅是好是坏,就完全依靠在教诲这一件事上。

当初罗马人和希腊人有的是高大的额颡,你现在也应当尽力把人民的"面角"开展到最大度。

到将来法国人识了字了,你也不该听任着这你所启发出来的智慧而不加以指导。要不然,必定另有一番的扰乱。与其有不良的知识,还不如没知识。你应当记得:…………(这里是提倡宗教的话,说世界上最好的一部书是圣书,我实在不愿意译,只得请嚣俄原谅我。)

无论你做怎样的事罢,他们做老百姓的,他们你推我挤的老百姓,他们大多数的老百姓,总是比较的可怜些,不幸些,痛苦些。他们做的是坚苦的工,他们有笨重的东西要推,有笨重的东西要挽,有笨重的东西要担负。

你就在这样的一个天平上去考察一下罢:所有的快乐,都在富人们的戥盘里;所有的苦恼,都在穷人们的戥盘里。这两方面不是不均平么?不均平,不是天平就要倾侧么?不是国家就要跟着它倾侧么?

……

……

……

……

……（此上五节，大意是说：要老百姓们受了苦而仍旧肯安心乐意的做工，只得把宗教的信仰灌输给他们，使他们个个人都希望着将来可以进得天堂去。平心而论，在没有正确的解决方法以前，这未尝不能算得一种方法，而且总比"不教而杀"好得多。不过，就根本上说，这仍是"神道设教"的愚民政策，不必译出。）

老百姓们的头，这是个问题啊！这个头里装满着有用的细胞，你应当好好的利用它，使它成熟，使它发挥，于以使社会的德业，愈见光明，愈见协和。

在大道上杀人越货的人，要是指导得好，就是个最优良的为公众服务的人。

这老百姓们的头，你应当开垦它，培植它，灌溉它，粪沃它，使它放光明，使它有用处，你没有把它割去的必要啊！——

八

游地狱记

弗洛倍尔①

(一)

于是我站在阿尔泰山的顶上了。我从那里瞻望着世界,瞻望着它的金彩与泥涂,瞻望着它的道德与傲慢。

(二)

于是撒旦在我面前出现了。撒旦向我说:"来,跟我走,瞅着,看着。随后你还可以看见我的国,我自己的世界。"

(三)

于是撒旦就领着我走,把世界指点给我看。

---

① Gustave Flaubert,1821—1880,今译居斯塔夫·福楼拜,法国批判现实主义作家,被誉为自然主义文学的鼻祖和西方现代小说的奠基者。——编者注

（四）

于是我们在空中飞行着，来到了欧洲。在那里，他指给我看的是学者，是文人，是女人，是自负的狂士，是可笑的村学究，是帝王，是哲人；这些都是最蠢的蠢东西。

（五）

于是我看见做哥哥的杀死了弟弟，看见做母亲的陷害了女儿，看见文人掉弄着笔头诱惑民众，看见教士欺骗着信徒，看见庸师耽误着青年，看见战争毁坏着人类。

（六）

在那里，有一个阴谋者在泥涂中匍匐着走，走到了大人们的脚旁，就咬他们的脚跟。他们跌倒了。他眼看得他们的头跌到了泥涂里，他又在战栗了。

（七）

在那里，有一个国王，是个在襁褓中就受到了父子相传的奸淫教育的国王，正在玩味着他所宠幸的那管理法兰西的一个娼妓的温柔，而民众对于他，还在喝采；民众的眼睛是掩着的。

（八）

于是我看见了两个巨人。第一个是年老的，弯腰曲背的，绉皮的，瘦的。他把他身体支靠在一根刑杖上。这刑杖的名字叫做"腐败"。又一个是年青的,高傲的,勇猛的。他有"大力神"的身材,诗神的头脑,黄金的臂膊。他把他身体支靠在一根巨大的,已被刑杖打得很坏的棍子上。这棍子的名字叫做"理智"。

(九)

于是这两个人痛打起来了。结果是老的一个打倒。我向他问他的名字。

他说:"我叫绝对主义。"

"那打倒你的呢?"

"他有两个名字呢。"

"那两个?"

"有些人叫他文明,有些人叫他自由。"

(十)

于是撒旦把我领到了一座庙里,可是座已经破坏的庙了。

(十一)

于是民众把死人的棺材捣毁了做成炮弹,余下的灰尘也愤愤的飞去了。

这样的一个世纪,是血的世纪。

(十二)

于是这座破庙就空了。于是就有一个人,一个衣衫破烂,头面白净的穷苦人，一个满载着悲苦，污垢，耻辱的人，一个额上绉纹中包藏着这一世中二十年来所生的脓疖的罣虑的人——坐在一根华表的脚旁。

（十三）

于是这一个人，就像一个蚂蚁处于一座金字塔的脚旁。

（十四）

于是他对着人类观看了好久。人类也带着轻蔑与悲悯观看他。于是他咒诅着一切的人类。

这个老人，就是真实。

（十五）

于是我就向撒旦说："领我去看看你的国罢。"

"瞧，这就是！"

"怎么呢？"

于是撒旦说：

"是人间，即是地狱。"

九

梦

阿雷费 [1]

　　我的朋友喇乌儿，前天在圣·克洛底儿得礼拜堂里结了婚了。我到礼拜堂时，里面已经挤满了人，结婚的仪式也已在进行。那教士的演说，是用这两句话做结束的："你们俩这就在地面上结合起来了，直到将来进了天堂，还是澈底的结合着。"

　　这真使我忍不住要叫将出来了。和喇乌儿结婚的并不是个处女，乃是那位年青而又美丽的沙姆里欧伯爵夫人若内，就是我的朋友加司东·得·沙姆里欧伯爵所遗下的寡妇。这位漂亮女人的目的是要使我这两位朋友都得到幸福：加司东之后是喇乌儿。在地面上，也就没有更简单的事了：加司东是退让了，喇乌儿是存在着。可是，要说到天堂里的澈底的结合，就有了两个人了：加司东与喇乌儿，一个是第一个丈夫，一个是第二个丈夫。

　　我离开了礼拜堂，看了几处的朋友，回到了家里，又到俱乐部里去吃了晚饭，又到奥贝啦里去看了戏，无论怎样罢，我总被这样一个可笑的意见缠绕着：

　　"到了天堂里，加司东和喇乌儿有什么方法可以安排这一件事呢？"

　　我上床睡觉了。我就开始做梦了。

---

[1]　Ludovic Halévy，1834—1908，今译卢多维克·哈莱维，法国小说家、剧作家，以参与歌剧《卡门》的脚本创作闻名。——编者注

我在天堂口上的火车站上。火车真多。去的是空车，来的车多半装得满满的。站长是圣·多玛。我和他谈了一会话；他很和气，把天堂里的组织法一一解释给我听。他正在讲，我可忽然不听了，因为我看见在一节特等车的门口，露出了一个美丽的头脸，那就是在圣·克洛底儿得礼拜堂里结婚的寡妇，就是加司东的妻，就是喇乌儿的妻。

她下了车就四处乱跑，口里叫着："天堂，天堂在那里？这是我的票。"

于是圣·彼得走到她面前，向她说："太太，你的票子呢？请给我看一看。"

"这就是，先生。"

"不差，请进去罢。门在这里。"

我于是急着要想跟她进去看一看了。

谁知道呢？亦许喇乌儿已经死了，这位寡妇就可以发现她自己处于两个丈夫的中间了。

我就问圣·多玛，能不能让我进去看一看。

"那容易。"他说。

"可是，我至多只要进去一点钟。我可不愿意被人强迫着停留在里面。我是仍旧要出来的。因为，你知道，无论天堂中是怎样的快乐，要是我还能在地面上活几年，我就不愿意把这几年舍弃了。生命只是来了一次就完了，天堂可是永远的。"

"那自然，你仍旧可以出来的。"他就把我带到圣·彼得面前，说："你可以认得清这位先生么？他要进门去转一个圈子，回头还要出来。"

"请进去罢，先生。你出门时，我可以认得你的。"

我这就进了天堂了。真凑巧。喇乌儿与加司东，当先伸长了头颈对着新来的客人细心辨认的，此时都已见到了他们的那妻，冲上前去迎接她。

加司东拉住了她的右手，把她向右边拖着，说："若内，我的最亲爱的若内。"

喇乌儿拉住了她的左手，把她向左边拖着，说："玛德，我的最亲爱的玛德。"

她原来有两个教名;她以为把她第一个丈夫所不用名字给第二个丈夫用,那就再好没有了。她真是个漂亮人物,而且还有精微奥妙的情感。

加司东与喇乌儿似乎都不肯退让。

"若内!"

"玛德!"

"我是你的第一个丈夫。"

"我是你的第二个丈夫。"

"我的权利是无可争辩的。"

"先生,请你放手。"

"先生,我不同你说话。我不认得你。"

我不认得你! 在地上的时候,在他们活着的时候,他们俩可是分割不开的好朋友。那第二个丈夫喇乌儿是常在加司东家里的,因此也就有了些不好听的话说——可是,这种不好听的话说又岂可尽信呢!

现在喇乌儿与加司东的争辩愈变愈热闹了。声音也愈喊愈响了。在天堂里的生活是很安适的,不过有点儿单调;现在这点儿小事,可就像什么小村镇里出了个驾车失慎一类的事一样。四面的说清话的人都跑了拢来。有的帮着第一个丈夫,有的帮着第二个丈夫。若内是动也不动。她已把她的两手撒开,可是也不同加司东说话,也不同喇乌儿说话。

圣·多玛是陪我进天堂的。

我向他说:"这一类的事想来是常有的。在地面上,一女两夫是并不希罕的。"

"真的! 可有一样奇怪,而且是绝对的奇怪,就是这两个丈夫要争夺这一个妻。通常是两个丈夫都不要这一个妻了。"

"要是处于相反的地位,要是一夫两妇,又怎么样呢?"

"哦! 那可两样了。女人是要抢夺丈夫的。便是在天堂里,女人们也都害着结婚狂。"

圣·多玛的话头,忽被人丛中的一声高叫打断了:

"圣父！圣父！"原来是圣父经过此地，听见了喧闹的声音就走了过来了。

这是个梦，是个我不能从心中抹去了的梦。

他立定了，问是什么事。就有人对他说了个大致。

他说："哦，那里还有比这个更容易解决的事呢？这位太太到此地来，为的是她有虔敬之心与耶教的感情，来享受她应得的报酬的。她有享受绝对而且永久的快乐的一切权利。在这两位先生之中，听凭她自己挑选一位便了。"

"但是，"加司东说，"那倒了霉没有被她挑中的一个，又怎么样安排呢？"

你瞧，加司东生前在跑马场边开着马行的，直到他死后，还保存着他那粗鲁的言词。

圣父说："天堂中挤着许多没有承领的女人，我给他一个便了。太太，请罢，不要耽误时候，请选择一个罢。"

若内站在她两个丈夫的中间，声息也没有，动也不动。于是加司东与喇乌儿轮流着，好像在古希腊的戏剧里一样，各人找出许许多多话说出来，想要引动他们那位太太的心。

"算了，先生，"喇乌儿抢着说，"这些都是废话——"

"不差，先生；可是我有权利可以说——说我的情爱，说我的信任。我的信任是够得上称赞的！当初真有许多人来向我说这样的坏话：'留心着喇乌儿，好好的看着他。他和你固然要好；可是另外还有一个人，是他更喜欢的，那就是你的妻。'这种的废话我就从来没有理会过。"

"说到信任这一件事，我也是自命不凡的。先生，到你死之后，轮到我做了丈夫，这一类的闲话还在不住的说。人家向我说的是瑟哩古尔先生，就是我的最要好的朋友瑟哩古尔。这不完全是无理取闹！"

当说到瑟哩古尔的名字时，我看见若内不禁微微的惊愕了一下。可

是只有我一个人看见;喇乌儿却全不觉得,接着向若内说:

"当瑟哩古尔在墨西哥被人杀死的时候,这意外的消息,自然不免要使你有相当的而且合法的悲伤,但同时我也接到一封讨厌的匿名信,说你的哭这位朋友,简直比哭丈夫还哭得凶。我从没有向你提起这一封信。我敢疑心你! 敢疑心瑟哩古尔!"

圣父惊奇道:"瑟哩古尔又是谁呢? 是第三个丈夫么? 这真叫我模糊了!"

喇乌儿说:"圣父,我最后还有一句话,只要再说这一句话就满够了。我们在圣·克洛底儿得礼拜堂结婚的时候,那位再好没有的教士曾给了我一个保障,说我们在地面上结合了,跟着到了天堂里,还是澈底的结合着。"

加司东说:"圣父,还有我呢! 我在玛德林礼拜堂结婚时,有一位主教——是一位主教,不是普通的教士——他也这样的答应过我,而且一丝也不差,他用了这同样的言辞。"

圣父说:"唉! 这真叫我为难了,这真叫我为难了。我派到地面上去的代表,有时做出许多全无道理的事情来。可是,太太,这还是请你自己决定了罢。"

于是那个小寡妇,红着脸,好像很不好意思的,说:"主,如果你是万分仁慈的,就请你答应我到瑟哩古尔先生那边去。他现在在我左边的一朵小云上;他在这一刻钟之内,向我做了许多的手势了。"

我回头过去,看见瑟哩古尔在他的小云上,正做着一出殷勤而富于表情的神怪剧。

瑟哩古尔,这又是我的朋友! 我再说一声罢;这位漂亮女人的目的,是要使我的一切朋友都得到幸福,在这一个世界里或者在别一个世界里。

圣父说:"你为什么不早点说的呢? 这就什么都办妥了。快快乐乐的跟着瑟哩古尔先生去罢。因为你是个好耶教徒,我唯一的愿望,只要你在天堂中能于过着好日子。"

这样,我惊愕了一下就醒了。

失　业

左　拉[1]

（一）

这一天早晨,工人们进了工场,一看四面都是冷冰冰的,黑沉沉的像是充满了毁灭的悲哀。工场深处,那一座机器已经哑着,伸着它的瘦瘦的臂膀,它的轮子是静止着。它现在已把苦闷安置在这间屋子里。在平时,只要它一呼吸,一摇动,就使得全屋子的人勃勃有生气,使得那因勇于做事而粗豪的巨灵的心跳动着。

厂主从他那小房间里走了出来,带着愁苦的容颜向工人们说:

"我的孩子们,今天没有工做了。……定货的信没有得来,来的都是退货的信,我只能尽着把存货敷衍了再说。在往年,这十二月是靠得住的买卖最好的一个月;今年可不同了,连最殷实厂家,也有倒闭的恐慌了。……无可如何,只得完全停顿。"

他眼看得工人们你看着我,我看着你,面上都带着一种马上要回家的恐慌,兼之以明天要挨饿的恐慌,他就用一种更低的声调往下说:

"我也并不快活,我向你们老实说。……我的地位也很可怕,或者比

---

[1]　Emile Zola,1840—1902,法国批判现实主义作家,自然主义小说家和理论家,也是自然主义文学流派创始人与领袖。——编者注

你们的地位还更可怕一点。在一礼拜之内,我已赔折了五万法郎。我今天把工作停止,怕的是不要把乱子愈闹愈大了。我现在连一个铜子也没有,回头十五号到期的债务,不知道怎样对付了才好。……你瞧,我把你们看作朋友一样,老老实实的说话,半点也没有隐瞒。说不定就是明天罢,债务公堂的执行吏就要到我这里来了。其实,这也并不是我们的过错,你们说是不是呢?我们已经奋斗到底。我很想帮助你们,挨过这样的一个年头。可是,现在是完了。我已经跌到了地,再没有面包可以分给别人了。"

说着,他伸出手来,工人们也默默的伸出手去与他拉着。他们在工厂里停留了几分钟,眼看得工作的器械都已没了用,自己有了拳头只能空握着。在别天,天一亮,锉刀就呜呜的唱歌,槌子就镗镗的点板;现在是一切都在破产的灰尘之中睡着了。这已判定了在下一个礼拜之内,就该有二三十家人家挨着饿。有几个女工,眼眶中都垂下眼泪来。男工们比较镇静些。他们自以为有勇气。他们说:在巴黎总不会饿死。

于是厂主向工人们作别了。工人们看见他回身进去的时候,他的背已在一礼拜之内佝偻得许多了;这亦许是他受了一种很重大的不幸的压迫,还远出于他自己的意料之外罢。

于是工人们一个一个的退出,一个一个都是呼吸停绝了,喉咙间是锁结着,心是冷着,像是从一间死人的屋子里走出去的一样。那死人,就是那工作,就是那哑着的大机器,它的尸骨正横躺在那不祥的幽影里。

(二)

工人到了外边了,到了街上了,到了街旁的走道之上了。他在走道之上走了一礼拜,也没有能找到半点的工。他挨门逐户的问:愿意做粗工,愿意做细工,愿意做不论什么事业中的不论什么工,愿意做最重的重工,愿意做最苦的苦工,愿意做最不顾性命的工,而人家的门,总是闭着。

甚至于这工人愿意做半价的工,而人家的门,还仍是闭着。人家不要他,他就什么工都无从做起了。这就是失业,就是那可怕的,替贫民小户敲报丧钟的失业。于是一切工业,都给这突来的恐怖停止了;而钱呢,那卑劣的钱呢,也就自己躲藏起来了。

过了一礼拜,什么都完了。这工人已经经过了最高的尝试,结果还是空着手,慢慢的走回去,憔悴于悲楚之中。天上正下着雨。这样的一个夜晚,一座巴黎城,看上去就像烂泥中出殡的景象一样。他在大雨中走着,自己也全不觉得有雨;耳中所听见的,只是自己的饥肠呜呜的叫;有时停止一下,也只是为着要慢一点儿到家。他倚靠在塞因河边的一个石栏上站着;河里的大水,正在翻滚着,激成一片远长的声音;白色的水沫,正在不绝的反涌;涌到了一座桥的桩脚上,就冲碎了。他靠着石栏站了一会,眼看得一股急大的水流,冲着打他面前过去,像是对他忿忿的呼号了一声。于是他自己向自己说:这样耽延着不敢回去,总不免太卑劣罢;说着,他就走了。

一会儿,雨停了。珠宝铺子里的玻璃窗里,点着雪亮的煤气灯。要是他能跑上前去打碎一块玻璃的话,他只消手一抓,就可以抓得到好多年的面包了。各饭馆的厨房里,都点起了灯;而且,隔着一层白纱布的窗帘,可以看得见食堂中正有许多人在那里吃着。他放开了步子急急的走,重新从巴黎走向郊外去,一路经过了许多的熏肉铺,猪肉铺,点心铺,经过了那贪吃美食的,到了饥饿的时刻就要夸张富有的巴黎的全体。

早晨,他的妻和他的小女儿都哭着,他答应她们,说到了晚上总可以有得面包的了。在天没有黑以前,他再也不敢回去说这样的一句话仍旧是骗骗她们的。现在,他一路走着,一路自己问着自己:到回家之后,还有什么话说可以叫她们再忍耐忍耐呢?而且,实在也不能再饿了。他自己呢,试试还很可以;女人和小孩,可太瘦弱了。

一会儿,他转着了个求乞的念头。可是,每当有什么先生或太太走过他身边的时候,他梦想着要伸出手去,他的臂膀忽地挺得笔直,再也举不起来;他的喉咙也不知不觉的锁结住了。他呆呆的植立在走道上,过路人必须闪身避他;看了他那饥饿得伧野的脸色,还当他是喝醉了酒呢。

（三）

他的妻已经走下了楼到了门口；她那小的已经睡着，掉在楼上。她已经饿得削瘦，穿的是一件印花布的衣服。她在街上的冰冷的空气中瑟瑟的抖。

屋子里已经什么都没有：什么都已拿到了当铺里去。整一礼拜的没有工做，也就够得把一家人家闹空了。昨天，她已把床垫上拆下来的羊毛的最后一握，卖给了一个收旧货的；床垫的架子也已卖去；现在所余下的，只是一块布，她把它张挂在窗口挡风，为的是她那小的咳嗽得很利害。

她没有告诉她男人，早就要想在她自己一方面想些法。可是，这失业给与女人们的打击，比给与男人们的更利害。便就同居的说，已就有许多不幸的女人，她每天晚上，可以听得见她们的咽呜饮泣。她也曾碰到了一个，痴呆呆的站在走道的转角上；又有一个是死了；又有一个是失了踪了。

她，幸而有的是一个好人儿，一个不喝酒的好丈夫。要是这要命的年头剥害不到他们身上来，他们也尽可以安安乐乐的过活。现在是，连所有的欠账的信用都破坏完了：面包铺里也欠下了账，杂粮铺里也欠下了账，蔬果铺里也欠下了账，害得她连铺子的门口都不敢走。今天下午，她到她姊妹家里去，想要向她移借一个法郎。不料她一看那边的景况，也同她自己家里一样的悲凄，她就禁不得哭将起来了。于是，一句话也没有得说，她与她姊妹，两个人哭做了一团，哭了好久一会。到临走时，她答应她姊妹，说要是她丈夫能带点儿什么东西回来，就给她送一块面包过去。

她丈夫没有回来，天上可下起雨来了。可是，她还不回去，只是在门框下等着。大点子的雨，直向她的脚上泼溅；轻小的雨花，透过了她的单薄的衣裳往里直钻。有时候，她觉得不耐烦了，也就不顾得有雨，走出门去，直走到街的尽头，要看一看她所等而没有看见的一个人，是不是已经到了远处的堤岸上了。到她回来时，身上已全都湿透；她把手抹去了些头发上的水，仍旧耐着心等着；身上是一阵阵的，被发热的抖动摇撼着。

路上来来往往的行人都紧靠着她身旁走过。她把身体缩敛得米小米小的，免得碰着了别人。有许多男人正对着她的脸直看；她有时还可以觉着一阵阵的热的气息，从她的颈项上擦过。好像是全巴黎都已经恶化了：它的道路，它的泥泞，它的水光，它的车辆的转动，似乎都要抓起她来投到水沟里去。她饿着；她已成了个无可告诉的人。在她对面，她看见了一个面包司务，她因此不禁又想到了楼上睡着的小的了。

后来，她终于看见她丈夫回来了。他沿着人家的屋边一路走来，一跛一拐的，像是个无赖汉。她慌忙的投上前去，急切的向他看着，格格不吐的问：

"怎么样！"

他，没有回答，只是低下了头。她就回身转去，打头跑上楼来，面色白得像死人一样。

（四）

楼上的那小的已经不睡了。她已经醒了，正对着那桌子角上的一段垂灭的蜡烛梦想着。她只是个七岁的小孩，也不知道是经过了什么样的妖异的或伤心的事实，使她的脸上刻上许多烙刑般的，很严重的绉纹，像已经老大的女人一样。

她坐在一只给她当床睡的木箱的边上。她的脚是赤着，垂着，战抖着；她的病态的小手，捧住了她胸前所遮盖的一些破布。她觉得胸口正在烧炙着，像是有个火在那里，她很愿意把它灭去了。

她梦梦的想着。

她从来没有拿到过什么玩物。她也不能到学校里去，因为她没有鞋子。她记得在她更小的时候，她母亲曾带她到有阳光的地方去玩过。现在是这地方离开得太远了。也曾有过要搬家的话，可是不久，她就觉得有一股冰也似的冷气，在屋子里吹嘘着。她从此再没有满意的时候；她老是饿着。

　　她好像是位置在什么个深的东西里面渐渐的往下降,自己却不懂得是什么缘故。难道是大家都要饿的么?她也曾试过,要想饿惯了就不饿,可是做不到。她想,她太小了,必须长大了才能明白。她母亲,那当然是知道的,只是隐藏着不肯告诉小孩罢了。要是她敢问,她就要问她:是谁把你安放到这样的一个世界里来叫你挨饿的呢?

　　而且,屋子里是多么的难堪啊!她看着窗口,那一块从床垫上拆下来的布,正在拍拍的搧打着;墙壁上是光光的,家具是跛敧的,这一间顶楼中所有的一切,都给失业的劫运糟蹋得充满了耻辱。在她的蒙昧之中,她似乎做着了一个梦,住的是温暖的房子,房子里有的是鲜明的家具。她重新合上了眼,要想追寻这样的一个梦。蜡烛的微光,透过了她的薄薄的眼皮,幻成了一个金黄色的大光明环。她想走向里面去,忽地来了一阵风,从窗洞里吹进一股冷气,使她重新咳起嗽来。她两眼中充满了眼泪。

　　从前,她父母把她独自一个人掉在屋子里的时候,她很害怕;现在呢,她不怕了:怕与不怕,在她已经是一样的了。因为自从昨天起就没有得吃过,所以她当她母亲是下楼去买面包的。这样一转念,她就快乐了。她想:她可以把她的面包撕做米小米小的一块一块,她可以慢慢的一块一块的吃,她可以把面包当作玩物。

　　母亲回来了,父亲也接着回来,在后面关上了门。她对着他们俩的手看着,心里非常奇怪。她看见他们俩什么话都不说;停了好一会,她就用一种唱歌似的音调,重提这样的一句话:

　　"我饿啊,我饿啊。"

　　她父亲闪在屋角的幽暗处,两手捧住了头;他停留在那里,动也不动的,像是被什么东西制伏着,只是两个肩膀,时时被他那粗拙的,寂静的咽呜,一阵阵的摇撼着。她母亲,抑住了眼泪,走来料理小孩重新睡下。她把屋子里所有的衣服一起给她盖上,向她说:乖点儿罢,睡着罢。可是那孩子,冻是冻得上下牙齿格格的相打,胸口的烧炙,也愈加利害,忽然转变出一种勇猛的神情来。她一把吊住了她母亲的颈项,接着是轻轻的问:

　　"妈妈,说呢,我们为什么要饿?"

十一

猫的天堂

左　拉

我有一只安戈兰地方出产的猫，是一位姑母遗传给我的。这猫是我从来没有见过的蠢畜生。瞧，这就是它向我讲的故事，是一个冬天的晚上，它坐在温暖的火炉旁边讲的。

（一）

那时我是两岁，我真是人家从没见过的一只最臃肿而又最颟顸的猫。在那弱小的年龄，我还自负得了不得，以为这温暖的家居生活，是我们做畜类应当痛恨的。可是多谢天公，他竟把我安排到了你姑母的手里去！这位好太太真疼爱我。在一座橱柜的底里，她给我铺设起一间真正的卧室来。枕头是羽毛做的，被盖是三重的。食料也和卧具相称。从不给面包，从不给汤，给的尽是肉，而且是好的，煮得半熟的，带着鲜血的肉。

好！在这种温适的生活中间，我却只有一个愿望，只有一个梦想：就是要从窗洞中溜出去，到外面屋顶上去跳动跳动。你姑母的抚摩早叫我讨厌了；床上的软适也使我烦腻得要作呕了；我身体也愈长愈胖，要把我闹出病来了。因此我整天的愁闷着，想要得到些快乐。

我应常向你说，把我的颈项伸长了，我就可以隔着窗看见对面的屋顶。那一天，正有四只猫在那里相打，竖着毛，翘着尾，在蓝色的石板上滚来滚去,晒着老大的太阳,赌着快乐的咒。我从来也没有目睹过这样的一个奇景。自此以后,我的信仰就固定了。我知道真正的幸福,就在屋顶上,就在这一扇人家关得紧紧的窗的那一面。我也有我的证据:人家把橱柜的门都关得紧紧的,门的那一面可就是人家藏着的肉。

于是我就预备起逃走的计划来了。在一生之中,除煮得半熟的,带着鲜血的肉以外,总应当还有些别的东西。这东西就是"不可知",就是理想。

一天早晨,人家忘了把厨房里的窗子关上,我就捉空儿一跳跳了出去,恰巧跳在窗底下的一个小屋顶上。

(二)

这屋顶多美啊!屋顶的四周,有水槽围绕着。从水槽中,发出一种很甜美的气味。我畅畅快快的循着这水槽走;我的脚就踏在槽底的烂泥里。这烂泥的温和与柔润是无可形容的:我就好像在天鹅绒上走路一样。天气又好;太阳的热力,把我身体中的脂肪都晒得融化了。

不瞒你说:我的四肢都在发抖。在我的快乐中,还夹杂着许多的恐慌。我所记得特别清楚的,是那时着了忙,几乎站不稳脚,要从屋上跌往地下去。原来是有三只猫,从别人家的屋顶尖上滚到这边,就对着我走来,狠狠的大叫。我吓得几乎晕倒;他们可把我当作个大傻瓜,说他们这样叫,只是开开顽笑罢了。于是我也混在他们一起叫。这种的大叫可真有趣啊!他们并不像我这样的痴胖。我走路一不留神,踏到了太阳曜烫了的水槽边,身体便球也似的滚翻了,他们就拿我大大的讪笑了一回。他们中间有一只老雄猫,可对我特别要好。他愿意指教我,我自然就接受了他这番好意而且谢谢他。

啊!现在是远离了你姑母的温存了!我要喝水就在水槽里喝,那美味是调糖的牛奶决然比不上的。我觉得一切都好,都美。

一只雌猫打我们旁边走过。这是只极美丽的雌猫,看见了她使我身体中充满了一种不可名状的情感。我是直到那时,只有在梦中看见过这样的一种可爱的动物,这样的一种颈脊柔媚得可以艳羡的动物。于是我们,我和我的三个朋友,一齐走上前去向她招呼。我比他们更走前一步;我正想说几句话问这只美丽的雌猫表示敬意,不防我的一个同伴,在我颈脊上狠狠的咬了一口。我痛得大叫一声。

那只老雄猫说:"呸!你将来还可以碰到许许多多呢!"他把我一把拖了就走。

(三)

这样散了一点钟的步,我可饿极了。

我问我的朋友老雄猫:"我们在这屋顶上吃些什么呢?"

"找到什么就吃什么。"他带着一种学者的态度说。

这一个答语可叫我为难了。我苦苦的找了一番,可什么都找不着。后来才看见在一间破烂屋子里,有一个年轻的做工女人,正在预备她的中饭。靠窗的桌子上,放着一块很好的肋条肉,颜色鲜红,正配我的胃口。

"瞧,这可合用。"我自己呆头呆脑的想。

于是我一跳就跳到了那张桌子上,衔起那块肋条肉来。那做工的女人可看见了;她提起一把帚子来在我颈脊上死命的打了一下。我放去了肉就逃,把她狠狠的诅咒了一声。

"你跑到你自己的村庄外面去了么?"老雄猫说,"那桌子上的肉,是预备给远处的人吃的。你要找,应当在这水槽里找。"

我从来也没有懂得,为什么厨房里的肉不是给猫吃的。此刻我的胃,真在没命的作难我了,而那只老雄猫,可又叫我大失所望。他说:我们应当等到晚上。到了晚上,我们就可以下了屋,到街上的垃圾堆里去找食吃。等到晚上!他可是这样冷冷静静的说着,像个硬心的哲学家。而我,我只是想到了还要挨着这么许久的饿,身体就不禁摇摇欲晕了。

（四）

夜是慢慢的来了。这是个有雾的夜,我几乎给冻僵了。不久就下雨。雨是小的,可往身上直钻,再加上一阵阵的风把它吹打着。

我们从一座楼梯顶头的天窗孔里下了屋。吓! 现在的街道,在我看来是多丑啊! 它已没有从前那样的好热光,已没有从前那样的老大太阳,已没有从前那样的闪着光的白色屋顶,就是我们在上面畅心快意打滚的。阶沿上满是泥浆,脚走上去一步一滑。我这时候真苦苦的想到了我那三层的被盖,和那羽毛的枕头了。

我们一到了街上,我的朋友老雄猫就寒颤了一会。随后他把他的身体缩得小小而又小小的,沿着人家的门口,偷偷的走着,而且叫我快快的跟着他。后来走到了一家车房门口,他就连忙的躲在旁边,口中呜呜然,好像很满意的。我就问他:我们为什么要这样躲着?

他说:"你没有看见那人拿着个框子和一个铁钩么?"

"看见的。"

"看见的就好啦! 要是他见着了我们,少不得要把我们打死了油炙了吃!"

"油炙了吃! 那么这街道也不是我们的么? 我们不能吃,可要给人家吃!"

（五）

幸而那时候,人家已经把垃圾倾倒在门口来了。我一堆一堆的去搜寻,可仍是大失所望。我只找着了两三块没有肉的骨头,而且还是在炉灰中擦抹过的。到了此刻,我才知道那鲜肉中所含的汁液是多么丰富啊! 我那朋友老雄猫的搜寻垃圾堆,可真像个艺术家一样。他带着我一堆一堆的去拜访,不慌不忙的,直到了天亮为止。这时我已挨了近乎十个钟头的冷雨,全身没一处不在瑟瑟的抖。啊! 该死的街道! 该死的自由! 我是多么的回想我那牢狱啊!

天亮了,大雄猫看我要软瘫下去了,他就换了一种声口问我:

"这样的生活你过够了不是?"

"啊! 够了!"我说。

"你要不要回家去呢?"

"那自然。可是,那里还找得到我的家呢?"

"你跟我来。昨天早晨你走出来的时候,我早就想,像你这样一只肥头胖耳的猫,生来就不配享受自由中的艰辛的快乐的。我知道你的住处:我送你到门口就是了。"

这只老实的大雄猫只简简的说了这几句话。到我们到了门口时,他向我说:

"再会罢。"他也没有向我表示一些别离的情感。

我叫道:"不行。咱们俩不应该这样就分别了。你与我同到里面去。我把我的床和我吃的肉与你平分。我的女主人是一位好好太太……"

他没等我说完,就抢着说:

"闭你的嘴! 你这个蠢东西! 在你那安乐窝中,我非死不可。你那种丰腴的生活,只有杂种贱猫觉得好。自由的猫决不愿意把一个牢狱的代价来购买你所吃的肉和你那羽毛的枕头。……再会罢。"

他又上屋去了。我看着他的大而瘦的影子,很舒适的和那初升的太阳光互相抚摩着。

我进了屋子,你的姑母拿起笤帚把我教训了一顿,我也用我的深挚的欢悦之心承受了。我大大的领略了一番这温暖而挨打的欢欣。当她打我时,我早在做着美梦,知道她打完了就要给我肉吃了。

(六)

我的主人啊,你瞧——我的猫在炉火的前面,把身体伸得长长的,说出它的结论来——真正的幸福与天堂，就是关闭在一间有肉吃的屋子里挨打。

　　我说的是猫的事。

十二

爱情的小蓝外套的故事

左　拉

（一）

　　她，这美貌而红发的女孩子，是十二月中某一天的早晨生产的，正好像是天上下着的雪，慢慢的，处女般的。在空中，有种种的兆象，报告爱情的任务，要由她来完成了。太阳照耀着，玫瑰色的光，映托着白雪；人家屋顶上，有紫丁香的香味和鸟儿的歌声流荡着，好像是春天的光景。

　　她入世以后，就在一个烂泥团的底里生长着（当然，这是为了谦退的缘故），使她能于表显出她所要的，只是心的富有。她没有家庭，所以她能于爱得全世界的人；她有她充分柔软的臂膀，能于把全世界抱在怀抱里。自从她到了能用爱情的年龄以后，她就离开了她往时所照映出来的影子，到大道上去走，要找寻了饥饿的人，把她的眼波去喂饱他。

　　她是个身材高大体质强健的女人，眼睛是黑的，嘴唇是红的。她的肌肉是纯白色，上面轻轻的罩上一层织毛，使她的皮肤像白色的天鹅绒一样。当她走路的时候，她的身体在一种软嫩的节奏中摆荡着。

　　而且，自从她离开了她落地时所躺的柴草以后，她就懂得在她的任务中，应当穿丝绸和绣花的衣服。她以为上天把雪白的牙齿和玫瑰色的双颊给了她，她就应当设法带到和她牙齿一样白的珠子所穿成的颈圈，穿到和她双颊一样娇红的缎子所做成的裙子。

要是在五月中,天朗气清的时候,她上了装,你在路上碰到了她,那可真好。她的心与嘴唇是公开于大众的。要是她在什么个沟渠旁边看见了个叫化子,她就含着笑去问他。要是这叫化子把心坎中所受的煎熬告诉了她,她口里立刻就吐出布施品来给与他,使他的苦恼消除。

因此,在她所住一个教区中的苦人都认识她了。他们都挤上她的门,等候她的施舍。她就像慈善事业中的贞姑一样,早晚都跑下楼来,把她的温柔宝藏一份份分开,使来者都各得一份。

她温和柔美得像一块白面包一样。因此全教区的苦人们,替她上了一个徽号,叫做"爱情的'小蓝外套'"。

(二)

不幸这地方突然发生了一种可怕的瘟疫。一切的少年人都遭了疫,而且大多数都要死。这瘟疫的症候真利害。人们的心都不跳了,头脑都空了,到将死的时候,都已是冥顽不灵的了。少年的人们,都可笑得像牵线的玩偶一样,一壁走着,一壁痴憨憨的笑着,要到市场上去买心,像小孩子要买棒子糖吃一样。要是有勇气的诚实少年遭了疫,那病状就转成了一种黑色的悲哀,一种死也般的绝望。因此,做美术家的给累得动手不得,只能朝着自己的作品哭;爱人们也都饥荒着,只能跳到河里去寻死。

你可以想得到,我们的那位美丽姑娘,遭逢了这种不幸的事实,自然要努力的尽她的责任。她开办了几处临时医院,自己也整天整夜的给病人看护。她用她的嘴唇替病人舐合创口,一面还要感谢上帝——感谢他赏她做了这样一个重大的事业。

她对于少年们,真可以说是恩同再造。她所救的人真不少。要是有些人的心不能救得,那必定是从来就没有过心的。她的治疗法也很简单:她只是把她的有救的手和温暖的气息给与了病人。她从没有向人索过酬。她把她自己毁了,却还是毫不在意。她施舍的时候,从来没有迟疑思索过。

因此，一般同时代的吝啬鬼，眼看得这个年青的浪费者，把她所有的一大宗的姿容的财产，用这种的方法消耗了，不免摇头叹气，互相说：

"看她不久就要躺在柴草上死了。她把心里的血送给别人，却从没有称一称一滴血有多少重。"

（三）

果然有一天，她一摸她自己的心，已经空了。这不免使她大大的惊惶：原来所剩下来的温存，已只勉强值得几个铜子了。而那瘟疫可还是盛行着。

这孩子从此变了心了。她不再梦想到她以前所浪费了的一大宗财产，却感觉到自己也有受人慈悲的需要——就是使她陷于极悲哀的境地的，她想到了就要心痛的慈悲。这时候，天气很好，太阳光也很好，要出门去做叫化子也很好，要爱人，或者是被人爱，也都很好！而她呢，她现在只能生活于幽暗之中，等着人家回转头来布施她——这也许是永远等不着的罢。

一会儿，她忽然转了个聪明的念头：她要把余下的几个铜子，好好藏护，用在最智慧的处所。但是，她在幽独之中冷得不能耐，结果还是走出门去，找寻五月中的太阳光。

在路上，刚走到第一块分界石的旁边，她就看见了一个少年人，他的心已经枯涸得要死了。她热烈的慈悲心马上复活。她不能把她的任务推委掉。于是，她把她所有的善念集了中，她举行她最大的献身礼，她把她心中所剩余着的一点东西完全放在嘴唇上，她慢慢的弯下身去，给了那少年人一个吻，向他说：

"瞧，这是我最后的一块钱，把你的零钱换给我罢。"

那少年人把零钱换给了她。

当天晚上，她写信通知各苦人们，使他们知道她的布施，不得不就此停止了。她从此以后，就同她最后所救助的一个饥饿者在一块过活，她手中所剩有的，也恰恰只够维持他们俩的诚实的安乐了。

这"爱情的'小蓝外套'"的故事是不道德的。

十三

黑　珠

丹　梭[①]

你们巴黎人往往要引得我发笑,当每年八月底,照新闻纸上说,你们自以为是自来水厂所供给的水量不充足的时候。

我知道在红海的彼一端,有一座六万居民的城镇,叫做亚丁,建造在一个岬角上;这岬角是火山所喷出的溶石冷了结成的,可还没有完全冷。在这地方,你便是用了全印度的富藏去反对市政厅里的办事人,你自己也决然找不出一茎的草,一棵的菜,或者是一滴的水。

"那么,天下了雨的雨水呢?"我问我的朋友布休尔。他是这地方的领事。那次我从中国回来,路过此地,承他招待我游览了一两天。

"天下了雨,自然大家要盛,所有的盛水器都盛满了。可是,自从前次土人们看见天上有了一朵云以后,到现在已有五年了。"

"那么方才吃中饭时所喝的水,是那里来的呢?"

"那是制造出来的。英国人把海水滤成了淡水,定了个黄金般的价钱卖给我们。水是真好,可是人家也给它闹穷了。我现在每月要付一百法郎的水钱,其中包括我夫人的洗澡水,因为她是不能用海水洗澡的。"

"鬼! 不知道那些穷苦的阿喇伯人又怎样过活。据我看来,他们未必每年能付得起一千二百法郎的水钱罢。"

---

① 　Léon Tinseau,1842—1921,法国作家,曾被授予法兰西荣誉军团骑士勋章。——编者注

“他们所用的水,是天天早晨用骆驼从那边山上驮来的——瞧,就是那边,离此地有十二英里远。这是很坏的水,臭得可以。但是,他们有什么办法呢? 一层是滤水太贵。而且警察局里也定了个章程,不许把滤水卖给土人用。能用滤水的,只有欧洲的侨民和英国的守备兵;过往船只也可以用得,但限于船上的淡水确已十分缺乏的时候。”

我取出小册子把这件事记了下来,随即跟了我的朋友回到领事馆,因为他夫人正在等候着我们。他这位夫人是马赛人,生得很美,可像充军般的跟着丈夫到这沙漠里来。我第一次见她,就在今天早晨,因为我这朋友是新近结婚的。

我们闲谈着些当地的风物与社交。布休尔太太叹了口气向我说,她的门簿上所写的来客的名字,只有两个。其一,是位英国老太太,是半句法国话都不会说的。另一位是世界饭店的掌柜太太,却是法国香槟地方人。但她并不喜欢和本国妇女谈天,只喜欢和那些不相干的阿喇伯人或所马里人混在一起唠叨。

正当我怜悯着那位太太的孤寂的生活的时候,她丈夫插嘴向她说:

“亲爱的,可不要瞒人罢! 你在阿喇伯区域中有一个意中人,为什么不说呢?”

布休尔太太似乎有一点发怒,耸了耸肩膀,说:

“一个像烟囱的里面一样黑的意中人!”

“虽然极黑,可极美,”她丈夫说,“黑是黑的,可很有风仪,而且还很富。他是亚丁镇里最大的珈琲商。明天我同你上他那里去看看。你可以看见他的许多的好地毯和古董。他那铺子才真可以算得个东方的商店!我夫人常到他那边去整点钟整点钟的玩赏着。要是我不禁止的话,亦许这位要好的莫拉德,竟可以把他的东西搬过来陈设在我们屋子里,以博这位白太太的欢心。”

“多胡闹!”她夫人似乎愈听愈觉得讨厌了。“先生,请你不要相信他的话,我并没有把这个黑奴看作什么好朋友。我还是两礼拜以前在他那边的——”

"内人的心绪有点儿不好，因为今天早晨遗失了一样东西。"她丈夫替她解释。

"不差，"她向我说，"我真是急昏了。我有两颗黑珠，镶在耳环上的，今天早晨遗失了一颗，我找了整整的一天也没找着。这还是我丈夫替我在锡兰买的。这里还剩着一颗，你瞧，多好！"

我弯过头去看了一看，看见布休尔太太的耳朵长得很美，而且因此闻到了她所用的一种很甜美的香水的味儿。

随后我们的谈话又转到别方面去了。谈了一会，我就到屋顶上去睡，按着当地的习惯。

明天，我朋友带我到土人区域中去看"布休尔太太的意中人"。看他名字叫作莫拉德·本·塞得，就知道是个阿喇伯人。他是个百万家私的珈琲商，他所卖的是全世界中最上等的墨加珈琲，……只是比巴黎杂货铺子里所卖的稍稍差一点！但是过客们都愿意向他买了些带回去，因为大家以为它的价钱并不比你在巴黎所买的贵多少！

与我们同去看这位珈琲界的大人物的，是我的一个同船而且同国的朋友，他的名字我已忘去了。他刚正环游了地球一周，或者是差不多一周。他是个人家称为学者的人，是个时时忙着要掏出小册子来记录东西的人，是个见了碑铭就要大抄特抄的人，是个大做其文章送给科学院的人；据他说，他是科学院的通信人。

莫拉德能说很纯熟的英语。他是纯粹的阿喇伯人种中的优秀分子；这也许就是世界上最美貌的一种人！他把我们招待得非常周到；除参观了他铺子里所陈列的各种东西以外，又承他引我们到私宅里去参观，其中所收藏的珍品，自然比铺子里的有趣得多。到末了，他请我们喝一种东方式的珈琲。这是一种奇香扑鼻的饮料。同我们法国式的比起来，有如香槟酒与汽水之比。珈琲之外，当然还有土耳其式的烟袋可以抽烟，而且还有一壶清水。

十二英里以外的水，装在皮囊里用骆驼驮来的，当然不是理想的水。可是我已渴得要死。而且，当先我在中国东南部稻田里所喝到的水，比这个还要坏。

可是很奇怪！水并不臭，一点也不臭。你说它不十分澄清是可以的，要说到气味，可真不坏。嗅上去——哦！上帝证明我的话——嗅上去还有些紫堇花的气味；在这阿比西尼亚对面的一块土上，会有这紫堇花的气味！

那位学者先生不久也就发现了这件事。他把这水嗅了又嗅，又一小口一小口的呷在嘴里细品，随后用他的学者的态度向我说：

"你没有在这水里发现一种特别的气味么？"

我说："有的，是紫堇花的气味？"

"一点也不差！先生，你听我说：在煤的副产物之中，有许多种东西是带着这紫堇花的气味的。制造香水的人，也往往从这里面取出原料来。因此我可以说：这水的水源，一定和煤矿相接触。先生，亚丁有了煤矿，你明白我的话么？这里面简直可以发得大财！因为现在此地所用的煤，没有一块不是从英国运来的！"

接着他又刺刺不休的问起主人来：究竟这每天早晨用骆驼驮来的水，出产在什么地方？正确的泉源，在那一个地点？要是我们所坐的船不就在当晚开行的话，他马上就想到那地方去看一看，路远一点也不在乎。他至少要想带一瓶水回去，预备到巴黎实验室里去化验。他这样一说，我在旁边冷眼看得明明白白，主人莫拉德的心早就热切得无可言说了。

可是，当将要告辞的时候，我还要再喝一杯：玻璃杯里骨落一声响，便有一样硬的东西从壶里随着水倒了出来。吓，奇了！这就是那黑珠！同昨天晚上布休尔太太给我看的一颗一式一样！于是乎那香味！我也马上就忆想起来了，当我察看我朋友的夫人——就是那位马赛的漂亮太太——的耳朵时，我曾经闻到了这同样的香味，而且因其甜美，不禁微微的一抖。

这真是个大傻子，这位谈煤矿的学者先生！而我的朋友布休尔呢！我所发现的事可与矿物界没有关系啊！

于是我又想起了我这位不幸的朋友的话来了：

"亚丁的天气真奇怪。它可以使男人非常衰弱,却又能使女人非常兴奋。"

于是我就在这个年轻的,美貌的,有钱的,服御奢华的阿喇伯人的家里,找到了布休尔太太耳朵上所掉下的珠子,而且还连同着她所爱用的一种香水的气味。

怎么办呢?动也动不得。当着大众的面,尤其是当着对于这件事最有关系的做丈夫的人的面,叫我再也不能开口问什么话。我只是这样苦闷的想着:领事的神圣不可侵犯,虽然铭刻在国际的权利上,实际似乎已被这阿喇伯人强烈的否认了。

当那位学者先生用软木塞塞他那一小瓶水时,我装作要浇些水在手上,捉空儿就把那颗珠子倒到了手里。谁都没有看见,至少是布休尔没有看见。

随后,我们就离开了那阿喇伯人了。那位矿学先生是直接上船去的。我因为要把手里的珠子归还原主,不得不再到领事馆里去走一遭。可很侥幸,布休尔因为要到船上去和船主谈话,他叫我独自先回去。

"太太,在告别之前,请允许我把你的珠子归还给你。"我用庄严而沉静的声音说。

她快乐得叫将出来:

"我的珠子!什么运气!是那里找到的?"

"是在莫拉德家里找到的,刚找到。"我把莫拉德那名字说得特别重。"可是,多谢上帝,布休尔并没有知道这件事。"

于是我就看见她表露出一种非常惊诧的神情。

我用同样的音调向她说:"此外我并不知道什么,也不想要知道什么。而且,这也可以不用说,我当然用君子人的态度来处分这件事:我决然不把这件事告诉无论那一个人。"

我几乎手都没有同她拉,就离开了她了。只向她看了一眼,将我所有的义愤一齐表示了。她至少也总可以看出她并没有欺骗我!

到了船上,又见到了我的朋友。我用迸裂般的热情和他作别,可真使他茫然了。

可怜的布休尔！……一点钟以后，我就远离了亚丁了。

最近在巴黎的大街上，我遇到了布休尔和他太太。看来他们夫妻间的情感，比从前更浓挚了一层了。两颗黑珠，就垂在这位年青的太太的耳朵上。

我们三人同在一块吃饭，自然不免又谈到了亚丁的事。

我的朋友说："可要多谢你！你在莫拉德家里发现了我太太的珠子，真叫我们整整研究了一礼拜才见出分晓来！不是你在当时，也有些疑惑么？"

在当时，我的确是很疑惑的，所以我也就含含糊糊的回答了。

"请你想想罢，"布休尔说，"我那当差的可发明了一个挣钱的新法：他把我夫人洗过澡的水再去卖给阿喇伯人。那珠子一定是洗澡时掉在水里的，再从这水里运到了莫拉德家里去。你究竟是在什么地方找到的呢？"

"天啊！我几乎把它吞下肚去！"我叫着，眼看得这位年青美貌的太太的脸上红了起来了。

可是，这也不见得就要禁止人家在科学院里宣读关于亚丁的煤矿的论文啊！

十四

邮电局的女职员

阿雷司①

    我走下火车,一脚跨到这倍桑莫央塞尔车站的月台上,就看见我的朋友郎费勒尔驾着马车在站外等我了。

    在车上的时候,忽然想到些事,应得马上打个电报到巴黎去,所以一到车站,我就立时走进邮电局。

    这一个车站与别处同等的车站有些不同:写字的东西压根儿就没有。②

    废了好大的力探觅了好一会,我终于能够抓着了一支笔,把它插到一瓶没有颜色的粘腻的墨水里去。用了英雄般的努力,我也居然能够把电报上的几个字涂画成功了。

    一个万分讨厌的女人有样无力的把我的电稿接了去,数了数字数,就向我要钱,我就照数付给了她。

    我自以为办完了一件事,正想走出门去,忽然看见旁边桌子上,另有一个女人在那里拍电报,我的心就不禁被她吸住了。她可像很高傲的,只把背面对着了我。

    她是年轻的么?亦许是。而且她的头发一定是红的。她美么?为什

---

① Alphonse Allais,1854—1905,今译阿方斯·阿莱,法国记者、作家,以其作品中辛辣的讽刺和荒诞的幽默闻名。——编者注

② 法国邮电局中照例备有笔墨以供公众之用,然往往有名无实:笔是秃的,墨水瓶是干的。——译者原注

么不美？看她只穿了一件黑色的做工衣服,已能有得那圆圆的,娇美的模样;她丰润的头发,梳理得恰到好处,同她脑后的几根卷毛,和她那雪白雪白的颈项,恰恰配合得相当。我这时候忽然发了狂,忽然有了个解释不出理由的欲望,要想到她那金黄色的卷毛上去接个吻。

希望着她亦许可以回转头来,我就立定了脚,同那年长的女人瞎谈些关于电报上的事。她的答语当然不是友谊的。

而她,那年轻的,可是动也没动一动。

谁说我第二天早晨没有上这邮电局来的,就不是个知我者。

这时候只有她一个人在。

无可如何,她只得回转头来了。吓,真不错!

我向她买了些邮票,写了几封信,又向她问了许许多多的不相干的话,像是只蠢驴子要献殷勤的一样。

她回答我的话,静静的,高高傲傲的,像是个聪明的,有把握的,有礼貌的小女人。

从此以后,我天天到局里来,有时是一天两次,因为我已经知道每到什么钟点上,只有她独自一个人在局里。

要装出我到局里来是有正事的,所以我写了无数无数的信给我的朋友,又打了无数无数的电报给凡是与我勉强有些相识的人;信里和电报里的话,当然是胡闹不知所云。于是巴黎就有了一种流言,说我忽然发了疯了。

我每天自己向自己说:"孩子,你今天总该开口了。"可是一见了她的面,看了她那种冷静的态度,我嘴里再也说不出"姑娘,我爱你"这一类的话来。

我照例是强制了自己,呐呐的说:

"劳驾,给我一张三分的邮票。"

但是这种的境遇,渐渐的觉得不可耐了。

而且,归期也近了,我不得不破釜沉舟的做一下。

我走进了邮电局,写了这样的一个电稿:

"巴黎奥司芒大街十七号,戈格兰,加德:我发疯似的爱着这里倍桑莫央塞尔车站上邮电局里的一个红头发的小姑娘。"

我把这电稿交给她,两手不住的抖。

我以为至少至少,她那粉白的面上,必定要起些变化。

然而不!

半丝筋肉也不动。她用世界上最冷静的一种态度向我说:"请付五十九个生丁。"

她这种皇后般的高傲,真把我弄窘了。无可奈何,只得伸手到袋里去摸钱。

恰巧身间一个铜子都找不着,我就从皮页子里取了一张一千法郎的钞票交给了她。

她拿了钞票细细的看。

这细细的看的结果可很好:她脸上忽然转出一副笑容来,更从这笑容中转出了几声很娇媚的笑声,同时她那一口绝美绝白的牙齿也露出来了。

于是这位美丽而且年青的姑娘就用巴黎的声调,用巴黎第九区里的声调①,向我说:

"先生,要不要找钱呢?"

---

① 第九区是巴黎最繁华的区域。——译者原注

第二编

戏　剧

茶花女[①]

译者的序

《茶花女》快要印成了,吓!刚巧碰到了这样的大热天,还要写出许多字来凑成一篇序,岂非自讨苦吃?然而有话不得不说。

我以为小仲马是不必介绍的,因为凡是读法国近代文学史的人,无不知有小仲马;《茶花女》一剧是不必介绍的,因为凡是读小仲马的著作的人,无不先读《茶花女》;《茶花女》剧中的命意与思想,是不必介绍的,因为所有的话,剧中都已写得明明白白,正不必有什么低能儿去替他乱加一阵子注疏。

虽然小仲马在《茶花女》出世之后的十五年,曾做过一篇两万多字的长文章,把十五年中法国官场以及一般社会对于此剧所取的态度,与所用的手段,一一叙述,并加以辩难及申论,而我却以为这样的一篇文章,尽可以不必译出。因为他是对着法国人说话的,而我们可是中国人!

法国的社会是很守旧的,不错,凡是到过法国的人,都可以知道法国的一般社会,真是旧得可以。但是旧尽可以旧,却是有活气的,不是麻木不仁的。所以要是一旦有了什么个新观念,与原来的旧观念不能相容的,社会上就可以立时起一个大波动。

---

① 据小仲马.茶花女.刘半农,译.上海:北新书局,1926.

中国的社会却并不如此。说是旧罢,六十岁的老翁也会打扑克。说是新罢,二十岁的青年也会弯腰曲背,也会摇头,也会抖腿,也会一句一"然而"。实际却处处是漠不关心,"无可无不可"。

因此,严又陵译《天演论》也罢,译《原富》也罢,译《穆勒名学》也罢,一般青年文学家介绍易卜生也罢,介绍托尔斯泰也罢,介绍罗曼罗兰也罢,在中国人看去,都好像是全没有什么。杜威来了么? 这只是个美国的老头子罢了。罗素来了么? 这只是个英国的小老头子罢了。太戈尔①来了么? 这只是个印度的老老头子罢了。到得欢迎的筵席散了场,桌子上的果皮肉骨扔到了垃圾桶里,此等诸老的思想理论,也就全都扔到了垃圾桶里了!

因此,《茶花女》在中国的命运,也就可想而知。或者是当作闲书看看也罢,或者是摘出一张"幕表"(!)来编排编排也罢,归根结底,只是扔入垃圾桶而已。而他们法国人,可竟为了这一本戏,引起了社会上的波动,也就未免太傻了。

然而我费了一个多月的工夫,把这一本戏译出,意思里可还希望国中能有什么一个两个人,能够欣赏这一本戏的艺术,能够对于戏中人的情事,细细加以思索。国中能有这样的一个两个人没有? 要是有,我就把这一部书呈献给他,呜呼!

一九二六,七,七,刘复书于北京。

---

① 即泰戈尔。——编者注

序外语

序已做完了，还有几句话要说。

亦许这是《茶花女》一剧的不幸罢！因为我的译文岂特不好而已，恐怕还有很多很多的错；若是碰到了个有心挑剔的人，也就尽可以无所不错！

但错与不错有什么关系呢？反正我们中国人演"新剧"，自有特别天才，不必用剧本，只须有一张"幕表"就够！

因此我根本上就做了件傻事。若是我只用三点钟的工夫，提纲挈领的编出一张幕表来，恐怕对于一般的"新剧家"，必要实惠得多。

但"天下事无不有例外"。如果这句话说得不错，那么，这个剧本也就不妨说是给例外的非天才的剧人用的。

翻译上的直译与意译，是永远闹不清楚的一个大问题。我这个剧本，却是偏于意译的。

我以为绝对的直译与意译都是不可能；斟酌于其间而略有所偏，则亦庶乎其无大过矣。

偏也应有偏的限度。我的意思，以为译剧本与译小说不同。小说是眼睛里看进去的，文句累赘一点，看的人尽有从容思索的工夫。剧文是耳朵里听进去的，若不求说者能顺口，听者能顺耳，则其结果也糟！

我虽悬着这顺口顺耳二事来做我翻译的标准，实际却未能完全办到，因为许多地方，中法两种语言的语句的构造，和语词的含义，实在相差得太远，无论如何不能强彼以就此；结果，仍只能破坏了中国语句的自然，回头去迁就法文。要不然，人家要说我不是"译"而是"做"了。

在此等处，我请剧人们临时斟酌变化；若只是死读剧文，台下必定听不懂。

但要记得：我说的是斟酌变化，不是自由变化。

据我想，演此剧有两处最难。一处是第三幕第六场中的马格哩脱的表情：不能失之于太露，也不能失之于太不露。另一处是第一幕和第四幕中一班嫖客和妓女们在窑子里吃酒赌钱的情景。这种地方最见得出配角的重要。若没有受过相当训练的配角，恐怕他们呆起来，就呆得个个像木鸡；胡闹起来，就胡闹得你全体一团糟！

　　小仲马这一个剧本，是一礼拜之内写成的。剧中文辞虽好，而关于舞台的布置，以及剧中人的进退动作等等，却写得非常粗疏。例如第三幕第四场法维尔进门时，剧本中注明"在门口"，但后来是坐的还是站的，竟始终没有提起。此等处，也应由主排的人随时斟酌办理。

　　这一本戏虽然是法国的，剧中的情事，可是无论那一国都可以有得的。所以若是有人因为没有西服，或别种原因，要照《温德米尔夫人的扇子》改为《少奶奶的扇子》之例，把它改成中国戏，也未尝不可；其中有不合中国习惯的地方，自然也尽可以改变一点。我所希望的，只是不要改得太离奇——因为十七八本的《新茶花》，我们已经看过的了！

　　　　　　　　　　　　刘复。一九二六，七，一五，北京。

注意

(1)如欲排演此剧,或将此剧改编电影,须得译者同意。

(2)如于最后试排时未得译者到场参观,认为满意,广告及戏目中,不得加入依据刘译等字样。

《茶花女》登场人物

男角：

阿芒杜法尔　　Armand Duval

乔治杜法尔　　Georges Duval

加司东哩欧　　Gaston Rieux

圣戈唐　　Saint-Gaudens

朱司打夫　　Gustave

琪咪伯爵　　Le Comte de Giray

法维尔　　Arthur de Varville

医生

送信人

男仆二人

女角：

马格哩脱哥底曷　　Marguerite Gauthier

尼希脱　　Nichette

柏唱唐司　　Prudence

那宁　　Nanine

欧莱伯　　Olympe

阿呓都呓　　Arthur

阿难衣司　　Anais

男女宾客(不发言的)

　　这一张表,是照一八五二年二月二日巴黎 Vaudeville 戏馆初次排演《茶花女》一剧的戏单上抄下来的。其中阿呓都呓虽然排在女角之内,实际所扮的却是一个男人,因为:(1)Arthur 是个男人的名字,不是女人的名字;(2)照剧情看起来,阿呓都呓应与阿难衣司是一对爱人;而(3)最有力的证据,却是第四幕第一场中阿难衣司所说的,"他说输去了一千法郎,他来的时候,身间可只有四十法郎"——这句话的原文是,"Il prétend avoir perdu mille francs ; il avait deux louis dans sa pouche quand il est arrivé",言"il"而不言"elle",当然是男人。原来西洋剧场里,普遍是男人扮男,女人扮女。但在必要时,如小孩及花花公子,也可以用女人扮;丑妇或老妇,也可以用男人扮。知道了这一层,则阿呪都呪之归入女角,就没有什么希奇了。

用汉字译音是译不正确的。今将原名一一附列,如果扮演时能用原名,自然是更好了。

∾ 第一幕 ∾

巴黎。马格哩脱的闺阁。

第一场

　　那宁,正在做工;法维尔,坐在火炉旁边。有门铃的声音。

法维尔　有人叫门。

那宁　法朗丹(Valentin)去开了。

法维尔　这一定是马格哩脱了。

那宁　还不是咧。她在十点半以前是不会回来的,现在只还是勉勉强强
　　的十点。(尼希脱进来)吓!是尼希脱姑娘。

第二场

　　前一场的人物,增一尼希脱。

尼希脱　马格哩脱不在家么?

那宁　不在家,姑娘。你要看她么?

尼希脱　我打门口儿走过,顺便就上楼来看看她。她不在家,我也就
　　走了。

那宁　等一等呢,一会儿她就回来了。

尼希脱　我没有工夫,朱司打夫在下面等着我咧。她好么?

那宁　也就老是那么样罢。

尼希脱　请你向她说:我一半天来看她。再会罢,那宁。——再会罢,先
　　生。(向两个人点首而出)

第三场

　　那宁与法维尔。

法维尔　这小姑娘是谁?

那宁　是尼希脱姑娘。

法维尔　尼希脱! 这是个猫的名字,不是女人的名字。

那宁　这本来是个混号。因为她的头发是卷的,她一个小头可就像个猫头一样,所以人家就这样的称她了。当先姑娘在铺子里做工的时候,她和姑娘是同事。

法维尔　那么,当初马格哩脱是在什么铺子里做工的了?

那宁　是,在布店里。

法维尔　怎!

那宁　你不知道么? 这可并不是个秘密。

法维尔　这小尼希脱可长得漂亮啊!

那宁　而且还贤惠!

法维尔　可是那朱司打夫先生呢?

那宁　那一个朱司打夫先生?

法维尔　就是她说在下面等她的。

那宁　那是她男人。

法维尔　那么是尼希脱先生了?

那宁　现在呢,他还不能算她的男人,不过将来总是的。

法维尔　干脆说来,是个姘头罢了。好,好! 她贤惠,可是她有了个姘头!

那宁　他们俩,他所爱的只有她,她所爱的也只有他,而且也从没有爱过他以外的什么别人,因此他要娶她。我向你说的是这样的一句话。尼希脱姑娘是个极老实的女孩子。

法维尔　(立起,走向那宁身旁)也罢,反正这没有什么关系。……不过我在这一方面的事,竟是一点儿进步都没有么?

那宁　半点也没有。

法维尔　这准可以说马格哩脱是……

那宁　是什么？

法维尔　是有了个古怪的念头，要把什么人都牺牲在摩哩阿克（Mauriac）先生身上，而这位先生可又是个全无趣味，不值一爱的。

那宁　笑话了！她所有一切的幸福，就全在这一个人身上。他是她的父亲；即使不完全是，也几乎是父亲了。

法维尔　唉！也好。这上面有一件极伤感的故事；不幸……

那宁　不幸？

法维尔　我也不相信啊。

那宁　法维尔先生，您听着。关于姑娘，我有许许多多的真话可以向你说；而且我们必须是有的说有，无的说无，才是个道理。现在我可以向你说的话，乃是我自己看见的事，是我亲眼看见的事，上帝知道这并不是姑娘教我向你这么说的，因为没有理由可以使得姑娘要骗你：姑娘对于你，既无所谓好，也无所谓坏。这一层说明白了，我就可以老实告诉你：在两年以前，姑娘因为久病之后，到海滨上去疗养。在她所住的那个海浴院里，病人中间，还有一位小姑娘，年纪同姑娘差不多，所害的病也是一样，不过已经到了第三期；说到相貌，更是相像得同个双生姐妹一样。这位姑娘，就是摩哩阿克姑娘，就是摩哩阿克公爵的女公子。

法维尔　摩哩阿克姑娘死了。

那宁　是啊。

法维尔　后来是那位公爵，看着马格哩脱的年纪，相貌，以至于所害的病症，竟活模活样的是他女儿，他就立刻请她接待他，请她允许他把她当作女儿一般的怜爱；因此马格哩脱对于他，就承认了她今天所处的地位了。

那宁　那么姑娘并没有说谎啊。

法维尔　那自然！可是马格哩脱对于公爵，就道德上说，就生理上说，都不和摩哩阿克姑娘一样；所以公爵答应她，她要什么就给什么，只要她肯改变她的生活。这一点是马格哩脱答应的,所以后来她回到了巴黎以后,也就自然而然的好好的守住了这一句话。而那公爵,可因为马格哩脱只划分了一半的幸福去对付他,他也就只划分了一半钱去对付马格哩脱;结果是今日之下,马格哩脱还负担了五万法郎的债。

那宁 你要花钱也由得你;不过人家愿意欠别人的债,不愿意领你的情。

法维尔 有琪咪伯爵在那里,也就无怪其然!

那宁 你这人真是说不明白的。我同你所说的公爵的事,完全是真话;我担保完全是真话。至于伯爵,不过是朋友便了。

法维尔 再说得好听些!

那宁 说得好听些也是个朋友! 你这算什么话! ——可是有人叫门。这是姑娘了。你要我把你的话告诉她么?

法维尔 敢多嘴!

第四场

前一场的人物,多一马格哩脱。

马格哩脱 (向那宁)叫他们预备夜饭,欧莱伯和圣戈唐一会儿就来了。我是在奥贝啦(Opéra)戏院碰到他们的。(向法维尔)吓! 你在这儿,你! (向火炉旁坐下)

法维尔 难道我不是专程等你么?

马格哩脱 难道我是专程要回来见你么?

法维尔 你有一天不给我吃闭门羹,我就有一天要来。

马格哩脱 的确,我回来的时候,没有一天不看见你在这儿,你究竟还有什么话要向我说?

法维尔 你早知道了。

马格哩脱 老是这一派话。法维尔,你这人真无聊。

法维尔 难道我爱你,就是我的错么?

马格哩脱　好理由！好朋友，要是所有的爱我的人的话，都要我听，我就连吃饭的工夫也没有了。我已不知道向你说了几百次，现在不妨再说一次：你只是白费工夫。我听任你无论什么时候都可以到我此地来——我在家，你就进来；我不在家，你就等着——我也当真不知道为什么。可是，要是你不住的拿什么爱情的话头来向我说，我可就不答应你了。

法维尔　可是，马格哩脱，去年在巴涅尔（Bagneres）的时候，你可给了我一点希望。

马格哩脱　哎，好朋友，那是在巴涅尔，是我病的时候，是我不快活的时候。现在在此地，可两样了；我既不害病，也没有什么不快活。

法维尔　我以为是人家爱上了摩哩阿克公爵了罢！

马格哩脱　蠢东西！

法维尔　而且也爱上了琪咪先生了罢！……

马格哩脱　我要爱谁就爱谁。这是我的自由，不关别人的事，尤其是不关你的事。要是你没有别的话向我说，我就再向你说一声：请你去罢！（法维尔起立，在屋中来往踱着）你不愿意去么？

法维尔　不！

马格哩脱　那么弹你的琴；只有弹琴是你的拿手戏。

法维尔　弹什么呢？（当法维尔在琴上试音的时候，那宁进来）

马格哩脱　随你的便。

第五场

　　前一场的人物，增一那宁。

马格哩脱　叫了夜饭没有？

那宁　叫过了，姑娘。

马格哩脱　（走近法维尔）你弹的什么，法维尔？

法维尔　是啰司郎（Rossellen）所作的一个幻曲。

马格哩脱　可很好听……

法维尔　马格哩脱,你听着:我一年有八万法郎的租金咧。

马格哩脱　我有十万咧!(向那宁)见着柏唱唐司没有?

那宁　见到的,姑娘。

马格哩脱　她一会儿要来么?

那宁　要来的,姑娘;她一回来就来。……尼希脱姑娘来过的。

马格哩脱　为什么不坐一会呢?

那宁　朱司打夫先生在楼下等着呢。

马格哩脱　好孩子!

那宁　医生也来过的。

马格哩脱　说的什么?

那宁　他说姑娘要休息休息。

马格哩脱　好医生,没有别的事了么?

那宁　还有一点,姑娘。有人送来一束花。

法维尔　这是我叫人送来的。

马格哩脱　(取花束于手,观之)玫瑰和白丁香。那宁,拿去搁在你的房间里罢。(那宁出)

法维尔　(不弹琴了)你不要它么?

马格哩脱　我叫什么名字?

法维尔　你叫马格哩脱哥底曷。

马格哩脱　人家给我的别名是什么?

法维尔　茶花女。

马格哩脱　为什么?

法维尔　因为你只戴这一种花。

马格哩脱　那就是说,我所爱的只有这一种花;把别种花送给我是无用的。你若以为我可以为了你破例,你就错了。我碰着了别种花的香气我就病。

法维尔　那是我没有幸福。再见罢,马格哩脱。

马格哩脱　再见！

第六场

前一场的人物,增欧莱伯,圣戈唐,那宁三人。

那宁　(进来)姑娘,欧莱伯姑娘和圣戈唐先生到。

马格哩脱　欧莱伯,你居然到了。我总当你是再不上这儿来的了。

欧莱伯　这是圣戈唐不好。

圣戈唐　老是我不好。——哦,法维尔在这儿,我给你请安。

法维尔　好朋友,我给你请安。

圣戈唐　你同我们一块儿吃夜饭么?

马格哩脱　不,不。

圣戈唐　(向马格哩脱)你呢,好孩子,你近来好么?

马格哩脱　很好。

圣戈唐　能很好,那就最好咯!咱们大家好好的乐一会罢。

欧莱伯　只要有了你,人家就得好好的乐一会了。

圣戈唐　好顽皮的东西!——唉,这位亲爱的法维尔不同我们一块儿吃
夜饭,可真叫我怪难受的。(向马格哩脱)刚才我走过黄金店,已向他
们说过,叫他们送一点牡蛎过来,再带上一种特别的香槟酒——这是
人家买不到,只有我买得到的。唉!东西真好啊,东西真好啊!

欧莱伯　(向马格哩脱)你为什么不请爱德孟(Edmond)?

马格哩脱　你为什么不带他来?

欧莱伯　那么圣戈唐呢?

马格哩脱　怕是他还没有这样的习惯么?

欧莱伯　还没有;照他这样的年纪,要有得一个习惯就很难,若要是个好
习惯就更难。

马格哩脱　(向那宁)夜饭该预备好了罢。

那宁　再有五分钟就好了,姑娘。开在什么地方呢?在饭厅里么?

马格哩脱 不要,就在这儿,这儿好。——啊,不差,法维尔,你还没有走么?

法维尔 我要走了。

马格哩脱 (至窗口呼唤)柏唱唐司!

欧莱伯 柏唱唐司就住在对门么?

马格哩脱 她就住在这一宅房子里。我们两家的窗口,几乎是有一个对一个,中间只隔着一个小院子。有时我要用着她,叫起来可很便当。

圣戈唐 那倒不差,她是做什么事的,这柏唱唐司?

欧莱伯 她是做帽子的。

马格哩脱 也只有我一个人买她的帽子。

欧莱伯 你买了可也永世不戴的。

马格哩脱 对啊,她做的帽子无有不糟。可是她自己倒并不是个坏人,而况她所需要的是钱。(呼唤)柏唱唐司!

柏唱唐司 (在外面)在这儿。

马格哩脱 你回来了为什么不来?

柏唱唐司 我不能来。

马格哩脱 有什么人禁止你么?

柏唱唐司 有两个少年人在我家里;他们请我吃夜饭咧。

马格哩脱 带他们到我这里来吃夜饭,不是一样的么? 这两位是谁?

柏唱唐司 有一位是你认识的:加司东哩欧。

马格哩脱 我认识的么? ——还有那一位呢?

柏唱唐司 那是他的朋友。

马格哩脱 够了,不用说名字了;快点儿同来罢……哦,今天晚上很冷……(略略咳嗽)法维尔,搁点儿木柴在炉子里,人家快要冻僵了;你这人,既然不能使人家心里愉快,至少也该有点儿用处才好。(法维尔如言)

第七场

前一场的人物,增加司东,阿芒,柏唱唐司三人,又男仆一人。

男仆　（通报）加司东哩欧先生，阿芒杜法尔先生，杜佛呢诺阿太太，到。

欧莱伯　是什么一回事？要这样像煞有价事的通报起来！

柏唱唐司　我想总有什么贵客在此地罢。

圣戈唐　杜佛呢诺阿太太的交际礼仪开了场了。

加司东　（很客气的向马格哩脱）怎么样，姑娘？

马格哩脱　好；你呢，先生？

柏唱唐司　瞧！这里要用得着这样规规矩矩的说话！

马格哩脱　为的是加司东已成了个大人物了；而况要是我们不这样规规矩矩的说话，欧其尼（Eugenie）就要来挖我的眼睛了。

加司东　欧其尼的手太小，你的眼睛可太大了。

柏唱唐司　够了，笑话说够了。——我亲爱的马格哩脱，请你允许我把阿芒杜法尔先生介绍给你。（阿芒与马格哩脱相互行礼）这是巴黎人中对于你最有爱情的一位。

马格哩脱　（向柏唱唐司）那么叫他们添上两份刀叉罢；既然是这位先生对我有爱情，爱情可不见得不许他吃夜饭的。（伸手向阿芒。阿芒吻之）

圣戈唐　（向加司东，其时加司东正走到他前面）唉！这位亲爱的加司东，我见到了你就快活。

加司东　你这老头儿，可老是这样的年少翩翩啊。

圣戈唐　对啊。

加司东　爱情呢？

圣戈唐　（指欧莱伯）你瞧。

加司东　好，恭喜你。

圣戈唐　可是我上这里来是怪害怕的，怕的是不要碰到了阿忙达。

加司东　阿忙达那苦恼孩子！她很爱你啊！

圣戈唐　她从前是太爱我了。后来可又有了个少年人，两人闹得分割不开。这人是个开银行的。（笑）要是我同他拼，可就要把他的买卖也拼了去。可是我的爱，真是心上的爱。有意思！不过有的时候要藏躲在衣柜里,有的时候要潜伏在扶梯角里暗候,有的时候要在街头巷尾静等……

加司东 这样就叫你饱受风寒,闹成了筋骨酸痛的症候。

圣戈唐 那没有,过了些时,也就算了。反正是青春时代总得要过去的。——唉,那个苦恼的法维尔,他不能和咱们一块儿吃夜饭,可真叫我怪难受的。

加司东 (走近马格哩脱)他真生得漂亮啊!

马格哩脱 可是只有已经老的不会再老到那里去。

圣戈唐 (向阿芒,时欧莱伯以阿芒介绍于圣戈唐)先生,那位做总收的杜法尔先生,是不是你的亲族?

阿芒 是的,先生,是我父亲。你认识他么?

圣戈唐 从前在内呢绥(Nersay)男爵府上见过,而且还见到了令堂太太。令堂太太真是个端丽和爱的女人。

阿芒 她死了已经三年了。

圣戈唐 请你宽恕我,我无端的提起了你的悲哀的事。

阿芒 那不要紧,人家尽可以常常向我提起我的母亲。凡是宏大而且纯洁的爱,在我们身受的时候当然是一种幸福,便到了过后去纪念它,也还是一种剩余下来的幸福。

圣戈唐 你是个独子不是?

阿芒 不是,我还有一个姊妹……(两人随便谈说,走向戏台的后方)

马格哩脱 (低声向加司东)你这位朋友很不错!

加司东 我也以为很不错。而且他对于你,还有一种特别真挚的爱情。柏唱唐司,对不对?

柏唱唐司 你说什么?

加司东 我告诉马格哩脱,说阿芒对于她是爱得发了疯了。

柏唱唐司 这不是谎话。马格哩脱,你相信他就是了。

加司东 我的好朋友,他爱你,爱到了不敢向你说的一步。

马格哩脱 (向法维尔,他是直到现在还在弹琴)静着罢,法维尔!

法维尔 不是你老是要我弹琴的么？

马格哩脱 要是我独自一个人对着你，就要你弹；现在有客人在这里，就用不着了。

欧莱伯 你们在那儿低低的说些什么？

马格哩脱 你听呢，听了就知道了。

柏唱唐司 （低声）说到他对于你的爱情，可已有了两年的历史了。

马格哩脱 那么这一个爱情，可早已是个老头儿了。

柏唱唐司 阿芒的工夫，几乎是尽在朱司打夫和尼希脱的家里费去了，为的是要在那儿听听人家怎样的谈起你。

加司东 在一年之前，你病了，可还没有上巴涅尔去，不是你在床上躺了三个月么？在这三个月之中，不是有人向你说过，说有一个少年，天天儿跑来，打听你的病状如何，可是并没有留下名字。

马格哩脱 哦，不差，我想起来了……

加司东 那就是他。

马格哩脱 这可太好了。（叫唤）杜法尔先生！

阿芒 姑娘叫我？……

马格哩脱 你知道他们向我说的什么？他们说：当初我病的时候，你天天儿跑来探听我的病状。

阿芒 那是真的，姑娘。

马格哩脱 多谢多谢，我真是感谢不尽。法维尔，你听见么？你有没有这样呢？

法维尔 我认识了你还不到一年。

马格哩脱 这位先生认识了我还只有五分钟……你说的话老是这样的蠢。（那宁进来，后面跟着两个男仆，抬了张桌子）

柏唱唐司 吃罢！我要饿死了！

法维尔 再会罢，马格哩脱。

马格哩脱 什么时候再会呢？

法维尔 你要什么时候就什么时候！

马格哩脱 那么再会罢!

法维尔 (向众人点首退出)先生们……

欧莱伯 再会,法维尔;再会罢,我的好东西。(这时候,两个仆人已将桌子放好,刀叉杯碟等物,亦已安放齐全,大家就随便坐下)

第八场

前场人物,少一法维尔。

柏唱唐司 我的好孩子,你对于这位男爵,真的是太给他下不来了。

马格哩脱 这东西讨厌! 他老是向我提起他的租金。

欧莱伯 你还要怨他么? 要是我,我就极愿意他向我来提。

圣戈唐 (向欧莱伯)你这样说,我就很乐意了。

欧莱伯 谁和你"你你我我"的说话,我就雅根儿不认识你。

马格哩脱 孩子们,大家快快的吃罢,喝罢! 只要能够舒舒服服就完事,不要再费什么唇舌了。

欧莱伯 (向马格哩脱)你知道我过生日,他送了我些什么?

马格哩脱 谁?

欧莱伯 圣戈唐。

马格哩脱 不知道。

欧莱伯 他给了我一辆小马车。

圣戈唐 是班德(Binde)车行的。

欧莱伯 不差;可是我竟没有能叫他连马也送了。

柏唱唐司 就没有马也还是个马车。

圣戈唐 我这人早给你毁了,你若要爱我,就为着我而爱我罢。

欧莱伯 说得好听!

柏唱唐司 (指着一只盘子)那是什么鬼东西?

加司东 是小松鸡。

柏唱唐司 给我一只。

加司东　只许她吃一只。哦，多么好的叉啊！亦许是毁了圣戈唐的就是这个叉啊！

柏唱唐司　她！她！现在世界和女人说话，可以这样她也她的么？

加司东　那么，可又要回说到路易十五时代去了。——马格哩脱，斟杯酒给阿芒；他正和"饮酒歌"一样的渴着。

马格哩脱　请，阿芒先生，祝我的康健。

大众　祝马格哩脱的康健！

柏唱唐司　说到了饮酒歌，可有什么人愿意唱一章来听听呢？

加司东　都是那么些老调。我看你柏唱唐司，倒很有当初加浮诗酒会（le Caveau）里的那一种精神。

柏唱唐司　那很好！那很好！

加司东　吃到夜饭就要唱，太没有意思。

柏唱唐司　我可很喜欢。唱着听听真有趣。马格哩脱，唱罢，唱一章非鲁兴（Philogene）做的歌；这是个做诗的诗人。

加司东　你喜欢他做那一路的诗呢？

柏唱唐司　他是专门做诗送给马格哩脱的；这是他的拿手戏。唱罢，唱一章来听听罢！

加司东　我用我们全时代一切人们的名义来抗议这件事。

柏唱唐司　那么大家投票罢！（除加司东外，余人均举手）票投过了。加司东，你是个少数党，也替少数党做个好榜样。

加司东　可以。不过我不喜欢非鲁兴的诗，我知道是知道的。既然要我唱歌，还是唱个歌罢。（唱）

（一）

这是个东方色彩的老晴天，

大家及时行乐罢！

吓！若要有了这明媚风光才行乐，

那又是糊涂绝顶太可怜！

我们是什么都不提，

只要是大家舒舒服服笑嘻嘻。

也不管天光好不好，

只要是笑眼瞧着酒杯中，

杯中笑眼相回瞧。

（二）

天公造酒又造爱，

为的是天公地母常相爱。

人家说我们处世太糊涂，

算了罢！要不糊涂又怎么？

你们爱怎么说就怎么说，

我们能怎么做就怎么做。

你便是个最利害的检查官，

请来瞧一瞧我们的酒杯罢，

吓！保你马上的心回意转，意满心欢。

加司东 （唱毕坐下）话可说的不错：人生总是快乐的，柏唱唐司总是胖的。

欧莱伯 她胖了已有三十年了。

柏唱唐司 可要它同现在说着的笑话一样，快快的完结罢。你猜猜看：我有多大年纪了？

欧莱伯 我猜你有足足的四十岁。

柏唱唐司 她自己有了四十岁倒还是这样的青春美貌！我是到了去年才满三十五岁的。

加司东 那么现在已是三十六岁了。还好，看你样子，还没有老到四十岁以上去,这是规规矩矩的话!

马格哩脱 圣戈唐,不差,我想起来了,说到了年纪,有人向我讲过一桩故事,是有关于你的。

欧莱伯 也是有关于我的。

圣戈唐 什么故事呢?

马格哩脱 其中有一辆黄马车的问题。

欧莱伯 那是实事啊,我的好朋友。

柏唱唐司 瞧!这就是黄马车的故事。

加司东 是,可是让我坐在马格哩脱旁边去罢;坐在柏唱唐司旁边真讨气。

柏唱唐司 是什么个粗卤东西!

马格哩脱 加司东,请你静着。

圣戈唐 哦!好晚饭,东西真不错!

欧莱伯 瞧!他来了,他要想掩饰了他的马车……

马格哩脱 黄马车!

圣戈唐 黄不黄于我没有关系。

欧莱伯 那也好,反正只要大家想想就好了:他从前是爱上了阿忙达的。

加司东 我给你们刺激得太可以了,须得和马格哩脱亲个嘴才好。

欧莱伯 好朋友,你这人真是要不得。

加司东 欧莱伯发了火了,为的是她的话头给我打断了。

马格哩脱 欧莱伯说的不差。加司东简直和法维尔一样的讨厌。等一会拿张小桌子来,叫他到旁边去吃,像处置淘气的小孩子一样。

欧莱伯 好;就叫他到那边去吃。

加司东 可要有个条件:吃完之后诸位太太们一个人给我亲一个嘴。

马格哩脱 就请柏唱唐司做代表;你同她一个人亲了嘴,就算亲了大众的。

加司东 不行不行;非一个个的亲嘴不可。

欧莱伯 好好,给你亲就是了;你坐到那边去,不许开口。——那一天,大半还是那一天的晚上……

加司东 （在琴上弹"马儿勃啰克"*Malbrouck* 曲）不对不对，这个琴的音不对了。

马格哩脱 不要睬他。

加司东 讲这样的故事真讨厌。

圣戈唐 加司东的话对啊！

加司东 我所以要讨厌，因为你这一件故事，我早已知道了，而且老得和柏唱唐司一样老了，是不是呢？ 简单说来，也只是有一天，圣戈唐跟一辆黄马车走，直跟到了阿忙达家门口，看见车子里走下来的是阿琪诺呢（Agenor）。因此就证明阿忙达是欺负了圣戈唐了。这不是很新鲜么？ 其实是谁没有给人家欺负过？ 我们知道：被朋友们欺负，或者是被姘头们欺负，真是常有的事，只要听一听谭格呢克的钟声曲（*Carillon de Dunkerque*）就完事了。（在琴上弹钟声曲）

圣戈唐 我知道当初是阿忙达和阿琪诺呢两人姘上了欺负我：可也知道现在是欧莱伯和爱德孟两人姘上了欺负我。

马格哩脱 好啊，圣戈唐！ 圣戈唐真是个英雄！ 我们大家都爱他，爱得要发疯了！ 谁爱他爱得要发疯的举手！（大众举手）好一个全体一致！ 圣戈唐万岁啊！ 加司东，来一个什么曲子，让我们同圣戈唐跳舞。

加司东 我只会一套"波尔加"。

马格哩脱 也好，就是"波尔加"罢！ 来，圣戈唐和阿芒，先把桌子搬开去。

柏唱唐司 我还没有吃完咧！

欧莱伯 先生们听，马格哩脱竟老不客气，真叫起阿芒来，连先生都不称了。

加司东 （一面弹着琴）快点儿罢；嚯，这一段该怎么弹的，我可有点儿糊涂了。

欧莱伯 是不是我和圣戈唐跳舞？

马格哩脱 不是，是我；我和他跳舞。——来，我的小圣戈唐，来！

欧莱伯　来罢,阿芒,也来罢!

（马格哩脱跳舞了一会,忽然停住）

圣戈唐　怎么,你怎么着?

马格哩脱　没有什么,只是有点儿转不过气。

阿芒　（走至马格哩脱前）姑娘,你难过么?

马格哩脱　哦,没有什么;接下去跳舞罢。（加司东努力弹琴;马格哩脱想继续跳舞,但不久又停）

阿芒　加司东,停着罢。

柏唱唐司　马格哩脱病了。

马格哩脱　（透不过气）给我一杯水。

柏唱唐司　你怎么着?

马格哩脱　还是那老样子。可是没有什么,你放心是了。请你们上那边屋子里去坐一坐,抽支把雪茄,我一会儿就来。

柏唱唐司　那么听她一个人在这里罢;她要是一病,就只喜欢独自一个人静着。

马格哩脱　你们去罢,我一会儿就来。

柏唱唐司　去罢去罢!（自语）这里是一点趣味都没有的了。

阿芒　苦恼的孩子!（与众人同出）

第九场

马格哩脱　（独自;努力的想回复她的呼吸）唉! ……（向镜子里看一看）我的脸多白啊! ……唉! ……（两手捧头,支肘节于炉檐之上）

第十场

马格哩脱与阿芒。

阿芒　（进来）怎么样,姑娘,好点儿没有?

马格哩脱　你,阿芒先生啊! 多谢,我好点了。……而且我也惯了。……

阿芒　你简直是自杀! 我愿意做你的朋友,做你的亲属,要禁止你,不许你再闹出这样的病来。

马格哩脱　这是你做不到的。瞧罢,你来! 可是你有什么法子呢?

阿芒　我以为是……

马格哩脱　唉! 你这人可真好。瞧瞧别人罢,他们有谁来顾到我。

阿芒　别人爱你,不同我爱你一样。

马格哩脱　这是真的;可是这种的大爱情,我早已忘去的了。

阿芒　这是你说笑话了!

马格哩脱　这是上帝不许我! 我天天所等着的只是一件事,那里是说笑话呢?

阿芒　就算这样罢;可是,要是有人对于你能有这样的爱情,在你一方面,你也该以为值得可以答应他一件事了。

马格哩脱　什么事呢?

阿芒　就是好好的调护你自己。

马格哩脱　调护我! 那做得到么?

阿芒　为什么做不到?

马格哩脱　我的好朋友,要是我要调护我,我早就该死了。我所以能于支持到今天,就还是亏着我这狂热的生活。再说调护这一件事,对于有家庭有朋友的贵妇人,那自然是好的;至于我们,只要有什么一天不能伺候人家,供人家的娱乐与虚荣,那就谁也不再来睬我们,只剩着悠悠的长夜,悠悠的长日,给我们自己消受。这种情形我已看得清楚了,算了罢! 从前我病着,在床上整整的躺了两个月。起初还好,到一过第三个礼拜,谁都不上我的门了。

阿芒　我呢,也的确并不是你的什么人。不过,要是你愿意的话,马格哩脱,我愿意来调理你,像你的一个新弟兄一样。我愿意调理到你病好。到你病好之后,你有了气力了,那么,你就是要再过现在这狂热的生活也尽可以,若然你以为这样的生活好。不过据我想来,恐怕你所爱的,还一定是个安静的生活罢。

马格哩脱 你给我苦酒吃。

阿芒 那么,你就没有心的么,马格哩脱?

马格哩脱 心么!可就是因为有了这颗心,使我在今日以前所过的生活中,自己半点儿把握没有。(停一会)可是,你说的话当真不当真?

阿芒 当真。

马格哩脱 那么柏唱唐司并没有欺骗我;她向我说:你是个极有情感的人。这么说,你就来调理我么?

阿芒 是的。

马格哩脱 你可以无论什么时候都陪着我么?

阿芒 无论什么时候都可以,只要你不讨厌我。

马格哩脱 这算什么一回事呢?

阿芒 算作我对于你的一番至诚之心。

马格哩脱 这至诚心从那里来的呢?

阿芒 因为是我对于你,有一种阻厄不住的同情。

马格哩脱 这同情从那一天起的呢?

阿芒 那还是在两年以前,有一天,我看见你走过我面前,真的是极美丽,极高贵,而又有极风流的神韵。自此以后,我就远远的,默默的,将精神全注在你的生活上。

马格哩脱 为什么要直到今天才同我说起呢?

阿芒 因为我不认识你,马格哩脱。

马格哩脱 要认识是容易的。我病的时候,你既然有这样的好意天天来探听我的病状,为什么不竟就上楼来看看呢?

阿芒 我有什么权利可以上你的楼?

马格哩脱 难道对于我这种女人,还怕唐突了么?

阿芒 对于无论什么女人,这种的举动总是唐突的。而况……

马格哩脱 而况?……

阿芒 而况我由己也怕一旦见了你,免不得要受了你的影响,弄得身不由主。

马格哩脱　这样说，你是爱我了！

阿芒　这一句话，就使要说，也不必今天说。

马格哩脱　请你永远不要说。

阿芒　为什么呢？

马格哩脱　因为要是你存了这样的心，恐怕将来的结果一定不外乎两种的情况：第一种情况，是你所愿意我能于有得的，可是我自己相信不见得能够办得到；在第二种情况之下，那可就糟，你从此就进了一个悲苦的社会，这社会中的一个女人，乃是悲哀的，有病的，神经衰弱的；亦许她也有得一点风情，但这种的风情，比什么悲哀都悲哀。这是个一年要花上十万法郎的女人，将她给了那老而且富的公爵，也未尝不好；若是给了你这样的青年人，那真是要不得。不要再说了；方才所说的，尽是些孩子话！你还是同我拉一拉手，回到那边饭堂里去。人家看见我们老不去，还不知道当作什么意思咧。

阿芒　要是你以为我去的好，我就去；我呢，我可要请你答应我留在此地。

马格哩脱　为什么？

阿芒　为的是你的风情，叫我害了病了。

马格哩脱　要不要我给你开个药方？

阿芒　要。

马格哩脱　那么自己有点把握，救救你自己，若然你向我所说的话是真话；或者是你爱我，就像一个好朋友一样的爱我，可不要在朋友之外更说什么。你尽可以到我此地来，大家说笑取乐，可不要以为我这个人值得什么，我这人也实在值不得什么。你这人的心真好，而且也有被爱的需要；可是要到我们这一个世界中来混，你年纪还太轻，情感也太富。你应当另外找一个女人去使用你的爱，或者是你就和她结了婚。你可以看得出我并不是个坏女人，我和你说的都是真话。

第十一场

　　前场的人物,增一柏唱唐司。

柏唱唐司　(推开半扇门,探进头来)哦!你们在这里捣什么鬼?

马格哩脱　我们说的是正话;请等一下,一会儿我们就同上那边去。

柏唱唐司　好,好;说罢,孩子们。

第十二场

　　马格哩脱与阿芒。

马格哩脱　这样可以算说定了罢,你从此不爱我?

阿芒　我听你的话,我去了。

马格哩脱　竟就要去了?

阿芒　是。

马格哩脱　人家也有过你这样的事,可并不就去。

阿芒　这因为是你又答应了人家了。

马格哩脱　唉!伤心,我就简直没有。

阿芒　你就简直没有爱过什么人么?

马格哩脱　简直没有,多谢上帝的照顾!

阿芒　哦,我谢谢你!

马格哩脱　谢什么?

阿芒　谢谢你所说的话;再没有别种消息,可以使我听了更快乐的了。

马格哩脱　好奇怪!

阿芒　你要我向你说么,马格哩脱?我曾有好多次,整夜天的在你窗下呆站着。六个月以前,我拾到了你手套上掉下的一个钮子,至今还是珍重保藏着。

马格哩脱　我不信。

阿芒　你不信也好;我原是个傻子,就给你取笑取笑罢。取笑我这傻子,乃是最好的一件事。……再会。

马格哩脱 阿芒!

阿芒 你又叫我的么?

马格哩脱 我不愿意看见你发怒而去。

阿芒 你说我向你发怒么? 那有这情理?

马格哩脱 慢着;你向我说的话,中间也有点儿是真话么?

阿芒 你问出这样的一句话来!

马格哩脱 那么好,我们拉拉手;请你一半天再来,常常来,我们再细细的谈。

阿芒 这是多承盛情了;可是就我说,还觉得不够。

马格哩脱 那么,你要怎么就怎么,你要要求什么就要求什么,既然是你对于我,已经有过了一番的盛意。

阿芒 请你不要说这样的话。我不愿意你用笑话来回答我的正话。

马格哩脱 我不说笑话了。

阿芒 那么回答我的话罢。

马格哩脱 什么话呢?

阿芒 你愿意不愿意被人家爱?

马格哩脱 那要看;看是谁。

阿芒 是我。

马格哩脱 爱了呢?

阿芒 爱了之后,就一起用深挚的爱情爱下去,以至于无穷。

马格哩脱 以至于无穷? ……

阿芒 是。

马格哩脱 那么,要是我马上就相信你这句话,你向我说什么呢?

阿芒 (面上现出热情)我说……

马格哩脱 你所说的,恐怕也不过是别人所说的话。可是这有什么关系呢! 反正我的寿命总比别人短,我过这一世总是过得很快的。不过,你也尽可以放心。尽说是你的爱情是无穷的,我的寿命是短促的,恐怕我能于生活的时间,总比你能于爱我的时间还要长。

阿芒 马格哩脱……

马格哩脱 现在呢,你的精神也已刺激得够了;听着你说话的声音,也就可以证明你的诚意;你的话,亦许不见得说过了就算。凡此种种,总应当受到一些报酬才好。……你就拿这朵花去罢。(给与茶花一朵)

阿芒 拿了有什么用处呢?

马格哩脱 仍旧拿来给我。

阿芒 什么时候拿来。

马格哩脱 到它枯萎的时候。

阿芒 它要到什么时候才枯萎呢?

马格哩脱 那是无论什么花,都不过一早一晚的功夫就枯萎了。

阿芒 唉!马格哩脱,我真的是快乐极了。

马格哩脱 这很好,再说一声你爱我呢。

阿芒 是;我爱你!

马格哩脱 现在你可以去了。

阿芒 (向后退)我去了。(重又回来,亲了一亲马格哩脱的手,然后走出)

(门外夹道中有笑声及唱歌声)

第十三场

马格哩脱;后来进来的是加司东,圣戈唐,欧莱伯,柏唱唐司。

马格哩脱 (独自;瞧着阿芒所走出的那一个门)为什么不? ——有什么好? ——我的生命就在这两句话中来来往往的走,就来来往往的消磨于这两句话中啊。

加司东 (推开半扇门,进来)村歌合唱!(唱)

这是个有幸福的一天!

趁着这,这最好的一天,

让咱们来联合起

结婚的火把，

和那美丽的好花……

圣戈唐　杜法尔夫妇万岁！

欧莱伯　这里就是结婚跳舞场了！

马格哩脱　应当是我来同你们跳舞。

圣戈唐　我可是真快活啊！

（柏唱唐司戴上一只男帽子，加司东戴上一只女帽子，余人亦各各胡乱化妆。跳舞）

～ 第二幕 ～

马格哩脱的梳妆室。

第一场

马格哩脱，柏唱唐司，那宁。

马格哩脱　（坐在梳妆台旁，柏唱唐司从外面走进来）我的好朋友，晚安！你见着了公爵没有？

柏唱唐司　见着的。

马格哩脱　他给了你没有？

柏唱唐司　（将许多钞票给与马格哩脱）这就是。——你能不能借我三四百法郎？

马格哩脱　你拿就是了。……你向公爵说过我要到乡下去么？

柏唱唐司　说过了。

马格哩脱　他说什么？

柏唱唐司　他说你的办法好，说你到乡下去了，你身体只有得变好。你去
　　　　不去呢？

马格哩脱　我希望去。我今天又去把那房子看了一回。

柏唱唐司　要多少租金呢？

马格哩脱　四千法郎。

柏唱唐司　哦，那么许多！这就是爱情啊，我的好朋友。

马格哩脱　我可是有点儿害怕。这亦许是一种的热情，亦许也只是一番
　　　　枉空的妄想。就我所能知道的说，这总还是一件事罢了。

柏唱唐司　他昨天来了没有？

马格哩脱　这还要问？

柏唱唐司　他今天晚上还要来。

马格哩脱　一会儿就来了。

柏唱唐司　我也知道的啊！他在我家里停留了有三四点钟。

马格哩脱　他向你说起我的么？

柏唱唐司　你要问他说起你的什么呢？

马格哩脱　他向你说些什么呢？

柏唱唐司　他说他爱你，那还要问！

马格哩脱　你认识了他有好久了么？

柏唱唐司　是的。

马格哩脱　你看见他爱过什么别的女人没有？

柏唱唐司　从来没有。

马格哩脱　这是真话？

柏唱唐司　千真万真的话。

马格哩脱　你看他说到了他的母亲和妹子的时候是怎样的，你就可以知
　　　　道他是个好心眼儿的人。

柏唱唐司　这样的人不能有上十万八万镑的租金，真是大不幸！

马格哩脱　你错了，这才是大幸，至少至少，也必须是没有了租金的人才

可以爱得。(引柏唱唐司的手,放在她自己的胸口)瞧!

柏唱唐司　什么?

马格哩脱　我的心跳了,你不觉得么?

柏唱唐司　为什么心跳?

马格哩脱　为的是十点钟了,他快来了。

柏唱唐司　吓,你竟爱他爱到了这一步? 我可要用心些,不要学你的样。可是这样还不好么,你自己说罢!

马格哩脱　(向那宁,时那宁正在室中来来往往的收拾东西)去开门,那宁。

那宁　还没有叫门咧。

马格哩脱　我说叫的了。

第二场

　　柏唱唐司,马格哩脱。

柏唱唐司　我的好朋友,我去替你祷告罢。

马格哩脱　为的是?

柏唱唐司　为的是你在危险之中。

马格哩脱　亦许是。

第三场

　　前一场的人物,增一阿芒。

阿芒　马格哩脱!(趋就马格哩脱)

柏唱唐司　你连晚安都不向我说一声,你这忘恩负义的东西!

阿芒　对不起对不起,我亲爱的柏唱唐司,你好么?

柏唱唐司　是时候了! ……孩子们,我去了;家里还有人等我咧。——再会。(出)

第四场

　　阿芒, 马格哩脱。

马格哩脱　来, 坐这儿来, 先生。

阿芒　(如言, 往坐其膝上)那么?

马格哩脱　你是不是永远这样的爱我?

阿芒　不!

马格哩脱　怎么?

阿芒　我爱你下去, 还要比现在爱上一千倍, 姑娘!

马格哩脱　你今天做了些什么事?……

阿芒　我去看过了柏唱唐司, 朱司打夫, 尼希脱三个人。凡是可以听得见
　　人家谈到马格哩脱的地方, 我都到过了。

马格哩脱　晚上呢?

阿芒　晚上啊, 本来是我父亲有信来, 说在都尔(Tours)等我, 叫我去。我
　　回信说走不开, 请他不要等的了。你瞧, 我现在是不是坐在火车里往
　　都尔去呢!……

马格哩脱　不过呢, 你也不应当对于你父亲就糊涂起来。

阿芒　那可没有什么危险。你呢, 你今天做了些什么事?……

马格哩脱　我, 我在这里想你。

阿芒　真的么?

马格哩脱　自然真的; 我还想了一些方法。

阿芒　真么?

马格哩脱　真的。

阿芒　那么说给我听!

马格哩脱　将来说。

阿芒　为什么不马上说?

马格哩脱　亦许是你爱我, 还没有爱到够数。要到得这些方法可以实现
　　的时候, 那才是我可以向你说得的时候。现在你只须知道我所想的

法,为的是你。

阿芒　为的是我?

马格哩脱　是,为的是你,为的是我太爱你了。

阿芒　瞧,这是什么一回事呢?

马格哩脱　你就是问到了也能有得什么好处呢?

阿芒　我请你务必告诉我。

马格哩脱　(踌躇了一会)难道我对于你,竟不能守得一点秘密的么?

阿芒　我听你说。

马格哩脱　我想着了一个方法。

阿芒　什么方法?

马格哩脱　我只能把这方法的结果告诉你。

阿芒　怎样的结果呢?

马格哩脱　要是你我两人能同到乡下去过夏,你快活不快活呢?

阿芒　那还要问?

马格哩脱　这就好。要是我的方法能有结果,结果就是在两礼拜之后,我就可以自由了;我就再没有什么别种负担,尽可以同你到乡下去消夏了。

阿芒　用了什么方法可以达到这个目的,你难道就不能告诉我么?

马格哩脱　那不能。

阿芒　是不是你独自一个人想出来的方法,马格哩脱?

马格哩脱　你说起这样的话来!

阿芒　请你回答我就是了。

马格哩脱　也好,是的,是我独自一个人。

阿芒　是你独自一个人去办理这件事么?

马格哩脱　(又踌躇一会)是的,是我独自一个人。

阿芒　(站起来)你读过马侬雷加(Manon Lescaut)这一部书没有?

马格哩脱　读过的;那边客堂里有这一部书。

阿芒　你看镝格哩欧(Des Grieux)这个人怎么样?

马格哩脱　你为什么问这个问题？

阿芒　书中说起，有一次，马侬也想了一个方法，去向一位贵族名叫 B——先生的要了钱，给她自己和镝格哩欧两人使花了。马格哩脱，你的心肠总比马侬好；我呢，我也是总比镝格哩欧正气些！

马格哩脱　这就是说……

阿芒　这就是说，假使你所想的方法是这一类的方法，我可不能承受。

马格哩脱　很好，我的朋友，我们就不要再提罢……（停一下）今天天气很好啊，是不是呢？

阿芒　是的，很好。

马格哩脱　觞瑟里瑟(Champs-Elysees)准有很多很多的游人罢？

阿芒　很多。

马格哩脱　怕要过几天，到没有了月亮了，人才少些罢？

阿芒　（不耐）唉！月亮不月亮，关得我什么事呢！

马格哩脱　那么，你叫我向你说些什么呢？方才我向你说我爱你，我要给你个爱你的证据，你又发起脾气来了；那么，我也只能向你说说月亮了。

阿芒　马格哩脱，你究竟要怎样？你这种的念头，只须有得一点，就马上可以使我妒忌怨恨。你方才向我所说的话是……

马格哩脱　是不是我们再回转去说那一句话？

阿芒　哦！上帝，是的，我们再回转去说那一句话。……你所提出的那办法，可真要叫我快乐得发疯；不过办这一件事以前的那一种秘密……

马格哩脱　又来了，你也好好的想一想呢！你是爱我的，你也愿意离开了这讨厌的巴黎，同我到乡下去过上些时，是不是呢？

阿芒　是的，我很愿意。

马格哩脱　我呢，我也爱你，我也愿意能于这样。可是要这样，就要在我所缺乏的东西上，想一点方法。你对于公爵，并没有什么妒忌。你也知道你我两人的结合，中间有何等样的纯洁的感情。那么，这一件事你就任听我一个人去做就是了。

阿芒　不过……

马格哩脱　我爱你。瞧,这就算说定了不是?

阿芒　可是……

马格哩脱　(苦苦的求)这就算说定了罢,瞧?……

阿芒　且慢着。

马格哩脱　那么,你明天来看我;我们再谈。

阿芒　怎么,我明天来看你? 你这就叫我走么?

马格哩脱　我不是叫你走。你还可以再坐一下。

阿芒　再坐一下! 你还有什么别人要来么?

马格哩脱　瞧! 你又来了!

阿芒　马格哩脱,这是你欺负我!

马格哩脱　我问你:你认识了我有几天了?

阿芒　四天。

马格哩脱　你凭着什么可以强迫我接待你?

阿芒　那没有。

马格哩脱　那么,要是我不爱你,我有没有权利可以请你吃闭门羹,像我对付法维尔和许许多多的不相干的人一样?

阿芒　那自然。

马格哩脱　那么,你只求能于爱得我就是了,还要埋怨什么呢?

阿芒　对不起,宽宥我,一千个宽宥我!

马格哩脱　你如果老是这样,我一生一世就只有宽宥你的工夫了!

阿芒　那一定不;这就是最后一次了。瞧,我这就去了。

马格哩脱　那么回头见。明天正午十二点钟请过来,我们一块吃午饭。

阿芒　那么,明天见罢。

马格哩脱　明天见。

阿芒　十二点么?

马格哩脱　十二点。

阿芒　一定么?……

马格哩脱 怎么？

阿芒 你没有别人要来么？

马格哩脱 又来了！我向你说我爱你,在全世界中我只爱你一个人!

阿芒 那么再会!

马格哩脱 再会,我的大孩子!（阿芒犹豫一会,出）

第五场

马格哩脱,独自,仍在原处。

马格哩脱 在一礼拜以前,有谁能向我说,世界上有这样的一个我向来所不知道的人,能于在这样短的时间之内,就来关切着我的心与我的想念,而且关切到了这样的一步？而况他还爱着我呢？就我说,我所知道的是,如果我现在对于他才可算以得爱,那么我就算从没有用过我的爱。可是为什么要把一种快乐牺牲掉呢？为什么他就不听任着他自己,走向他心腔中最妄幻的一个所在去呢？——我又是个什么？我不过是天地间偶然所生的一个动物罢了！那么就听凭偶然来处置我,听它要怎么就怎么罢!——这于我并没有什么关系,我只觉得我现在的幸运愉快,竟是我从前所没有过的。这亦许是因为有了一个不良的预料,才是如此。我们这一班的女人,都预料着人家是爱我们的,我们是从不爱人家的,因此一旦碰着了个心上所料不到的事,就连我们自己所处的地位也就模糊起来了。

第六场

马格哩脱,那宁,琪咪伯爵。

那宁 （通报）伯爵到!

马格哩脱 （仍坐原处）伯爵晚安!

伯爵 （就亲其手）晚安,好朋友! 今儿晚怎么样,身体好?

马格哩脱　很好。

伯爵　（就炉边坐下）哦！这鬼天很冷。你写信约我十点半来,瞧,我的表准么?

马格哩脱　多谢。我亲爱的伯爵,我有话要向你说。

伯爵　你吃过夜饭没有?……

马格哩脱　为什么?……

伯爵　为的是我要同你出去吃夜饭去;我们有话就在吃夜饭的时候谈。

马格哩脱　你饿了么?

伯爵　到了吃夜饭的时候总是饿的。我方才在俱乐部里吃晚饭,可吃得真坏!

马格哩脱　你们在俱乐部里做些什么事?

伯爵　到我走的时候,他们赌起钱来了。

马格哩脱　圣戈唐输了没有?

伯爵　只输了五百法郎,他可好像输了几万法郎似的叫将起来了。

马格哩脱　前几天,他和欧莱伯在我这里吃夜饭的。

伯爵　还有什么人没有?

马格哩脱　还有加司东哩欧,你认识么?

伯爵　认识的。

马格哩脱　还有阿芒杜法尔先生。

伯爵　这阿芒杜法尔先生是谁?

马格哩脱　这是加司东的朋友。此外还有柏唱唐司和我。……瞧,我们这么许多人在一块儿吃夜饭,开顽笑开得真够啊!

伯爵　要是我知道了,我也来了。哦,我想到了,方才我进门之前,这里走出去了一个人,这是谁?

马格哩脱　没有,没有什么人。

伯爵　是我下了车要上楼的时候,他就向我跟上来,像是要认一认我是什么人;到得我觉得了,他就走了。

马格哩脱　（自语）这难道是阿芒么?（按铃）

伯爵 你要什么东西么？

马格哩脱 是的，我要向那宁说句话。（低声问那宁）你下楼去，到街上去
看一看，是不是阿芒杜法尔先生还在那里，可不要给他知道了；看了
之后就来回我的话。

那宁 知道了，姑娘。（出）

伯爵 有一个新闻。

马格哩脱 什么新闻？

伯爵 加古基（Gakouki）结了婚了。

马格哩脱 是我们的那个"波兰王子"么？（此当是伯爵之子，波兰王子
者，昵名也）

伯爵 可不是！

马格哩脱 同谁结的婚？

伯爵 你猜猜看。

马格哩脱 这个人我也认识么？

伯爵 告诉你罢：就是那小爱特儿（Adele）。

马格哩脱 糟！这是爱特儿大不该！

伯爵 恰恰相反，这是加古基大不该……

马格哩脱 好朋友，我向你说：要是一个有身分的男人娶了个像爱特儿那
样的一个女人，这并不是那男人胡闹，实在是那女人有意要做一件坏
事。你的波兰王子就从此毁了，声名也从此扫地了；而况，他所以要
娶爱特儿，无非是为着有了那一两万镑的租金，就是你辛辛苦苦替他
东拼西凑弄起来了。

那宁 （进来，低声向马格哩脱说）姑娘，没有，外面没有什么人。

马格哩脱 现在是，我亲爱的伯爵，我们要说规规矩矩的事了。

伯爵 规规矩矩的事！我可愿意说些快快乐乐的事。

马格哩脱 你喜欢的快快乐乐的事，等一会说就是了。

伯爵 那么我听你说罢。

马格哩脱 你有现钱没有？

伯爵 我？那是从来没有的。

马格哩脱 这就该想些法子了。

伯爵 那么,是你要用钱么?

马格哩脱 可不是! 我要有一万五千法郎才过得去!

伯爵 糟糕! 这可要好好的花上一个大! 可是为什么要整整的一万五千法郎呢?

马格哩脱 为的是我欠了人家的。

伯爵 是你要还债么?

马格哩脱 是人家要我还。

伯爵 非还不可么?……

马格哩脱 非还不可。

伯爵 那么……算数就是了,我想法子罢。

第七场

前一场的人物,增一那宁。

那宁 (进来)姑娘,有人送来了这一封信,说即刻就要交给姑娘的。

马格哩脱 这更深夜半还有人写信给我?(拆信)阿芒! 这是什么意思? (读)"就算是我所爱的一个女人罢,她若要拿我这样的开顽笑起来, 我可不能答应。我刚出你的门,就看见琪咪伯爵进去了。我没有圣 戈唐那样的年纪与美德。请你宽宥我,我没有百万家私,这是我独有 的一个大错。我们两从此可以把我们是曾经相识过,而且是曾经自 以为相爱过的这一件事,大家都忘去了。你接到这一封信的时候,我 已离开了巴黎了。阿芒。"

那宁 姑娘有回信没有?

马格哩脱 没有;就说这样也好。(那宁出)

第八场

伯爵与马格哩脱。

马格哩脱 （自语）好！真是做了场昏梦！好不倒霉！

伯爵 这是封什么信？

马格哩脱 好朋友,你问它是什么信么？这是给了你一个好消息。

伯爵 怎么？

马格哩脱 这一封信,是来送一万五千法郎给你的！

伯爵 一送就送这许多,这种的信我还是第一次接到。

马格哩脱 我方才向你要求的钱,现在用不着了。

伯爵 是你的债主不要你还债了么？唉！这债主可真好啊！

马格哩脱 不是。好朋友,告诉了你罢:是我爱了一个人。

伯爵 你？

马格哩脱 是我。

伯爵 爱的是谁呢？上帝！

马格哩脱 是一个不爱我的人,这是很平常的;是一个没有钱的人,这也是很平常的。

伯爵 哦,不差,我明白了:许是你爱了这一个人,就叫你对于别人,有点儿相与不来了。

马格哩脱 瞧罢,这是他写给我的信。（以信授伯爵）

伯爵 （读信）“我亲爱的马格哩脱……”瞧！这是杜法尔先生。这位先生可真能吃醋啊！哦！现在是我明白了这一封兑汇信的用处了。你想的方法真聪明,真聪明！（把信还给马格哩脱）

马格哩脱 （按铃,并将信掷于桌上）你方才要请我去吃夜饭,是不是？

伯爵 是,我现在还要请你去。你一餐总吃不了一万五千法郎的。我这人是老是很经济的。

马格哩脱 那么我们就去;我要出去吸点儿空气。

伯爵 据我看来,这件事对于你很不好;你真烦恼得可以了,我的好朋友。

马格哩脱 那没有什么。(向刚走进来的那宁)给我一顶帽子,一个披肩。

那宁 姑娘要那一顶?

马格哩脱 帽子随便拿一顶就是,披肩挑一条轻一点的。(向伯爵)我的好朋友,我说我们应当什么事都随便些。

伯爵 对啊!我是一向就是这样的。

那宁 (授披肩与马格哩脱)姑娘不嫌冷么?

马格哩脱 不。

那宁 要不要等姑娘?……

马格哩脱 不用,你去睡就是了;亦许我回来得很迟。……伯爵,我们走罢!(两人同出)

第九场

那宁,独自。

那宁 总有了什么事了,我看姑娘好像是怪难受的。一定是方才送来的那封信,闹了什么乱子。(取桌子上的那封信)瞧,就是这封信。(读)鬼!这位阿芒先生竟是这样一个朝三暮四的人。只是两天以前下个委任状,今天可就要把人家免职;他这种生活,简直是玫瑰花的生活,政客的生活。……吓!(柏唱唐司进来)杜佛呢诺阿太太。

第十场

那宁,柏唱唐司,男仆。

柏唱唐司 马格哩脱出去了么?

那宁 刚出去。

柏唱唐司 那里去的?

那宁 去吃夜饭的。

柏唱唐司 琪咪先生同去的么?

那宁　是的。

柏唱唐司　她刚才接到一封信的么?

那宁　有阿芒先生的一封信。

柏唱唐司　她看了说什么没有?

那宁　没有说什么。

柏唱唐司　她快回来的么?

那宁　不见得,怕要很迟。时候已经不早了,我当你早已睡了的了。

柏唱唐司　我的确早已睡的了。睡着了可有人来大叫其门;开出一看……(有人敲门)

那宁　进来!

男仆　姑娘叫我来拿一件皮大衣;她觉得有点儿冷。

那宁　姑娘还在楼下么?

男仆　是;姑娘在车子里。

柏唱唐司　你去请姑娘上来,说是我请她的。

男仆　可不是姑娘独自一个人在车子里。

柏唱唐司　那不要紧,你去就是了。(男仆出)

阿芒　(在外面)柏唱唐司!

柏唱唐司　(开窗)来了来了! 又是一个没有耐心的! 唉! 这班吃醋朋友都是一样的。

阿芒　怎么样?

柏唱唐司　等一等呢,太爷! 一会儿我叫你就是了。

第十一场

前一场的人物,增一马格哩脱。

马格哩脱　我亲爱的柏唱唐司,你要同我说什么话么?

柏唱唐司　阿芒在我家里。

马格哩脱　这关我什么事?

柏唱唐司 他要来同你说句话。

马格哩脱 我可不愿意接见他。而且我也不能接见他,有人在楼下等着我咧。你就把这话告诉他罢。

柏唱唐司 这样的一个差使我可不能当。怕的是他要难为了伯爵。

马格哩脱 怎么?他打算要怎么样?

柏唱唐司 这我那里能知道?就是他自己也那里能知道?我们只知道这是个有情人罢了。

那宁 (向里面去拿了一件皮大衣出来)姑娘要皮大衣么?

马格哩脱 等着,此刻还不用。

柏唱唐司 那么你究竟怎么样,决定了没有?

马格哩脱 这小子真要把我陷入于不幸之中。

柏唱唐司 那么你就从此不再见他罢。一件事既已到了这样,还不如就听它这样的好。

马格哩脱 这就是你的意见,是不是?

柏唱唐司 自然是的。

马格哩脱 (停了好一会)此外他还向你说些什么呢?

柏唱唐司 看你的意思,还是要他来。那么我就去找他罢。不过那伯爵呢?……

马格哩脱 伯爵啊!听他等着就是了。

柏唱唐司 亦许还是索性打发他走了好。

马格哩脱 你的话不错。——那宁,你下楼去,干干脆脆的向伯爵说,说我病了,不能去吃夜饭了,对不起得很。

那宁 是,姑娘。

柏唱唐司 (向窗口)阿芒!来罢!哦!我只说得一声"来",他就直奔过来了。

马格哩脱 他来了你也不要去。

柏唱唐司 那不行。——到他一来,一会儿你就要叫我去的,我还不如马上就走的好。

那宁　（重又进来）姑娘,伯爵去了。

马格哩脱　他没有说什么罢?

那宁　没有。（出）

第十二场

　　马格哩脱,阿芒,柏唱唐司。

阿芒　（进来）马格哩脱! 终于见到了你了!

柏唱唐司　孩子们,我去了。（出）

第十三场

　　马格哩脱,阿芒。

阿芒　（往就马格哩脱膝上坐下）马格哩脱……

马格哩脱　你要什么?

阿芒　我要你饶恕我。

马格哩脱　你不能邀到我的饶恕!（阿芒有相当的动作与表情）要是你为着心中妒忌,写一封情词愤恨的信来,我也并不觉得怎样;无如你写了这样一封情词决绝,信口污辱的信来,我可有点儿受不了。我为了你,真已受到了许多的痛苦与委屈了。

阿芒　难道我为了你,就没有受到一点的痛苦与委屈么?

马格哩脱　要是你也为了我受痛苦受委屈,那就决不是我居心要你受:是事实上的无可奈何。

阿芒　方才我看见伯爵来了,我想:这是为了伯爵,所以你才打发我走;于是我就简直的发了狂,我的头魂也不知丢到那里去了,结果是我就写了那封信了。可是,我希望的是你有回信的,而你竟没有;我希望的是总可以同你当面争辩一番,而你可对那宁说:这样也很好;于是我就自己问自己:假使我从此以后不能再见到你,我真不知要变做了个什么。于是我觉得一刹那间,我的四周竟完全是空空洞洞的了。唉!马格哩脱,你可不要忘记:虽然我与你相识了只有几天,我的爱你,可是自从两年以来就爱你的。

马格哩脱 也好,你现在已下了个好决心了。

阿芒 什么决心?

马格哩脱 就是决心要走,要离开巴黎。这不是你信里的话么?

阿芒 我能走得了么?

马格哩脱 可是总得要走。

阿芒 总得要?

马格哩脱 是,总得要;这非但是为着你,而且也是为着我。我所处的地位,实在不能容许我再见你,尤其是要禁止我再爱你。

阿芒 你能稍微爱我一点不能,马格哩脱?

马格哩脱 我从前是爱你的。

阿芒 现在呢?

马格哩脱 现在是我想了一想了:我从前所希望的事是做不到的。

阿芒 不过,要是你爱我,你就不应该接待伯爵,至少是今天这一晚总不应该接待他。

马格哩脱 对;所以我们还是省些唇舌的好,不必再愈说愈远。我是青年的,是美貌的,是可以使你快乐的,我是个好姑娘,你也是个好孩子,那么,你对于我,只须把好的部分取去,把坏的部分留下就是,此外就什么都不用管得了。

阿芒 这可不是你方才同我所说的话了。你方才与我商量,说要与我两个人远离了巴黎,远离了烦扰,同到什么一个所在去过上几个月;我有了这个希望,可是一会儿就看见伯爵来了,使我觉得这个希望未必能实现,我心上当然是难受得可以了。

马格哩脱 (神情凄苦)我方才所说的话,也是真的。我自己是这样想过的:"要是能够休息一下,我的身体总可以好一点。他是注意我的健康的人。可是若要想出什么一个方法来,与他两个人到乡下去,到树木清幽的所在,安安静静的过上一个夏,那就还得要在现在所过的整天整夜的烦恼光阴中想出方法来。"我还想到:到过了三四个月之后,我们回到巴黎来,大家就好好的拉一拉手,从此分手。从此我们就把爱情上所剩余下来的,变做了友谊。这一句话,其实已经超过了我的希望了。因为人家对于我们所用的爱情——尽可以嘴里嚷得很热闹——结果是能于到得后来,还仍旧可以配得上说是友谊的,已经是很难很难的了。而你可还不愿意;你的心,真是大得可以了! 现在是我们什么都不用再说了。你到我这里来过几次,你在我这里吃过夜饭:回头请你打发人拿你的名片,送什么一样首饰过来,就什么都完事了。

阿芒　　马格哩脱你疯了! 我爱你! 我的爱你,可并不是为着你美,也不是为着与你同到乡间去了,可以有得三四个月的快乐。你是我的希望的全体,我的思想的全体,我的生活的全体;总而言之,我爱你! 我还有什么别的话可以向你说呢?

马格哩脱　　不错,还不如就从目前一刻起,我们再不要见面了!

阿芒　　那自然,为的是你不爱我,你!

马格哩脱　　为的是……你还不知道你自己所说的是什么。

阿芒　　那么,为什么呢?

马格哩脱　　为什么? 你要知道么? 为的是我那一个梦刚做起头,我已一直想到了末了了;为的是有的时候,我觉得现在这样的生活过得厌倦了,就不免要想到另外的一种生活;为的是在我们所过的这样的烦扰的生活之中,我们的头脑,我们的气性,我们的意识,还仍旧是活着,而我们的心,可是膨胀着,完全找不着个安慰之处,因此我们就只有一味的忧郁了。事实上,也有许多爱我们的人,据他们自己说,是为了我们闹得倾家荡产的,其实那里是为了我们,只是为了他们自己的虚荣便了。我们在这班人的心目中,说到爱,该处于第一位;说到看待,可要打到末一位。我们也有些朋友,有如柏唱唐司这样一类的人。这一类人对于我们所尽的友谊,至多也只能做到奴婢的地步;要他们忘去了自己的利益,真心真意的为着我们,那是永远没有的事。我们在他们眼中看去,究竟是半点关系也没有,不过是他们常到我们家中来走走,或者是常在我们车子里舒舒服服的坐坐便了。因此,在我们四周所有的,无非是堕落,耻辱,欺骗。所以我常常梦想,可是从没有敢向什么人说过,想要能于遇到一个人格高尚的人,他愿意做我理想中的爱人,可不以为我们这样的人要沾污了他。这一个人,本来是公爵很可以当得起。无如他年纪太老了,在保护上与安慰上,都是不够:因此我灵魂中,不得不另外物色一个人。后来是遇到了你了。你,年纪又轻,又是个英俊愉快的人物。你为我所洒的眼泪,你对于我健康上的关心,你在我病时一次次的来秘密访问,你的直爽,你的真挚,没有一件事不使我看出你恰恰是我所要物色的一个人——是我堕落在烦扰的孤寂的深处所要呼唤的一个人。因此一时之间,我就把将来一切,完全建筑在你的爱情上面了。因此我就梦想着乡村,梦想着纯洁,我就回想到了我在儿童时代——什么人都有一个儿童时代,无论他将来变成了什么样的一个人。无如这样的愿望是不可能的,你一封信来就给我证明了。……你说你要知道,现在你完全知道了么?

阿芒　那么,你以为我听了这一番话,就可以同你分别么?幸福已来找到了我们,我们可要自己躲开么?不,马格哩脱,不;你的梦想是一定可以实现的,我担保。我们再不要胡思乱想;我们都是青年,我们互相恋爱,我们循着爱情的路向前进行便了。

马格哩脱　阿芒,不要欺骗我;你只要想一想!将来若是我再受上一次的强烈的情感,就马上要把我急死的。你可不要忘记:我是什么人,我是做什么的人。

阿芒　你是天仙,我爱你!

那宁　(在门外,敲门)姑娘……

马格哩脱　什么事?

那宁　有人送来一封信。

马格哩脱　(笑)哦,信啊!今天这一晚可专是送信的啊!……是谁的?

那宁　是伯爵的。

马格哩脱　要回信不要？

那宁　要的,姑娘。

马格哩脱　（倚在阿芒颈上）就说没有回信了。

～ 第三幕 ～

在巴黎郊外的欧得衣(Auteuil)地方。一个乡村式的厅堂。火炉的位置在靠后壁,炉檐上镶的是不镀锡的玻璃。火炉两旁有门。可以看得见屋外园子里的景色。

第一场

那宁(在吃过中饭以后,正把一个茶盘收拾好了要拿出去),柏唱唐司,阿芒。

柏唱唐司　（从外面进来）马格哩脱那里去了？

那宁　姑娘刚同尼希脱姑娘和朱司打夫先生两位吃完了饭,现在同到外面园子里去了。他两位是今天要在这里盘桓一整天咧。

柏唱唐司　那么我也去看看他们看。（那宁出,阿芒入。）

阿芒　柏唱唐司,我有话和你说。两礼拜以前,你不是坐了马格哩脱的车子回巴黎去的么？

柏唱唐司　是的。

阿芒　可是去了之后,车子也没有还得来,马也没有还得来。一礼拜以前,你去的时候,你说怕冷,就借了马格哩脱的披肩去了,可是借去了也没有还得来。到昨天,她又把手圈钻石等物交与你,说是拿去重新修嵌的,这也只是她说说罢了。——究竟这车子咧,马咧,披肩咧,钻石咧,现在都到那里去了?

柏唱唐司 你要我向你直说么?

阿芒 我求你直说。

柏唱唐司 马车已退还了车行里,收回了半价。

阿芒 披肩呢?

柏唱唐司 卖去了。

阿芒 钻石呢?

柏唱唐司 今天早上讲妥了。——我现在是拿出卖证来给马格哩脱签字的。

阿芒 为什么不早点儿把这些事告诉我?

柏唱唐司 是马格哩脱不愿意给你知道。

阿芒 那么为什么要把那么些东西卖去?

柏唱唐司 为的是欠了人家的钱要还啊!——唉! 我的好朋友,你以为你们俩相爱了,离开了巴黎,到这里来享这样草香气爽的清福,就万事满足,什么都可以不问了么? 可错了! 你该知道诗的生活的旁边,还有一个实际的生活。我现在从公爵那里来。我的意思,以为这样的牺牲,要是有法可想,总该想法免除。无如公爵的意思很决绝,要是马格哩脱不愿意和你分开,公爵就什么都不愿意拿出来了。而马格哩脱的意思,可是上帝知道的,她那里愿意和你分离呢?

阿芒 好一个马格哩脱!

柏唱唐司 是,好一个马格哩脱;可是太好了,为的是她这样的闹下去,正不知道要闹到怎么样的一个收场咧。她现在除还帐之外,已决意把她所有的东西,不问多少,一起卖去。我身间还有一张拍卖计划单,是她所委托的经卖人刚刚交给我的。

阿芒 那么她欠人家的有多少呢?

柏唱唐司 至少也有五万法郎。

阿芒 你替我向债主们请求宽限十五天,十五天后我一起还清。

柏唱唐司 你去想法借钱么?

阿芒 是。

柏唱唐司 这可好！这是你同你父亲胡闹起来了，你把你将来一生一世的事也从此断送了。

阿芒 将来的事我满不在意。我早已写信给替我执管产业的人，说我愿意把我母亲遗下的一份产业，让渡给别人。现在回信已到，让渡的契据也已办妥，所差者只是一些形式上的手续；今天我就上巴黎去签字去。你见了马格哩脱，可要请你阻止她，劝她不要再卖……

柏唱唐司 那么我身间带来的那些纸件，要不要交给她呢？

阿芒 到我走过之后，你当作我没有同你说起什么，仍旧交给她便了。你我所讲的话，应该不给她知道。她来了，静着罢！

第二场

马格哩脱，尼希脱，朱司打夫，阿芒，柏唱唐司。

（马格哩脱进门时，以一指置唇边，示意于柏唱唐司，嘱其不可多言）

阿芒 （向马格哩脱）好孩子！来给我骂柏唱唐司。

马格哩脱 为什么？

阿芒 昨天我请她到我寓里去看一看，说如有什么信，就给我带来，为的是我离开了巴黎，已有两礼拜了。好！她所做的第一件大事，就是把这一件事忘去了。因此我现在，不得不离开你一两点钟。我已有一个月没有写信给我父亲。现在是谁也不知道我在什么地方，就是我的仆人也不知道，因为给他们知道了，就不免有许多讨厌的事。今天天气很好，又有尼希脱、朱司打夫两位在这里陪你。我出了门，跳上一辆马车就去了，一到我寓里就回来了。

马格哩脱 好，你就去罢。可是你一个月没有写信给你父亲，并不是我的错。我是屡次三番叫你写信给他的。你现在就去，快去快来。你回来时，我和尼希脱、朱司打夫，准还在这里谈天说笑咧。

阿芒 只消过一点钟我就回来了。

马格哩脱　（送阿芒到门口,回头向柏唱唐司）什么都办妥了么?

柏唱唐司　都办妥了。

马格哩脱　那些纸件呢?

柏唱唐司　这就是。晚半天那经卖人还要上这里来同你自己接一接头。现在我要吃饭去,我真要饿得要死了。

马格哩脱　去吃呢;你爱吃什么向那宁要就是了。

第三场

　　前一场的人物,少去阿芒与柏唱唐司二人。

马格哩脱　（向尼希脱与朱司打夫二人）你瞧:我们就这样的在这里住了三个月了。

尼希脱　你快活么?

马格哩脱　你看我快活不快活!

尼希脱　我早就这样的说过:真正的幸福,只是心安意乐便了。我和朱司打夫两人,从前也谈过多次,说“马格哩脱不知要到那一天,才能爱上什么一个人,两人儿安安静静的过活?”

马格哩脱　现在可是好了,你们的善颂善祷,已成了事实了:我已爱着了人,我已的确很快乐;可是,这还是看见了你们俩的相爱,看见了你们所享的幸福,才使我立意改变我的生活的。

朱司打夫　在事实上,我们当真很快乐,尼希脱,你说是不是呢?

尼希脱　是呀;而且这种的快乐,也并不是要费了许多金钱才能换得来的。（向马格哩脱）你是个大人物,从来没上我们那边去看看;要是去看过的话,料你自己也情愿和我们一样过活的了。你以为你现在的生活,已经很简单的人,要是你看见了我们的房子,可不知道要说些什么咧! 我们是在柏郎希路（Rue Blanche）一宅房子里的五层楼上,赁了两个小房间,开出窗去,可以看得见一个园,园主人可是从来不到园里去的。——你瞧,为什么世间也有这样的人,自己有了园,可是永世也不进去走走的？

朱司打夫 我们的生活，很有些德国小说的风味，也可以说，有点儿像葛德(Goethe)的小诗，配着休倍尔(Schubert)的音乐。

尼希脱 我劝你当着马格哩脱面前，说话还是洒脱些。若是只有我们两人在一起，你就是拘谨些也好；你老是温和得像一只羊，柔弱得像一只小鸽子。(向马格哩脱)你不知道他现在打算要搬家么？他说我们的生活太简单了。

朱司打夫 不是嫌生活太简单，是嫌房子太高了。

尼希脱 只要你不出门，你就再也不知道你住在那一层楼上了。

马格哩脱 你们两位真好，真有趣。

尼希脱 算他有了六千镑的租金，他竟不要我做起工来了。有一天，他还说要替我买一辆马车唎。

朱司打夫 也总有一天要买的。

尼希脱 且慢着，我们有的是时候。最要紧的是总得要等你的伯父对于我的态度，稍稍改变了一点，要等他承认了你是他的承继人，也承认了我可以做得他的侄媳。

朱司打夫 他近来也渐渐的提起你来了。

马格哩脱 (向尼希脱)想来他还不认得你罢？要是他见了你，怕要喜欢得发狂唎。

尼希脱 他这位伯父先生再也不愿意见我。像他这一类的伯父，总以为要是他侄儿们相识了什么个头上扎块布巾的小家女子，那就是一生一世从此断送了。因此他老要他侄儿和什么大家女子结起婚来。你瞧，我难道就不是个大家女子么？

朱司打夫 他将来也总可以慢慢的改变，不至于十分坚持。只要看自从我做了律师以后，他对于我已宽容了不少了。

尼希脱 (向马格哩脱)不差，我真忘记了，没有向你说：朱司打夫做了律师了。

马格哩脱 那么我将来就请他办我的遗嘱罢。

尼希脱 他也打官司咧！我也上堂去听的。

马格哩脱 打胜了没有？

朱司打夫 没有，完完全全的打败了。我的当事人，被堂上判决罚做苦工十年。

尼希脱 幸而！

马格哩脱 为什么要幸而呢？

尼希脱 为的是他所辩护的一个人，是个著名的地痞。你瞧，律师所做的行业，就是这种奇怪的行业！ 因此，要是有一个律师能够说"我替一个杀父杀母杀子的凶犯辩护过，我有这样大的本领，能使他宣告了无罪，回复到社会中来，使社会中能于有得这样的一个必不可少的装饰品"，这种的律师，真是个大人物了。

马格哩脱 正惟律师是这一类的东西，所以我们不久就要恭贺结婚了！

朱司打夫 难道我要结婚么？

尼希脱 怎么，先生，你说难道你要结婚？ 我的意思，可很希望你结婚，尤其是希望你和我结婚！ 你永世也找不到别一个女人，可以比我更好，而且比我更爱你，可以和她结婚。

马格哩脱 那么，在什么时候呢？

尼希脱 不久了。

马格哩脱 你当然是很快乐的啊！

尼希脱 是不是你将来的收场，也和我们一样呢？

马格哩脱 你要我嫁给谁？

尼希脱 阿芒。

马格哩脱 阿芒么？ 他是只有爱我的权利，可并没有娶我的权利。我呢，我也只要得到他的心就够了，并不要在他身上得到什么名义。尼希脱，你该知道世界上有些事情，在于我们女人身上是不能洗刷的丑德。这种的丑德，我们不应当把它移赠给丈夫，使他连累蒙羞。假使我要阿芒娶我的话，他明天就可以同我结婚了。无如我太爱他了，我不愿意要求他来陪着我牺牲。——朱司打夫先生，你说我的话对不对。

朱司打夫　你真是个诚实的女人,马格哩脱。

马格哩脱　不是。我的思想是和诚实的男子的思想一样的。而且我一向就是如此。现在我非常快乐,为的是我已有了一种幸福,是我从前所决不敢希望的。我感谢上帝,我再不敢有别种的妄想。

尼希脱　我说,朱司打夫是个放手直做的人;要是他处于阿芒的地位,他一定和你结了婚了。朱司打夫,你说是不是呢?

朱司打夫　亦许是这样。而况女人的贞操,应当算在她第一次所用的爱情的帐上,不应当算在她第一次所结交的男人的帐上。

尼希脱　这是说,她第一次所用的爱情,未必就用在她第一次所结交的男人身上。这种的例是很多的。

朱司打夫　(与之握手)而且眼前就是,是不是呢?

尼希脱　(向马格哩脱)只要你能于快乐就是,此外就什么都不用问了。

马格哩脱　我现在真是快乐。在于从前,有谁能向我说,我马格哩脱哥底曷,也能有得一天,完完全全的生活于一个男人的爱情之中,整天儿坐在他旁边,做做工,读读书,听他说说话呢?

尼希脱　就像我们俩一样。

马格哩脱　我可以向你们俩直说,为的是你们俩是信我的,你们俩听我的话,是用真心来听的。我现在已把我从前种种忘去了。从前的我与今天的我,中间竟分划得清清楚楚,像两个完全不同的女人;而且第二个女人,已几乎再也不去想着那第一个女人了。记得那一天,我身上穿了件白衣裳,头上戴了顶大草帽,臂膊上搭了件大衣,是预备晚上可以披披的,我和阿芒两人,在塞因河中坐了只小船,听着潮水随便的荡去;荡到了一个小岛旁边,垂杨之下,船就自己停了。到了那时,我才心中了然,全无疑蕴,以为这样的一个白色的影子,乃真是马格哩脱哥底曷了。我从前是买一束花所费的钱,可以比一家诚实人家一年中所消耗的粮食费还要多;现在是你看罢,这一朵花是今天早晨阿芒给我的,已够我好好的欣赏一整天了。而且你们俩也知道的,只要有了爱情,日子就飞也似的过去了,一会儿过了一礼拜,一会儿又过了一个月,全不觉得有什么惊扰,全不觉得有什么无聊。唉!我真快乐。可是我将来还要更快乐,因为有许多事,你还没有完全知道咧……

尼希脱 什么事呢?

马格哩脱 不是你方才说,我的生活,比不上你们那么样的简单么?不久你就可以不说这句话了。

尼希脱 怎么呢?

马格哩脱 我现在没有给阿芒知道,已决意把我巴黎那房子里所有的东西,完完全全的卖去;我也不愿意再回到那房子里去。把卖到的钱,除还债之外,就在你们那里相近处,租几间小房子住住;这样住下了,我们就安心乐意的把从前的事忘去了,也安心乐意的听着大家把我们忘去了。到了夏天,自然要回到乡间来,可也不必住这样的房子,只须找一宅小一点的就够了。世界上也有人要请教什么是幸福的么?你们俩把这件事教会了我,现在要是他们来问我,我也就可以教会他们了。

那宁 姑娘,有一位先生说要请姑娘说话……

马格哩脱 (向尼希脱与朱司打夫)这大概是那个经卖人了;请到园里去等我一等,我一会儿就来。回头我们同上巴黎去,……我们把这些事一块儿去办了。(向那宁)请罢。(向两人点首,两人出。自门次迎客,客自外入。)

第四场

　　杜法尔先生,马格哩脱,那宁。

杜法尔 (在门口)是马格哩脱哥底葛姑娘么?

马格哩脱 先生,正是。请问先生是谁?

杜法尔 我是杜法尔先生。

马格哩脱　杜法尔先生！

杜法尔　是,姑娘,我就是阿芒的父亲。

马格哩脱　（窘）阿芒不在这里,先生。

杜法尔　我知道的,姑娘！我是有几句话,要向你解释解释。请你听我说。——姑娘,我的儿子为了你,现在快要把声名家产都闹完了。

马格哩脱　先生,你错了。多谢上帝,现在已经没有什么人提起我,我也从来没有收受过阿芒的半点东西。

杜法尔　你的奢侈与浪费,是什么人都知道的。照你这么说,是你拿了别人的钱来和我的儿子一块儿用:我这儿子简直就是要不得的了！

马格哩脱　先生,请你原恕我。我是个女人,而且又在自己家里:这两层理由,都可以做我的保障,使你对于我要有相当的礼貌。你是个上等人,而且是第一次见我,可就用这样的声口来向我说话,真是出于我意料之外。所以……

杜法尔　所以？……

马格哩脱　所以我要请你允许我向你说声"少陪":这多半还是为你,不是为我。

杜法尔　实在呢,听了你这样的话,看了你这样的态度,也就很不容易说,你的话是假的,你的态度也是假装的。不过人家向我说过,你从前可是个危险的人。

马格哩脱　是的,先生,是危险的;不过所危险者是对于我自己,并不是对于别人。

杜法尔　姑娘,无论危险也罢,不危险也罢,可是阿芒为了你要闹得身家财产都闹完,总不见得不真。

马格哩脱　先生,我再向你说一次,我用我对于阿芒的父亲所应具的诚敬之心向你说:你错了。

杜法尔　那么,这一封信,是替我们家里执管产业的人写来的,他说阿芒要把他的一份产业变卖了现钱供你用——这是什么一回事呢？

马格哩脱　我极诚恳的向你说:要是阿芒当真的有这样的一件事,那也是他瞒背了我独自去做的,我是完全不知道。因为他也知道我的心情,若然他要去想了方法找钱给我用,我是一定要拒绝的。

杜法尔　不过是,你的话,未必一向就是这样说的罢。

马格哩脱　先生,你这话也是真的;为的是我当初还没有用我的爱。

杜法尔　现在呢?

马格哩脱　现在是大不同了。上帝既然可怜了我,送给了我一个忏悔的机会,我就该把我做女人的心底里所有的一些纯洁,完全倾吐出来用在爱情上。

杜法尔　你的高谈阔论开了场了。

马格哩脱　先生,请你听我说。……上帝啊,我也知道我们这一类的女人的祈祷,是不容易叫人家相信的。不过,我已经有了世界上比金钱更贵重的一样东西,我已经有了阿芒的爱,我总得要向你说真话:他要去找钱给我用,我实在完全不知道。

杜法尔　不过是,姑娘,你不能凭空的生活,你总得要有点生活费罢。

马格哩脱　先生,你说这样的话,竟是要逼得我不再向你说话了。可是我对于阿芒的父亲,应当尽量的表示我的尊敬之心,所以我不得不说。自从我认识了你的儿子以后,我觉得他对于我所用的爱,并不像别人对于我那样的口里借着爱的名义,实际只是胡闹一下子就完事,因此我把我的钻石,首饰,皮货,马车等等,全都卖了去,没有卖去的也已说妥了要卖。方才你来的时候,女仆说有一位男客要见我,我还当是替我经卖东西的那一个人。我已预备把我所有的家具,图画,帐幔等等,以及凡是你们可以称为奢侈品的,完全托他卖去。要是你不相信这一句话,请看这一张单子罢。先生,你是突如其来的,总可以相信我不是假造了这张单子等你的罢。(*以柏唱唐司所交来之纸件授之*)

杜法尔　(*看单子,有惊异之色*)你要把动用的家具卖去了还债,把余下的钱给你么?那么,难道我错了?

马格哩脱　是的,先生,你错了。或者说,你方才是错的。唉,我从前真是个疯子。唉,我有的是一个悲惨的过去;为要洗刷这过去,所以我自

　　从爱了阿芒以后，就预备把我所有一切完全牺牲，直牺牲到我最后一滴的血。唉，无论是人家向你怎样的说我，我总有我的心，看罢！我总还是一个好人。到过了些时，你渐渐的知道我了，请你再看看就是了。……这是阿芒使我改变过来的！——他爱我，我爱他。你是他的父亲，你必定也和他一样，是个好人。我求你不要对了他说我怎样怎样的坏，为的是他爱你，他相信你。我呢，我对于你也是极敬极爱，为的是你是他父亲。

杜法尔　姑娘，请你宽恕我，我方才对于你，实在太唐突了。我当先是不知道你是怎样的一个人，也并没有预料到你竟是这样的一个人。我来的时候，是为了阿芒老不给我写信，又听得他在外面一味胡闹，要变卖产业，心上气昏了，就不因自主的冤屈了你。姑娘，请你宽恕我。

马格哩脱　先生，多谢你向我说这样的好话。

杜法尔　你既然有了这样的高贵的情感，我可要向你要求，请你把你对于阿芒的爱情中的一个最大最高的证据，拿出来给与阿芒。

马格哩脱　哦，先生，我求你不要说这一句话。我知道你所要求的，是一件很可怕的事，是我一向所预料到的一件很可怕的事。我料你要来总早来的了；可没有，我真的是太快乐了。

杜法尔　我现在气也平了。我们俩说话，是用两颗赤裸裸的诚实的心说话。虽然我们说的话方向不同，我们的情爱，却是一样的。这好像是我们俩互相争妒，为的是要证明我们俩所用的情爱，对于我们俩所同爱的一个人身上，究竟是谁高谁下，你说是不是呢？

马格哩脱　是的，先生，是的。

杜法尔　你是个豁达大度的女人，是普通女人所比不上的。我现在向你说话，马格哩脱，你应当明白，乃是一个做父亲的人，为着他两个孩子的终身幸福，来向你求情。

马格哩脱　为着他两个孩子？

杜法尔　是的，马格哩脱，我有两个孩子。我还有一个女孩子，年纪还轻，面貌也很好，真像个天仙一样。她也爱上了一个男人。她，也像你一样,是爱着了这一个人,就是终身有望的了。可是她在她这爱情上是有权利的,所以我现在正在料理她的婚事。我把这件事写信告诉阿芒,阿芒可好,他完完全全做了你的人,许连信也没有接到;许是到我死了,他也还全不知道。这且不说,单说我女儿柏朗熙(Blanche),她现在已经爱上了一个诚实的人,而且已经许配给他。她不久就要到别一个家庭里去。这是个清白的家庭,因其清白,所以对于我们的家庭,不免要苛求责备。这是社会上的风气如此,在外省尤其利害。你,你的情感如此高贵,在阿芒眼睛里和我眼睛里,都是纯洁到极处,而在社会上一般人的眼睛里,可就大不相同。他们所看见的,只是你的过去;他们对于你,老是关紧了门,半点儿怜惜之心都没有。现在是我那女婿家里,已经知道了阿芒和你同居在一起,而且向我声明,要是阿芒这样的继续下去,那么退婚的责任,就要由我担负。这样说,不是一个和你无仇无怨的女孩子的终身大事,许就要破坏在你身上么?马格哩脱,请你想想你自己的爱情,再在我女儿的幸福上设想设想。

马格哩脱　先生,承你情用这样的好话来同我商量,我那里还能够拒绝你呢?现在我已明白了你的意思,你的意思也的确不错。我可以离开巴黎,可以同阿芒远隔上许多的时候。这件事对于我是很痛苦的,但是为了你,我愿意这样做,但愿你从此不再当我是坏人。……而且,将来回来时候的欢乐,也总可以使我们把分别时候的痛苦忘去。只要请你允许我们难得通上一两封信;到得将来你女儿嫁过了……

杜法尔　多谢,马格哩脱,多谢。不过我所要求的还不是这样的事。

马格哩脱　还不是这样的事!那么你还要要求什么呢?

杜法尔　我的孩子,请你听我说:我们有事还得直捷爽快的做去。要是暂时分开一下,那可很不妥当。

马格哩脱　那么,你要我和阿芒完全断绝么?

杜法尔　非如此不可!

马格哩脱　那做不到!……你还不知道我们俩是怎样的相爱!你还不知

道我是个无亲,无友,无家的人;是他爱上了我,就兼做了我的亲与友与家;而我的生命,也就完全寄托于他的生命之内! 你还不知道我所害的病是绝症,要活也活不上几年了! 先生,你要我和阿芒完全断绝,那简直是马上就要我的性命。

杜法尔　唉唉,请你静着,不要生气。……你年纪很轻,面貌很美,你自以为害了病,实际只是已往的生活上太烦扰了一点,有一点儿疲劳。说到死这一句话,那是你一定要到了年纪很大了,到了大家都乐意死的时候才会死。至于我向你要求的事,我自己也知道,在于你一面是一个很大的牺牲。然而这是无可如何的事:你所处的地位,简直是非要你有得这样的牺牲不可。请你听我说:你认识了阿芒只有三个月,你就爱了他了。你们两人间的爱情,究竟还是很幼小的。以这样幼小的爱情,难道就可以有得权利,把他未来的一生一世的事,完全就破坏? 然而你若要和他同居在一起,他所有的未来,就非给你完全破坏不可了。而且你在你的爱情上,也未必就能担保到永远无尽的一天。要是后来有一天,你忽然发现你并不爱我的儿子,可是另外爱了别一个人,那不是太迟了么? 马格哩脱,请你宽宥我说这样的一句话;不过就已往而论,也不能怪我有这样的疑虑。

马格哩脱　那是断断不会的。我只有现在是爱着阿芒,从前从没有爱过别人,将来也断不会再爱别人。

杜法尔　就算是这样也好。不过,要是你不辜负阿芒,阿芒要辜负你起来,可也是说不定的呢。照他这样的年纪,正是心浮意活的时候,难道他口里说了句什么话,就可以终身奉行不背的么? 难道一个心中所有的情爱,是永远不变的么? 你看同是一个孩子,最初是爱父母,到娶了妻,就爱妻胜于爱父母,到后来自己做了父,就专爱孩子,把他的父母咧,妻咧,或者是爱人咧,都看得淡薄了。这是自然的现象,是无可如何的。所以你们两个人之间,后来尽有辜负的可能,或者是你辜负他,或者是他辜负你。你现在总可以听明白了罢,这都是真实不移的话? 你是不是愿意听我说呢?

马格哩脱　唉,上帝,要是我听你说!

杜法尔　你现在是预备把你所有一切牺牲在我儿子身上。他接受了你的牺牲,你想他也能有什么同样的牺牲和你交换么? 你现在把你最好的年头给他占了去,到得将来,好像吃饭似的,总有吃饱的一天,他对于你又是怎么样呢? 或者他也只是个普通的人,那么到了那时,他两眼所看见的只是你的过去,他就老老实实的和你分拆,说是人家怎样的待他,他也就怎样的待你。或者,他是个诚实的人,他就和你结了婚;就是不结婚,至少也得和你永远同居在一起。那么,你们这种的结合,或者说,你们这种的婚姻,既没有礼法可以做得根基,也没有宗教可以做得支助,更没有家庭可以做得归结——这种的事,在年轻的时候做做还可以,到了有了些年纪,人到了成熟的时代了,那那里还行呢? 请问在这种情况之下,他还能有得什么志气? 他还能做得什么事业? 我,二十年来费尽了心力在他的幸福上着想,请问他还能给我一些安慰不能? 要知道你们俩的结合,并不是纯洁的同情的结合,也并不是两人的情爱,不知不觉的自然的结合,仅仅是一种热情的结合;这种的热情是地上的,是人间的,是此方的幻想与彼方的虚荣联合了产生出来的。到得你们两人年纪都老了,就免不得一切都变,所剩下的只是个无有了! 你能说人家的幻梦,不要跟着你的青春同时俱淡么? 你能说你额上的第一丝皱纹,不就要把蒙着人家的眼睛的网幕揭开么?

马格哩脱　唉! 这也是真话啊!

杜法尔　到这儿,你可以想到你将来的年老,是双重的;你的孤寂,你的无聊,是双重的;你的徒然,你的枉空,是双重的。那时你脑中所留存的,是怎样的一个记念? 你还有什么事可以做得? 你该知道你与我的儿子,所走的是两条完全不同的道路,只是机偶把你们暂时联合着,而理智却仍要把你们永远分开的。在一生之中,你尽可以依着你的心愿做去,可是将来的事,是谁也不能预料的。你同我儿子已经很快活的同居了三个月,到得现在,也就可以算了。你可以不必再去想望这种的幸福,因为若要这种的幸福连续下去,乃是做不到的事。你不如把这件事留在心里,做个记念。但愿这样一个幸福的记念,能使你的身体渐渐的强健起来,而你所能希望的事,也只是如此而已。你将来总有一天,想到了今天要与阿芒同居偕老的计画,不免要惭愧懊恼;自此以往,你对于你自己就可以分外的明白了解了。你瞧,现在向你说话的,是一个知道人生的人,是一个做父亲的人向你诚恳请求。马格哩脱,请罢! 请你有点勇气,请你向我证明,你是真爱阿芒的人。

马格哩脱 （自语）这样啊! 一个跌倒的众生,无论她是怎样罢,她总永世也爬不起来的了! 上帝亦许还肯宽宥她,而这世界可是永远不变的! 其实呢,你本来能有得什么权利,可以到人家家庭的心坎里去占到一个位置,人家家庭的心坎是永远被贞操所独占的! ……你爱! 那算得什么? 这就是很好的理由! 你在你的爱情上无论举出什么证据来,人家只是不相信,这就是正义! 你还要来向我们说什么爱情,说什么将来! 这是多么新鲜的名词! 你去瞧瞧你已往的烂泥团罢! 有什么男人愿意称你为妻! 有什么孩子愿意称你为母! 先生,你的话不错;凡是你向我说的,我都自己向自己说过,而且也说了不止一次。不过我自己说,总是带着许多的恐怖,没有胆量说到尽头极底。现在你把我重新提醒,我也知道这是真话了,这是非服从不可的了。你用你儿子的名义,用你女儿的名义,来向我说话,我现在也借这两个人的名义来向你说话。先生,请你将来向你那年轻而纯洁而美好的女儿说一说:说我是为了她而把我自己的幸福牺牲的;说世界上有过一个女人,她在世界上只有一个单独的希望,只有一个单独的思念,只有一个单独的梦想,可是,为了提起了她——你女儿——的名义,就放弃了一切,就两手抱着她捣碎的心就死了! 先生,这一来,我是死定的了,亦许上帝能宽宥我罢!

杜法尔 （不禁大为感动）苦恼的女孩子!

马格哩脱 先生,你可怜我,我相信你自己也哭了。多谢你的眼泪;你这眼泪给我不少的勇气,像你所要求的那么样多。你要我离开你的儿子,为着要他休息,为着他的名誉,为着他的将来,好,都可以。不过要怎么样办法才好呢?请你命令罢,我无不照办。

杜法尔 你可以说你不爱他了。

马格哩脱 (苦笑)他不信的。

杜法尔 你往别处去。

马格哩脱 他也会跟的。

杜法尔 那么……

马格哩脱 先生,你相信了罢?你相信我爱阿芒了罢?相信我爱阿芒,真爱到了不顾得自己,什么都可以牺牲了罢?

杜法尔 是,马格哩脱。

马格哩脱 你相信我把我生命中所有的欢乐与忏悔,全都放在了这爱情的中间了么?

杜法尔 是,我相信。

马格哩脱 那么好,先生,请你与我亲一次吻,像你和你儿子亲吻一样。这一个吻,已是我所能接受到的最后一个的真正的纯洁的吻;我得了这一吻,也就可以宣告爱情上占了胜利了。在几天之内,你儿子就准可以回去同你住在一起。在当初的几天,亦许他要很不快活;过了些时,也就完全好了。准保他永远不会知道你我两人中间曾经有过今天这一场的谈判。

杜法尔 (向马格哩脱亲吻)马格哩脱,你真是个高尚的女孩子。可是,我怕的是……

马格哩脱 哦!先生,你用不着怕;他此后要一变而恨我了。(按铃,那宁进)去请杜佛呢诺阿太太来。

那宁 是,姑娘。

马格哩脱 还有最后一个请求,先生。

杜法尔 说就是了,姑娘,你说就是了。

马格哩脱 在几点钟之内,阿芒就要受到他空前的,亦许也是绝后的,最

大的一个痛苦了。那时候,必须有一个他所爱的人在旁边才好。我
请你留在此地,到那时可以安慰安慰他。可是现在,要请你暂时出去
一下,因为他一会儿就要回来了。要是他回来了看见你在此地,那就
什么事都不能办了。

杜法尔　那么,你究竟打算怎么办呢?

马格哩脱　这可以不必告诉你罢。要是告诉了你,你在义务上可又要禁
止我的。

杜法尔　这也好。可是你对于我,既已有了这样大的一个盛情,我也可以
做些什么事,报答报答你不能?

马格哩脱　请你到我死以后,到阿芒提起了我就要痛恨的时候,向他说:
我是始终爱他的,而且我已将我爱他之情,在你面前证明了。先生,
有人来了,再见罢,我们两人是今生不会再见的了,祝你一切幸福!

（杜法尔出）

第五场

马格哩脱,柏唱唐司。

马格哩脱　（独自）上帝啊! 请给我些勇气罢!

（取纸笔写一封信）

柏唱唐司　（进）我亲爱的马格哩脱,你叫我的么?

马格哩脱　是,我要请你做一点事。

柏唱唐司　什么事。

马格哩脱　这一封信。

柏唱唐司　给谁的?

马格哩脱　瞧呢!（柏唱唐司看信面,大惊）静着! 马上就去!（柏唱唐
司出）

第六场

　　马格哩脱,阿芒。

马格哩脱　(独自,继续写信)现在是要写信给阿芒了。我向他说什么呢? 我疯了,还是我做梦呢? 无论如何,总不能这样罢! 我再也没有这勇气……这分明是我们人类不能做的事,可要叫我们做!

阿芒　(入,走向马格哩脱坐处)马格哩脱,你在这里做什么?

马格哩脱　(立起,将信封好)阿芒啊! ……我不做什么,好朋友!

阿芒　你写信的么?

马格哩脱　没有,……是的,是写的。

阿芒　为什么这样的神色不安,面色又这样的白? 马格哩脱,你这封信写给谁? 能给我看看么?

马格哩脱　这封信是写给你的,可是我要用上天的名义向你要求,请你答应我不给你看。

阿芒　我相信我们两人中间,再用不着守什么秘密的了罢?

马格哩脱　那自然;看上去就是要有,也只有些小避忌的了。

阿芒　请你原恕我;这件事我已经自己斟酌妥当的了。

马格哩脱　什么事?

阿芒　我父亲来了。

马格哩脱　你见了他么?

阿芒　没有;可是他在我寓中留下一封很严厉的信。我到这里来,和你同居在一起,都给他知道了。亦许今天晚上他要上这里来。来了之后,免不得要向他详详细细的解释一番。现在是只有上帝知道,我到了那时能用什么话去向他说,能用什么方法可以改变他的意见。不过,他是要见到你的,他见到了你,就一定喜欢你。而况,这有什么关系呢! 我现在是靠着他,就算是靠他罢;可是到了必要时,我做工便了。

马格哩脱　(自语)他多么的爱我啊! (高声)可是,我的朋友,你总不应当和你父亲去胡闹。你不是说他就要来么? 好,让我先避开一下,不要给他一来就碰着了。我一会儿就回来,回头我和你还是同在一起。让我来跪在他面前向他求,请他不要把我们两人分拆开。

阿芒　马格哩脱,你为什么说出这种的话来! 方才究竟有了什么事? 我想决然不是因为我向你说了我父亲要来,才使你恐慌到这样的。你好像是竟有些支持不住了。这里面一定有了什么不幸的事……而这封信……(伸手)

马格哩脱　(止住他)这封信里写着一件事,是我不能向你说的。你知道世间有许多事是不能当面说的,所以这一封信,也就是不能当面看的。这封信只是给你一个我爱你的证据,我的阿芒啊,我用我们的爱情来担保这证据;我请你不要在此外再要求什么了。

阿芒　那么你就把这封信收藏起来罢。我是什么都知道了,马格哩脱。方才柏唱唐司已把所有的事完全告诉了我,我也是为了这种的事上巴黎去的。我已知道你在我身上牺牲了很多。你能就你一方面替我们俩共同的幸福设想,我也就不能不就我一方面想些方法。现在可是什么都办妥的了。你瞧,这不就是你对于我所守的秘密么? 我亲爱的,好心眼儿的马格哩脱啊,你这种的爱情,我是永生永世都感激的。

马格哩脱　你知道了也就好了,请让我走罢。

阿芒　走罢!

马格哩脱　至少也要避一避。不是你父亲一会儿就要来了么? 我也并不到别处去,只在外面园子里,和尼希脱、朱司打夫两人谈谈,离你只有两步大路;你要我来,唤一声就来了。现在若要我和你分拆,这那里做得到! 你父亲来了,要是他生气的话,你得先平平他的气,然后我们两人一同来求他,你说这件事是不是要这样办呢? 到得他答应了,我们的目的达到了,我们依旧住在一起,我们依旧相爱,我们依旧有三个月以来一样的快乐。我们相处,是不是很快活的? ——因为你始终没有过一言半语,说我不称你的意。只要你能说我们相处得快活,我也就心满意足的了。可是,要是我有什么对你不起的地方,也还要请你饶恕我,因为这并不是我的错,我的爱你,是世界上无论什么人都比不上的。而你,你也是爱我的,是不是?那么,无论我给你什么样的一个爱情上的证据,你也不至于会怨恨我,唾骂我的……

阿芒　你为什么哭起来?

马格哩脱　为的是心上不好过,小小哭一下,要畅快些。现在可好了,瞧,我又恢复了原状了。我这就到园子里去,同尼希脱、朱司打夫两人去谈一下。我就在那里,我永远是近着你,永远是预备同你相聚,永远是爱着你。瞧,不是我又笑了?再见罢,一会儿就再见,再见了就永远相见了!（以手置唇上作接吻状,出）

第七场

阿芒,那宁。

阿芒　（独自）我亲爱的马格哩脱,怎么她心上忽然有了个分拆的念头起来了呢!（按铃）她可是多么的爱我啊!（那宁入）那宁,一会儿有一位先生要来,是我的父亲,来了你就请他上这里来坐。

那宁　是,先生。（出）

阿芒　方才我焦急到什么似的,可是弄错了。我想我父亲一定能够明了我。若说过去的事,那就算早已死去的了。而况把别个女人来和马格哩脱来相比,正是相差得天悬地隔。方才我碰到了那欧莱伯,瞧,她老是那么的闹过节,找热闹!这一班不懂得爱的人,心里孤寂着,也自然只能灌些狂噪的声音进去调解调解。她每过三天五天,就要闹一回跳舞会。她还请我,请我和马格哩脱。倒好像是我们俩,我和马格哩脱,还要回复到那种狂闹的世界里去的!唉!怎么她不在这里,这时间就觉得长起来了?……这是什么书?马侬雷加!哦,马侬,就是那个女人,她爱是知道爱的,可是她做的事,就不和你马格哩脱做的一样!……为什么这里有了这本书起来?（那宁拿了一盏灯进来,随即出去;信手揭开书来,诵读）"我亲爱的骑士,我向你保证:

你是我的心所崇拜的偶像;世界上只有你一个人,是我所能爱得像爱你一样的。可是,在我们所处的这种情况之下,我的苦恼的亲爱的灵魂啊,若要说到贞操,那就是个愚蠢的道德了。你以为一个人没有面包吃了,还能站得直么? 为了这饥饿一件事,已使我有了不少的致命的憾恨;要是我相信着我应当吐一口爱情的气,那么,不上几天,我就要吐我最后的一口气了! 我热烈的爱你,这是可以靠得住的一件事;然而要请你给我一些时间,使我能于把我们的命运,好好的安排一下。但愿谁坠到我网里来的,就遭到了不幸! 我为着要使我的骑士富有与快乐而做工。你可以在我兄弟处得到我的消息;他还可以告诉你,我是为了这无可奈何的别离而哭了”……(将书推开,为之不快者移时)她这话是说得有理由的;可是她并没有能爱,因为爱这一件事,就是无所用其理由的。……(走到窗口)读了这一节书使我很不舒服;这书里的话不是真实的! ……(按铃)七点钟了。我父亲今天不见得会来了。(那宁入)去请姑娘进来。

那宁　(窘)姑娘不在这里,先生。

阿芒　在那里?

那宁　在路上。她叫我向先生说:她立刻就回来的。

阿芒　是和杜佛呢诺阿太太一块儿去的么?

那宁　杜佛呢诺阿太太比姑娘先走一会。

阿芒　那亦好……(那宁出)她亦许是到巴黎去料理拍卖家具的。幸而我已关照过了柏唱唐司,她总能想法阻止她的罢! ……(就窗口向外望)好像园里有一个影子。这一定是她。(唤)马格哩脱! 马格哩脱! 马格哩脱! 没有人! ……(走到门外,继续着唤)那宁! 那宁! ……(回到室中,按铃)那宁也没有声音了。这是什么一回事! 这空空洞洞的屋子叫我冷起来了。这沉默之中,一定有了什么不幸的事。为什么我把马格哩脱放走? 她一定有什么事瞒背着我。她方才哭了! 她欺负了我么? ……她,她要欺负我! 而又在她打算把一切都牺牲在我身上的时候! ……我想她一定遭到了什么事! ……亦许她就从

此毁了！……亦许是死了！我总该知道才好……（要走向园中去，刚到门口，就碰到了外面进来的一个送信的）

第八场

阿芒，送信人。

送信人　阿芒杜法尔先生？

阿芒　就是我。

送信人　有你一封信。

阿芒　那里来的？

送信人　巴黎来的。

阿芒　谁叫你送来的？

送信人　是一位太太。

阿芒　你怎么一直就走到这里呢？

送信人　外面园门是开着。进了门，也一个人都没有碰到。看见这里有灯光，所以我……

阿芒　好好，你去罢！（送信人出）

第九场

阿芒，杜法尔。

阿芒　这是封马格哩脱的信，……我为什么还要着急呢？一定是她在什么地方等我，叫我去找她。……（将要把信拆开）我有点儿发抖。可还是拆了看，我真是个小孩！（杜法尔从外入，立阿芒之后，阿芒拆信，读）"阿芒，你接到这封信的时候……"（大怒，叫一声，回头过去，看见他父亲，即像晕倒一般，投身于他两臂之内）唉！我的父亲啊！我的父亲啊！

∽ 第四幕 ∽

　　欧莱伯家里的一个极讲究的厅堂——有乐队的声音；有跳舞；有客人们往来的动作；灯光极亮。

第一场

　　加司东，阿呪都呪，医生，柏唱唐司，阿难衣司，男女宾客；后来到的是圣戈唐，欧莱伯。

加司东　［正做着"巴加啦"（Baccara）的庄］先生们，请罢，请下注罢。（巴加啦是一种牌纸戏，一人做庄，余人下注，有些像中国的牌九）

阿呪都呪　庄家究竟有多少钱？

加司东　有二千法郎。

阿呪都呪　那么我在右边着五个法郎。

加司东　这倒很值得问一问庄家有多少钱，因为你着的是五个法郎！

阿呪都呪　赌欠账来不来？要来我就着二百法郎？

加司东　不来，不来，不来。（向医生）你怎么样，医生，赌不赌？

医生　不。

加司东　你在这里做什么？

医生　我在这里和一班美丽的姑娘谈天，也好使她们认识认识我。

加司东　要是她们都认识了你，你也就好比赢了钱一样了！

医生　我所赢的钱，也就竟在这上面罢。

　　（围着这张赌桌坐的人，大家随意说笑）

加司东　要是大家这样的似赌非赌，我完了这一副就不来了。

柏唱唐司　等一等，我着十法郎。

加司东 　钱呢?

柏唱唐司 　在衣袋里。

加司东 　(笑)拿出来看一看,我就给你十五个法郎。

柏唱唐司 　好好!唉,我的皮夹子可忘记在家里了!

加司东 　瞧,你这皮夹子可是有灵性的!算了罢,我这里给你二十法郎罢。

柏唱唐司 　回头我还你。

加司东 　不要讲这些费话了。(分牌)我是九。(把桌子的钱全数向身边扫去)

柏唱唐司 　他总是赢的。

阿呢都呢 　你瞧,我已输去了一千法郎了。

阿难衣司 　医生,请你替阿呢都呢医一医他的说谎病。

医生 　这是青年病,到年纪大了就自然好了。

阿难衣司 　他说输去了一千法郎;他来的时候,身间可只有四十个法郎。

阿呢都呢 　你怎么样知道的?

阿难衣司 　这可不容易了!要知道你身间有多少钱,就非得对着你衣袋里好好的看一会不可。

阿呢都呢 　我告诉了你罢。我带的虽然只有四十法郎,欠人家的可已有九百六十法郎了。

阿难衣司 　那给你欠了账的人真可惜!

阿呢都呢 　好朋友,你别瞎说。我的债都已还清了,你难道不知道么?

加司东 　请,先生们请下注,这不是谈天说笑的地方。

欧莱伯 　(偕圣戈唐同进)你们老是赌钱么?

阿呢都呢 　可不是。

欧莱伯 　圣戈唐,给我二百法郎,让我也来稍稍赌一下。

加司东 　欧莱伯,你今儿晚这一局,真预备得好,真是个盛会。

阿呢都呢 　花的钱当然不少,圣戈唐总知道的。

欧莱伯 　他那里会知道!是他夫人知道的!

圣戈唐　这话可太漂亮了！哦，医生，你在这儿，好。（低声）我要同你商量商量：有的时候，我有点儿心神昏乱。

医生　糟！

欧莱伯　他问了你什么话？

医生　他说他有点儿脑经病。

欧莱伯　唉，这是我自己胡闹，输了钱了。圣戈唐，你来替我赌，替我翻转本来。

柏唱唐司　圣戈唐，借我六十个法郎罢……（圣戈唐如言予之）

阿难衣司　圣戈唐，去替我拿一点冰来吃！

圣戈唐　等一等。

阿难衣司　那么，请你把黄马车的故事讲给我听听。

圣戈唐　我就去！我就去！（出）

柏唱唐司　（向加司东）你还记得黄马车的故事么？

加司东　怎么我不记得！不是那天在马格哩脱家里，欧莱伯向我们讲的么？哦，不差，马格哩脱今天来了没有？

欧莱伯　一会儿就要来的。

加司东　阿芒呢？

柏唱唐司　阿芒不在巴黎。……你还不知道他们俩的事么？

加司东　不知道。

柏唱唐司　他们分拆了。

阿难衣司　怎么！

柏唱唐司　是分拆了；是马格哩脱要分拆。

加司东　是什么时候呢？

柏唱唐司　有一个月了。马格哩脱这一件事可办得好！

加司东　为什么好？

阿难衣司　与其等到男人要分拆你，还不如你先下手去分拆男人的好。

阿呢都呢　先生们，究竟我们是赌呢，还是不赌？

加司东　你这人真讨厌！难道我为了你下了一百个铜子的注，就要苦着我的手指头来弄牌么？凡是名叫阿呒都呢的都是这样的东西！幸而你已是最后的一个阿呒都呢了！

圣戈唐 （重入）阿难衣司，哪，冰哪！

阿难衣司 你去了这么许多的时候才回来，真是难为了你老人家了。现在是，照你的年纪……

加司东 （立起）先生们，我庄做完了。——现在就是有人送我五百个法郎，要我来弄一夜天的牌，我再也不来的了。我弄了两点钟，可就输了两千个法郎。唉，这赌钱真是个好行业！

（别一个男客接坐上去做庄）

圣戈唐 你不赌了么？

加司东 不赌了。

圣戈唐 （指着后方桌子偏旁的两个赌客）那么我们两人来赌些小东道。我们猜猜这两位先生谁胜谁负，谁猜中了谁赢。

加司东 我不来，我不知道他们两位赌术高明不高明。这两位是你请来的不是？

圣戈唐 这是欧莱伯的朋友，是他在外国的时候相识起来的。

加司东 他们都很漂亮阿。

柏唱唐司 瞧，阿芒来了。

第二场

前一场的人物，增一阿芒。

加司东 （向阿芒）方才我们说到了你。

阿芒 说的什么呢？

柏唱唐司 说你在都尔，今天未必能来的了。

阿芒 那不是你猜错了么？

加司东 你什么时候到的？

阿芒 到了有一点钟了

柏唱唐司　这很好。我亲爱的阿芒,你有什么新鲜的事讲给我听听么?

阿芒　没有,好朋友,你呢?

柏唱唐司　你见着了马格哩脱没有?

阿芒　没有。

柏唱唐司　一会儿她要来。

阿芒　(冷冷的说)哦!那么我可以看见她。

柏唱唐司　怎么你说起这样的话来?

阿芒　那么你要我怎么样说法呢?

柏唱唐司　想来过去的事已经过了,你心上已经不难过的了。

阿芒　完全不难过的了。

柏唱唐司　这么说,是你再也不想到马格哩脱的了?

阿芒　若是我对你说我已完完全全的不再想着她,那就是我对你说了个谎。不过,她当初用了那一种突如其来的手段与我分拆,不免叫我想到我从前那样的爱她,真是愚蠢到了透顶;我从前可是真正的爱她的。

柏唱唐司　她从前也是真爱你的;就是现在,也还有点儿爱你。不过既然到了不得不和你分拆的时候,她也就只得和你分拆了。那时候是人家要到她家里去拍卖家具了。

阿芒　现在是,债都已还去了么?

柏唱唐司　全还了。

阿芒　是法维尔替她去找的钱不是?

柏唱唐司　是的。

阿芒　那是,究竟是有钱的占了上风了。

柏唱唐司　天下自有许多男人,是天生了专为报效女人的。简单的说,他已尽心竭力到底的了。他已替她把马车,首饰,以及当初所有的奢侈品,全都拿了回来。她呢,为着快活的缘故,自然也就快活了。

阿芒　她后来又回了巴黎不是?

柏唱唐司　那自然。自从你离开了欧得衣之后,她也就从没有回去过。

她的东西,是我代替她去收拾的。连你的东西,也是我去收拾的;我还有许多东西要交还你。只有你随身所带的一个小皮夹子,上面有你的号码的,是她拿去收藏了。要是你不肯给她的话,我可以去向她要来。

阿芒 (动感情)由她拿去罢!

柏唱唐司 她现在是更不比得从前了:觉也不想睡,整夜整夜的在各处跳舞场里奔驰。最近有一天,在外面吃了夜饭回去,一病就病得三天不起床。到稍稍好了一点,医生许她起床了,她又不顾死活的出门去胡闹了。照着这样子下去,怕她也就不久了罢。你要去看看她不要?

阿芒 不,我不愿意再同她麻烦。已往的事,就算得了场中风病,忽地就死了。但愿上帝有个灵魂罢,若然他从前有过灵魂的话!

柏唱唐司 好!你这话不差,我很赞成。

阿芒 (看见了朱司打夫)我亲爱的柏唱唐司,我有几句话要同这位朋友谈谈,你答应我么?

柏唱唐司 好好,(回到赌桌上去)怎样了!我着十法郎!

第三场

同前场,增一朱司打夫。

阿芒 好!你接到了我的信么?

朱司打夫 那自然,你瞧,不是我来了么?

阿芒 这种的跳舞会是你不常到的,这回我请你来,不是你也有点儿奇怪么?

朱司打夫 是,真有点儿奇怪。

阿芒 你好久没有看见马格哩脱了么?

朱司打夫 没有;还是那天和你一块儿看见她的。

阿芒 那么,想来是我们的事,你是完全不知道的了。

朱司打夫 完全不知道;请你告诉我。

阿芒　你从前相信马格哩脱是爱我的,是不是?

朱司打夫　就是现在我还相信。

阿芒　(从身间取出马格哩脱的信,给他)请你看罢!

朱司打夫　(看完之后)这是马格哩脱写的么?

阿芒　是她。

朱司打夫　是什么时候?

阿芒　有一个月了。

朱司打夫　你怎么样回复的呢?

阿芒　你叫我怎么样回复她?她给我一个突如其来的打击,真叫我马上急得要发疯。你明白了么?她!马格哩脱!欺负了我!而我是那么样的爱她!这一类的女人,简直是没有灵魂的!我经过了这样的一件事,自己觉得非有一种亲挚的爱来调济调济,恐怕就不能生活。因此我父亲就把我领回到都尔去,像领着了个麻木不仁的东西一样。我起初还以为到了那边,总可以好好的生活。而事实上竟做不到:我晚上是睡不着,白天是精神昏乱。我实在是太爱了这女人了,爱的结果,可叫她在一时一刻之间断绝了我。我现在只有两条路好走:或者是爱她,或者是恨她。而且照现在的情形,我是支持不下的:要是我不能看见她,不能听见她当面向我说这封信是她自己写的,我简直是非死不可。我今天来,为的是她今天也要来。我与她见面之后,究竟要有些什么事,连我自己也不知道。不过无论如何,总不免要有一点事,所以我要有你这样的一位朋友当当场。

朱司打夫　我亲爱的阿芒,我完全听你的命。不过,我用上天的名义请你仔细想一想。你现在是和一个女人办交涉。要是你给这女人太下不来了,在人家看来,总好像是你的耻辱。

阿芒　不差,就算这话是真的。可是她有她的爱人,她爱人一定要向我责问理由的。要是这种的事是我的耻辱,我也尽有我的血可以洗刷它!

男仆　(通报)马格哩脱哥底葛姑娘和法维尔男爵到。

阿芒　瞧;来了!

第四场

同前场,增法维尔与马格哩脱二人。

欧莱伯　（走到马格哩脱面前）你来得多迟!

法维尔　我们是奥贝啦里看完了戏出来的。（与在座诸男客一一握手）

柏唱唐司　（向马格哩脱）你好么?

马格哩脱　很好!

柏唱唐司　（低声）阿芒在这里。

马格哩脱　（窘）阿芒?

柏唱唐司　是的!

　　（这时候,阿芒正走近赌桌边,抬头向马格哩脱看了一眼;马格哩脱很恐慌,微微的向他一笑;他也冷冷的点头还礼）

马格哩脱　我错了,我不该到这跳舞会里来。

柏唱唐司　我的意思恰恰相反。你们俩迟早总有一天要相见。与其迟,不如早。

马格哩脱　他和你说话没有?

柏唱唐司　说的。

马格哩脱　说到了我没有?

柏唱唐司　那自然。

马格哩脱　他说的是?……

柏唱唐司　他说他不要你了,说你这样也很好。

马格哩脱　要是这样,那就更好。然而不见得。他向我点头,多么的冷酷;他脸上多么的白。

法维尔　（低声向马格哩脱）阿芒杜法尔先生在这里。

马格哩脱　我知道的。

法维尔　你不是答应我,说你要是看见了他,就只当不看见的么?

马格哩脱　是,我答应过你的。

法维尔　你能不能答应我不同他说话呢?

马格哩脱 我也可以答应你。可是,要是他来找我问话,我还得要回答他。——柏唱唐司,你在这里陪着我。

医生 (向马格哩脱)姑娘,晚安。

马格哩脱 啊,是你啊,先生。怎么你定着眼瞧我?

医生 我见了你的面,就相信我还得要好好的尽一点力。

马格哩脱 你看我又变化了一些了,是不是?

医生 我求你好好的保养,好好的保养。我明天上你那里去看你,看见了你可真要像心适意的骂你一场。

马格哩脱 准是这样便了。你骂我罢,我还是欢迎你的。——你这就要走了么?

医生 不,可也不能耽搁得太迟。我天天早上要出门去看病,时间也是同的,病也是同的,这十个月来没有一天不是如此。

马格哩脱 你这人做事真忠实啊!(医生与马格哩脱握手,退)

朱司打夫 (走近马格哩脱)马格哩脱,晚安。

马格哩脱 哦,朱司打夫啊,我见到了你真快活!尼希脱来了没有?

朱司打夫 没有。

马格哩脱 哦,对不起,我问错了。她是不到这种地方来的。——咳,朱司打夫,你好好的爱她罢:能被人爱总是好的!(抹眼泪)

朱司打夫 你怎么着?

马格哩脱 我很不幸,算了么。

朱司打夫 请你不要哭。——你为什么今天到这里来的?

马格哩脱 我现在,难道还能自己做得着主么?而况,照我这样的情形,难道还好不自己糟蹋糟蹋,自己想些法把性灵遏灭了完事么?

朱司打夫 这也好。不过,你若相信我,我要请你立刻离开跳舞会。

马格哩脱 为什么?

朱司打夫 因为要是你在这里,可不知道要闹出什么事来……阿芒……

马格哩脱 阿芒恨我,是不是?

朱司打夫 不是。阿芒爱你。他爱你爱到了发狂,爱到了身不由主的一步。说不定他见了法维尔先生，就要闹出事了。你不如推托一声身体不舒服，趁早的就走了。

马格哩脱　是阿芒为了我要与法维尔决斗么？不差，我还是走罢。（起立）

法维尔　（走近她身）你那里去？

马格哩脱　我的朋友啊，我有点儿气喘，要早一点走了。

法维尔　不，你并不气喘，马格哩脱。你要走，只是为了阿芒在这里，而他可又并不来睬到你。你要知道我可不能因为这里有了他，我就让他。我们既到这跳舞会来，就应当留下。

欧莱伯　（高声）今天奥贝啦做的什么戏？

法维尔　做的是心爱的（*La Favorite*）。

阿芒　这是个女人欺负她爱人的故事。

柏唱唐司　咄！这是很普通的。

阿难衣司　这是假的；世间那里有欺负爱人的女人？

阿芒　我说是有的，我说。

阿难衣司　在那里呢？

阿芒　到处都是。

欧莱伯　不差。不过爱人呢，也有这样的爱人，也有那样的爱人。

阿芒　犹之乎女人呢，也有这样的女人，也有那样的女人！

加司东　怎！阿芒，又是你赢了！你这样赌法，真好像是地狱里的鬼上了场了。

阿芒　俗语说得好："爱情上失意的，赌钱时可是得意了。"

加司东　你今天赌钱赢得了不得，想来你在爱情上，也就倒霉得了不得的了。

阿芒　我的好朋友，我要尽今天一夜，挣起一笔大家产来。到我有了许多钱，我就要到乡下去了。

欧莱伯　是一个人去不是？

阿芒　不是，是带着什么一个人同去。这人从前同我做过伴，后来可又丢弃了我。亦许我富了……（自语）她简直就不回答我的话啊！

朱司打夫　静着罢,阿芒! 你瞧那可怜的女孩子,给你窘到了什么田地了。

阿芒　这是个好故事,我非讲给你听听不可。这里面有一位先生,他到临了总要露面的。他是个幸灾乐祸的东西,他是个模范的被人崇拜的人。

法维尔　先生!

马格哩脱　(低声向法维尔)要是你去和杜法尔先生争吵起来,你就终身休想再见我。

阿芒　是不是你向我说话,先生。

法维尔　不差,先生。我看你赢了这么许多,不免有点儿眼红。而且我已知道你赢了钱以后的用法,所以我急于要看见你多赢一点。我们两人来对赌一下好不好?

阿芒　(向法维尔正看)我爽爽快快的答应你,先生。

法维尔　(走到阿芒面前)我着二千法郎,先生。

阿芒　(惊惶而带眇视)二千法郎么! 你着那一边,先生?

法维尔　那由你:我着你所不着的一边。

阿芒　我二千法郎着左边。

法维尔　我二千法郎着右边。

加司东　右边四,左边九,是阿芒赢的!

法维尔　那么再着他一个四千法郎。

阿芒　再来一个四千法郎么? 先生,我请你留心些。俗话说"爱情上失意的,赌钱上得意",翻过来可就是"爱情上得意的,赌钱上失意"啊!

加司东　六! 八! 又是阿芒赢了。

欧莱伯　算了算了,杜法尔先生到乡下去的钱,是男爵给他花了。

马格哩脱　(向欧莱伯)上帝啊,不知道要闹出什么事来啊!

欧莱伯　(设法将他们分拆开来)先生们,请,夜饭预备好了。

阿芒　先生,我们接着赌下去么?

法维尔　不;这时候不赌了。

阿芒　我总得要在你身上报复一下,你爱赌钱,我们就在赌钱上算帐便了。

法维尔　先生,请你定心等着。我正要利用你的放胆赌钱。

欧莱伯　(握着阿芒的手臂)你真太大意啊,你!

阿芒　我赢了钱,你也来同我亲昵起来了。

法维尔　马格哩脱,你来么?

马格哩脱　等一等,我有几句话要向柏唱唐司说一说。

法维尔　要是你在十分钟之内不来,我要回来找你的:马格哩脱,我先和你说明白了。

马格哩脱　好,你先去就是了。

第五场

柏唱唐司与马格哩脱。

马格哩脱　去找阿芒,用最神圣的名义请他来和我说话,我非和他说几句话不可。

柏唱唐司　要是他不肯来呢?

马格哩脱　他不会不肯的。他恨我恨到这样,就为的是没有机会和我见面。快去罢!

第六场

马格哩脱,独自。

马格哩脱　这可要镇定了心同他说话。总要他把已经相信的事,一直相信下去。我已答应了他的父亲了,我能不能有勇气一直守约到底呢?唉,上帝! 就听他去怨我恨我罢! 只有这一个方法,可以把不幸免去……哦,来了!

第七场

马格哩脱与阿芒。

阿芒　姑娘,你叫我么?

马格哩脱　是的,阿芒,我有话向你说。

阿芒　说罢,我听你说。是不是你要和我争辩?

马格哩脱　阿芒,不是,我非但不要和你争辩,连已往的事,也不愿意提起。

阿芒　这也很对;你这人实在太无耻了。

马格哩脱　阿芒,请你不要骂我,请你不怨,不怒,不恨的听我说话。阿芒,给我拉一拉手罢。

阿芒　……,那做不到。要是你要说的话就是这一点……（神色愤愤,要向外退出）

马格哩脱　谁想得到竟有一天我要与你拉手,而你竟要拒绝我? 可是,现在的问题,并不在这上面。阿芒,我向你说,你还是走罢。

阿芒　我还是走罢?

马格哩脱　是的! 你还是回去同你父亲住在一起,而且要马上走。

阿芒　为什么呢,姑娘?

马格哩脱　为的是法维尔先生不免要同你争吵起来。我可不愿意为了我一个人,闹出什么不幸;我愿意我独自一个人来受苦。

阿芒　这样说,是人家要同我争吵,你就劝我逃! 你要劝我做一个怯弱的人! 其实呢,照你这样的女人,那里还能有得别种的话可以劝人呢?

马格哩脱　阿芒,自从一个月以来,我受苦也就受到了简直没有勇气可以向人说得的一步;现在我只觉种种痛苦,一天天的增加,一天天的把我煎熬着。阿芒,我请你看你我两人已往的爱情的面上,请你看我直到现在还在受苦的面上,请你看你母亲你姊妹的面上,快快的逃,逃回去和你父亲住在一起,把什么事都忘了,直到忘去了我的名字为止,如果你能够的话。

阿芒 姑娘，我明白了：你现在所以害怕得发抖，只是为着你的爱人，为着那代表你的财产的爱人。要是我的剑或手枪不用情的话，只一下子就把你的财产全都捣毁了。所谓大不幸，实际可就在这上面啊！

马格哩脱 亦许你要被他杀死的。真正的不幸，可在此而不在彼！

阿芒 我活也好，死也好，与你有什么相干呢？当你写信给我，说"阿芒，忘了我罢，我是别人的恋人了"的时候，你还顾我的死活么？不幸我接到了你的信并没有死，余下的时间可就是我报仇的时间了。唉！你以为这件事就这样的过去了么？你以为你把我的心捣碎了，我就不要取偿于你或你的同伙了么？不见得，姑娘，不见得！我这回到巴黎来，就因为我与法维尔先生之间，有了个血的问题！我非把他杀死不可！你也就预备着死便了，我就这样向你说了罢！

马格哩脱 经过的事，法维尔实在不知道。

阿芒 姑娘，只要你爱他，就够得上使我恨他的了。

马格哩脱 你该知道我并不爱他，我也不能爱这样的一个人！

阿芒 那么，为什么你把你身体献给了他？

马格哩脱 阿芒，请你不要问我；我不能向你说。

阿芒 我来向你说了么：你把你身体献给他，为的是你是个没有良心，没有情义的女人，为的是你的良心就是个商品，为的是你的爱情是谁要买就可以卖给谁的；为的是当初你眼看得你要为着我牺牲了，而你的勇气不够，结果就完全翻悔了；为的是我这样的一个人，虽然愿意把我的一生供献给你，把我的名誉也交付给你，而在你，可以为我的价值，还比不上你的车，你的马，你颈上所戴的金钢钻！

马格哩脱 不差，是的，这都是我做的事。我真是个卑劣可怜的东西，我没有爱过你，我欺负了你。可是，我愈加卑劣，你就愈加不应当老是记着了我，你就愈加犯不着为了我的缘故，把你的生命和一班爱你的人的生命，轻于一掷。阿芒啊，我挚爱的阿芒啊，我求你走罢！你就离开了巴黎，再也不要向后看罢！

阿芒 我愿意的，可要有一个条件。

马格哩脱　什么条件我都可以接受。

阿芒　你跟我同走。

马格哩脱　那做不到！

阿芒　那做不到！

马格哩脱　哦！上帝啊！给我些勇气啊！

阿芒　（疾走至门口，重又回来）马格哩脱，听着。我现在已经发了疯，已经有了狂热病，我的血是燃烧着，我的脑浆是沸激着，我已到了什么事都能做的一步，即使是件不名誉的事。我恐怕免不了要有一刻，被怨恨耸动着，对于你也要对不起起来。这实在是从前的爱，是那不可抵制的爱，它在那里激扰着，使人怨，使人恨，使人懊恼，使人羞惭，因为我至今还错认着从前的爱，感觉到从前的爱，虽然已往的事是如此。既然这样，只要你向我说出一句懊悔的话，把你的过失付之于偶然，付之于无可奈何，付之于怯弱，那么，我就什么都可以忘去了。他那一个人有什么关系呢？只要你不爱他，我就不恨他。马格哩脱，只须你向我说一声你还爱我，我就原宥你，我们从此逃出了巴黎，或者说，逃出了既往，直逃到土地的尽头，直逃到看不见人面的地方，由我们俩拥护着我们的爱，孤生于这世界之内。

马格哩脱　（气竭）只要你说你能有得一点钟的幸福，我就把我的性命交付给你也可以；无如你这幸福是不可能的。

阿芒　还是这么说！

马格哩脱　有一道无底的深濠隔开了我们俩，要是我们聚合在一起，就不免有极大的不幸。我们实在是处于不能相爱的地位；你就走罢，忘去了我罢！你实在是非如此不可，我老实向你说。

阿芒　这是为了谁？

马格哩脱　为了个有权利可以要求我们这样的人。

阿芒　（更怒）是为了法维尔先生不是？

马格哩脱　是的。

阿芒　（握住马格哩脱的手臂）是为了你所爱的法维尔先生；只要你向我

说一声你爱他,我就走。

马格哩脱　不差,是的,我爱法维尔先生。

阿芒　(将她推在地上,举两手向她,继疾走至门口,向门外别一室中之诸宾客唤)大家进来!

马格哩脱　你做什么?

阿芒　你们认识这个女人么?

众　马格哩脱哥底曷!……

阿芒　是!马格哩脱哥底曷。你们知道她做的事么?她把她所有的东西全都卖去了和我同居,她爱我爱到这样。这是很好的,是不是?你们也知道我做的事么,我?我只是依附了她像个无赖。我受了她的恩惠始终没有报答过。可是现在还并不太迟。我觉得很抱歉,所以今天来弥补这个罪过。请大家替我证明,我自此以后,再没有什么对不起这个女人了。(以钞票一叠,掷于马格哩脱身上)

马格哩脱　(大叫一声,向后晕倒)唉!

法维尔　(怒,以手套向阿芒面上掷去)先生,你真是个卑怯的东西!

　　(大众疾趋上前,将两人分拆开来)

∽ 第五幕 ∽

　　马格哩脱的卧室。——靠后壁有床;帐帘半垂。——右边有火炉,火炉前有一张软榻,上面躺着加司东。——只有一盏不甚明亮的陪夜的灯。

第一场

　　马格哩脱,睡着,加司东。

加司东　(抬起头来听了一听)我眯着了一会。……莫非她要过什么没

有？没有,她睡着的。……几点钟了？七点钟了。……天还没有亮咧。……让我先来添点儿火罢。(即至火炉旁料理添火)

马格哩脱 (醒转来)那宁！给点儿水我喝。

加司东 好孩子,我来拿给你。

马格哩脱 (抬了一抬头)是谁在这里？

加司东 (调好了一杯水拿上)是我,加司东。

马格哩脱 怎么你在我房间里？

加司东 你先喝罢,喝了我向你说。——糖够了没有？

马格哩脱 够了。

加司东 我是天生的就喜欢调理病人的人。

马格哩脱 那么那宁到那里去了呢？

加司东 她去睡了。我昨天晚上十一点钟到这里来,看看你好点没有,这可怜的孩子,可真是疲倦得要跌倒下去了。我呢,我可恰恰相反,正是精神活健得很。我就叫她去睡,由我在这里代替她。我靠着火在软榻上横着,这一夜倒也过得很舒服。我听见你睡着了,心上很快活;好像我自己也眯着了一会。你现在觉得怎么样呢？

马格哩脱 很好,我的有勇气的加司东啊！可是你这样辛辛苦苦的来陪我,于你有什么好处呢？

加司东 我在跳舞场里过夜,已过够了,能有机会可以陪着病人过上几夜也很好。——而且我也有几句话要向你说说。

马格哩脱 什么话呢？

加司东 是不是你有点儿困难？

马格哩脱 怎么我有点儿困难？

加司东 是的,你没有钱用,是不是？我昨天晚上,看见客堂里有一个债务公堂里派出来的执行吏,在那里坐着等。我就开发了他,叫他滚了。可是开发了这一个,不见得就是完全对付了。你这里总得要有些钱,而你可是没有。我呢,我自己也没有多少钱:在赌场里输去的,已就很不少;又买进了许多货,在这新年里全无销路。不过我总愿意你快快的好起来,而且很快乐。……那边一个抽屉里,我给你常放进五百个法郎去;要是用完了,将来还是会有的。

马格哩脱 (感动)这是多么好的心啊! 人家都称你为胡涂虫,而你又自始至终只是我的朋友,你可这样的替我担心啊!……

加司东 我一向就是这样的……现在我要问你:你知道我们今天要做点什么事?

马格哩脱 你说罢。

加司东 今天天气好极! 你晚上已睡了八点钟的好觉;现在还早,你还可以再睡一下。下午一点到三点,一定有很好的太阳,那时我来同你,你多穿些衣服,我们同坐了马车出去看看。到今天晚上,你一定还可以睡得很好。现在我去看我母亲去。我已两礼拜没有见到她。她见了我要怎样的接待我,可只有上帝知道啊! 我同她一块儿吃饭,吃完饭一点钟就到这里来,你说好不好?

马格哩脱 且看我能不能有气力……

加司东 你一定有,一定有!(那宁入)进来呢,那宁,进来呢! 马格哩脱醒了。

第二场

前同场,多一那宁。

马格哩脱 你累了么,我这可怜的那宁啊!

那宁 只一点儿,姑娘。

马格哩脱 开一开窗,放一点天光进来,我要想起来咧。

那宁 (开窗,向街上望)姑娘,医生来了。

马格哩脱 好医生! 他每天出门,总是先到我这里。——加司东,你出门的时候,请你不要把门关上。——那宁,你来扶我起来。

那宁 姑娘,是。……

马格哩脱 我要想起来咧!

加司东　下半天见。（出）

马格哩脱　下半天见。（撑持着想要起来，可又重新跌了下去；后由那宁
勉强把她扶起，倩她到了软榻旁边；恰巧医生也进来了，两人相帮着
料理她坐下。）

第三场

马格哩脱，那宁，医生。

马格哩脱　我亲爱的医生，早安！你一清早就来看我，你待我真好
啊！——那宁，去看看有什么信没有？

医生　请把手给我诊一诊脉（马格哩脱伸手）——你觉得怎么样，好一
点么？

马格哩脱　坏一点，可也好一点。坏的是身体，好的是精神。昨天晚上，
我怕我不久就要死了，所以就去找了个教士来。我当初是痛苦，失
望，怕死，后来他来了，他同我谈了一点钟的话，把我的痛苦，失望，恐
怕，懊悔，全都拿了去。后来我就睡着了，现在只是刚醒。

医生　姑娘，你不久就好了；我可以答应你，一到交春，你就全好了。

马格哩脱　多谢你，医生……这是你的职任要这样说。虽然上帝说说谎
是罪恶，他可也替做医生的留下一个例外，许他们每天可以说上许多
谎，当他们和病人说话的时候。——（那宁入）你拿着了些什么？

那宁　都是礼物，姑娘。

马格哩脱　啊，不差，今天是一月一日！……这一年以来，也就经过了不
少的事啊！去年今日这一刻，我们有许多人在一块儿吃饭，我们谈
天，我们唱歌，我们把已往一年中的欢笑，移赠给新来的一年。现在
呢，医生啊，那里还能再有我们欢笑的时候呢？（将包裹一一解
开）——这是一只戒指，是圣戈唐的名片。——啊，好心啊！这是一
只手镯，是琪咪伯爵从伦敦寄来的。——要是他看见了我现在已经
这样了，正不知道要怎样的发急咧。……还有些糖……唉，我总以为

人家很容易忘去了我,而其实并不!——医生,是不是你有一个小侄女的?

医生 是的,姑娘。

马格哩脱 就请你把这糖转送给她吃了罢;我是已有好多时候不能吃糖的了。(向那宁)还有什么没有?

那宁 还有一封信。

马格哩脱 是谁给我写信呢?(接过信来,拆开)你拿这一包糖送下去搁在医生的车子里。(读信)"我的好马格哩脱,我上你那里去看你,恐怕总有一二十次罢,可是一次都没有能见到。不过,我不愿意不使你知道我一生中最快活的一件事:一月一日就是我的婚期;这就是说,一见了新年的面,朱司打夫就做了我的保护人了。我请你早点儿到场,参加我们的婚礼,可不要挨到了末一个。我们的婚礼是很简单很草率的,时间是上午九点,地点是马德林礼拜堂里的堆来司庵。我用我快乐的心坎中所有的力与你亲吻。尼希脱。"大家都是有幸福的,只有我是除外!我可是只知为己啊!——医生,请你关上窗,我有点儿冷;再请你拿纸笔给我。(垂下头去,两手捧着。医生从炉檐上取了个墨水瓶,又找了个写字的衬垫,拿来给她)

那宁 (低声问医生,其时医生已走到房间的别一边,离马格哩脱远了)怎么样,医生,好了点儿没有?

医生 (摇头)没有,很坏!

马格哩脱 (自语)他们可当我没有听见咧!……(高声)医生,你出去的时候,我请你把这封信带到尼希脱结婚的教堂里,叫他们到婚礼完毕之后交给她。(将信写好,封好,交与医生)哪,这就是,多谢你。(与医生拉手)请你不要忘记去了。下半天如果有空,请再来……(医生出)

第四场

马格哩脱,那宁。

马格哩脱　现在可以把房间收拾一下了。(铃响)有人叫门,去看看。

　　(那宁出)

那宁　(重进)是杜佛呪诺阿太太要见姑娘。

马格哩脱　叫她进来罢!

第五场

　　同前场,多一柏唱唐司。

柏唱唐司　好好,我亲爱的马格哩脱,你今天怎么样,好点儿么?

马格哩脱　好一点,我亲爱的柏唱唐司,多谢你。

柏唱唐司　请你叫那宁去一去,我有话要向你说。

马格哩脱　那宁,先到那边去收拾,到我叫你再来。(那宁出)

柏唱唐司　我亲爱的马格哩脱,我有一件事要和你商量。

马格哩脱　什么事? 说罢。

柏唱唐司　你有钱没有? ……

马格哩脱　我也困难了好久了。可是,你要总可以;要多少? 说罢。

柏唱唐司　今天是新年节,我有许多礼要送,简直非有二百法郎不可。你
　　能不能借一借给我,到月底还你?

马格哩脱　(举目向天)到月底!

柏唱唐司　要是于你不便……

马格哩脱　钱是还有一点,就在那里,可是我自己有点儿用处。

柏唱唐司　那么就不要谈罢。

马格哩脱　这有什么关系呢! 你且去把那一个抽屉开一开……

柏唱唐司　开那一个? (一连开了几个抽屉)哦,还在这中间的一个里。

马格哩脱　有多少在里头?

柏唱唐司　五百法郎。

马格哩脱　好,你要二百就拿二百去罢。

柏唱唐司　余下的你够么?

马格哩脱 我可以再想法子,你不要管我就是了。

柏唱唐司 (将钱收起)你可当真的帮了我一个大忙。

马格哩脱 能于这样就更好了,我亲爱的柏唱唐司!

柏唱唐司 我去了,晚上再来看你。你气色好了些了。

马格哩脱 是的,我好了些了。

柏唱唐司 不久交了春,天气就好了。你到乡下去住上些时,吸些好空气,不多时就可以全愈的了。

马格哩脱 对啊。

柏唱唐司 (将要出去)我去了,我再谢谢你啊!

马格哩脱 请你叫那宁来。

柏唱唐司 是。

那宁 (入)她又是来向你要钱的么?

马格哩脱 是的。

那宁 你又给了她么?……

马格哩脱 说到钱,总是太小的小事,据她说,她又有很要紧的用处,所以就给了她一点。不过我们自己现在也有用处:有许多年礼不得不送。这是刚送到的一个手镯,你就拿去卖了,快快回来。

那宁 我去了谁料理姑娘呢?

马格哩脱 那不要紧,我一时用不着什么。况且你又去得不久:你路也走熟的了;这三个月来,我卖去了好多东西了。(那宁出)

第六场

马格哩脱。

马格哩脱 (从身间取出一封信来,读)"姑娘,我已听见了阿芒与法维尔先生决斗的消息。这不是阿芒自己告诉我的,因为他并没有能和我作别,就逃走了。我以为这决斗和逃亡,都是为了你,姑娘,你相信么?多谢上帝,现在法维尔已经出了危险时期了;种种的事,我也都已知道的了。你直到你能力不能支持的时候,还紧紧守着你的约;因此就把你的身体,愈闹愈坏了。我现在已把此中真相,全都写信告诉了阿芒。他目下虽然还远离着我们,可是不久就可以回来;回来了非但他自己要向你请罪,而且还要代表了我向你请罪,因为从前我被事势所迫,做了对不起你的事,现在应当补救这过失。请你好好的保养你身体,好好的希望着;你的勇气与牺牲的精神,应当使你得到一个美满的将来做你的酬报;你一定可以有这一个美满的将来,答应你的就是我。现在先请你接受我对于你所表示的敬意与同情与关切之心。乔治杜法尔。十一月十五日。"这一封信,我接到了已有六个多礼拜了。我天天的把它读了又读,总希望它能够给我一点勇气。要是阿芒也能这样的给我来一个信么!要是我还能活到春天么!(起立,向镜子里看了一看)怎么我的面貌全变了!可是医生向我说,我是能好的。我还是耐心点罢。不过,他方才同那宁说的话,不是我听见的么?他说我很坏。很坏!可总还能有点希望罢,可总还能活几个月;要是在这几个月里阿芒能来了,我就有了救了。今天这新年节,不是当初再也不敢希望的么?我想我的意思是不差的。要是我真在危险之中,方才加司东也不敢说我今天可以出去的了,医生也就不走的了。(走到窗口,向外望)他们有家庭的多快乐啊!哦!那个有趣的孩子,拿到了玩物唱着跳着,我真要和这个孩子亲个嘴啊。

第七场

那宁,马格哩脱。

那宁 (回来,将卖到的钱放在炉檐上,走近马格哩脱身旁)姑娘……

马格哩脱 有什么事,那宁?

那宁 你今天觉得好一点了,是不是?

马格哩脱 是的;为什么?

那宁 请你答应我把心定一定。

马格哩脱 有了什么事了？

那宁 我先来告诉你……是一个意想不到的快乐,是身体所支持不住的!

马格哩脱 你说什么,是个快乐么?

那宁 是的,姑娘。

马格哩脱 那是阿芒了! 你看见了阿芒么? ……阿芒来看我了。(那宁点点头——走去开门)阿芒! (阿芒入,面色极白;马格哩脱趋前抱其颈;两人紧紧偎抱)哦! 不见得是你罢,要是上帝有这样的好,那是不可能的罢!

第八场

马格哩脱,阿芒。

阿芒 正是我阿,马格哩脱! 我,心上真是抱歉到万分,踌躇到万分,痛苦到万分,再也不敢进你这门。要是我遇不着那宁,我只有老站在街上,在那里哭,在那里祷告。马格哩脱,请你不要怨恨我。我父亲已把所有的事写信告诉了我。那时我离你离得很远,我也不知道要逃到了什么地方,才可以逃开我的爱情与懊恼……我走的时候,真像是个疯子,整天整夜的走,不敢休息,不敢停顿,不敢睡觉,老是惊心吊胆的,像是不测的祸事,就在目前;像是那黑蚑蚑的牢狱,就在老远的等着我。唉! 要是我这回来了找不到你,我是一定要死的;因为假使你是死了,那就是我把你杀死的。我一回来就到这里来,连父亲也还没有去看过。马格哩脱,就请你饶恕了我罢! 唉,我居然能再看见你,可真好啊!

马格哩脱 要我饶恕你么,我的朋友! 那么,当初我一个人所受的苦,只是受了就算了! 可是除此以外,又有什么办法呢? 我所要的是你有幸福,便把我自己的幸福消费了也不算事。现在是你父亲已不再要把我们俩分拆开来了,是不是? 可是你现在所看见的马格哩脱,也已不是从前所看见的马格哩脱了。可是,我年纪还轻,我能快快乐乐的过日子,从前的颜色是还可以恢复的。你快把已往的事一齐忘去。我们就从今天起,好好的在一块儿过活。

阿芒 我再不离开你了。马格哩脱,你听着,我们简直可以马上离开这屋子。我们简直离开了巴黎从此不再回来。现在我父亲也已知道了你是怎样的一个人。他爱你,就同爱他自己的儿子一样。我的妹子也嫁去了。将来一切,就完全是我们两人的了。

马格哩脱 这样么,你就说下去罢!你就说下去罢!我听了你的话,像是我的灵魂又重新回来了,我接触了你的气息,像是我的健康又重新产生出来了。我方才还说,只有一件事可以救得我。这件事我已经不再希望的了,而你现在可是来了!我们不要耽搁时间了;生命在我们面前走过去,能抓得住它总该抓住它。你知道么?——今天是尼希脱结婚,是她和朱司打夫结婚。我们去看看去。到礼拜堂里去祷告祷告上帝,再帮着人家办些有幸福的事,于我的身体是很有益处的。多谢上天,它藏护好了一件绝大的礼物,直到今天新年节,才拿出来送给我,使我大大的惊奇一下。不过,你还得向我说一声:你爱我不爱我呢?

阿芒 马格哩脱,我爱你,我的生命完全是你的。

马格哩脱 (向那宁,时那宁刚从外面进来)那宁,我要出去,你来料理我。

阿芒 这那宁可真好!都是她一个人调护你的。——(向那宁)多谢你。

马格哩脱 我们两人天天在这里谈起你;也只有她可以同我谈谈,因为别人是害怕得连你的名字都不敢说出口的了。也就只有她能够劝慰劝慰我,说我与你是总有一天要相见的。瞧!不是她并没有骗我么?你这回出去游历了不少的地方,将来也带我去游历游历啊!(身体支持不住,向下软滩下去)

阿芒 你怎么样,马格哩脱?怎么面色白到……

马格哩脱 (勉强说话)没有什么,朋友,没有什么!你知道我的心已经孤寂了好久了,现在忽地有这样的大幸福来了,心就自然免不了要受到一些压迫。(坐下,头向后仰)

阿芒 马格哩脱,怎么你不开口了? 马格哩脱,说说话呢,向我说话呢,我求你!

马格哩脱 (重新回复转来)我的朋友,不要怕。你知道,我是常要这样昏晕过去的,可是一会儿就好了。瞧,现在我又笑了,又有了气力了,我们去罢! 这不过是重见了生活的路,心上惊惶一下便了。

阿芒 (握着她的手)你抖呢!

马格哩脱 那不要紧! ——那宁,去拿一个披肩,一顶帽子……

阿芒 (大恐慌)我的上帝啊! 我的上帝啊!

马格哩脱 (披上披肩,试走了几步,忽地愤愤的将披肩扯下)我走不了!

(跌倒于软榻之上)

阿芒 那宁,快点儿跑去找医生来!

马格哩脱 好的,快去找;你向他说阿芒回来了,我要活了,我非活不可! ……(那宁出)可是,要是你回来了还不能救我,也就再没有什么东西可以救我的了。人是迟早要死的。我活的时候能于得到了爱,我死也就死在爱中了。

阿芒 马格哩脱,你静着罢;你是一定可以活的。

马格哩脱 你坐这里来,你靠着我坐,我的阿芒啊,你好好的听我说。我方才很愤恨,怕的是要死,现在可懊悔了。死是逃免不了的。而且它也很好;我很爱它,因为它直等到你回来了才到我头上来的。要是当初我的病症,还没有到必死的……,你父亲也就不见得写信叫你回来了。

阿芒 马格哩脱,你听着:你再不要说这样的话了,你真要叫我发疯了。你再不要说你要死,可是说:你是不相信你会死的,你是不能死的,你是不愿意死的。

马格哩脱 要是我自己不愿意死,上帝要我死起来,我也就做不着主的了。我这人,如果我是个贞洁的女人,如果所有的贞德都给我有了,那么,现在要我离开这你所住的一个世界,我一定要哭的,因为你我的将来,有很大的希望,而我的既往,却可以答应我陪着你向这条希望的路上走去。无如我是这样的一个人:我如果死了,你还把我当作一个纯洁的人记念着;我如果活着,可就无论如何,我们爱情上总沾了些污点。……请你相信我这话,上帝是把我处分得不错的。

阿芒 (立起)唉!我可昏了!

马格哩脱 怎么!要知道到了此刻,我不得不给你一点勇气。你还是依从我的好。你去开那一个抽屉,中间有一个像章……这上面铸的是我的像,是我美好的时候的像。这是专给你造的,你就拿去藏着,将来做个纪念。但是,要是有一天,有什么一位青年美貌的女子爱了你,而且已经嫁了你——这是应有的事,而且也是我所愿意的事——而这个像章可给她发现了,你就不妨向她说:这是个女友的像,她现在,若然上帝答应她在天上最幽暗的一个角里占得一个位置,她正是天天的在那里替你们两人向上帝祝福咧。要是她对于已往的事也要妒忌——这也是我们做女人的常有的事——要把这一个像毁去,那么,你也尽可毁去了,不必害怕,不必懊恼,因为这也是正义,我可以预先原宥你的——我们做女人的,到了感觉不着情爱的时候,就反觉得受苦愈多愈痛快了。……我的阿芒啊,你听见了没有,你都听懂了没有?

第九场

同前场,增那宁,尼希脱,朱司打夫,加司东四人。

尼希脱进来,面色很惊惶,进门后看见马格哩脱面有笑容,阿芒跪她面前愈加吓呆了。

尼希脱 我的好马格哩脱,你写信给我说你要死了,现在你可已起了床,还在笑咧。

阿芒 (低声)哦,朱司打夫,我真是不幸啊!

马格哩脱 我快死了,同时我也很快乐,因为我的幸福,已把死的痛苦遮掩过去了。——你们已经结了婚了!——现在从第一个生命中,转入第二个生命中去,这是件多么希奇的事啊?——你们将来,一定还要比从前更快乐。——将来有时候,你们还要谈起我,是不是呢?——阿芒,拿你手来给我拉着……我向你说:死是并不难的。(加司东入)哦,加司东来找我了……我看见了你心上很舒服,我的好加司东啊。幸福是个忘恩负义的东西;我方才得到了幸福就连你也忘记了……(向阿芒)他待我真好啊!……唉!这奇怪!(起立)

阿芒　你怎么了?……

马格哩脱　我已没有痛苦了。好像我的生命,已回复到我身体中来了。我觉得我从来没有这样的舒服……可是我活着!……唉!我觉得我很好过!(坐下,作瞌睡状)

加司东　她睡着了。

阿芒　(惊惶失措)马格哩脱!马格哩脱!马格哩脱!(大叫一声,用力将马格哩脱的手撤开)唉!(恐怖,向后退)死了!(疾走至朱司打夫旁)上帝!上帝!叫我怎么样呢?……

朱司打夫　(向阿芒)她真爱你啊,这可怜的女孩子!

尼希脱　(跪下)马格哩脱,你就在平安中睡着罢!上帝一定尽量的恕你的罪,为的是你能够尽量的爱。

剧竟

第三编

诗　歌①

---

① 据刘半农. 刘半农诗选. 北京:人民文学出版社,1958.

火焰诗七首

[爱尔兰]柏伦克德①

（一）

我昔最惧死

不愿及黄泉

自数血战绩

心冀日当天

日当天

血腥尽散如飞烟

（二）

我昔祷上帝

极口求长生

长生如可得

愿待天色明

---

① Joseph Plunkett，1887—1916，今译约瑟夫·普朗克特，爱尔兰诗人、记者、革命家、民族主义者，1916 年复活节起义的领导人之一。——编者注

天色明

毁桎折梏任我行

（三）

我昔祷上帝

哀哀乞帝怜

帝灵如答我

铁石我心坚

我心坚　我力虽弱

何惧虎狼当我前

（四）

吁嗟往日事

重提大可耻

灵魂当吐神圣焰

奈何趑趄独畏死

我今重呼上帝名

矢身直进死不止

（五）

我何有

有两手

洪水可治之

敌来斩其首

投荒蹈海我不畏艰难

欲喋我血我不走

（六）

天道欲战　我则操戈
帝心欲战　我剑是磨
我唯顺帝命
不问我敌之文野如何
异日歼敌
听我凯歌

（七）

帝心如炎火
熊熊万古明
帝火既不灭
何惜自牺牲
即与死神同舟航黑海
我亦含笑而登程

二

悲天行三首

［爱尔兰］柏伦克德

（一）

帝血沃玫瑰
帝目耀明星
帝身喻白雪
帝泪化甘霖

（二）

帝容百花妍
帝声鸟语媚
鸣雷当啸歌
削石为文字

（三）

悲哉帝路坏
帝心海翻澜

树尽十字架

荆棘悉作冠

割爱六首

[爱尔兰]皮亚士①

(一)

瞩尔玉体
美中之尤
惧短我气
急闭双眸

(二)

闻尔妙音
美中之美
我惧魂销
乃掩我耳

---

① Patrick Pearse,1879—1916,今译帕特里克·皮尔斯,爱尔兰诗人、作家、教师、律师,也是民族主义者和政治家,1916年复活节起义的领导人之一。——编者注

（三）

接尔双唇
甘美无伦
惧毁我事
强制我心

（四）

既闭我目
又掩我耳
终制此心
爱情以死

（五）

历彼幻梦
弃之若遗
回首就道
勇进莫疑

（六）

我今去汝
瞻望前路
见义而为
觅我死处

绝命词两章

[爱尔兰]皮亚士

（一）

守钱吾非虏

荣誉今亦毁

恩爱多酸辛

用随秋草萎

（二）

无钱遗家人

无名传青史

愿帝取我魂

移植后人体

五

马赛曲

[法国]李塞儿①

第一阕

我祖国之骄子,趣赴戎行。

今日何日？日月重光,

暴政与我敌,血旆已高扬。

君不闻四野贼兵呼噪急,

欲戮我众,

欲歼我妻我子以勤王。

（合唱）

我国民,秣而马,厉而兵,

整而行伍,冒死进行;

沥彼秽血以为粪,

用助吾耕!

---

① Rouget de Lisle,1760—1836,今译鲁热·德·利尔,法国军事工程师、诗人、作曲家,1792 年作《莱茵军团战歌》,后得名《马赛曲》。——编者注

第二阕

为问保王党,为问民贼与奴儿,

若曹窃弄威权久,今后猡猡猓猓将何为?

为问桎与梏,为问绁与缧,

置汝非一日,置汝究为谁?

呜呼!人谁不为己,

法人宁甘奴隶死?

岂曰侥幸可成功,

忍无可忍,乃出此丈夫;

生当有所为,破除奴制自吾始。

(合唱)

我国民,秣而马,厉而兵,

整而行伍,冒死进行;

沥彼秽血以为粪,

用助吾耕!

第三阕

暴力奴我体,岂能歼我之精诚,

亿万鸟合众,岂敌什一义勇兵。

赫赫兮上帝,昊昊兮苍天!

我有志士,誓死直前!

即日败衄,宁甘瓦全!

毒魔之运旦夕尽,

吾民宁久困于倒悬?

(合唱)

我国民,秣而马,厉而兵,

整而行伍,冒死进行;

沥彼秽血以为粪,

用助吾耕!

第四阕

告尔暴君,尔其战栗;

尔厉尔国,僇尔无恤;

尔政祸国,人终当反尔身。

吁嗟乎!执戈之士齐临尔。

尔不自焚终磔死,

不幸义兵有败时,前赴后起无底止。

法兰西国世世产英雄,

英雄之刃齐向暴君指!

(合唱)

我国民,秣而马,厉而兵,

整而行伍,冒死进行;

沥彼秽血以为粪,

用助吾耕!

第五阕

法兰西之勇士,法兰西之英豪,

挥尔快剑,诛彼群妖!

胁从之众当怜恕,

王党巨憝难幸逃。

王党甘吾血,布雷助逆钻吾骨,

凡此豺虎愎且凶，

我剑当洞若母胸！

（合唱）

我国民，秣而马，厉而兵，

整而行伍，冒死进行；

沥彼秽血以为粪，

用助吾耕！

第六阕

耿耿爱国忱，导我赴行伍；

将此护拥自由心，

奋身进杀狼与虎。

欲问人道主义何时扬？

但看军旗十丈随风舞。

吁嗟乎！我敌已届垂绝时，

尔其徐死，

一观域中胜败竟何如！

（合唱）

我国民，秣而马，厉而兵，

整而行伍，冒死进行；

沥彼秽血以为粪，

用助吾耕！

第七阕

一旦军人相继死，

我哥我弟投袂起；

军人虽死余烬当未泯，

觅余烬兮步后尘，

步后尘兮勿羡军人之寿长于我，

我心之烈烈如火。

但求速死与同棺，

忍掷荣名付倒澜。

吁嗟乎！整戈复我军人仇，

仇不复兮虽死亦含羞。

（合唱）

我国民，秣而马，厉而兵，

整而行伍，冒死进行；

沥彼秽血以为粪，

用助吾耕！

（此诗载《新青年》第二卷第六号）

六

缝衣曲

［英国］虎特①

（一）

指痛无人知，目肿难为哭；
贫女手针线，身上无完服。
一针复一针，将此救饥腹；
穷愁难自聊，姑唱"缝衣曲"。

（二）

"缝衣复缝衣，朝自鸡鸣起；
缝衣复缝衣，破屋星光里。
我闻突厥蛮，凶悍无人理；
岂我所缝衣，竟裹耶稣体。

① Thomas Hood，1799—1845，今译托马斯·胡德，英国诗人，以幽默诗作闻名。——编者注

（三）

"缝衣复缝衣，脑晕徒自恸；
缝衣复缝衣，遑恤双睛痛。
既纫袖上边，复合襟头缝；
倦极或停针，犹作缝衣梦。

（四）

"人亦有姊妹，更有母与妻；
乃取生人命，当作身上衣。
百我针线力，无补寒与饥；
直如自缝袭，庸裹贫女尸。

（五）

"胡为遽言死，死实实足畏；
支离数根骨，身与死魔类。
问何以致之，饮食难充胃；
血肉信当廉，面包信当贵。

（六）

"缝衣无已时，得值能有几？
衣食不周全，破屋聊蔽体。
结草以为床，椅案多窳圮；
多谢墙上影，终身一知己。

（七）

"缝衣复缝衣,此曲已疲咋;
缝衣复缝衣,狱犯有时纵。
既纫袖上边,复合襟头缝;
手脑多麻木,念此我心痛。

（八）

"缝衣复缝衣,冬日画如晦;
缝衣复缝衣,春色何娟媚!
双燕将育雏,檐下时襮背;
呢喃如责我,枉在春光内!

（九）

"出观莲香花,聊以娱我意;
上有蔚蓝天,下有碧草地。
明知欢不常,姑抑伤心泪;
抛却酸与辛,莫提饕飧事!

（十）

"欢娱诚不常,片刻亦欣恋;
希望与爱情,此生恐难见!
独念忧患多,小哭聊自唁;
又恐泪珠儿,湿却针与线!"

（十一）

指痛无人知，目肿难为哭；

贫女手针线，身上无完服。

一针复一针，将以救饥腹；

守望富贵人，听此"缝衣曲"。

（此诗载《新青年》第三卷第四号）

七

无韵诗二章

[印度]泰戈尔①

（一）恶邮差

你为什么静悄悄的坐在那地板上，告诉我罢，好母亲？

雨从窗里打进来，打得你浑身湿了，你也不管。

你听见那钟声，已打四下么？是哥哥放学回来的时候了。

究竟为着什么，你面貌这样稀奇？

是今天没有接到父亲的信么？

我看见邮差的，他背了一袋信，送给镇上人，人人都送到。

只有父亲的信，给他留去自己看了。我说那邮差，定是个恶人。

但是你不要为了这事不快乐，好母亲。

明天那边村上，是个集市的日子。你叫阿妈去买些纸和笔。

父亲写的信，我都能写的；你可一点错处也找不出。

我来从 A 写起，直写到 K。

但是，母亲，你为什么笑？

你不信我能写得和父亲一样好么？

---

① Rabindranath Tagore，1861—1941，印度诗人、文学家、社会活动家、哲学家和民族主义者；1913 年获诺贝尔文学奖，是第一位获得诺贝尔文学奖的亚洲人。——编者注

我能把我的纸,好好的打格子;所写的,尽是美丽的大字母。

我写完了,你以为我也和父亲一样蠢,把它投在那可怕的邮差的袋里么?

我来自己送给你,免得等候;还指着一个个的字母,帮你读。

我知道那邮差,不愿意把真真好的信送给你。

(二)著作资格

你说父亲写着好多书,但是他写些什么,我不懂。

他整黄昏的读给你听,你能当真说得出他的意思来么?

母亲,你所讲的故事多好! 为什么父亲不能写出那样子的来呢,我奇怪?

是他从来没听见他母亲说过长人,仙子,公主们的故事么?

是他一起忘了么?

他往往迟延着,不去洗澡,要你去叫他一百次。

你守他吃饭,不放饭菜冷,他只顾写着,竟忘记了。

父亲常是那么要着著书。

要是我难得到父亲房间里去耍耍,你来叫我了,"怎么一个顽皮孩子!"

要是我轻轻的做声一下,你说,"你不看见父亲在那里做事么?"

常是这样写了又写,是什么个把戏呢?

有时我拿了父亲的笔或铅笔,像他一样,在他书上写——a,b,c,d,e,f,g,h,i——你为什么同我吵,母亲? 父亲写,你始终没有说过一句话。

父亲费了这么许多堆的纸,母亲,你似乎全不在意。

要是我拿了一张,做一只船,你说,"小孩子,你讨厌到怎么样了!"

父亲糟蹋了许多张许多张的纸,画得两面尽是墨痕,你以为怎么样?

(以上两诗载《新青年》第五卷第二号)

八

海滨五首

［印度］泰戈尔

（一）

在无尽世界的海滨上,孩子们会集着。

无边际的天,静悄悄的在头顶上;不休止的水,正是喧腾湍激。在这无尽世界的海滨上,孩子们呼噪,跳舞,会集起来。

（二）

他们用沙造房子;用蛤壳玩耍;用枯叶做船,笑弥弥的把它漂浮在大而且深的海里。在一切世界的海滨上,小孩子自有他们的游戏。

（三）

他们不知道泅水;他们不知道撒网。采珠的没入水中去采珠;做买卖的驾着大船,孩子们只是把小石子聚集拢了,又把它撒开。他们不寻觅水底的秘宝;他们不知道撒网。

（四）

海，带着一阵狂笑直竖起来；海岸的微笑，闪作灰白色，处分死命的波涛，唱没意义的俚曲给孩子们听，竟像做母亲的，正在摇他摇篮里的宝宝。海与孩子们游戏；海岸的微笑，闪作灰白色。

（五）

在无尽世界的海滨上，孩子们会集着。狂风急雨，在未经人迹的天上狂吼；船泊，捣毁在未经人迹的水里；死，漫无限制；孩子们只是游戏。孩子们的大会集，在无尽世界的海滨上。

九

同情二首

［印度］泰戈尔

（一）

假使我只是只小狗，不是你的宝宝，那么，好母亲，我要吃你盘子里的食，你要说"不许"么？

你要把我赶去，向我说，"走开，你这讨厌的小狗"么？

那么去，母亲，去了！你叫我，我决不再来了；也决不再要你喂我了。

（二）

假使我只是只小小的绿鹦鹉，不是你的宝宝，好母亲，你要把我锁起来，恐怕我飞去么？

你要摇着指头，向我说，"什么一个不知恩的无赖鸟！整天整夜嚼着那链子"么？

那么去，母亲，去了！我就逃到树林里去，永远不给你抱我在手中了。

村歌二首

[印度]奈都夫人①

(一)

挈我满瓮,欲以致远,

道路幽且长,

唉,我何以惑听舟子之歌,

迟我行道?

暮影之降也甚速,

听之,唉,听之,白鹤鸣耶,

野枭啼耶?

柔和之月色,今不我照,

暗中如有毒蛇啮我,

或有恶鬼扑我,

Rām re Rām!② 我其死乎。

---

① Sarojini Naidu,1879—1949,印度社会活动家、政治家、诗人,1925 年当选为印度
　国大党主席,为国大党首任女主席。——编者注
② "Rām re Rām"不知何解,疑是负水叫号声;或为神名,呼以乞佑。——译者原注

（二）

想我兄弟，将喃喃自语，"彼胡为乎迟归？"

我母将迟我而哭，

曰，"愿诸大神，畀彼以平安，

约米那之水深也。"

约米那之水，冲流如此其急；

夜影四合，如此其浓，

有如群鸦集天。

唉，使有狂风大雨作，我所遭其何苦？

我其何处匿身以避电？

自非尔神济我足力，导我途径，

Rām re Rām！我其死乎。

海德辣跋市五首

[印度]奈都夫人

（一）

唉，尔生意人，尔何所卖？
尔所陈商品富也。
　　有朱银色之头巾，
　　有紫锦之裙，
　　有琥珀玻璃之镜子，
　　有青宝石柄之短剑。

（二）

唉，尔买卖人，尔何所秤？
　　是番红花，是扁豆与米。
唉，尔女郎，尔何所磨？
　　是檀香，是指甲花，是香料。
唉，尔负贩人，尔何所叫唤？
　　是棋子与象牙之骰子。

（三）

唉,尔金工,尔何所制造?

是镯与胫环与约指;

是青鸽足上所系铃,

轻如蜻蜓之翼,

是矛士所用之金带;

是国王所用之金鞘。

（四）

唉,尔卖果子者,尔何所乎?

是佛手,石榴,与梅子。

唉,尔乐工,尔何所奏弄?

是西打①,是撒兰琪②与鼓。

唉,尔弄魔术者,尔何所歌?

是招致伊翁之咒语。

（五）

唉,尔卖花女子,尔何所编制?

以彼淡青色与红色之花须?

是新郎额上所戴之花冕,

是饰其卧榻之小花环;

---

① 西打,希腊古乐器名,三角式,有七至十一弦。诗中所举,想另是一种印度乐器,因
其形似,故借用其名。——译者原注

② 撒兰琪,弦乐器名,式与 Violin 相似。——译者原注

是新采白花所制褥，
用以馨香死者之长眠。

十二

倚楼三首

[印度]奈都夫人

（一）

我所爱，我将何以饲汝？
　　以金红色之蜜与果。
我所爱，我将何以悦汝？
　　以铙与瑟琶之声。

（二）

我将何以饰汝鬓？
　　以茉莉畦中之珠。
我将何以香汝指？
　　以基辣①与玫瑰之魂。

---

① 基辣，花名。——译者原注

（三）

唉，至爱昵者，我将何以衣被汝？

　　以孔雀与鸽之色采。

唉，至爱昵者，我将何媚恋汝？

　　以爱情中愉美之沉默。

十三

狗

[俄国]屠格涅夫①

　　我们俩在房间里，我的狗和我。外面是一阵可怕的狂风急雨咆哮着。狗坐在我面前，直看着我的脸。

　　我呢，也看着它的脸。

　　它，似乎要告诉我些什么。它是哑的，它没有言语，它不懂得它自己——但是我懂得它。

　　我懂得这一刻，有同样的感觉，生存在它心中和我心中；我懂得我与它，没有什么差异。我们是同的；在我们体中，各有个颤动的火花，燃烧着，照耀着。

　　死，摇了一摇它那无情的阔翅，扫将下来。

　　就是尽头处了！

　　那么，谁能辨别得出，那在我们体中发光发热的火花是什么呢？

　　否！ 我们不是那种互相浮视的畜生和人。

　　那是常人的眼睛，是互相铰钉的眼睛。

　　在这种畜生和人的身体里，各有同样的生命——是含着切近的，交互的恐慌。

---

① Ivan Sergeevich Turgenev，1818—1883，俄国批评现实主义作家，前期倾向于革命民主派，后转变为贵族自由主义者。——编者注

十四

访　员

[俄国]屠格涅夫

　　两个朋友，正是同桌喝茶。

　　忽然街上起了一阵吵乱，他们听见可怜的呼号声，凶猛的凌辱声，一阵阵爆裂似的毒笑声。

　　一个朋友向窗外望着说，"他们在那里打什么人了。"

　　那一个问，"是个罪犯？ 是个凶手?"我说，"无论他是什么，这非法的滥打，我们不答应的。我们去，加入他一面。"

　　"但是他们所打的，不是个凶手。"

　　"不是个凶手？ 那么是个贼？ 这没有什么两样，我们还是去，把他从人丛中脱离出来。"

　　"也不是个贼，"

　　"不是个贼？ 那么，是个卷逃的司帐，是个铁路管理员，是个陆军订约人，是个俄国的美术收藏家，是个律师，是个保守党的记者，是个社会改革家? ……无论如何，我们还是去救他！"

　　"不是……他们所打的，是个新闻访员。"

　　"是个访员？ 唉，我告诉你：我们先把茶杯喝干了再说。"

（以上从《海滨五首》起的十九首诗载《新青年》第五卷第三号）

第四编

民　歌[①]

---

① 据刘半农．国外民歌译（第一册）．北京：北新书局，1927．

自　序

这已是九年以前的事了。那天,正是大雪之后,我与尹默在北河沿闲走着,我忽然说:"歌谣中也有很好的文章,我们何妨征集一下呢?"尹默说:"你这个意思很好。你去拟个办法,我们请蔡先生用北大的名义征集就是了。"第二天我将章程拟好,蔡先生看了一看,随即批交文牍处印刷五千份,分寄各省官厅学校。中国征集歌谣的事业,就从此开场了。

此后几年中,不但北大方面所得的成绩很可观,便是一般的报章杂志上,也渐渐地注意到了这一件事;单行的歌谣集,也已出了好多种。现在若把这些已得的成绩归并起来,和别种学科已得的成绩相比较,诚然还是渺小到万分。但是,它还只有了八九年的生命;它在这八九年中已能在科学中争得了一个地位,能使一般人注意它,不再像以前一样的蔑视它,这也就可以算是一件值得庆幸的事了。

研究歌谣,本有种种不同的趣旨,如:顾颉刚先生研究《孟姜女》,是一类;魏建功先生研究吴歌声韵类,又是一类;此外,研究散语与韵语中的音节的异同,可以另归一类;研究各地俗曲音调及其色彩之变递,又可以另归一类;如此等等,举不胜举,只要研究的人自己去找题目就是。而我自己的注意点,可始终是偏重在文艺的欣赏方面的。

说到文艺这一件事,可就不容易说出具体的理论来了。干脆地说,文艺的欣赏完全是主观的——你说它好,就是好;你说它不好,就是不好。你要在这好与不好之间说出种种道理来,亦许也能说得很对;但这所谓对,也只是你所说的别人不以为非,换句话说,便是你的主观,偶然有多少

和别人的主观相合,而就全体说,终还是你自己的主观,终还有许多地方
是你自己的偏见。

何以呢？因为我们要在某一种事物上作理论的推断,我们所用的是
理知,而理知这东西,却只能用在含理知的事物上;换句话说,理知是几何
性的东西,我们只能把它用在几何性的事物上。譬如你要说明什么是圆,
什么是三角,你只须稍稍用一点工夫,就可把它的界说规订得明明白白;
到规订明白了,你就可以说:圆与三角所具的条件应当怎样,合条件的就
对,不合条件的就不对。至于文艺,它根本就不是理知的,而是情感的。
你尽可以天天说着"好""坏""美""丑"等字,你断然没有方法把它的界说
规定得和圆与三角一样的明白。既然连界说也无从规订起,讨论起来,当
然就不能有什么客观的标准,只能看作品中的情感,与我自身的情感是互
相吸引的或者是互相推拒的:是吸引的就叫作好,叫作美;是推拒的就叫
作坏,叫作丑。

若然我这一份话还算说得不大错,那么我就要大胆说一说我自己对
于文艺上的见解了。许多人把文艺中写实派与浪漫派的消长与冲突,看
作一个很重要的问题,在我,却并不觉得有什么重要。我对于两派中的好
作品,都能欣赏;假使是不好的,我也断不因其属于某派而加以偏袒。但
是我的见解也并不就这样的中庸:我也有我的偏见。我的偏见简单说来,
是爱阔大,不爱纤细;爱朴实,不爱雕琢;爱爽快,不爱腻滞;爱隽趣的风
神,不爱笨头笨脑的死做。因此,我不爱六朝人的赋而爱《世说新语》及
《洛阳伽蓝记》;不爱苏东坡的策论而爱他的小品;不爱杜甫而爱李白;不
爱李义山而爱李长吉;爱诗不爱词,因为词有点"小老婆"气(这是就最大
多数的词说);爱古体诗及近体绝诗而不爱律诗,尤其不爱排律,以为读一
首三十韵的排律,胜如小病一场!

这样的见解完全是个人的气禀造成的,不但不知我的人不能与我苟
同,便是和我很要好的朋友,也断然不能与我一鼻孔出气。即如尹默,他
对于我所说"词像小老婆"这一句话,也不知提出了几次的抗议。当然,他
与我每抬一次杠,我对于词就可以增进一分的了解;但是直到现在,我总

还不能爱词和爱诗一样,这也是件无可奈何的事。

我不但对于文艺,对于自然界的景物也是如此。我爱看的是真山真水,无论是江南的绿畴烟雨,是燕北的古道荒村,在我看来是一样的美,只是色彩不同罢了。至于假山假水,无论做得如何工致,我看了总觉不过尔尔。因此我不大喜欢逛花园。即如北海,在公园中也可以算得数一数二的了,但在我脑筋中,总留不下一些的影子,倒不如什刹海的秧田一角、陶然亭的芦荻翻风,使我想到了就不禁悠然神往。我对于花的观念也是如此。无论它是怎样不值钱的小花,只须是以自然的姿度生长在野外的,在我总认为无上的美。若然种到了园庭里,或者更不幸,种到了小盆里,那就算了罢! 我们所看见的只是一个个的带着桎梏的小罪犯,还能引得起什么美感呢?

因为我的性情是如此,所以我的爱赏歌谣,就可以说是极自然的趋向了。我并不说凡是歌谣都是好的,但歌谣中也的确有真好的,就是真能与我的情感互相牵引的。它的好处,在于能用最自然的言词、最自然的声调,把最自然的情感发抒出来。人类之所以要唱歌,其重要不下于人类之所以要呼吸,其区别处,只是呼吸是维持实体的生命的,唱歌是维持心灵的生命的。所以人当快活的时候要唱歌,当痛苦的时候也要唱歌;当工作的时候要唱歌,当休暇的时候也要唱歌;当精神兴奋的时候要唱歌,当喝醉了酒模模糊糊的时候也要唱歌。总之,一有机会,他就要借着歌词,把自己的所感、所受、所愿、所喜、所冥想,痛快地发泄一下,以求得心灵上之慰安。因此,当私塾先生拍着戒尺监督着儿童念"人之初"的时候,儿童的心灵是厄塞着;到得先生出了门,或者是"宰予昼寝"了,儿童们唱:

> 人之初,鼻涕拖;
>
> 性本善,捉黄鳝;
>
> ……

这才是儿童的天性流露了,你这才看见了儿童的真相了。

村夫野老游女怨妇们所唱的歌,也就像儿童们趁着先生瞌睡的时候所唱的"鼻涕拖""捉黄鳝"一样。譬如就男女情爱这一件事说,他们也未尝没有听见过"周公制礼""周婆制礼"这一类的话,但他们全不在意,以为这只是大人先生们闹的玩意儿,于他们没有什么相干:他们当着大人先生的面当然不敢"肆无忌惮",背了大人先生可就"无郎无姐不成歌"了。在别件事上,他们的态度也是如此。他们爱怎么唱就怎么唱。他们什么都不管,什么都不怕:他们真有最大的无畏精神。好在世间只有文字狱,没有歌谣狱,所以自由的空气,在别种文艺中多少总要受到些裁制的,在歌谣中却永远是纯洁的,永远是受不到别种东西的激扰的。

这是第一点。第二点是:歌谣之构成,是信口凑合的,不是精心结构的。唱歌的人,目的既不在于求名,更不在于求利,只是在有意无意之间,将个人的情感自由抒发。而这有意无意之间的情感的抒发,正的的确确是文学上最重要的一个元素。因此,我们在歌谣中,往往可以见到情致很绵厚、风神很灵活、说话也恰到好处的歌辞。例如云南个旧有这样的一首山歌:

> 热头要落又不落,
>
> 小妹有话又不说;
>
> 小妹有话只管讲,
>
> 热头落坡各走各。

(《歌谣周刊》四十号,张四维先生采辑)

这真悲怆缠绵到万分了。我常说:这二十八个字,可以抵得过一部《红楼梦》。再如北方通行的"小小子儿,坐门墩儿"一章歌,在一般人看,并不觉得有什么希奇,我却以为自古以来,从没有什么文字能把北方小儿的神情声色描绘得这样逼真的。再如五犋牛窑子地方(在内蒙古西南部)有这样的几句:

> 世上有四大宽洒:
>
> 穿大鞋,
>
> 放响屁,

> 河里洗脸，
>
> 校场里睡。

（法人 Joseph van Oost 采辑）

在文字上，虽然并不见得怎样的美，然而西北荒原中的野蛮的阔大精神，竟给它具体的表现出来了。但是何以能表现得这样好的呢？这又要回说到歌谣的根本上：它只是情感的自然流露，并不像文人学士们的有意要表现。有意的表现，不失之于拘，即失之于假。自然的流露既无所用其拘，亦无所用其假。所谓不求工而自工，不求好而自好，这就是文学上最可贵、最不容易达到的境地。

歌谣在这一方面，能把人事人情表现得如此真切，在另一方面，它又并不胶粘在人事人情上：它也能有很超脱很奇伟的思想。例如我们江阴小孩儿所唱的这一章歌：

> 亮摩拜，
>
> 拜到来年好世界。
>
> 世界多，莫奈何！
>
> 三钱银子买只大雄鹅，
>
> 飞来飞去过江河。
>
> 江河过边姊妹多，
>
> 勿做生活就唱歌。

我是直到现在还认为它是不可多得的好文章的。外如《绵州歌》：

> 豆子山，打瓦鼓。
>
> 阳坪关，撒白雨。
>
> 白雨下，娶龙女。
>
> 织得绢，二丈五：
>
> 一半属罗江，
>
> 一半属玄武。

（杨用修送余学官归罗江诗借用）

和《送金娘歌》：

金娘金娘谁家女？

皇帝是我兄，

皇帝是我弟，

皇帝是我娃，

皇帝是我爹；

皇后我姊妹，

皇后我妯娌，

皇后我嫂嫂，

皇后我娣娣。

送娘送到那方去？

送娘送到那家里？

那方不南又不西，

那家不娃又不妻，

那个人儿黄面又黄须，黄冠又黄衣。

那个娘儿作大姬？

那个娘儿作小姬？

今夜小姬哭，

明朝大姬啼。

那个娘儿是大妃？

那个娘儿是小妃？

大妃当捉犬，

小妃当捉鸡。

金娘金娘十万八千里！

（见元初徐大焯所撰《烬余录》）

虽然字句上亦许已经受过了文人的修饰，而它那奇妙的结构、朴茂的气息，还依然保存着。若然我们觉得这种的作品是好的，我们在歌谣上用些采选的工夫,也就不能剪得白费了。

我把我所以爱赏歌谣的原由大致说完了。但是,这种的原由完全是主观的,完全是从情感上发生的,是并没有理智上的保障的。与我见解不同的人,当然可以说我不对,我也当然没有方法可以和他辩论。

我既然是个爱赏歌谣的人,自然不能专爱本国的,有时还要兼爱国外的。当我在国外的时候,虽然自己没有能就地采集歌谣,而五六年中所搜罗到的关于歌谣的书籍,也就不在少数(当然,现在还继续着搜罗)。回国以后,有时取出来看看,看到自以为好的,而又是方言俚语不太多、能于完全明白的,便翻出一章两章来。到翻了几十章了,就刻成小小的一本。这完全是我个人空闲时的一种消遣工作,所以并没有什么通盘的规划,也并不预定要出几本;不过,一本是决不会完的,两本三本也决不会完的,……五本六本罢,……十一二本罢,……甚而至于二三十本罢,……这都难说,都有些可能,只要看我的空闲的时候多不多,兴致好不好。在这个年头,正可以悲歌当哭,且让这第一本小书出了世再说罢!

一九二七年四月九日刘复写于北京

大真实

法国古歌。此歌原名 *Les Grandes Vérités*，相传是 Beffroy de Reigny 所作，但在十九世纪中，已成了极通行的民歌，连它的根源，也没有人能说得清楚了。今据 M. H. Colet 的配谱本译出。

弟兄们，好世界！

我们遭逢到了这么个好世界！

我们要说什么就说什么，

再没有谁来把我们拉到牢里去。

我们真比菲罗克生①还自由，

让我撕破了窗帘说亮话。

我的诗句在我血管中流，

民众们，哪，这就是新鲜诗句哪：

照我们的是蜡烛；

冻僵我们的是大冷天；

清水解我们的渴；

有了张好床就可以好好的睡着了。

九月里收葡萄；

---

① 菲罗克生 Philoxène，希腊诗人，曾以作诗刺 Denys 王下狱。——译者原注

六月里是大热天。

有时我在屋子里，

我就断然不在屋外了。

最冷冷不过冰；

你若要咸，就得加些盐。

跑了的和毁了的都是过去的，

只有上帝是永久的。

登牛伯河不是奥阿司河；

早半天不是晚半天；

到邦笃瓦司去的路，

也不是到本丹去的路。

最蠢的蠢货简直是畜生；

最聪明的朋友就是最不发疯的。

脚与头相去得很远；

与头最近的可就是颈。

多喝了要喝醉；

要吃好鱼可就要有好酱油。

一块一磅重的面包，

称起来总比半磅的重一点。

啰姆洛司创建了罗马；

天下雨了我们身上就湿了。

加东真是个老实人，

他可并没有爱怎么做就怎么做。

人家吃完了饭要吃芥末，

这东西我可是压根儿不爱它。

还是说个塌鼻头的女人给我听，
那倒有点儿小意思。

病人发了热，
这人的身体就不甚健康了。
你若要同时追逐两只以上的兔子，
保管你连一只兔子也就不能到手了。
吹吹你的汤罢，
它一会儿就不太烫了。
盖上你的臭奶油罢，
不然是猫要来吃了。

衣衫上有的是袖子，
下流贱贼可没有一齐都绞死。
要是一株大树砍倒了，
谁都赶着爬到它树枝上去了。
到得跳舞时，
你若什么都相信，你就太容易相信了。
虾子总是往后退，
不肯向前进。

什么酒菜都不必吃，
可总得要拿些面包来夹着吃。
有了山鸡便是没有橘子罢，
总还比得干嚼咸鱼好。
酸醋那怕有得一吨重，
也管不着半个苍蝇的事。
剃头的要把尼格罗人都弄白，

可要难为了他的胰子了。

要是拿把笤帚来剃胡子，
那总是不行的。
替我种些大黄罢！
可是你也休想我来替你种萝葡。
只有脱罗哀的马
是不会喝酒的。
你便是养着些驴子，
也不见得是只只都能磨得磨。

在树林里我看见的是
树木和石子。
河里有的是鱼；
河边上有的是青蛙。
我看见愚蠢的兔子
遇到了风吹就怕了；
我看见游活的定风针，
风要它怎样的转动就怎样的转动了。

好的意识抵得过一切的书，
聪明智慧就是个大宝窟。
三十个法郎就可以做得三十本书，
纸可算不得金字啊。
在许多多言胡闹的人的中间，
做哑子的也未必就是个蠢东西。
正如正午的时候下着雨，
做瞎子的看它不见也就全不在意了。

我们用这样的说话来做诗歌，
也就不会犯罪了。
这种的诗歌是全无道理的，
诗歌的腔调可是有的了。
在我们这一个世纪里，
有的是光明与天才与道德，
少说话的人总是有福的，
不思想的人总是有福的。

二

一人能有几天活

此歌是 Comte Claude-Alexandre de Bonneval(1675—1747)所作，是法国《饮酒歌》中最好的一首，今据 H.Colet 所刻配谱本译出。

一人能有几天活？
朋友们，活的时候总该好好的行乐啊。
自从今天起，
我们再不要自寻烦恼了。

学了历史有得什么用？
那还不是到处一样的？
我们还是好好的学喝酒，
学会了喝酒什么都会了。
　　一人能有几天活？（下同）

随他是什么个大将军也罢；
随他是什么英国人被他征服了也罢；
我啊，我就是这么个无名货，
我只要打胜了我的烦忧就好了。
　　一人能有几天活？（下同）

陆地上的奔忙与海浪上的奔忙，
将好好的时间全都断送了。
还不如多喝些这个神圣液，
叫世界在我们脚底下旋转罢。
　　　一人能有几天活？（下同）

科学家使着远镜找行星，
把他一生最好的空闲光阴消费了。
我是连眼镜也用不着带一副，
可早把个快乐窥测得清清楚楚了。
　　　一人能有几天活？（下同）

野心的化学家耗尽了
他的家产去炼金。
我可有我的无价宝，
蕴藏在我心底里。
　　　一人能有几天活？（下同）

我用不着什么希腊希伯来：
我的恋人只听得懂我的法国话。
只须我轻轻的说声"喝"，
她早已替我斟上一杯了。
　　　一人能有几天活？（下同）

三

爱情的欢乐只是一时的

法国民歌，从 H. Colet 所刊单行配谱本中译出。

爱情的欢乐只是一时的，
爱情的痛苦可是无穷的。
我为着那负心的雪尔维把我所有一切多已牺牲了，
她可是背弃了我另找了一个爱人了。
爱情的欢乐只是一时的，
爱情的痛苦可是无穷的。

只要是这一条水缓缓的向着那
草原边头的小塘里流着；
它流得一天我总爱你一天，
——这是雪尔维对我再三叮咛的一句话。
现在是水还照旧的流着，
她可早已改变了。
爱情的欢乐只是一时的，
爱情的痛苦可是无穷的。

四

巴黎有一位太太

法国 Poitou 省的民歌。

巴黎有一位太太，
她同青天白日一样的美。
她有一个丫头，
也想同她主人一样的美，
可是她不能。

她一走走到药铺里，
她说"先生，你的美容粉怎么卖？"
"好姑娘，六个法郎买一两。
六个法郎就是一欧居，就是一欧居。"
"那么你就给我半两罢！
这便是我所有的一欧居。"

"你擦这美容粉，
你可要当心，不要自己多看啊！
你该吹灭了你的灯，
只是胡乱的擦着，擦着，
擦完了你就美，

同青天白日一样的美。”

到得天亮了，
这位姑娘披上她美丽的披肩，
穿上她的丝袜，穿上她的绿裙，
结上她的白的，白的，白的束腰带。
这样她就走往城里去，
好像她也是个城里人。

半路上她碰着了
一个慕她恋她的好朋友。
他说“啊！你往那里去，好体面的轻装小姑娘？
你把什么东西胡乱的擦着，擦着，擦着，擦得你满面全黑了，
好像个煤铺子里的夫子！”

她一走走到药铺里，
她说“先生，你卖给我的是些什么啊？”
“我卖给你的是鞋油，
是卖给你的，是卖给你擦鞋的。
至于美容粉，可不是
卖给你做丫头的人的啊！”

五

海　盗

英国古歌。

汤姆向他的爱妻厄妈说，

亦许你我从此不能相见了，

我现在又要出港去飘洋，

又要拼着我的性命去冒险。

你该诚心一意的守着你立下的誓，

你该诚心一意的对待你的汤姆，我的爱妻啊！

可不要让什么坏蛋来侵占了我的位置；

便是历尽千辛万苦罢，你也该忠心忠意的对待我。

这些小孩子——啊！你该好好的保养着，别叫他们多受苦。

我现在是没法儿混了才出港去漂洋；

在外面就是历尽了千难万险罢，我想到了他们胸口儿就热了。

到得一天我回了家，

我的爱妻厄妈啊，我该是何等的喜欢，

要是我看见你自始至终忠忠恳恳的对待我！

现在我也不能多说了——瞧，他们已在叫我走——

再会罢，我的爱妻厄妈，再会罢！

六

格林维志的养老人

英国古歌。

当初是上了那条名叫"海盗"的船，
我就出港去飘洋了。
直飘了三年多，
我始终没有踏到英伦的地。
后来是回到英伦了，
我就离开了狂啸的大洋了。
一看朋友亲戚们都已不知飘流到了那里去，
我又重新出去飘洋了。

这回是直向着葡萄牙国走，
趁着好风径直飘过去。
一天到了奥得加尔峡，
岸上吹来了一阵风，
把我们那船打成了一块烂木
飘浮在洋面上。
到得人家来把我从鱼腹中救起，
我又重新出去飘洋了。

这回可是在一个战船上，
偏又碰着个狂风急雨的夜，
轰轰的雷鸣闪闪的电，
一片血海翻腾的杀；
可怜我就失去了一只宝贵的腿。
到得人家把我医好了，
多谢上帝没有开去我的缺，
我又重新出去飘洋了。

这时候我虽然还能够
保全着我的一条命，
可是已经残废了，
结果就只能来到这格林维志躺躺了。
国王啊，上帝保佑你的国家，
你把我从海洋中救出来，
我用我的忠诚替你祝福，
可是从此再不出去飘洋了。

七

西班牙的短民歌五首

依 Achille Fouquier 的法文译本译。

（一）

我在疯人院里
买到了些理智，
因为哲人家里的
货物早已卖空了。

（二）

哲人所罗门说：
要是一个男人欺负了一个女人
而不再欺负第二个，
上帝不肯宽恕他的罪。

（三）

我有唱歌的意兴
现在就唱罢，

谁能知道到了明天
我不会要哭呢?

(四)

海的眼睛是绿的,
天的眼睛是蓝的,
忏悔院的眼睛是灰色的,
地狱的眼睛是黑的。

(五)

为的是说了一声"是",
那女孩子就进了礼拜堂了;
为的是说了一声"是",
她进门时是自由的,出门时就做了囚徒了。

八

我要变做了——

今希腊民歌，据 H. Pernot 的法文直译本译出。

——我要变做了山鸡飞向山里去。

——若然你要变做了山鸡飞向山里去，我就变做了猎人去打你。

——若然你变做了猎人来打我，我就变做了花，将一片平原一齐都铺满。

——若然你变做了花，将一片平原一齐都铺满，我就变做了蜜蜂来采你的蜜。

——若然你变做了蜜蜂来采我的蜜，我就变做了葡萄造成一个葡萄园。

——若然你变做了葡萄造成一个葡萄园，我就变做了一个采葡萄的来采你。

——若然你变做了一个采葡萄的来采我，我就变做了酒，装满了一大桶。

——若然你变做了酒，装满了一大桶，我就变做了一个买酒的，将你买得来，拿回去，独自把你占有了。

九

一只秃鹫

罗马尼亚民歌,依 M.Beza 的英文译本译。

一只秃鹫停歇在一株松树的顶上,对着太阳振拍着他的两支翅。从茂浓的树叶堆中透过来的一朵杨莓花的香味,被他闻到了,他就向她说:

"山上的小花啊,你就从树阴中走出来,让我在亮光里看一看你的面孔罢! 美丽的小花,我有心要把你带在我的翅膀上,把你带到天空去在太阳光中振荡,直到你长成了你爱我!"

小花说:"秃鹫啊! 巧言令色的秃鹫啊! 各人有各人的生活:你有你的翅你就飞到天上去,我的志趣只愿意在冷静的树阴中生长着。去罢,飞上你的天罢,再也用不着想到我。世界是阔大着:有你鸟的地位,也有我花的地位!"

女郎，美好的女郎

罗马尼亚民歌，依 M. Beza 的英文译本译。

——女郎，美好的女郎，

是什么时候我与你接了一个吻，

就惹得人家编成了一章歌，

就惹得大家都唱了起来了？

——是昨天晚上啊！

我的心爱的，

是昨天晚上啊！

——可是那时候天黑了，

谁都没有看见我们啊。

——我可怜的，亲爱的孩子，

是天上的星看见了啊；

星又去告诉了鸟，

就弄得满村的人都听见，

说我这小孩被人家吻了啊！

十一

哦！你喝了些酒

波斯民歌，据 Georges Lemierre 的法文译本译。

哦！你喝了些酒，
你的嘴唇多红啊！
酒为什么这样的苦，
而你的嘴唇又为什么这样的温柔呢？
把我这颗心拿去罢，
把我这颗心拿去罢！
我所有的只是你，只是你，
就把我这颗心专做了你的奴隶罢！

哦！你在街上走，
走近了我的心爱的。
唉！你留心着，
唉！你可不要把你的头额在她的门限上碰碎了！
有的只是你，
有的只是你，
我所有的只是你，只是你！
就把我这颗心专做了你的奴隶罢！

你的眼波温和而灵媚，

你的眼波温和而灵媚，

谁当着了你这眼波谁给你闹醉了！

不差，谁当着了你这眼波谁给你闹醉了！

可是，要是我走近了你身边，

唉！要是我走近了你身边；

你就笑了一笑回过头去了！

十二

哦！蕾衣拉

尼泊尔民歌，依 Adolphe Thalasso 的法文译本译。

哦！蕾衣拉！
你嘴里有三样东西：
一串巴唎安的珍珠，
一口希喇士的酒，
还有些西藏的麝香：
西藏的麝香是你的气息，
希喇士的酒是你的唾津，
巴唎安的珍珠是你的牙齿。
哦！蕾衣拉！

哦！蕾衣拉！
你眼睛里有三样东西：
有印度斯坦的黑钻石，
有拉霍尔的丝绣，
有富士山的火焰：
富士山的火焰是你眼角的光芒，
印度斯坦的黑钻石是你睛瞳的颜色，
拉霍尔的丝绣是你眼波的迷媚。

哦！蕾衣拉！

哦！蕾衣拉！
你心坎里有三样东西：
有缅甸的一切的黄毒蛇，
有孟加拉的一切的毒菌，
有尼泊尔的一切的毒花：
毒花是你的誓，
毒菌是你的吻，
毒蛇是你的愿。
哦！蕾衣拉！

十三

为的是你爱着我我也爱着你

中央亚细亚 Kafiristan 的民歌，依 A. Thalasso 的法文译本译。

为的是你爱着我我也爱着你，
此外就尽可以随便了。
我就到野外去割些草，
你就拿去卖给人家家喂喂牲口罢。

为的是你爱着我我也爱着你，
此外就尽可随便了。
我就到野外去种些玉蜀黍，
你就拿去卖给人家吃吃罢。

十四

看见了你的面

柬埔寨民歌,依 A. Thalasso 的法文译本译。

看见了你的面,我的手,我的臂,我的嘴唇,以至于我的全体,
都像林檎树的叶子
被风摇撼着战栗起来了。

林檎树的叶子不是战栗啊,我的爱人啊,
她只是受到了风的温存在那儿微微的发抖,
而风是接到了她的香吻醉晕了啊。

跟我来罢,今天晚上,就在那林檎树下——
你就像树叶一样,受着了我的温存微微的发抖;
我也就像风一样,让我接着了你的香吻醉晕罢!

——我可以去。可是我把我的吻给了你,你给我些什么呢?
——你把你的吻给我,我也把我的吻给你。
——我把我的心给你,你又给我些什么呢?
——你把你的心给我,我也把我的心给你。
——我把我的爱给你,你又给我些什么呢?
——你把你的爱给我,我就把我的生命完全献给你。

——我接受你的吻，你的心，你的生命，

我也把我这个身体完全献给你。

就是今天晚上罢，我就拼着混身战栗到那边去把我的吻给与你，

在那受了风的温存而微微发抖的林檎树下，

在那受了树叶的香吻而醉晕的风中。

十五

在一个半开半掩的门里头

俾路芝斯坦①的民歌，依 A. Thalasso 的法文译本译。

在一个半开半掩的门里头，我好像是看见了
两朵粉红色的玫瑰花……
不料我竟看错了……
看去好像是玫瑰花，
实际并不是两朵花，
只是那美丽的苏尔玛的两颊啊。

在一个半开半掩的门里头，我好像是看见了
两朵白色的玉簪花……
不料我竟看错了……
看去好像是玉簪花，
实际并不是两朵花，
只是那美丽的苏尔玛的两乳啊。

在一个半开半掩的门里头，我好像是看见了
两朵大红色的石榴花……

---

① 今译俾路支斯坦，又称俾路支地区，因俾路支人而得名。——编者注

不料我竟看错了……

看去好像是石榴花，

实际并不是两朵花，

只是那美丽的苏尔玛的双唇啊。

花也罢,女人也罢,这有什么关系呢? 去向那俏人儿说罢:

我的花园大,我的房子大,

花园里可以种得花,白也好,粉红也好,大红也好,

房子里可以容得下女人,黑些也好,白些也好,肌肤是琥珀的好,是象牙的也好,

我要搜集她们颊上的粉红,唇上的大红,乳上的白。

十六

唉！医生啊！

这是小亚细亚（或称亚洲土耳其）的一首最有名的歌，曾有著名歌人 Cheki Boy 为之制谱，作者已不可考，或谓是抒情诗人 Nadji 手笔，殆不可信。今依 Adolphe Thalasso 的法文译本译出。

唉！医生啊！你切着我的脉，你说罢！你相信你真能医得好我灵魂
　　里的病么？
我害的是爱情的病。你把你耳朵贴在我心上，
你可以听得见我心坎里每一个搏动都在呼唤我的爱人哩。
　　再不要在旧创上去开新创了，
　　　我求你……
　　　把你的刀刲放开罢……害着心病是没法儿医治的。

我害的是爱情的病，这个病是没有法儿医治的！……
要是我脑中的愚騃和心中的愿望能够安慰我，
要是幻梦能够成为事实，
那么我，我也像别个病人一样，极愿意病好啊！……
　　可是唉！心病是没有法儿医治的……
　　把你的刀刲放开罢，不要再在旧创上去开新创了！

十七

少年人

鞑靼民歌，依 E. P. Mathers 的英文译本译。

少年人，
若然你要吃
刀边上的蜜，
你就要割坏你的嘴。

若然你要尝
女人吻上的蜜，
你就只该用嘴唇去尝它，
要不然，少年人啊！
你就要咬坏了你自己的心了。

十八

好像是河中流着的水

高丽民歌，依 E. P. Mathers 的英文译本译。

好像是河中流着的水，光阴就这样的流去了；
我望着她来，早已是眼睛望穿了。

二月里的红花已经是昨天的事；
今天没有了花，只剩得残红满地了。

向着秋月高飞的鸿雁已来了；
我还听着它叫咧，它可又去了。

它来了又去没有留下一些的消息；
我只是听着凄凄的秋雨一阵阵的落着啊。

十九

筐子歌

西印度 Pueblo 族的民歌，依 Amy Lowell 的英译本译。

跳舞；
跳舞；
法师吃了向日葵饭发黄了，
法师吃了谷饭发黄了，
法师黄得像太阳光一样了！
跳舞！
跳舞！
他的小铃儿在摇了，
他的小铃儿丁令丁令好像太阳光啊，
太阳也已经升起来了啊！
跳舞！
跳舞！
亦许我要把我的筐子掷给你，
亦许我要把我的心掷给你。

举起你的筐子，跳舞啊！
放下你的筐子，跳舞啊！
我们的果子已经采下了，

现在可以跳舞了。

我们的影子是长长的。

我们的影子的中间的太阳光是明亮的。

你要我的筐子么?

抓罢!

抓罢!

可是你不能抓得到我,

我比筐子难抓啊!

二十

替向日葵求雨的时候唱的歌

西印度 Pueblo 族的民歌，依 Amy Lowell 的英译本译。

保佑我们的向日葵啊！
我把我的火鸡骨头所做的叫子吹着，
我要招些鸟儿
到这向日葵上来唱歌。
因为天上的云听得它们唱歌了，
就快快的走来了，
也就有雨落到我们田里来了。
保佑我们的向日葵啊！

第五编

日　记

乾隆英使觐见记[①]

序

自西人航海东来,壮游之士,笔其闻见以告邦人子弟者,马可波罗而后,继起之书,已千五百余种。不佞佣余涉猎,所读亦六十余种,于中纰缪驳杂,肆为妄谈者居十一二;而撷拾浮言,结构一本臆测者居五六。要皆西人所谓一点钟之书,书朝出而夕可求诸拍卖之肆者也。

外如卡尔女士《慈禧写照记》,濮兰德《慈禧外记》之属,书虽不多,而或本躬历,或根考据,类能剔抉隐閟,道人未道,以补正史之缺,此掌故之士之所珍,足以流传久远者也。

而吾尤爱《乾隆英使觐见记》一书,书凡三卷,英使马戛尔尼自述。凡纯皇之政见起居,内庭服御之侈靡,朝臣之庸瞆,有司百僚之趋跄奔走,酬应供张之繁缛,编户齐民之活计疾苦,罔不按其目击耳食所及,一一记之。而于叩首礼之争执,诸家笔记记之未备者,陈述尤详。

西人恒言历史之学,乃置白首于青年之肩,使述往事以诏来者。

客夏苦热,吾初读此书,亦恍如一白首老人坐吾旁,为吾娓娓道乾隆遗事,且而午,午而暮,不复觉热之来袭吾体。是吾译此书,文笔虽劣,而

---

① 据马戛尔尼. 乾隆英使觐见记. 刘半农,译. 上海:中华书局,1916. 另参考马戛尔尼. 乾隆英使觐见记. 刘半农,译. 李广生,整理. 天津:百花文艺出版社,2010.

与吾有同好者,或不致遽谓是书为一点钟之书也。

尤有进者,濮兰德《清室外纪》有言,英使来华,所求互派公使、推广商业、议订税则诸事,中朝一不之许,但赐以文绮珍玩令归。故英使所得,文绮珍玩而外,仅有本人及随员之笔记而已。吾则谓此笔记之值,重于文绮珍玩为倍万,而重于所求诸事者,为倍亦百。盖自有此书,而吾国内情,向之闭关自守,不以示人者,至此乃尽为英人所烛。彼其尺进寸益,穷日之力,合有形无形以谋我者,未始非此书为其先导也。

吾昔主某报,尝自西报译一文曰《华人古代之冒险精神》,为美使柔克义演词。内言十五世纪,明人与南洋诸岛交际已繁,甚有远达非洲北部者,其坚毅果敢,殆不在西人之后。惜商人重利,不能属文。间有受帝王之命,往求犬马珍好,且以游记进呈者,又复志在媚兹一人,所记多荒渺无稽,参以神鬼怪异,阅之足令人大噱。而帝王悦之,谓其人多能,且加奖焉。

是以华人虽自古即与海外通,而其茫然于海外实情仍如是也。柔氏之责明人者如此。彼有清一代,膺命出使者,奚止十数辈?所为书,亦奚止十数种?而一观其书,除《庸庵笔记》精核可贵外,剿袭陈说者有之,但纪宴游琐事者有之,已不能作,而令书胥为之者有之。甚至某使懵懂不解事,出洋考政,惧无以复命,阴属留学生数辈为撰游记,而以千金易其稿。荒谬至此,亦能望其有裨国是耶?

彼西人纪吾国事之书,虽千五百种中精确者仅仅十之一二,然已弱人之国而有余。吾国虚糜国帑,豢无数不辨菽麦之星使,而其归束,不过以无用之书祸及梓氏。吾译此书,不禁感慨系之矣。

民国五年春江阴刘复半侬父识

上卷

一千七百九十三年,六月十五日礼拜六

吾船"狮子"号,自交趾支那之多伦海湾出发,向中国开行。同行者有三船,一为"印度斯坦"号,较大。余二船,一曰"戛考尔",一曰"克拉伦司",均二桅之小帆船也。

十九日礼拜三

下午二时,中国大陆已隐隐可见,其方向则罗盘中之"东北偏北"也。

二十日礼拜四

晨六时,下碇于辣得郎海口。余命史但顿勋爵、密司忒麦克司惠尔、甲必丹麦金吐司三人登陆报告吾船抵埠之息耗,顾以此时一季中之商船多未抵埠。(译者按:尔时交通机关尚未大备,海外商船之来华营业者,不能如现时之川流不息,仅能按季往来一次,且必结伙同行,互相照应,故云然。)即欧洲各国商人之营业于东方者,亦多在澳门,故报告而后,岸上未有若何之举动也。

二十二日礼拜六

下午,史但顿勋爵回船,言:得澳门消息,中国朝廷自得吾英特派使臣来行觐聘礼之确耗而后,文武官员均大为满意。乾隆皇帝亦以为己身克享遐龄,以古稀天子之身,至政幕将闭之候,而犹得一远国如吾英吉利者使使万里东来,共敦睦谊,则其毕生之威名荣誉至是而益增矣。因通令全国各海口,凡有吾英皇帝陛下所属之船只抵埠者,当以至敬之仪节迎接云。(译者按:《东华录》乾隆五十七年冬,十月乙酉,上谕:军机大臣等郭世勋等奏:据洋商蔡世文等禀,有英吉利国夷人啵唧哑唍哴呕等来广禀

称,该国王因前年大皇帝八旬万寿未及叩祝,今遣使臣马戛尔尼进贡,由海道至天津赴京等语,并译出原禀进呈。阅其情词,极为恭顺恳挚,自应准其所请,以遂其航海向化之忱。即在天津进口赴京,但海洋风帆无定,或于浙、闽、江苏、山东等处近海口岸收泊,亦未可知。该督抚等如遇该国贡船到口,即将该贡使及贡物等项,派委妥员,迅速护送进京,毋得稍有迟误。至该国贡船,虽据夷人禀称,约于明年二三月可到天津,但洋船行走,风信靡常,或迟到数月,或早到数月,难以预定。该督抚等应饬属随时禀报,遵照妥办。再,该贡船到天津时,若大船难以进口,着穆腾额预备小船,即将贡物拨运起岸,并派员同贡使先行进京,不可因大船难以进口,守候需时,致有耽延也。将此传谕各督抚,并谕郭世勋、盛住知之。)

二十八日礼拜五

向归山岛(译音)驶行。因雾重天黑,与"印度斯坦"船及两二桅小帆船相失。先是东印度公司主事者曾派甲必丹柏乐克滔,驾一二桅帆船"勉励号"驶往归山岛,令其游弋该处,候至六月三十日为止,俾与吾船相值。

三十日礼拜

海面不见"勉励号"船之踪迹,遍问中国渔船,亦鲜有见者。此间中国渔船极多,数以千计,望之满目都是。碧波如镜,缀此无数小舟,至足观也。

吾船下碇后,即有一华人,业领港者,率其所属上船参观。此人虽业领港,顾终始未见一船宏大如吾"狮子"船者,故觉事事新奇,称誉不置。(参考史但顿《出使中国记》曰:吾"狮子"船体积既大,建造复迥与华船不同,故抵此之后,一时人人诧为奇观,谓极海陆工程之能事矣。尔时上船观者甚众,拥挤不堪名状。船上执事之人初以自居客地,不能施号令于地主,听其自由登船,不加禁阻。后以登船者多逗留徘徊,不肯即去,而未及登者复呼噪欲上,互相推挤,不得已乃请彼辈看毕而后,即立时上岸,以便后来者得登船一饱眼福。此辈上船后,虽各处随意乱走,不问有无禁入之地,致船上水手大为所苦,然尚肯自守规则,未有野蛮之举动,于中有少数之人状貌粗蠢,若全无知识者,盖下流社会也。)

后于舱中见壁间悬一中国皇帝之御容,彼辈立即俯伏于地,以至恭敬之状,向地皮亲吻数回。(译者按:以意度之,当是磕头,而外人误为向地皮亲吻,抑何可笑。)(参考史但顿《出使中国记》曰:彼辈向地皮亲吻,起立而后咸向吾辈作喜色,似谓汝辈外国人乃亦敬重吾中国皇帝,悬其像于船中,殊足感谢也。)

七月一日礼拜一

吾船与"印度斯坦"号、"戛考尔"号、"克拉伦司"号三船相遇。

自上月十九以至今日,无日不雨,无日不雾,天色沉黑如晦,有时加以风警,航行至此,困苦已极。其中晴畅者,仅有一日也。

三日礼拜三

抵珠山下碇。(参考史但顿《出使中国记》曰:"克拉伦司"船下碇未几,即有当地之文武官员数人上船询问一切。其中有一商人略解英语,为充舌人。余即问曰:吾船到此,鸣炮七响以为敬礼,何岸上答礼之炮仅有三响?彼言:中国风俗不论何事,敬礼之炮以三声为限,三声以外,即为政府所不许。余又问:吾船开炮时,炮口平指,岸上开炮则炮口向上,何耶?彼曰:炮口向上,为防避危险起见。前以广东某英国船曾以开放敬炮之故,击毙中国人二名,致开炮者不免于刑戮。故吾辈小心谨慎,不敢以炮口平指。且吾中国风俗,炮口平指,唯有击人,平时用之即为大不敬云。)

吾即遣史但顿勋爵乘"克拉伦司"船,入城与当地官长商量,俾得一熟悉海路之人,为吾船引港,以便开往天津。吾船停泊之处,盖在城东五十英里许。

七日礼拜

史但顿勋爵回船,与二引港人俱。引港人言:他种船只均可直抵天津,独"狮子"船体积太大,吃水太深,至庙岛后即不能再进。又言:庙岛地近登州,居北直隶海湾之入口,北直隶海湾浅而多沙,停泊之地绝少。自此往庙岛约四日之程云。史但顿勋爵亦言:抵城后,得此引港之人殊不易。谓与当地长官说明来意后,当地长官即曰:吾等权力,仅能令引港者导尊船至次一口岸交卸,复由次一口岸供给引港之人。如是逐节交换,至于末一口岸而止。史但顿曰:似此情形,旷时费日,于敝船殊为不便。倘尊处无引港好手能直导吾船至于末一口岸者,或宁波地方较大,商业较繁,必能具有此种引港之人,务请贵长官代向宁波雇用。

长官一闻此言,即念及乾隆皇帝曾有通饬各口岸优待吾船之通令,又恐不为吾等办理此事,吾船抵宁波后,向其上一级之长官言之,此当地之长官必受谴责。乃立允为吾船竭力设法,调查既久,始得二人。系前此自备船只,往来经商于天津各口者。令其担任此责,即吾偕来之二人是也。(参考摆劳氏《中国旅行记》曰:吾初不料此间欲雇用一引港之人,竟艰难至此。当地长官即允史但顿勋爵之请,立命兵丁多人,四出调查有无往来天津之人,有则拘之至一古庙中加以考验。一时此古庙佛殿之上,拥挤异常,然大都不愿前往。容色之悲戚,见者亦为下泪。考验而后,多以不合格一一遣去,则欢笑如释重负。最后始拘来二人,经验之深,为同辈冠。顾二人前此虽经营海上事业有年,今则以经商致富,不愿复有此冒险之举。一闻被选,立即向长官磕头求恕,谓吾方业商,吾苟远出则商业必败,而妻孥必馁,望长官怜而释之。长官置之不理,斥言:此系公事,若辈胡得推诿,今限汝一点钟之内登船服役,迟则治汝抗命之罪。二人知不可免,遂哭别妻孥,随吾辈登船。)

然二人虽略有经验,而于航海之知识与技术,则殊形浅薄。逆料此去船上引港事宜,仍当自行料理,此二人仅足略备顾问而已。(参考:"克拉伦司"船抵珠山海港而后,摆劳氏以贪食未熟之水果太多,至患"霍乱"吐泻之症。其《中国旅行记》曰:余以骤感时症,往商当地长官,乞代办阿片、大黄各少许,以资调治。而长官殷恳异常,立延一中国医生为吾调治。此医生沉默寡言,见我之后,初不一问病状,但以一手为我诊脉,两目注视承尘。其诊脉之三指，时而此轻彼重，时而彼轻此重，越十分钟之久，释余手言曰：足下此病，乃多食伤胃之物所致。余奇其言之神也，服其药一剂而愈。后此见人，每称道中国医生，挟有神术，非吾西方医生可比。而中国人复为余言，中国习俗，男女授受不亲，接手一事，社会悬为厉禁，以是尊贵妇女之患病者，即诊脉亦在所不许，但以牵线诊脉之法代之。其法病人卧于内室，医生坐于外室，病人脉际系一丝线引至外室，令医执之，医术甚深者可即线以知病也。）

十九日礼拜五

抵竹岛。竹岛吾尝闻之，庙岛则未之前闻，至是始知引港人之所谓庙岛者，即竹岛之误。（译者按：山东有竹岛，亦有庙岛，唯竹岛近岸而庙岛孤悬海心。引港人之言虽误，究未全误也。）夫以本国一重要海岸之名词，此辈犹不能记忆无误，则其航海之知识，已概可想见。无怪吾船离岸稍远或偶至海水较深之地，彼等辄战战兢兢，以为不可，又无怪吾船破浪而进，不肯受风雨之阻，彼等辄摇首咋舌，视为非常也。（参考《中国旅行记》曰：船中自有此中国引港人二名后，遂致终日喧闹不宁。彼等虽有一绳，以探测海水之深浅，顾胆小如鼠，往往极安静之地，吾船过之万无危险者，彼等辄加以峻阻。以是船上执事之人，恒斤斤与彼等争执，为状至堪发噱。平心而论，吾英执役于船上之人，多预先加以训练，与以必要知识，且一具高等知识者统带之。此辈则悉自下流社会出身，知识既无，所可自信者，但有阅历，虽其主张至觉可笑，而恒惴惴然唯恐偶有失误。亦不能深责之也。）

二十日礼拜六

自岸上得一新引港人，启碇前行，数小时抵登州府。数日来，天气变更无定，时而暴风骤雨，时而风定雾生。闷坐船中，至觉不快。入暮，约当下碇三小时之后，登州府长官到船拜见。其人为中国大员，一与我见，即言：兄弟已奉到朝廷命令，优待贵使。贵使苟有所需，第在兄弟权力所能办者,当无不如命。倘贵使欲自登州府取陆路晋京,则车辆及一切装运之事,当由兄弟担任云云。余均颔之。此人年事约三十五六,颇精干善交际,与余琐谈杂事,历二小时始去,神意无倦。以素未谋面之人,而周至殷勤,乃如老友,是亦不可多得者矣。

二十一日礼拜

登州府长官遣人送礼物至船,计:牛四头、绵羊山羊各八头、白米红米各五石、麦粉二百斤、蔬果各数筐。余受其礼,配以相当之回谢礼物,付其使者携去。又有一引港老人,年纪已七十许,亦登州府长官派至船中听候差遣者。此人言:每当西历七、八、九三月之交,北直隶海湾中,恒风平浪静,吾船此去,可无险阻。又言:为吾船驳运行李、礼物之船只,今已停泊大沽口,一俟吾船到口,即可改登驳船,开往天津。好在各船均坚固宏大,不虞船中什物之损坏潮湿也。

二十三日礼拜二

吾船在北直隶海湾之内。北直隶海湾为黄海之一部,风浪甚静,一如彼老引港人之所言。黄昏时,吾船与"勉励"号相遇。此船抵澳门时,东印度公司之主事者,不知吾船抵澳门之时,亦须暂泊,因以信札付"勉励"号,令其径行北驶。俾于吾船未抵天津之前,在中途与吾船相遇。及吾船抵澳门,"勉励"号已于数小时前北驶,吾船遂与"勉励"号相失,至是始遇。

二十五日礼拜四

晨起,日甫出,即见吾船四周有中国船只无数,大小不等,所占面积可二三英里。吾因问引港人:此地何地? 去天津之口岸(指大沽口)为程几何? 引港人未能明答。而余见远远樯桅丛密之处,南北两旁,均有树木家屋,隐然可见。以意度之,彼处必为直达天津之河道之出口处,与吾船相距为程不过九英里。顾不审吾所料果否无误,乃命康倍尔大副及密司忒许德南二人,乘"戛考尔"船前往探取息耗。傍晚,二人归,始知吾料果不谬。且言：渠等到口之时，即有下级华官数人上船询问，及知此船乃隶于英国钦使部下，华官立请彼等上岸与两大员相见。此两大员已驻节彼间多时，日盼余至，故一见二人，多异常欣忭，待以殊礼且细问英国钦使及钦使部下各员情形。凡各员之职位、品格、性情、年岁以及此次带来之礼物、"狮子"船及各属船之形式、驶力，莫不一一缕问。且令一书记傍侍，将二人答语，笔之于书。二人别时，两大员言：目下岸上各事多已齐备，一俟"狮子"船抵滩，（"狮子"船过大，不能傍岸，只可驶抵沙滩而止。）当由两大员躬至船上，候英国钦使安好。又言：目下"狮子"船去滩不远，为程不过三海里矣。二人复言：默观华员神气，咸料吾船此次带来之礼物，必大有可观。而吾船所备者，实为数无几，万一进呈御览时，乾隆皇帝不能满意，则吾辈此行，结果必不能十分圆满。史但顿勋爵亦谓曩在澳门之时，尝与一绅士闲谈。此绅士来华已久，熟悉东方情形。因问：钦使此次东来，携有礼物若干？史但顿举船中所备者告之。绅士曰：似此恐不免令华人失望。职是之故，余乃与史但顿会商添加礼物之法，顾所加之物，既欲求其珍贵，又当以吾英国产为限。而万里东来，所携有限，势不能复回本国而取之。不得已，调查船上各员自备品之珍贵者，照原价估之，借作公用。计得二物：一为大望远镜一具，密司忒勃郎所有；一为潘克氏制大灵司一具，（灵司为光学中凸凹镜之总称，此言潘克氏所制灵司，想系用凸镜或凹镜制成之一种器械，具有特别功用者。）甲必丹麦金吐司所有。此灵司珍贵异常，不特东方罕见，即吾英亦不可多得。甲必丹曾以重价得之，携之来华，意将奇货居之，鬻诸华商，吾恐此物一入华商之手，则达官亲贵必辗转求之，终至贡诸乾隆皇帝而后已。果使此物仍为乾隆皇帝所得，则同是西方货物，皇帝万机之暇，取吾英所进礼物与此物比较之，吾礼物优美之光华必为此物所掩蔽，而皇帝心中亦必谓英国国家见贻之品，奈何反不如吾臣下之所贡。如是则吾此番出使之荣誉，必为之稍减，而于吾英国国家之光荣，亦所关非细也。故余与甲必丹熟商，移购此物，置之礼物之中。自谓礼物中有此二物，北京虽大，而所藏西洋精美之品，殆无有足与相埒者矣。

入夜,余以登岸之前,有种种急应与华官斟酌布置之事。而入国问禁,吾盲于中国习俗,凡关于仪注一切,尤不得不先有人为余探询。因复遣许德南乘"勉励"船登岸,与华官接洽。

二十八日礼拜

有下级华官数人来船问安好,且言:岸上各事现已布置就绪,有驳船多艘,已在沙滩恭候。尚有多艘,定于明日开至沙滩云。

三十日礼拜二

密司忒许德南乘"勉励"号回船,自言承办各事,已一一接洽妥当。又言:当"勉励"号傍岸停泊之时,曾有华官多人上船询问:汝等有钟表及刀剑出卖否?许德南辞以吾船并非商船,不卖钟表刀剑。彼等乃露失望之色,快快而去。准是以观,彼等殆有热望,吾等以此种零星小物见赠之意,余苟不设法赠之,必非彼等所愿。顾所备礼物既不能分拆,而船上各员行李中所携之零星小物,亦为数无几,不敷分派。不得已,与"印度斯坦"船上各执事人商量,购其随身携用之时表以益之。

三十一日礼拜三

终日大风,海湾中小船不能行驶。午刻,两大员督驾大号驳船七艘,自岸上装运大宗粮食、杂物到船。计:牛二十头、羊一百三十头、猪一百二十头、鸡一百头、(参考摆劳氏《中国旅行记》曰:鸡、猪二物,以为数过多,装运时有压挤而死者。交卸时,苦力辈陈死鸡、死猪于"狮子"船甲板之上,去其毛洗之使净,咸之以盐,一一叠之于吾船货舱中,谓此种咸物可以耐久,堪留作后用也。)鸭一百头、粉一百六十袋、米一百六十袋、满洲面包十四箱、茶叶十箱、小米一箱、红米十箱、白米十箱、蜡烛十箱、西瓜一千个、甜瓜三千个、干制桃子二十二箱、蜜饯果子三十二箱、干制果子二十二箱、蜜饯蔬菜二十二箱、盐制蔬菜二十二箱、大号冬瓜四十篮、南瓜一千个、新鲜蔬菜四十捆、豌豆荚二十担、陶器三篓,供给之周至如此,而礼貌又优渥异常,恐世界各国之优待他国使臣者,多不能与此东方帝国比也。顾吾以其所赠之物太多,供过于需,全受之或滋霉腐,故仅受其大半,而璧其小半。两大员一曰樊大人,一曰周大人(均译音)。樊周二字系族氏,大人则其尊称,言伟大之人物也。

樊大人为一武官,头上插孔雀毛,(参考史但顿《出使中国记》曰:余初以中国官员头上所插孔雀毛为装饰物之一种,如吾英妇女之冠羽然。后乃知此系朝廷名器,名曰“翎子”,必建有功劳,皇帝赐之,乃能插用也。)戴红珊瑚顶子。红珊瑚顶子者,二品官之标记也。(参考史但顿《出使中国记》曰:樊大人为人慷爽异常,在在不脱武人本色,英勇之气跃跃于眉目间。渠尝躬与战事,身受数伤,而体格之健全不因此稍损。身材亦仅中人,而背脊甚直,四肢筋肉凸起如栗。语言动作虽直率近鄙,而天真烂然,足为其成功立业之表证。其布置各事既周到精细,足令吾辈深感,而谈话时之开诚布公,欢笑不拘细节,若家人朋友之相处,则又足表其品格之豪爽也。)

周大人则为文官,科甲出身,戴一蓝顶子。蓝顶子与红顶子较,品级居次,然华人重文轻武,樊大人之权似反在周大人之下也。(参考《出使中国记》曰:周大人沉静稳默,恂恂儒者也。观其言行,似不论事之对己、对人有无关系,渠多置之不顾。但一意以诚实忠信之心,视欢迎吾等之事为其唯一职守。渠尝为某王府教习,以为人正直、富有学问,为一时所称颂云。)

二人上“狮子”船后,先与余寒暄,作种种中国式之客气状态,余亦勉效一二以报之,然自问殊不能中式也。坐定后,即谈正事。周大人且谈且记,凡渠意中以为必须记录者,一一笔之于书。未几,凡关于吾辈登岸时之一切设备,以及装运行李礼物之方法、应用驳船之形式及多寡,均已商量就绪。而余一计登岸之前,尚有种种预备,恐非在四五日之后不能离船也。两大人均英敏有才具,语言流畅,而又明于事理,宛而能达,以故舌人居间翻译,无误会阻隔之弊。(参考《出使中国记》曰:两大人登船时,吾等以至敬之礼相迎,两大人亦甚解事,凡两国习俗上敷衍应酬之语,滞笨之人不能会之以意,而必令舌人居间琐琐者,两大人均能于语气中得之,不俟舌人启口,即报之以欢笑。察两大人之意,似甚愿得吾等之欢心也。)

谈话既毕,余即留两大人在船中小酌。吾人所用刀叉,两大人初觉用之不习,然未几即能随意叉切。船中原备之肴馔,初无珍品,即由庖丁自两大人见赠各品中,择其珍贵者烹调以进。酒则悉系西品,因东西口味不同,尽出所藏种种名酒于案,听两大人自择。两大人乃一一遍尝之,凡葡萄酒、杜松子酒、烧酒、啤酒、糖水酒、椰子酒、舍利别酒、白兰地酒等,莫不各饮少许。而以白兰地酒最当其意,故所饮较多。两大人告别时,亦学西礼,与余握手。及至舱面,见吾船卫队及音乐队,方整列行送别之礼,则顾而大乐,驻足听音乐移时,始欢然而去。吾知两人心中必甚满意也。两大人在船时,曾一问吾船带来礼物何若。余告之以各物之名,及其形式、功用,两人均言:此种礼物甚为合适,请开一清单见示。俾先期译为华文,进呈御览。余诺之。

八月二日礼拜五

有大号驳船数艘,自岸上来,装驳"印度斯坦"船中各物。一三品官戴蓝顶子者,同来监督其事,至各驳船一律装满后始去。

三日礼拜六

仍自岸上派驳船前来装驳货物,约计下礼拜一可以装完。其监理之人,仍为昨日之三品官。

四日礼拜

是日,装驳货物之人均异常出力,尽一日之长,将各物装置完毕。装毕后,预定先将此种大号驳船开至大沽,再从大沽换用小号驳船开至通州。通州离北京十二英里,至此水道已尽,需改由陆路入京矣。余不耐闷坐,至船头观看中国苦力搬运货物,见人人多筋骨坚壮,饶有气力。虽作事之时歌唱呼唤,殊扰人耳,而秩序井然不紊,又能各尽其力,无贪懒嬉戏者,洵足多也。各驳船装置货物既毕,三品官即分派下级官员数人,令各司一船,以各船所装货物之细账付之,使为一船之长,担负职任,以防遗误,亦善法也。此时余料明日之晨,余及属员必须登陆。登陆之后,华人之欢迎供张,必备极优异。若互派公使一事得蒙中国朝廷批准,则吾辈勾留之时间亦必甚久。倘留此数船静候于此,殊属无谓,计不如令各船回至珠山休息。因"狮子"船中上下司役困于船居已久,当得一安静之地泊之,令船中人得登陆一舒体气。若休息若干时后,吾犹无回国之必要者,各船即可先行回国。而"印度斯坦"容量其大,力能任重,苟于抵珠山后,装载商货若干回英发卖,亦未始非吾英商务推广于中国珠山一处之先声也。至于甲必丹麦金吐司,则吾意拟偕其同往北京后,即向华官乞一护照,使返珠山,俾驾其所管之船,由珠山为吾传递公文回英。此种计划,自谓斟酌颇当也。

五日礼拜一

晨九时,吾离"狮子"军舰登岸。(参考《出使中国记》曰:钦使登岸之时,一至舱面,各驳船水手,即齐声欢呼,此等水手多系前数日装驳货物之人。钦使以其作事勤苦、井然有条,曾传命嘉奖。故彼等对于公使感情甚洽,欢呼之时,各船均放爆竹以为敬礼。声砰砰然,历十数分时始止。此又吾曹抵中国后,初次目睹之新景象也。)吾与属员仍分坐"克拉伦司"、"戛考尔"、"勉励"三船,其余卫队、仆役等人,则坐中国驳船,杂于行李、礼物之间。自吾离船之地至白河口(即大沽口),为程十八英里,半日而达。

入口而后,见河中船只甚多,不可以数计。河面几为之尽塞,其南岸则有中国兵队,整列行礼,军容殊整饬可观。樊大人及周大人一见吾至,立即欢笑而前,谓岸上已备有筵宴,邀吾一临。吾以体甚罢荼,酬酢为苦,坚辞之。两大人固请,吾仍以身体欠佳为辞。乃易坐中国客船,以便溯河而上。此种客船乃樊、周两大人先期为吾预备者,洁净高爽,极合卫生。其停泊地点,离河口约一英里。乃吾等甫上客船,而樊、周两大人亦已赶至,至则先向余候安。且言:船上一切简慢异常,钦使若有所需,请即见示。余言：两大人周至如此，所需之物谅已尽备，外此必无他需。

两大人复一一问诸各属员，各属员均以此言谢之。其殷恳之忱，至足感也。（参考《出使中国记》曰：此种客船高爽宽大，实为吾英所未见。其顶棚之高，自远望之，几如水面流动之家屋。内容则分为三大舱：头舱为安置行李及仆役息卧之所；中舱为起坐间，纵横各丈五尺，装饰华丽，略如吾英上等人家之会客室；其后为房舱，区为房间二三，衾褥均备；房舱之后，为厨房；再后一小舱，形如狗洞，则舟子之卧所。船上舟子甚多，试问此小小一舱，安足供其寝处？则以中国舟子，咸不必有余地以供其放置行李之用，其所备行李均驮于身上。日则以之为衣，夜则以为卧具也。《中国旅行记》曰：钦使所坐客船与属员所坐者，初无少异，唯装饰略有不同。钦使船上各窗大半镶嵌玻璃，余船则糊之以纸，此因玻璃为西方物产，在中国颇形珍贵也。此地河面之阔，与吾英格雷夫生得一带之泰晤士江相若。两旁有房屋甚多，悉以泥土及茸料造成，为状又与吾英海姆歇尧礼拜堂附近之茅屋相若。此种茅屋中居民极多，余自船中见之，不觉加以疑骇。盖余初不料中国人口之繁殖，竟至于此极也。）

吾船泊处，其居民咸至岸头驻足而观。余于人丛中见妇女数人，亦系大足，轻便善走，不与中国普通妇女之跛躄难行者相类，心甚奇之。后乃知缠足仅为上流妇女之风尚，下流妇女为便于作工自活计，缠者甚少。此种风俗，中国南北各省皆同，唯近以北方密迩帝都，下流妇女竞效时装，致不缠足者较少于他省云。余所见妇女，大都食力自活者，肌肤为风霜所剥，颇不美丽。然此间天气尚佳，面色虽见侵于风霜，致中年之人带有老年之貌，而气色则固无憔悴之状也。（参考《中国旅行记》曰：余来华后，虽所见妇女甚少，然以容颜之美丑言，则从未见一人足驾凌欧洲女子之上者。）妇女多束其粗黑之发于头顶，压之以金质之针；小儿则露体者居多，亦有但露其上体者；男子多雄伟有力，四肢筋肉突起，无萎靡不振之象。余逐处留意观之，不觉朗诵诗人莎士比亚《飓引曲》中之句曰：观此芸芸之众生兮，叹造物之神奇，朕人类之美且大兮，吾乐乎新世界之自居。

六日礼拜二

朝曦甫上,即有华官以食物及种种需用之品,逐一至各船分发。秩序既佳,礼貌亦极恭谨。(参考《出使中国记》曰:有下级华官数人,至船上分送食物及日用品。每至一船,必详问各物合用与否。食物亦精美,每船各开一桌,除中国原有种种珍肴外,复酌仿西式,用英国烹调之法,制为种种新馔。又为投合吾人口味起见,凡猪、鹅、鸡、鸭之属,都切为大块煎炙之,令与西馔之猪排等物相类。此种切为大块之烹调法,中国不甚习见,虽其味仍是华馔,然颇觉可口,且别有风趣也。)既而有高级官员数人上船,向余问安好,且言:北直隶总督某大人,向来驻节保定府,保定距此凡一百英里,今因受皇帝之命,令其欢迎英国钦使,特移节此间,俾与钦使一面,且可照料一切,以尽东道之礼。(参考《中国旅行记》曰:吾辈未来之时,意谓中国人夜郎自大,素以蛮夷戎狄目吾英人,乃既来之后,见其礼节之隆重如此,始知前此理想之误会,反躬以思,反觉所见太鄙矣。)

八时,余与史但顿勋爵及史但顿之子小史但顿,与译员一人,相率离船登岸。登岸时,自甲板以至岸边,已架一木桥,以便行走。桥绝阔,面上铺以洁净之草席,两旁有栏,缠以红锦,颜色夺目。即此一桥之费,亦已甚可观矣。一抵岸头,即有轻轿四乘,胪列以待。轿用竹制,外张色缎,每乘有轿夫四人,二前而二后,均强健善走。上轿后,有马兵一队为吾辈前驱。行一英里,抵海神庙。海神庙者,总督之行辕,且用以接待吾辈者也。庙门之外,有棚帐数座,颜色不一,有白、红、蓝各种,其中似以蓝色一种品级较高。吾侪未至之前,帐门均阖,行稍近,帐中兵队即出帐外站班。各兵手中均执钢刀,无有荷火器者。军服系蓝布或蓝羽毛所制,镶以绝阔之红边。又有马兵一队,排列庙前,手中不持刀,亦无手枪,但有弓一张、矢一束,为状与吾英古代之甲士同也。

抵庙门,总督亲出欢迎,礼貌极隆。旋导余至一广厅,坐甫定,有其属员及侍从多人,至厅中恭立站班,亦有分列两行,作“八”字式,站于堂下者。中国俗尚,客至必进茶,吾辈进茶后,总督又导余至一陈设精美之室中小坐。自广厅至此室,中间经一天井,四面均有房屋围之。此天井四周之墙壁有五彩画图,极可娱目。余初意此壁必为木制,木外复加以油漆,绘成人物、宫室之形,乃逼近观之,全体均属瓷瓦,其花纹乃自窑中烧出。则东方之瓷业,洵有足为吾辈艳羡者在也。

既入此室,吾即与总督谈论一切。总督先向吾寒暄,问吾身体康健。继即言:中国皇帝自闻贵钦使来此觐见之消息后,异常满意。现皇帝方在热河避暑,皇帝之意,甚愿贵钦使早日安抵热河云云。余亦先向总督作适当之寒暄语,次即言:敝使此来,随从之人既众,而所携行李以及将来赠与皇帝之礼物,为数亦复不少,拟请贵总督先在北京代觅宽大之房屋,以便居息。又言:目下皇帝避暑热河,敝使既来自当径往热河觐见。但北京、热河之间多为陆路,苟悉数将所携薄礼运去,恐颠簸之余,不免有所损坏,故拟将轻便者随身携去,其重大者则于抵北京之后,即运至皇宫中存放。又言:敝国皇帝,为西方第一雄主,贵国皇帝,则为东方第一雄主。今敝国皇帝遣敝使来此,意欲永修两国之好,令敝使此行得有优良之结果。敝使秉承敝国皇帝之命,又承敝国皇帝委以全权,自当以皇帝之心为心,处处仰体上意,方可勿亏厥职。但东西习俗不同,敝使深虞处事不当,尚望贵总督不吝教言,时时加以指导,庶于觐见贵国皇帝之时免贻笑柄。又言:敝使所坐"狮子"等船,困于海程者已有数月之久。今船上之人既欲得一适当之地,以一舒体气,即船体亦当有所修治。倘贵总督惠及远人,许各船得驶出北直隶海湾,至南方择适宜之口岸停泊,则感激不尽矣。

总督人极和善,其恭敬谦扬之状,几非吾笔所能述。一闻余言,立即应曰:此事必可如命,且贵使部下船只必有多时勾留,兄弟当饬属下以十二个月中所需之物品供给之。总督年已七十八岁,体不高,目小而有英光流露,须白如银,下垂及胸,容貌蔼然可亲,举动雅驯,有儒者气。即待其属员,亦无矜居自大之色。比吾返,船中已设有盛宴,珍肴满桌,香沁心脾。问之,则总督之所馈也。(参考《出使中国记》曰:吾辈往谒总督共有四人,故总督所馈肴馔亦有四桌,每桌有菜果四十八种。吾西人宴会中,万万无此盛馔也。)

七日礼拜三

晨间，樊大人来，言：总督大人将于十点钟到船，向余问安好。但大人春秋已高，步履颇觉艰苦，倘欲从岸头到船，势必由此木桥而过，此木桥势甚峻险，以龙钟如大人者行之，恐有危险。余聆其言，不解所谓，即曰：总督大人年鬓既高，屈驾至此，已属万不敢当，如以过此木桥为危险，则敝使更不敢强其履险。且敝使昧于贵国风俗，今后各事，请各大人就贵国习尚中所有者便宜行之，敝使决不稍持异议。今总督大人，为乾隆皇帝信任之封疆大臣，吾知其对于敝使，凡所措施均能深合贵国皇帝优待远人之意。樊大人乃曰：如是则甚善。现在总督大人之意，拟亲至河岸，遣一人至船，持总督大人之名片向贵使请安。缘敝国习俗，本人或以不得已之故不能亲至，则名片之至，亦与本人之至同。今总督大人以年老不能过桥，以一名片为代，不识贵使满意否？余曰：可。此事悉听总督大人尊便可也。樊大人遂欣然而去。

钟十鸣，总督果来，仪仗之盛足令观者炫目。总督一至岸头，即命停轿，轿口与木桥相对，其随从之厮役立即下跪，向大人行礼，兵士及属官之骑马者亦下马而跪。其尊严殆非吾西方之帝王所能及也。于是总督乃命一属官，持一名片过木桥至吾船，口称恭候钦使大人钧安。吾部下译员受其名片，以华语语之曰：请代候贵总督大人钧安。属员遂行礼而去。吾视总督之名片，红色，大逾吾西人所用名片可数倍。上用大字刊其官衔、名字，殊大方可爱。

属官一至岸头，向总督打千，禀白数语而后，总督以公事已毕，立即传命回轿。于是跪于地者纷纷起，依来时之仪仗，整列而去。此时吾辈拜会酬酢之事已毕，乃一意整理行李什物，由大号驳船运至小号客船之中，俾得上驶。有官员数人受上官之命，到船督饬厮役搬运，其干事之勤恳、秩序之整肃，吾船上下员司见之莫不啧啧称异。（参考《出使中国记》曰：当整顿什物、行李之时，不特各华官能体谅吾人，事事循吾辈之意见，即兵卒厮役亦多彬彬有礼，各思尽职，是可证明吾辈此来，尚非中国不欢迎之客也。)以为中国朝廷,其组织之法,足令上方之力直达下方,为状殆类一机器。但令此机器之原动力一发,则机器各部即依其秩序而转动,不辍不滞,凡人力能为之事,莫不能任之,洵可异也。

吾辈整理行李什物,费时二日之久,所用船只,自吾本人起,以至役夫、工匠、卫队、乐工及一切行李、礼物等,大小共三十七艘。每艘各有一桅,桅头悬旗,旗上用中国字标明英使船只。使见者知吾船与普通客船有别,且可令沿路地方官知所保护。三十七船而外,复有华官及中国厮役所乘之大小船只数十艘,以便沿途照料,供给一切。(参考《出使中国记》曰:吾船或有所需,但有一人启齿,不问其价值何若,华官必立时代为置备。即华官之起居食御,亦精美异常。一若凡对于吾英钦使所用、所费,即豪侈万状,亦不必费一钱以买之者。而各华官际此盛会,亦得于例外加薪,下至厮役、舟子,工食亦较平时为倍,无怪其欣然有得色,以承办此项差使为荣也。)其中官员之品级大有不同。吾观其头上顶子,既分红、蓝、白、黄各种,各种之中,颜色复有深浅明暗之别。衣上花纹亦各异其状,仔细分之,恐有百数十级之多也。

九日礼拜五

各事已就绪,静俟开船。一至午刻,各船船户忽出铜锣齐鸣之,声音洪亮异常,置身其中,对面不能闻言语。余不解所以,问之,始知此系官员所坐船只开船时之记号。鸣锣约半小时,各船次第解缆,鱼贯而进。风顺而平,各船均扯篷,速率每点钟约可五英里。

十一日礼拜

早晨抵天津。总督大人已于昨晚抵此,设行辕于河岸。另有一金大人(金字译音),系鞑靼籍,(尔时西人昧于东方地理,凡满蒙各处以及中央亚细亚等,通称之曰鞑靼。此言鞑靼籍,当指旗籍而言。)向来驻节天津,官位极高,甚有权力。此次乾隆皇帝因总督大人已老,不能任劳苦之役,特命金大人为钦差,樊大人、周大人副之,使经办一切。凡关于吾英钦使来华观聘之事,均由金大人斟酌办理。将来吾辈由北京前往热河,亦由金、樊、周三人一路保护。至是,吾辈始与金大人相遇。吾船停泊之地,适在全埠中央,居总督行辕之前。岸上与吾船正对处,贴近水边,有中国式之戏园一座,乃临时所造,专供欢迎吾辈所用者。此戏园构造虽不坚实耐久,然装饰颇佳,四周用五色锦绣扎彩,微风动之,红紫缤纷,目为之眩。

吾船下碇之后,园中即金鼓大作,文武艺员出场奏技。有神怪之剧,有人事之剧,至剧目数更,历数小时之久始辍演。戏园而外,复有兵队甚多,排列两岸,延长可及一英里。各兵均着军服,兀立不动,军旗之多不可胜数。自远望之,气象森严,不可逼近。亦有军乐,见吾船一到即大吹大擂,作雄壮之曲。至午,余乃率部下官员及仆从、卫队、乐工之属,全体登岸。总督大人及钦差金大人迎于岸边,导吾至其行辕中茶话。坐定之后,总督复向余寒暄,为状一与在海神庙时相若,费时甚多,余颇觉不耐。

寒暄而后,乃入正文。当谈论正事之时,余于语气中隐窥钦差金大人之意,颇似不欲与吾辈友善。排外之心,见诸颜色,不独处处与余无理取闹,即对其上官总督大人亦有不逊之气,何为而然,则非吾所悉也。

吾辈谈话之第一段,即路程问题。讨论多时,始议决自此以往,先由水路赴通州。通州至北京,为程十二英里。然至此水路已尽,必须改由陆路。据华官之意,水陆路共计费时不过七日。本日为十一日,抵北京之日当为十八日。余则以为自水路改换陆路,须将船中行李、什物一一起出,用车辆装载,此起载之事即非顷刻间可了。而吾及部下人员或者又因他事,必须小作勾留,不能随到随发,则抵京之期至早必在本月二十日。宁算之过宽,毋算之过促也。

至于抵京之后,吾辈仆仆长途,困惫已久,势不能不有十数日之休息。且以吾私人而论,眷属即不耐陆行,不能同赴鞑靼(指热河),则吾必于北京觅一安静之地以居之。以公事而论,种种聘礼既不能悉数携至热河,则凡重大易损之物,如浑天仪、地球仪、大灵司、自鸣钟、折光镜等,均当于北京择妥当之地安置之。凡此种种,均当费去相当之时间。预计从北京启行之期当在九月五日,而自北京至热河,为程少则六日,多则八日。即以八日论,亦能于乾隆皇帝诞辰之前赶到。以乾隆皇帝诞辰,乃在九月十七日也。余述此种种,自谓斟酌适当,极合情理,两大人静坐听之,亦时时点首称是。乃至余述毕之后,金大人忽趋至余前,若有急迫之事与吾商榷,不复顾及仪容礼貌者。其言曰:贵使之言须重加讨论,即如礼物一项,亦非一律运至热河,同时交与皇帝阅看不可。语时声色颇不和顺,若欲与吾喧辩者。余从容语之曰:倘于事实上能依照贵钦差之意,一律办到,诚为敝使所甚愿,只以陆路太长,有多数礼物质料弱脆,万万不能经车辆之颠簸,故不得留置北京,非有所惮劳也。

因酌举数物之形式、材料详细告之,金大人气少平,然犹期期以为不可,谓乾隆皇帝之意,深信贵使必能将各物运至热河,同时进呈,非敝钦差有意为难。余曰:乾隆皇帝为贵国元首,率土之滨莫不在皇帝治权之下,故无论何物,但使皇帝之意欲置之于何处者,臣下在所必遵。敝使之意,非不欲谨遵皇帝之命,只恐遵之不以其道,致区区薄礼尽于中途毁之。此则非特重敝使之罪而已也,且恐大非吾英皇帝陛下致礼之本意,亦非贵国皇帝陛下受礼之本意也。今贵钦差谨遵贵国皇帝之命,敝使虽至愚,亦安敢坚执异议? 但愿贵钦差稍费精神,代敝使一任转运之劳,则贵钦差既可如愿以偿,敝使亦可免于获咎。事之两全,无有过此者矣。

金大人一闻此言,自计万一保护不周,致礼物稍有破损,必获重谴,乃立改其桀骜不驯之状,愿与吾从长计议。总督大人亦劝其不复固执,遂议决仍从初议。然余初与金大人见面,金大人即无理取闹,则后此与此公共事,势难顺手。言念及此,心滋不快。

讨论毕,告别回船。总督大人已预遣属官送筵宴至,酒、肉、蔬、果、糖食均备。复有丝、茶、棉布之属,云是薄礼,嘱余代为分派,赠与吾部下各员,及船上一切仆役、卫队、乐工、机匠等人。(参考安德生氏《随使中国笔记》曰:船至天津,中国长官送来五色丝绸三包,分赠船上上下员司,钦使命密司忒麦克司惠尔分派之。凡钦使部下属员各得二匹;仆从、乐工、机匠,则抽阄以定多寡,得一匹者三人,余人亦各得二匹;卫队则各得半匹。每匹阔半码,长七码半,有棕、褐、粉、红各种,然非珍贵之品。在英伦同类之丝绸,每码不过值十八便士也。)虽所赠并非珍品,而厚意殷殷,殊可感谢。余乃不得不用绝隆重之言辞答谢之。且以总督大人既与吾善,吾此后前往热河,正当托其荫蔽,缘彼于此间事了之后,即须径往热河觐见。但令总督觐见之时,向乾隆皇帝为吾辈略事吹嘘,则皇帝一信总督之言,金钦差即莫由肆其伎俩,吾乃大受其惠。以此之故,彼礼虽菲,余仍不得不以隆辞答其盛情也。

入夜,天津地方官及邻县地方官均到船向余问安好。余一一以适当之礼款接之。彼等见余所用什物、书籍、衣服之类,咸细加考究,眉目间颇露惊异之色,盖见所未见,自不得不尔也。(参考《中国旅行记》曰:华官到船时,适有一人栉发,彼等见栉发时所用之香油、香粉,有掩口而笑者,有面露爱惜之色,以为栉发不必用此奢靡之品者。)

余细观各人性质,大都活泼率直,长于言语,工于应酬,而又沉静有毅力,是亦足窥中国人性情之一部分矣。

是夜,北京教士格拉姆孟德致余二书。言:钦使此来,敝教士愿为钦使服役。顷闻中国皇帝已延一葡萄牙教士,为钦使舌人,至钦使觐见之时,语言概由该教士传达。此事恐非钦使所愿,谨以所闻,上尘清听云云。(按:彼时英葡不睦,故有此信。)余以此事初未接有总督及钦差之通告,即樊、周二大人亦未尝言及,万一格拉姆孟德之言见诸实事,大非吾初意所及。乃立即函告总督及金钦差,言吾辈到北京后,拟自就各欧洲教士中聘一适当之人,为觐见时之翻译。缘欧洲言语种类甚多,有吾英人所解者,亦有吾英人不解者,苟用一但解华语、不解英语之人,于事仍无所补。因此拟请代奏圣明,不必代为聘用。书去未久,即得复书。言此事当遵命代奏,谅可批准,无劳仅念云云。余心始释然。

此时岸上及船中之中国人民,咸企足引首,向吾船观看,面上各露惊异之色。(参考《出使中国记》曰:观者拥挤异常,不特水边以至岸上极高之处,多有人众驻足,即水中亦有多人。褰衣赤足,行至吾船近处,向船内细观,顾人数虽多,秩序仍异常整肃,始终未闻喧闹之声。且每见钦使从船头行过,前列之观者即立将头上所戴草笠脱去,俾后列者亦得一见钦使颜色。炎炎旭日,逼炙其脑,不顾也。)且多久立不去,若愿穷一日之力,以研究吾辈之举动者。惜吾船未能久留。

吾回船未几,即解缆循西北之方向开行。自此以后,每日除晨间华官监送当日之饮食至船,及沿途地方官上船拜谒,略事停船外,均不分日夜开行。

十二日礼拜一

清晨抵武清,未几即复开行。余于船中无所事事,乃得以吾笔之余沈,择不甚紧要而有可记之价值者记之。

华官派至各船执役之人,平均每船十四五名,以三十七船共计,数达五百以外。故每有所事,一呼百诺,即至难之事,亦无不立办。此辈服务既勤,身体亦异常坚硕,足应其劳动之所需。虽肩背多曲,作圆球形,然绝非病象,乃作工时俯首曲背之所致。面色以久暴日中,作紫铜之色。初见之者,以为面色既黑,体干必笨重,不能为灵巧之事。然吾观彼辈投身河中,洗冷水之浴,出没于波浪之间,其活泼敏捷,固未尝以面黑而减色也。彼辈一至夏季,即裸其上体,故自腰以上,肤色之黑与面若,腰以下则甚白也。此间多蚊蚋,终日随船缠扰,挥之不去,殊以为苦。又有一种巨蛾,其大几与嘤嘤雀相若,亦至可厌恶。而两岸深树之中,日夜蝉鸣不绝,无事时静焉聆之,觉凉风习习,自两腋而来也。

十三日礼拜二

晨间,有下级华官数人,督饬厮役,循例送供给之物至船。有食物数种已发酵,不可复食。余以是日天气极热,法伦表升至八十八度以上,食物之酵腐正意中事,不能厚责经办之人。故仅令厮役取去,嘱易新鲜者送来,未曾加以声色。而高级华官闻之,立传经办之下级华官去,摔去其头上顶子以示罚,又呼厮役至其船,笞责若干数。(参考《中国旅行记》曰:余来中国,几无日不见华官笞责小民,一若此为华官日课中必有之职务。初不必一问笞刑之应否施用或用之当否者,尤有一事亦奇异可记。凡中国人受笞,必号哭求赦,声音绝惨,鞑靼人则但有默受,不发一声。岂同一受笞,有痛与不痛之分,抑或心理有所不同也。)余闻其事,甚骇其所用刑罚之不当。

至午,与樊大人相见,即为言明天热致酵之故,请不必重责经办之人。今厮役受笞,固已无可挽救,至革去顶戴之官员数人,尚望从宽开复,怒其既往,敝使雅不愿贵国官员以敝使之故,致遭斥革。樊大人唯唯而去,其状虽似颇以吾言为然,而已革之华官数人,则始终未闻有开复之消息。是可见中国之法律与公理,不能以吾西人之目光判断之也。

十四日礼拜三

上午,于北岸望见绝华丽之大厦一所,云是乾隆皇帝南下之行宫。屋顶多用黄瓦,日光烛之,烂然作黄金之色,奇观也。是日天气较前数日凉爽,天空中恒有浮云飞驶而过,然又无雨。苟吾船开行时,船前不鸣锣以喧扰吾耳者,吾此行爽快极矣。据华人言,开船鸣锣,乃向吾表示敬礼之意。但吾仔细观察之,凡吾船至转弯或调换方向之时,亦鸣锣以关照同行各船,则此扰人意绪之锣声,于表示敬礼之外,尚含有航行时之信号之性质也。

十五日礼拜四

吾船至入口来,一路多为荒野,望之令人气闷。至此乃于岸上相距三四十英里之处,见有青山环列,矮树甚多,为状至堪入画,吾人神绪遂不期为之一振。而自开船之后,金、樊、周三大人必日日过吾船谈话。今日之晨,彼等又来,神气乃较往日为严整,若行正式拜会之礼者。余问其故,则言:现在已得乾隆皇帝诏谕,前此贵钦使所开礼物目录已译成华文,进呈御览,皇帝见之,龙颜大悦。至于礼物不能悉数运至热河,须将重大者安置北京一事,亦已蒙皇帝批准。皇帝又谕令敝钦差等,在北京为贵钦使预备广厦二处,一处在城中,一处在城外六英里,与圆明园相近。此二处中,孰适孰不适,一凭贵钦使自择。但以敝钦差等观之,城外一区既与圆明园

毗邻,必饶山水花木之胜,贵钦使雅人,自必就此而弃彼也。又言:贵钦使
抵热河后,一过皇上万寿之期,即可返京。即皇上亦当于万寿之后,即回
銮听政也。

余前此与三大人谈论之时,曾言礼物中有野战炮数尊、旧炮数尊,物
虽重滞,颇不易碎损,尽可携往热河。至是,彼等乃言:贵钦使居留热河之
时必甚短促,此种武器亦不妨留置北京,恐带至热河之后,仍无试演之机
会与时刻,故不如不带之为是。余诺之。彼等乃侈谈他事,然意中仍有所
归束,并非与正文绝无关系者。吾于此乃不得不深叹华官谈话时,具有开
合擒纵之能力,初非乱说乱道者比也。

彼等初向余琐谈中国朝廷之礼节及宫殿之宏丽,余静聆之,一一加以
称誉。谓毕竟文明古国,气象是当如是。彼等乃复谈各国服制之同异,谈
过半,行至吾旁,执吾衣襟袖细观之,因言:贵使之衣窄小轻便,吾中国之
衣则宽大舒适,二者相较,似以中国之衣为善。余颔之。彼等复言:吾中
国皇帝见臣下时,衣服必取一律,因贵钦使之衣与华人不同,似于观瞻有
碍。彼言至此,据指吾所缚蔽膝,曰:此物于行礼大不方便,贵钦使觐见之
时,先宜去之。余闻此言不解其意,因曰:此事可无劳贵钦差置念,敝使在
本国之时,常着用此种礼服觐见敝国皇帝陛下,殊不觉有所不便。今来贵
国,拟用觐见敝国皇帝陛下之礼,觐见贵国皇帝陛下。谅贵国皇帝,不至
强我必用华礼。彼等曰:敝钦差等以为觐见皇帝之礼,各国必同,敝国觐
见皇帝时,例当双膝下跪,磕响头九个,想贵国亦必如此。余曰:敝国礼节
与此略异。今敝使来此,虽当以至诚之心,使事事致贵国皇帝于满意之
地,仍宜以尽职于敝国皇帝为第一要务。果欲令敝使舍本国祖宗相传之
礼节,强从华俗,则此种答语,敝使雅不愿发诸口吻。万一必欲吾置答者,
吾当作一意见书,至抵北京之时交奉。

彼等见余言辞决绝,遂不接下文,改谈他事。谓:贵使此来,道路既
远,所历艰险必多,谅贵国皇帝陛下必甚念贵使。现敝国皇帝已决意将今
年秋狩之说取消,俟万寿期过即当回京,俾与贵使就北京接洽一切,勿令
贵使淹滞敝国,致劳贵国皇帝陛下挂念。余曰:贵国皇帝神圣英武,此次

敝使航海东来,捧呈敝国皇帝之手书以进,谅贵国皇帝必能洞悉敝国皇帝致书之本义何若,敝使来此之本意何若。既如是,则敝使回英之时期,以及回英之后,如何复命于敝国皇帝,谅贵国皇帝必已胸有成竹。贵国皇帝声威及于全国,荣名被于海外,敝使来此观光,荣幸无极。将来回英之后,将缕陈于敝国皇帝之前,使敝国皇帝知此东方之雄主,乃一大有为之人也。

彼等又问:贵钦使此来,既为贵国皇帝携来礼物多种,不知贵使亦自备礼物,以为敝国皇帝上寿否? 此问为外交上绝无仅有之奇问。余骤闻之,几至不能置答,旋以此或中国风俗使然,似亦不足为异。而余来此之时,本有马车一辆,以备送与乾隆皇帝者,因从容答之曰:敝使亦自备一马车,虽价值远不逮敝国皇帝所备礼物之珍贵,(**马戛尔尼自注:臣不能僭君,吾所备礼物例当贱于英皇之礼物也。**)虽式样颇与中国车辆不同,而在英国马车中,已得上品之誉。故不揣菲陋,拟上之贵国皇帝,不知贵国皇帝能哂受否? 又曰:此外尚有微礼数种,拟至新年时进呈。此盖非由衷之言,第言之以一探彼等之意耳。因吾自抵天津后,即闻一种风说,谓中国体制,不许他国使臣久驻,与欧洲各国情形不同。吾以此种消息甚有关系,故不得不探。而此言一发,彼等果未有若何之答语,但以支吾应之。则前此所得风说,已信而有征矣。

此三人中,钦差金大人与吾最不契合。吾自天津至此,每与见面,心中即觉不快,彼亦强自伪饰,示吾不怀恶意,而其排外之观念,终能于其不知不觉间见之。吾以不与彼亲,终非吾福,每见必竭诚相待,冀破其以蛮夷戎狄视我之鄙念。然其人不可理喻,终莫如之何也。

樊、周二大人则极意与吾交好,盛意殷殷,极可感慰。尝有一次,金大人适以事他去,彼二人造吾闲谈,言:乾隆皇帝鞑靼也,鞑靼不信华人,只信鞑靼。故国家无论何事,有华人为之,必有鞑靼掣其肘。今欲欢迎贵钦使,苟无一鞑靼如金某其人者厕乎其间,为事岂不大妙。乃皇帝必欲重任鞑靼,委以全权,事无巨细,概须由此鞑靼上达圣听。而此鞑靼复为群鞑靼之尤,愚黯昏盲,而又自作聪明,吾辈乃大觉扫兴。又言:贵钦使殊警敏,一见此人即知其人格之不善,时时用忍耐之心加以防范,非聪明人安得如此云。(参考《中国旅行记》曰:华人与鞑靼性质不同,华人多彬彬有礼;鞑靼多桀骜不驯,盖血统之关系使然也。)

十六日礼拜五

下午六点半钟,抵通州城外,至此水路已尽,遂舍舟登陆。然于未登陆之前,有一事颇关重要,吾当补述之。

一日,余与三大人闲谈。一大人忽谈及印度、孟加拉所驻英军,问吾该军情势何若。吾约举告之。其人即曰:近日中国西藏不幸有土番之乱,不知孟加拉所驻贵国军队,何事援助西藏叛民与敝国开衅? 余以此事未之前闻,疑骇不可名状,立言此事万非情理所有,敝使可力保其必非确耗。其人曰:否! 吾中国官军与叛军开战之时,初意叛军多乌合之众,官军一至势将瓦解。交锋而后,乃知叛军亦颇有能力,可与官军抗抵。因疑叛军苟非得有外人之援助,必不至善战至此。后乃果于开战之时,见叛军中有西人数名,为之指挥,而所戴帽子则与贵国之兵相若,故疑为孟加拉之英军。余以此事苟不加以明辨,颇足酿成国际之恶感。或者事本乌有,此人特假设其辞,以一试吾英人有无觊觎中国边地之野心,则尤不得不声辩于先。乃曰:此事真伪姑不论,即以地理言,孟加拉之与西藏相去绝远,西藏有事,吾英军不唯不能参与,即消息亦莫能传达。其人始无言而去。次日,其人又问曰:贵国孟加拉军队,前此谣传援助西藏叛军之事,已由贵钦使证明其误。敝国上下,万无不信贵使之言之理,但不知孟加拉军队亦肯助吾官军以平叛军否? 余以此人调皮已极,即答之曰:否! 以地理而论,吾军既不能助叛军,即有助官军之心,亦鞭长莫及。此人盖欲令吾于无意之中,答以英军可助官军,然后将余昨日地理上风马牛不相及之说,根底推翻也。

吾船自天津至此,一路供给之物,如酒、肴、蔬、果之属,罔不穷极奢贵,伺候之人亦殷勤逾恒。而两岸相近之处,驻有兵队颇多,每见吾船过时,各兵队辄自篷帐中整列而出,就岸头行礼,高竖军旗,和以军乐。如在夜间,则添点灯笼,为数可达万许,照耀几同白昼。灯笼之外,复有焰火,亦颇可娱目。船中偶有所需,但一发吻,华官无不于俄顷间办至。有数物,余以非关公用,拟自出所值购之,而华官必不肯受钱,谓受则必受上峰之责。(参考《出使中国记》曰:中国人以天下为皇帝一人之私产。外国派有钦使来此,则以宾客之礼待之,人家有宾客至,例不当出钱买供给之物。故吾侪此来,一切均由皇帝供给。皇帝于吾侪未至之前,即已发布诏令,命臣下遵办,故臣下遵之唯谨。)平心而论,中国人以此种盛礼待客,而与吾接见之各官员又复谦执和蔼,常带笑容,似亦不能复有所讥议矣。然于敬礼之中,不免寓有虚伪,诚意乃隐而不露,此则吾不得不引为缺憾者也。例如吾船过处,每见风景清幽之地或乡村风物,吾欲观之以一窥社会情状者,吾虽屡请停船,俾上岸一观其究竟,而终为华官所阻。顾华官阻我之时,能随时随地发为妙论,令吾明知其阻我之行,而不复有所尤怨,或且反可因此自娱,此盖由于各华官平时于言语礼貌一门,娴习有素故也。尤有一事,吾亦不得不述。即吾侪抵此之后,华官于表面上虽加以敬礼,而实则一言一动,罔不受华官之监察。不特监察已也,即起居服御以及一切习惯礼节,华官亦多以嫉妒之眼光观察之。吾尝读中国历史,知中国人最妒外人。今身历其境,乃知其实在情状,过于历史所言者万万。然吾虽存此心,表面上则事事以和颜悦色处之,冀吾此次之行得获完美之果。即如各船所悬旗帜,大书特书曰:英国使臣进贡之船,吾亦视若无睹,置之不问,盖将待至正当之时刻,方可提议此事也。

十七日礼拜六

既至通州,吾即拟小做勾留,将各种礼物、行李收拾齐整,径用车辆装往圆明园。圆明园距北京七英里,此间距北京十二英里,合计十九英里。苟不于北京耽搁,则此十九英里之途程,仅费一日之力可矣。

吾船抵此之时,岸头已建有货栈二所,专为存放行李、礼物之用。每所各长二百零七英尺,阔十三英尺;自地至檐头,高十三英尺;自檐头至屋脊,亦如之。材料则为坚竹,上覆厚席,以防雨水。两栈之间,建一广道,阔四十二英尺,道之两端各设一门,驻之以兵,严禁携火者羼入,以防火烛。据云:此货栈及广道,乃于数点钟之内,督饬工匠数百名赶成之。吾船抵此之后,未及一日之长,此辈工匠已尽将三十七船之物,一一移置货栈之中。中有数物,分量既重,形体复极庞大,而中国工匠乃能以其臂力与其活泼之精神,合力舁之,自船至栈直行不息,而观其神情又异常欣喜,初不若有人驱之、迫之者。此或中国政体之完备,及人民天赋之独厚使然,非他国所能及也。盖中国苦工,具有一种无重不举之能力。若一物之量量过大,非一人所能举,彼等即以坚绳缚之,然后取粗竹二根穿诸绳中,每人各以竹之一端置之于肩,舁之前行。若此二人之力犹不能举,则更取二竹与前二竹相交作"十"字形,则人数即可添加一倍。万一再不能举,犹得以同样之加竹添人之法继之,务使物力不复能与人力敌。乃且呼且笑,舁物疾行,若自忘其为苦力也者。国家有此种下流社会以为其基础,诚令人艳羡不置也。

此时吾等寄居之地,乃为一庙宇,其中有厅事及洁净之房间甚多。吾辈居之,颇觉快意,供给之物仍与在船时同。无论何时,意有所欲,莫不咄嗟立办。据云:此庙建于数百年前,当时有高僧十二人,受知于某显宦。显宦乃出资建庙,以安其衣钵。顾庙宇虽大,仅划出一小部分供佛,兼供一种女神,阶级较次于佛者。此外多为寮房,亦有和尚居之者,亦有平时不居和尚,每遇达官贵人过此,即借作息宿之地者。此盖以庙宇之于中国,既含有一种公共建筑之性质,故身有公务者,即得自由借用之也。吾部下员司夫役人数极多,全庙尽为所占,即守庙之和尚亦仅留一人,令司佛殿香火及看守琉璃灯,使永明勿灭。其余大小和尚,概由华官传令暂移邻近他庙居住云。(参考《中国旅行记》曰:庙中和尚每遇显者借居其地,罔不乐从。此因和尚靠施主之布施以为活,一有显者借居其地,临行时之捐款或赏金必甚可观也。然此庙和尚,既无所事事,在理可出其全力,注意于清洁卫生之问题。而和尚性乃极懒,不特庙中各处未能一致收拾清洁,即所御衣服亦有垢腻万状者。吾所居一室有蝎子甚多,夜间时时爬入床中,令人不敢入睡。吾恼甚,移榻就室外树荫之下卧之,又复为蚊蚋所扰,卒至终夜不能交睫。)

十八日礼拜

晨餐时,樊大人来,言:车辆夫役约于礼拜二早晨可以备齐,备齐之后,随将货栈中物件一一装入车中。至礼拜三之晨,即可出发,径往圆明园。途经北京,不必下车停滞。又言:乾隆皇帝现已派阁老一员、欧洲教士一员,在圆明园恭候贵使驾临。此教士究系何人?虽樊大人并未明言其名氏,以意测之,当是葡萄牙教士彼那铎阿尔美达,即吾心中不满意之人也。

入暮,樊大人复与周大人同来,言:鞑靼钦差金大人今以体病,不能同来向贵使问安好,故嘱兄弟等来此告罪。余言:金大人以敝使来此之故,劳碌致病,敝使意殊不安,明日当趋往问病。樊、周二大人连称不敢而去。然吾自信彼鞑靼钦差未必果为病魔所扰,或者心意与吾不洽,懒于见我,故托病耳。

十九日礼拜一

晨起,余自至货栈中,一观彼间所装货物奚若,而金大人、樊大人、周大人亦适已至栈。方率属僚多人,斟酌明日出发事宜,余遂进与三大人语,且向金大人问病状。及三大人公事已毕,余曰:今日适无要事,礼物中有轻便铜制野战炮一尊,取出尚便,敝使拟于此间一试,借博三大人一粲。三大人亟称善,余遂命炮匠取出试之,约每分钟开放二十响以至三十响。余初以此种速率,三大人见之必甚以为异,初不料彼等虽用心观玩,而意态殊觉落寞,若无足轻重者。然而此非炮之不善,吾敢决言中国全境,必无此种轻快之炮。彼三人意态之所以落寞者,殆犹茫然于此炮轰击力之如何耳。及吾自栈房回,樊、周二大人随余至庙,言:目下已得皇上复谕,贵使抵北京后,可自择一欧洲绅士之服役于皇上者,充贵使觐见时之舌人。现皇上对于贵使,极表欢迎之意。贵使自抵中国之后,一切情形均随时上达圣听,皇上以为贵使文明有礼,异常满意,故命臣下以至敬之礼接待。余曰：此足见贵国皇帝与敝国皇帝同具敦睦友谊之心,敝使感激之余,敢代敝国皇帝致谢。两大人乃复言及觐见时之礼节问题。此问题自前此提议时,经吾否认而后,各华官已数日不复提及。今两大人乃复极力言之,若必欲迫吾承认,无有转圜之余地者。余曰：敝使承敝国皇帝之命而来,在理不能改变敝国原有之礼节,即日可改,恐非娴习有素,临时必有失礼之讥,与其强改其不可改,而又终始不能甚肖贵国之礼节,无宁不改之为善。两大人曰：敝国礼节,习之殊易,因自就地板上作拜跪之状,坚请余照式习之。余曰：敝国礼节既万不能改,此项华礼亦毋庸学习。两大人乃命吾译员习之,意将欲以榜样示我也,而吾译员虽系华人,乃唯我一人之命是听。闻两大人言,即请命于吾。吾曰：不必。译员竟不跪拜,两大人乃大不快意,然声色仍极怡悦,不似因此与吾互生恶感者。余以两大人欣然而来,不能令其扫兴而去,遂命乐工奏乐以娱之。两大人悦,告别时仍与吾作表示敬礼之语,为状一与来时同,似顷间之争执已一笑了之矣。

是日,亨利欧地士病故。亨利系铜铁工技师,颇有巧智。方吾自伦敦启行之前,意欲得一铜铁工技师,使为随员。一时自荐者甚多,亨利则蓄远游之志更切,屡向余及史但顿勋爵坚请。余考验其技艺,颇堪合用,遂挈与偕行,不料其体质孱弱,不能任风浪之苦,一至船中即罹重病。舟抵马第拉,余拟令其改乘他船回国,而亨利决意不肯,必欲一观中国景物。遂致病殁于此,亦可悲矣。

二十日礼拜二

晨间,为亨利治丧事。乐工、卫队、仆役之属均整队送葬。此间虽无牧师,而临葬时诵经祷告之礼仍照例举行。(参考《安德生笔记》曰：钦使以未有牧师随行,令吾代司牧师之事,凡诵经祷告各礼悉依英国礼拜堂通行之礼行之。)华人观者甚众,然多肃静不哗,若与吾辈同表其哀悼者。葬事既毕,即预备出发,取货栈中物件一一装入车中,装毕,令各货车于今日先行。吾部下人员、夫役,则定于于明日登程,因人速货迟,人货并进,货必落于人后也。

二十一日礼拜三

早起,车、马、轿各种行具已备。金、樊、周三大人则于门次候吾登车,吾乃立即出发,不少濡滞。(参考《中国旅行记》曰:是日天气既热,路复崎岖不平,车辆又多,骈列道中,不通风息,且行走极缓,坐于车中者几至室厄不可复耐。然一路风景绝佳,行路之人见吾车行过,咸欣欣然驻足以观,面带笑色。则又颇足自慰,恐非躬入世界名城如北京者不能享此眼福也。《中国旅行记》又曰:吾侪登车时,人人咸欲争乘装有篷盖之车。此种车辆虽为中国各种车辆中之最佳者,然以车中不具坐位,乘者均屈膝踞坐车底,其仄塞之状,殆非惯乘吾英车辆者所能想见。故有多人初以乘得此种车辆为可喜,一至中途,反懊恼万状,以为转不如乘坐无篷车之为宽畅也。)

未几,至一村。地在北京、通州之中央,吾辈就村中小憩,且进早食。以天热路劣,颠簸甚苦,不得不随行随息也。(参考《中国旅行记》曰:是日所进早食,虽形色匆促,不若平居之丰盛,然仍有煎猪肉、鹿脯饭、鸡蛋茶、牛乳、杂碟、蔬果之属,均用冰块裹藏,故天气虽热而鲜洁如常。)

自此行二小时抵北京,在宫门略进茶点,(宫门二字,原文作 Palace Gate 不知何指?)即复前行,以下午三时抵圆明园。见昨夕出发之货车大半已到,其行走较迟之一小部分,则于吾侪到园后数点钟之内陆续到齐。(参考《中国旅行记》曰:吾辈所携行李、什物,大小有六百余件之多,重量既大,形式复参差不齐。然自抵大沽口而后,换船数次,终且由水而陆,乃得抵此,而检点各物无一件遗失,无一物受损。则中国人忠实敬事之心,已显其确证与吾辈之前矣。)

吾等自通州至此,一路均有兵队为前驱,各兵手执长鞭,时时向两旁挥打,勿令路旁观者得与吾辈相近。吾意此必中国大员外出时之示威举动,今乃假为吾用者也。(参考《中国旅行记》曰:吾辈行时,两旁观者甚众,有立者、有骑马者、有坐轿者、有乘车者,亦有设椅位于路旁者。大多男子在前列,妇女在后列,大家妇女则于坐位之四周,设纱帏障之,勿令人见,故吾辈观之殊不了了。但见一小车,中有妇女数人,携小儿甚多,妇女容貌甚美,而所御为长衣,不与普通妇女同,据云:此乃鞑靼妇女也。此吾辈先驱之兵士虽时时挥鞭作异响,然所击者为地,并不击人,此中国人民极有礼法,虽人众拥挤而秩序井然,不与他国人众拥挤时不规则之状况相似。故兵士虽各挟一鞭,除用以示威而外无他用也。)

　　既抵圆明园,华官即导吾等至一居留之馆舍。此馆舍在一花园之内,有房屋、天井甚多,又有一曲径饰以花木。曲径尽处为一小河,循河而下,曲折至一湖,湖中有一人工之小岛,岛上有草地、有树木、有奇石,其中央则有一楼,为避暑之用。而全园四周则围之以高墙,有兵一队驻于入园之处,以为保护。园中房舍虽间有数处,颇清洁完好,可资居住,然以全体而言则荒秽不饬,破坏殊甚。夏季犹可敷衍,一至冬季,万难居人,或者此处专供夏季之用,冬季所用者别有他处,亦未可知。然吾闻人言,此类馆舍多为招待外国使臣之用,虽有数处之多,而求其完好者,当以此处为第一。则他处馆舍残缺不全之状,更可想见矣。(参考《中国旅行记》曰:此间房屋破坏情形,吾不必详绘其状。一言蔽之,与其视为人类之住处,无宁视为犬豕之圈槛。其地位虽与圆明园皇帝居住之地,相去不过二百码,而华陋判若霄壤。全宅仅有房屋三四座,外以高墙围之,每座之中,划为数室或十数室不等。而室中墙壁,石灰已大半剥落,承尘之板已破而下坠,不坠者则垂于人顶之上,摇动作欲坠之势。地板已朽,用力践之立破。室中器具什物绝简,仅有桌一、椅二三,均极旧,不能复用。)

　　余一入此室,心中大异,以其前此招待何其恭,今又何其一陋至此?向华官问其故,华官言:此屋虽陋,而每有大人至此,辄假为行辕,实因此间并无较优之房屋,非敢故以陋室奉屈。余曰:虽然,无论如何,君必为余择一较优者,此室则万非人类所宜居。华官乃导余至他室,此室虽不如前室之破坏零落,然已数月未加打扫,室门一启,霉臭之气扑鼻,华官立命夫役扫除,墙壁、地板均大加洗濯,然后搬吾辈之行李入内。亦有华官数人以此室较善于他室,自携行李来,就空处设榻与吾辈同居。已而具食,则精美仍与往时相若。吾身栖陋室,而食必盛馔,羹味之鲜美既为吾毕生之所未尝,而条面及他种面食又白净如雪,清洁可口,是亦不可思议矣。

吾在通州时,华官谓余,吾辈一抵圆明园,即当有欧洲教士来此与吾觌面。然今日乃未有人来,意或尚在途中也。

二十二日礼拜四

晨间,靰靼钦差来此候安。言:有一国老奉皇帝之命,自热河来此,与贵使讨论觐见事宜。又言:国老现已首途,随带欧洲教士三人,大约明日可到。余称善,而隐察金大人神色,似较前此和悦可近,不复作桀骜不驯之状。因谓之曰:敝使居此,意颇不适,因此间房屋破坏已极,非大加修理不能居人。而吾欧洲人之生活状态又与贵国人稍异,居此甚觉有碍卫生,故敝使不拟勾留于此,俟诸事措置已毕,即当迁往北京。敝使逆料贵钦差必能使敝使抵北京之后,居处之安适较胜于此也。金钦差首肯,谓当立即传令属官,至北京预备。余观其神色,似此事尚无若何之阻碍也。

二十三日礼拜五

晨间,金大人遣人来,言:今日十时,彼当带同欧洲教士数人,至吾馆舍中谒见。既而果来,中有葡萄牙人二名,一即彼那铎阿尔美达路丁其司,(参考《中国旅行记》曰:此人初信罗马教,兹已脱离教籍,年六十九岁,到中国后,以长于天文、物理之学,由乾隆皇帝聘为客卿,给与三品顶戴。)一曰安东尼;(参考《中国旅行记》又曰:安东尼信圣法伦雪司一派之宗教,年约五十左右。)意大利人三名:一曰路易司卜雷脱,(参考《中国旅行记》又曰:此人亦已脱教之罗马教徒,年六十八岁,一千七百七十三年受雇于乾隆皇帝为画工。)一曰约瑟本西,(参考《中国旅行记》又曰:此人亦已脱教之罗马教徒,年六十岁,亦一千七百七十三年受雇于乾隆皇帝为画工。)一曰第奥豆的;(参考《中国旅行记》曰:此人年三十七岁,一千七百八十四年受雇于乾隆皇帝,为钟表师及机械师。)法人一名,曰约瑟巴黎。(参考《中国旅行记》曰:此人年五十岁,不学无术,识见亦浅,而乾隆皇帝乃亦强之为钟表师及机械师。)此外复有一二西人,籍隶他国,无关紧要。各西人来时,均穿中国礼服,而乾隆皇帝亦以吾此次东来为稀有之盛举,特以顶子赐诸各西人,令戴之。路易司卜雷脱及第奥豆的均戴白色之顶,彼那铎官级较高,则戴蓝顶,余人均戴镀金之铜顶。铜顶者,顶子中之下乘也。

　　彼那铎此人,虽为乾隆皇帝客卿之一,而对于中国国事初无参与之权,然妒念极重。凡西人东来者,除其本国人外,罔不加以仇视,对于英人怀恨尤切。吾至澳门之时,即有人嘱余抵北京后,善防此人。今日一与此人相见,观其沉毅阴险之貌,始知此人非处处防范,必为所陷。此人初为罗马教信徒,兹已不受宗教之约束。度其年事,已近七十,来中国后,亦已有数十年之经验。今方在算学书院(译意)任事,然其算学知识颇属有限。但以工于外科医术,曾为相国和中堂治病,兹乃以和中堂之力,荐诸皇帝,遂得派为吾觐见时之译员。吾见此人欣然而来,意颇不怿,以为彼既奉有中国皇帝之命,则吾前此要求于北京各教士中自选贤能之说能否成功,正在不可知之数。万一吾说不成,而此人竟由华官承认为觐见时正式之译员,则语言传达之际,但令更改一二,或不改其言辞,而改其语气,即足挑动两国之恶感。此何等事,而可不为之焦悚万状耶?幸而此人与吾款接之时,吾所言通常习见之语,彼均茫然不解,即其同来各西人亦半明半昧,隔阂不通,吾心乃大乐。彼那铎至此,似亦可以止矣,而其妒嫉他人之欲念乃仍不可遏,频以拉丁语与其近座之两意大利人谈吾英国之短。其意盖以余为不解拉丁语者,不知余即不解拉丁语,但观其眉目开动之状,已足知其蓄意不善,而况拉丁语学,余固童而习之者邪。

　　谈次,余仍向金大人提及迁居北京之事,彼那铎立即乘间阻挠,谓迁居北京后,将来往热河时,大不便利。虽金大人甚然其说,而终以余所持理由充足,彼那铎无所肆其鬼蜮之技,状殊悻悻。其同来各教士以其声色严厉,非双方款接时仪式上所应有,力劝其忍怒,勿为无谓之争。彼那铎虽唯唯,而气终不平。余静观其状,几至失笑,然仍自保威仪,不为不应为之言。至彼那铎告别时,余惧其羞愧无以自容,转用好言慰之曰:惜敝使不解葡语,致意见不能尽达,否则以足下之才,为吾翻译必大足为吾助。彼那铎气少平,言曰:卑人深愧不能为钦使服役,后此苟有可以尽力之处,必竭愚诚。余亟称谢,心中则以为此人既尽暴其本相于吾前,吾此后乃不得不格外谨慎,俾不致坠其陷阱。然平心而论,此人亦可造之才,但欲求其为吾所用,则吾非至愚,决不存此谬想也。(参考《中国旅行记》曰:葡萄牙教士彼那铎,前此曾有挑拨中英恶感之举动。最近英葡战争结局之时,和议中有将葡国领土某某数处划归英国之条款。该教士寄居中国,恐一旦澳门为英国所有,于葡人大有不利,遂上密呈于中国朝廷。谓:英吉利乃虎狼之国,中国若以澳门划归英人,则英人一在中国得有立足之地,不难立使中国享受印度斯坦之命运云云。中国朝廷见此项呈文后,以为英国船只虽常有往来于中国沿海各处者,然不知其举动如何,居心如何,乃饬两广总督调查其事。两广地滨大海,与西人交际稍繁,该总督切实调查有时,知该教士呈文中所言全出于国际的愤恨,无关实事,遂据实呈复。谓:英吉利人虽骁勇善战,富有军械,然派来兵船,除保护本国商船外并无他意。而商船所以必须保护之故,又因澳门为葡国属地,葡国为英国之敌国,苟不严密保护,葡军即可袭劫英国之商船也。乾隆皇帝览奏大怒,立命内务府提彼那铎至,责以欺君之罪。谓:此罪例当赐死,但以客卿昧于中国法律之故,从宽斥革。且令跪于皇帝之前,自承此后永远不再干与中国政事了案。此事刊登一千八百〇三年北京官报[译意]中,叙述甚详,盖系事后追刊也。)

约过一小时,樊大人与周大人同来,言:乾隆皇帝特派之国老淳大人(淳字译音),现在已到北京。后此关于贵使一切事务,可由兄弟等直向淳大人商量,不必再经金大人之手。余闻言大悦,因命译员一人及吾书记麦克司惠尔与樊大人同赴北京,料理该处馆舍,以便此间事毕之后立即迁居。

彼等既去,周大人即导我游圆明园。此园为皇帝游息之所,周长十八英里。入园之后,每抵一处必换一番景色,与吾一路所见之中国乡村风物大不相同。盖至此而东方雄主尊严之实况,始为吾窥见一二也。园中花木池沼以至亭台楼榭,多至不可胜数,而点缀之得宜、构造之巧妙,观者几疑为神工鬼斧,非人力所能及。吾以此来不仅为游观计,尚当商量安置各种礼物之法,故仅就行过之处略一寓目,未能曲寻其胜。以全园计之,恐吾所见尚不及其什一。然即此不及什一者而言,已能令当时景象永镌吾脑而不忘。而吾笔记中欲详言其状,亦觉景物万千,不知从何处说起,转不如不说之为善也。

已而至宝殿,殿长百五十英尺,阔六十英尺,仅有一面开窗,与窗相对之一面,即为御座所在。御座为一桃心木之大椅,上刻精美之花纹,其木料则产自英国。华人以为稀有之品,故用以制为御座。御座之下有一台,高数尺,两边有木制之短阶,以便上下。御座之上,有一广额,署"正大光明福"五大字。(*此五字原文作 Ching-Tha-Quan-Ming-Foo,译其意为 Verus,Magnus,Gloriosus,Splendidus,Felix,五字直译之,当以"正大光明福"五字为近理。然于"正大光明"四字之下加一"福"字,则为译者前此所未闻也。*)其两旁则各有一孔雀毛制成之扇,面积极大,作圆形,颇美丽可爱。全殿地皮均用大理石铺之,石有灰色、白色二种,纵横相间,望之如棋盘形。石上人行之处,复铺以洁净之席。殿之一角有一八音时辰钟,拨其奏乐之键,能奏乐十二阕,如:Black Joke;Lillibulero,以及《乞丐》一剧中之歌曲等类,均为英国旧时流行之乐曲。钟上饰物均为旧式,有透明及五色之宝石多枚,此钟虽非珍品,然以历年既久,余不得不以其为古董而贵之。钟面有英文数字,曰:伦敦理敦赫尔街乔治克拉克钟表店造。其制造年代及运入中国之时日,则已不可考矣。(*参考《中国旅行记》曰:一老太监语我,此钟系中国人自造,余不屑与辩,付之一笑。*)

宝殿为皇帝正式办事处,一国之观瞻所系,而面积复广大异常。余乃决意以礼物中之珍贵动目者置诸殿中,其排列之法,拟于御座之侧,一面置地球仪,一面置浑天仪、折光镜数面,则自天花板悬垂而下,自各镜至殿顶之中心,距离均相等。殿北置行星仪一座,其南面则陈列佛列姆内之大自鸣钟、风雨表及特拜歇尧之瓷器瓷像、弗拉苏氏之天体运行仪等。集此种种精美可观之物品于一处,恐地球虽大,更无第二处足与此中国圆明园之宝殿比也。

余入园时,与国老景升大人相遇(*景升二字译音*)。景升大人遂为余向导,指点园中一切事物以告。及余自宝殿出,景升大人导余至一清洁之处,出水果及糖食相饷。余甫就座,而金大人忽来,殷勤劝食,余乃大异。念据樊、周二大人顷间所言,此公似可不必多劳矣。今若此,吾此后犹不免受其牵制,而樊、周二大人虽极意与吾交好,亦以受制于此公,无能为力。万一此公永为余伴,至热河时,本其排外之天性,进谗言于乾隆皇帝,则吾此行之结果必有不可预料者。言念及此,心中殊觉不快。

晚八时,麦克司惠尔等自北京归,言:北京馆舍已阅看一过,其中厅事、房间、天井均备,颇堪居住云。

二十四日礼拜六

史但顿勋爵率密司忒摆劳、丁威台博士及太白儿得、丕的派亚暨技师数人、工匠多人,同往圆明园装配各项礼物。预料此项礼物,若欲一一装配完好,至少当有六七礼拜之时间。大约将来余往热河时,尚须留技师数人在此间监督工事也。有数种礼物运往圆明园后,中国工匠未得技师之许可,遽欲启箱,译员恐其开启不能如法,致损内中所装之物,因往阻之曰:此系英国送来之礼物,英国钦使尚未交卸,汝等不宜妄动。而金大人闻之,立即喧辩曰:此系英国进呈之贡品,安可唤作礼物?译员曰:英国与中国处于对待之地位,只能唤作礼物,不能称为贡品。两人辩论不已,国老景升大人闻之,出为和事老,言:唤作礼物亦未尝不可,何必为此无谓之争。金大人乃无言。

译员归,向余言:适自樊、周二大人处来,二大人略有意见,嘱微员上达钦使。余曰:二大人吾友也,渠等有何事嘱汝,汝可恣言之。译员曰:二大人言,钦使此来,一切费用虽由皇帝颁发,而颁发之数有限,其不在预算中者,概由二大人自垫。故二大人意中,颇思钦使以一优美之礼物赠之。余曰:可! 第不知二大人心爱何物,苟所爱者适为吾所有之物,当立即举以奉赠。译员踌躇有顷,言曰:二大人心中似以赠以现金五百元为最宜。余一闻此言,不少犹豫,立即答曰:可! 此盖因二大人既极意与吾交好,微论其自解私囊之说确与不确,吾万不宜厚拂其意。使吾与以钱,而二大人竟为吾效力,与国老联络,合力与金大人相抗,勿令金大人前此之行为再暴于吾前,则五百元之代价并不昂贵。万一二大人得钱之后竟不肯为吾所用,一反往时缔结交谊之行为,则慈悲之权已操诸我手,我固不难以举手投足之劳而祸福之也。而况野兽一吮人血,即觉他物之血不甘,二大人既以与吾交好之故而得此五百元于前,宁不思此人血之余甘,而奋勉图报,以冀复尝此血于后也。

二十五日礼拜

晨间,译员来言:昨日之议,今兹已可取消。余问其故,曰:微员今日已往两大人处复命,两大人乃一改昨日之语气,谓:兄弟等虽以诚敬待钦使,且深以得领钦使之厚赐为荣幸,然金钱之赠品,则究于情理上不能接受。至昨日所言自垫之费用,确系实情,然此款均系周大人一人垫之,樊大人则所费甚少。缘周大人家资颇富,肯花钱而惮于尽力,除收发公文及登记账目、发付工力而外,其余一切,如置备车马、雇用船只、工役及购办供给之物、笞责不尽力之厮役等,概由樊大人尽奔走之劳。今周大人以家资富有之故,不必复得钦使之钱以资弥补,而樊大人又仅费劳力,未垫金钱,万无接受钦使补助之理。故请钦使将昨日之议,即行取消云云。

夫昨则要求之,今日则坚辞之,此中理由如何,诚非吾不熟中国情形者所能知矣。同时又有一事足证明中国人之性质与吾英人不同,而且大不可解。

昨日金大人来,交我一信,此信系吾英衣拉司麦司古完勋爵自登州府嘱驿吏送来,由金大人转交于余者。今日,余按照来信,作一复信。而金大人适来,谈次,坚问余古完勋爵信中作何语,余复信中又作何语。余以此种问题万非吾英人所能问,然以两国风俗性质不同之故,不能厚违其意,即招译员来,取来信、去信,令依口译之法,译与金大人听之。译毕,余笑谓金大人曰:信中初无若何秘密,然以内容剖示于君,料君必甚欢迎。金大人临去时,复问:觐见在即,仪节如何?请贵使速为预备,且宜先期练习。聆其语气,似急欲吾承认其改用中国礼节之说者。余曰:觐见之仪节,敕使拟开具说帖,就正贵钦差。此说帖当于抵北京后一二日内奉交,请勿急急。金大人乃道别而去。

二十六日礼拜一

是日,由圆明园迁往北京预定之馆舍。不特清洁完好,与圆明园有霄壤之别,而且华美异常。有厅事十一处之多,陈设既佳且多空气,居之颇合卫生也。

二十七日礼拜二

法国巴黎圣拉萨勒司教会会员劳克司神父,(参考《中国旅行记》曰:此人年四十岁,一千七百八十五年至北京,乾隆皇帝以其长于算学,聘为客卿。)至馆舍谒见。言:奉皇帝之命,来此为钦使服役,钦使如有需吾尽力之处,吾可日日来此听候差遣。予观其人,体格修伟,道貌岸然,而又长于言语之学,法文、英文之外能操中国话及满洲语甚熟。自言抵此之后,心意多快,现已作久居中国计。因胪举中国社会情形以告,谈论多时,娓娓不倦。吾乃自计,后此如有中国事实为吾所不解者,尽可问诸此人,不必复处闷葫芦中矣。

二十八日礼拜三

密斯脱摆劳自圆明园来。言:该园宝殿中,现已动工,将各项礼物依钦使预定之方法排列安置,将来安置完毕,殿中诸美咸备,必大有可观。又言:礼物运至宝殿后,即有乾隆皇帝之孙三人至殿中参观,状殊欣喜。(参考《中国旅行记》曰:各物运至圆明园后,启箱视之,均完好无缺。意国教士第奥豆的系中国朝廷派来作译员者,颇精于机器之学。前此乾隆皇帝聘之为客卿之故,即委以修理宫中各项钟表之责,而宫中所有之钟表又多系英国制造品,故第奥豆的尤熟于英国钟表之机件,至是乃大足为吾助。各华官之受命来宫监督工务者,每见一种机器,即欲穷问一切。余以言语不通,答之殊觉费力,第奥豆的乃代余置答,举各种机器之性质、价值、功用等一一详述之。华官咸异常满意。当启箱时,各华官静立一旁,默不发声,但有一老太监及其同类之人数名,刺刺絮问,殊扰人耳。至各物悉数出箱后,观者乃大集,官员则高级、下级均备,人民则自与皇帝有血统关系之贵族起,以至于普通之绅士,莫不兴高采烈来观此西方之珍品,且欲一观送此珍物之人。盖彼等心中以为吾辈及吾辈送来之物,均可作古董观也。乾隆皇帝有三孙,几于每日必至宝殿中一看,其欢迎吾辈之状概可想见。据云:圆明园中,皇帝特设一学校,令三孙读书于此,故渠等于课暇即可至宝殿观看。渠等之年龄最少者可十六岁,最长者可二十五岁。此种少年贵族,似亦不能以儿童视之矣,而犹受制于一老太监之手。老太监不许彼等观看时,恒以手加于彼等之肩,推出宝殿之外,呼曰:快去读书,别常到此地来偷闲。盖此老太监者,圆明园之总管,而三皇孙幼时曾受其抚育,乾隆皇帝令以师长称之者也。来园参观礼物之宾客中,有鞑靼将军及武官甚多,渠等对于所赠之马车尤为注意,群聚而讨论之。谓:此种马车,实为中国前此所未见,但不知皇上将坐于何处?盖此车共备四座,两座在前为御者之位,两座在后为乘者之位,此系吾欧洲小儿之所知者,但以前座较高于后,而装饰之华丽亦过于普通马车。于是即有一武员曰:此前面之座必为皇帝所坐。又一武员则曰:否!后面之座,上有轿式之盖,有玻璃之窗、有窗帘、有百叶窗,试问:皇帝既坐于前座,此安乐之后座将令何人坐之?前一武员曰:皇帝坐于前,此后座当为皇后娘娘或宫眷太太坐之。两人各持一说,辩论不能自决,遂遣老太监问予,予告以前座系御者所坐。彼等乃大哗,谓:皇帝坐于安乐之轿车中,诚属近理。然皇帝天子也,天子之前断不容御者高坐,更不容有人以背向皇帝。此车非将御者之座改设于后方,皇帝决不肯坐。余唯唯否否,彼等亦不下一断语而去。)而尤注意于特拜歇尧之瓷器,观玩多时,问余:中国瓷器与贵国瓷器孰佳?余言:此种特拜歇尧之瓷器,系敝国有名出品,苟非名品,敝国钦使决不敢带来赠诸贵国皇帝。但敝国商船每来广东必购大宗瓷器以归,销售于人。贵国瓷器既为敝国人士所欢迎,其价值之高,自可想见,究之各有其妙,不能强判伯仲也。三皇孙闻此答语,殊为满意。

有一大员来园监视华工者,见启发货物时,行星仪中之大镜已损坏一块,神情至为惶恐。此镜想系中途颠碎,今中国既无造镜之厂,势亦无从添配矣。

二十九日礼拜四

余取加拿派(加拿派形如一伞,装于帝座或帝王肖像之上,以表示其尊严者,盖欧洲帝王名器之一也。)及吾英皇帝、皇后两陛下之肖像,悬诸馆舍之中堂。别取一纸,开具将来抵热河后拟行之觐见礼节,嘱劳克司神父译之。劳克司译此颇费苦心,因中英公文程式初不相同,欲字字斟酌得当已属大难,而吾禀命东来,与本国政府相距既远,事事均须斟酌独断,万一处理不当,必贻国际之羞。故劳克司译此仪式之说帖,视为生平第一棘手之事。译就,不肯自书,亦不肯令其书记书之。谓:渠二人均系中国客卿,若文中有不妥之处,一露笔迹即易取咎,故坚请余另觅他人司缮写之事。余遂命史但顿勋爵之公子小史但顿书之。

小史但顿以一十三龄童子,即能承办此事,殊可欣喜。渠初亦不解华文华语,自伦敦出发后,船中无事,日就余两译员处学习语言,进步甚速,旋又学写华字,颇方正干净。前此礼物目录即彼所写,后生可畏非虚语也。

说帖内容大致谓敝使此来,虽极愿使贵国大皇帝满意,凡敝使以为合宜之事,无一不可实行。但敝国皇帝为西方第一雄主,敝使承敝国皇帝之诏命而来,仍当以敝国皇帝为本位,此盖由敝使之服从敝国皇帝,与贵国臣民之服从贵国皇帝,于理相同也。今觐见礼节,敝使拟用觐见敝国皇帝之诚礼,若贵国必欲改用中国礼节,亦未尝不可,但须请贵国派一大臣,职位与敝使相若者,至馆舍中向吾英皇帝、皇后两陛下肖像行一觐见中国皇帝之礼,则敝使无不如命。

金大人一观此帖,立即摇头,谓此事万难办到。樊、周二大人则言:此事必可如命,我等二人不妨立即向贵国皇帝、皇后行三跪九叩之礼。余以二人职位不能与余敌,婉言却之。

是日,神父安易德遣人送来一信,附以照片。信中辞气诚恳逾恒,言:钦使此来,老夫闻之殊为欣慰,但以就木之年复抱痼疾,不能亲诣馆舍,为钦使略分劳役,意颇自戚。倘辱不弃,勿耻下问,但以书来,老夫当尽举所知以告,匪敢云助,实老夫天职所应尔也。此老年已八十,侨居中国亦已六十年之久,而眷怀祖国之心,犹得于此一小柬之字里行间见之。前辈老成,滋足敬也。(参考《中国旅行记》曰:钦使往热河后,不数日,此老即谢世。)

三十日礼拜五

今日,余已选定轻小便于携带之礼物若干种,备带往热河进呈之用。乃一面命令部下人员、夫役准备启程,(参考安德生氏《随使中国记》曰:钦使发布准备启程之命令后,又发一令,嘱密司忒麦克司惠尔取带来之夫役及乐工制服,分给各人,以备抵热河后着用。此项制服共有一大箱,彩地金缘,颇为美观,惜非新制者,颜色已不甚鲜明,且身材为普通尺寸,不能尽与各人相合,故有嫌其过大者,亦有嫌其过小者。然华人初不知吾英之服制如何,过大过小必非所注意,唯者互相观看,则不免失笑耳。)一面通知鞑靼钦差,言:吾辈已定于九月二日(次礼拜一,中历七月二十七日。)启程前往热河,但今日为八月三十日,中间尚有二日余暇,敝使拟乘此余暇一观北京宫殿及各处有名胜迹,不知贵钦差能不辞劳瘁,为吾向导否?

金大人曰:向导之职诚不敢辞,但按照中国成例,凡各国使臣至北京者,必须于觐见皇帝之后始可参观一切。即宾客亦当于觐见之后接见,贵使意欲参观,请俟诸归自热河之后。余以既有成例自不能相强,即亦无言。而金大人复曰:觐见之时,不审贵使本人将以何物赠诸皇帝?余曰:敝使前此已有奉赠一车之说,自不致食言。金大人曰:车虽佳,惜嫌其太重,不能亲手持赠。余曰:岂必授受以亲,始得谓赠邪?金大人曰:此亦往例如是,前此各国使臣觐见时,从未有空其两手者。余曰:既如是,敝使自当预备一物,但此时尚不能决定,须俟所携行李悉数解发后,始可从容选择。然口头虽作此答语,心中则甚虑无物可以入选。因所携珍贵之物,已悉数开入礼物目录中,用英皇名义赠与乾隆皇帝。外此私人所携物品不特并不珍贵,而且为日用所必需,万无举以赠人之理。幸而甲必丹麦金吐司携有极佳时表数事,拟于归途道出广东时发卖者,余乃与之婉商,令让渡于我,且给予相当之利益,勿使空任购办携带之劳。议定,余以顷刻间骤得多数极佳之时表,意颇自喜,盖以既得此项礼物,不特可选其最佳之一枚赠诸皇帝,且可以其余各枚分赠各皇族及各大员,对于自备礼物一事,可无供不应求之患矣。于是自开一单,列应行送礼诸人之名字于其上,以便分派。计:皇帝一枚、皇帝之嫡子各一枚、皇帝之长孙一枚、大将军阿中堂一枚、和中堂及福中堂各一枚,和、福二人乃皇帝最亲信之大臣。此外则礼部大臣一枚、与吾往还之诸大员各一枚。然余以北京之宫殿名胜,必俟归自热河而后始许吾参观,吾亦小作诙谐,声言此项礼物亦必于觐见皇帝之后,返至北京,然后一一分赠诸公也。

今日劳克司神父仍如日常之例,到馆舍中办事,且携来精洁食物多种,如德国面包、糖果、蜜渍物、大红花果、红白葡萄等。其中白葡萄一种味美而无核,向产于察莫,察莫地傍戈壁,在中国之东北部。此种葡萄自移植于北京教堂以后,以栽种得法,种乃益美,故甘洌独绝。

余以是日既无所事事,又不能外出参观宫殿,遂与劳克司侈谈中国国情及宫廷状况。凡樊、周二大人未曾告我或语焉不详者,余一一问之。

因知乾隆皇帝共有二十二子,今仅存四子,而大位谁属,犹未预定。皇帝深恐四人有猜忌争夺情事,政必躬亲,奏章诏谕咸自批自发,勿令四人参预其事,即事之琐细者,皇帝亦不以躬亲为苦。皇帝之首相,即和中堂,其人乃一鞑靼,出身颇微,然甚有才具,初为皇帝卫队之一。二十年来,皇帝重其人,历擢至相,且以公主尚其长子,亦可谓极人世之荣矣。次相曰福中堂,亦鞑靼,少年公子也,其兄亦据要津,娶一公主,此公主非皇帝之女,即皇帝之侄女。劳克司不能言其详,而福中堂年鬓虽未高,于台湾之战则为统兵官,旋为两广总督。近日西藏疆场不靖,又任为将军,殆亦中国之兵家邪。

和、福二人之外,最有名望者为阿中堂。此人所受恩遇远在和、福二人之上，功业亦颇有可观。法人所著《中国回忆录》一书备载其事，今已年老致仕，不复与闻政务，而皇帝犹以优礼待之。然皇帝对于此人，只视为国家的忠臣，不视为个人的亲信也。

此外尚有三国老，均才力过人，富于经验，惜为华人而非鞑靼，皇帝虽以优礼遇之，终未畀以丝毫实权也。

即余抵天津后，每与金大人相见，金大人辄问余来时路上安稳否，英吉利国现在与各国和好否，以此证之，乃知所问固非无因也。

是日，北京主教亚历山大戈尼阿得华官之许可，正式至吾馆舍中谒见。（参考《中国旅行记》曰：此人一千七百八十四年自葡京里司本至北京，任主教之职，旋蒙皇帝聘为天文师，阅三年，又得任为算学书院讲师。）其人年四十岁，葡萄牙籍，外貌颇和易近人，而谈者每谓其居心奸诈且无真实学问，然能说拉丁语甚纯熟。进谒时，自用拉丁语宣述意见，至一刻钟之久，信口直谈，颇不费力。随从者有葡萄牙教士二人、别国教士数人，仪节至觉隆重。

戈尼阿且力述愿与吾缔结友谊之诚心，请余勿以近来英葡二国交战之事梗积于心，致对于葡国教士，感情不能与他国教士一致。余以相当之言辞报之。乃当此接见之时，其随从之他国教士中即有一人乘其不意，语我曰：勿信此伧之言。余退思其故，此言不为无因，因葡萄牙人嫉视他国人之心已达极度。现方自结团体，研究一种计划，以排除中国境内之他国人为宗旨，除其本国以外，凡他国派教士来华者，彼等即以公敌视之。数日前，一意国教士谓余：吾辈同是欧洲人，人人咸有与葡萄牙人缔结友谊之心理，而葡萄牙人心中则以除葡萄牙人而外，殆无足与之为友者，吾辈又何必自讨没趣？由是言之，戈尼阿之巧言令色，唯有一笑置之耳。又葡萄牙教士彼那铎，自圆明园与吾一见之后，即不履吾门。据云：近已奉皇帝之命，召回热河矣。

三十一日礼拜六

法国神父格拉孟德来见。此人即系余在天津时，得其所发信件，谓皇帝将命葡萄牙人充当翻译,嘱吾预行抗议者。此人初亦罗马教徒,年已老,来华已有三十余年。(参考《中国旅行记》曰:约瑟格拉孟德年六十岁,一千七百六十九年至中国,由乾隆皇帝聘之为算学讲师兼音乐讲师。)一与吾见,即言本拟早日拜见钦使,只以鞑靼钦差金大人前此曾闻余言及英国之国势何若、商业何若、对于中国之关系何若,心怀妒意,恐余一与钦使相见,从中传递消息,于中国有所不利,故百计留难,直至今日始得其允可,许吾进见,幸钦使勿以为罪。余聆其谈吐,轻畅流利,知为一绝顶聪明人,而又极熟悉中国事务者。然此人不理于口,北京各国教士一闻此人,辄言其心无主宰,顷刻万变,与之交接者当善自防卫云。

九月一日礼拜

因明日将赴热河,今日预备极忙。然余在去北京之前,当将抵京后闻见中较有兴趣者补述于此。除金大人、樊大人、周大人等及各教士外,每日造吾馆舍中谒见之大员为数颇多。其中有以服官之故,于职任上应来谒见者;有以好奇心切,视吾辈如古董,虽无职任上之关系,亦来此一广见闻者;尤有多人,则为听音乐而来,因吾接见宾客之室中,每晚必令乐工奏乐也。此专听音乐之诸宾客中,有一人为乾隆皇帝之乐官,见乐队中有乐器数种,形式既佳,声调亦美,因向余婉商,欲借此数器,各绘一图。余言:君苟爱此数物,俟吾觐见归来时,即举以为赠。渠曰:绘其图样可矣,惠赠则不必,因余不解贵国乐器之用法,有之亦属搁置。余曰:既如是,君可请画工绘之,决无阻止之理。

次日,渠果偕画工来,敷大纸于地,置克郎内脱、弗路脱倍松等乐器于纸上,先用炭笔勾其轮廓,然后细量乐器上各小件之分寸,一一绘之。据云:渠将依照此种形式,令中国工人仿造,以己意定其音阶,使成一种西式之中国新乐器。果尔,此人亦聪明人也。

吾馆舍中各物,最为华人注意者,即兰脑尔特勋爵所绘英皇、英后两陛下肖像,像悬于正厅,去大门甚近,故观者特多。其初不过官员及地方绅士,后则中下流社会亦蜂涌而进,拥挤既甚,复杂以谈话之声,颇妨吾等行动。吾乃与樊大人商量,规定一参观之时间,而于参观者之人品及数目亦略加限制,此实不得不尔,非有轻视华人之意。华人对于吾辈所带礼物既极意赞誉,而对于普通应用之什物,观之亦称誉不置。然辗转传观,什物间有因此受损者,其中以柏尔明亨埠极尔司厂所造刀片最为华人所爱。因此种刀片系精钢制成,极软,可弯作圈形,然又锋利异常,故华人咸以宝剑目之。

吾以二刀赠樊大人,樊大人大喜过望,言得此二刀,感谢之心乃倍蓰于他物之百倍其值者。此老出身行伍,以武功得显,爱刀固其分也。然吾于此事,乃不得不思及通商问题,照此情形,吾英倘以零星物件运来,必能大受华人欢迎也。至于东印度公司前此提议扩充粗呢出口问题,亦颇有见解,吾料不出数年,此类呢货,中国人之所求必远非吾英呢厂所能供。而呢货之外,凡上等之布匹(原注:吾英人所谓上等之布匹,尚非真正之上等,故当自选上等者运出。)以及丝绒纱罗之属,亦颇有销场。因吾辈所穿衣服,华人见之,多称其质料之优美。而乾隆皇帝近顷又下一诏,言:春秋两季百官叩见时,准穿布服,夏季用轻绸,冬季则用绸缎为面,皮毛为里。吾英布匹及丝绒纱罗既受华人欢迎,则此一时期正为推广销路之日矣。

夜分,国老景绥大人(景绥二字译音,前有景升,此有景绥,不知是一是二。)知吾明日早起即当启程,特率属员二人,官级甚高而戴红顶子者,至馆舍中与吾谈话。言:现在乾隆皇帝急欲与贵使相见,贵使所乘"狮子"船上随从人等不能同往热河者,现已择定珠山一处供其休息,且划定界限,免致水手、夫役四出游荡滋事。皇帝以为此种计划颇为合宜,已命令贵国古完勋爵便宜行事,其在该处居住之时期或久或暂,亦听伊斟酌。准此言之,吾至中国后每有一事,苟与华官言及,华官殆无有不立时上达,亦无有不立时措置者,谁谓中国上下壅塞邪?

中卷

九月二日礼拜一

晨六时,自北京出发。余与小史但顿共坐一英国式之邮车,此车乃余自伦敦带来者,用鞑靼小马四匹拽之。马高不及十一手,("手"为英国通俗量名,每手之长约可四英寸。)而轻快善走,久行不疲,良马也。史但顿勋爵则以感冒寒疾不能乘车,坐肩舆而行。此外属员、卫队、仆役、工匠、乐工等,则骑马、驾车各随其便。同行者共七十人,其中四十人为卫队,别有二十一人则留于北京,或在圆明园装置礼物,或在馆舍中照料,均各有专职,不能同行。(参考《中国旅行记》曰:钦使赴热河时,有随员数人、技师数人及卫队之一部留于北京。余与丁怀德博士则偕技师二人,在圆明园装置各项礼物,期于乾隆皇帝回銮之前装设完备。先是,余曾与华官商量,言:北京与圆明园相距甚远,有事往来颇为不便,请备一代步。至钦使启行之日,华官果为余备一有盖之马车,听余乘用。又言:皇帝未回銮时,北京、圆明园之间,余得任意乘车往来云。)装运行李、礼物之车马为数多至不可胜计,即所用苦力,沿途照料此项行李、什物者,亦有二百名之多。

吾侪自馆舍出发,行四英里半,出北京城。又行五英里至清河,稍息,进早食。清河乃一小镇,有城墙卫之。自清河前行,一路景色绝佳,道路亦平坦极利行车,而人民勤俭、诚实之状复与英国人民相若。吾行至此,恍如置身于英国疆土之中,不禁感想系之矣。

三日礼拜二

晨五时出发,行八英里半,抵怀柔县之城外,进早食。怀柔县者,第三等之城邑也。又行二小时半,抵密云县,亦第三等之城邑,城中有皇帝行宫,吾等即借宿于宫中。一路景色仍与昨日相若,唯多山蜿蜒起伏,随时异趣。此种连亘不断之山脉倘在春夏二季,有繁茂之树木蔽之,景色必大可娱意。今则木叶尽脱,满山多作棕黄之色矣。抵行宫后,见左方相距八九英里之处,有一山峻峭异常,山顶有雄固之城壁横跨之,即万里长城之一节也。

入夜,一鞑靼大员,统领此间兵队者,至行宫中拜见,带来水果、糖物各少许以为赠品。此人举止动作颇彬彬有礼,有君子人气概,且极有见解,深信英吉利国为欧洲强大文明之国,与他人鄙视吾英为蛮夷戎狄者不同。然此人殊傲慢自大,樊大人虽亦戴一红顶子且武职与此人相若,然当此人之前,樊大人惶恐不敢就坐,则鞑靼官员之气焰,必有令中国官员不寒而栗者在也。

两日来,吾车行时,樊大人及周大人时时至吾车中谈话。渠等向来所用代步之物仅有马、轿、驴车三种,从未见过英国式之车辆。今见吾车轻快异常,轮际装有弹簧,乘者不觉颠簸,两旁玻璃之窗复可上下移动,又有窗帏以障之,渠等乃交口称誉,叹为绝无仅有。已而金大人亦至,向吾道歉,言:前此贵使书就一信,嘱吾寄交贵国古完勋爵,今此信尚未付寄。以我思之,信中既无要言,不寄亦属无妨。因以信还我,我受其信,自思信中诚无紧要语言,而金大人不肯为我寄递,亦属大不可解。金大人又言明日当与吾暂别,先一日赶至热河,预备迎接吾等之事务云。

五日礼拜四

早发,行十三英里至古北口,进早食。食后,因此间为中国与鞑靼交界之口,有长城以界之。吾等久闻长城之名,既至此间,自不得不一观长城之景象何若。乃相率下车系马,徒步就之,地既崎岖不平,步行乃觉甚苦。行半小时,至城下,复拾级而上,至于城顶,举目一望,见其建筑之坚固似已超出于人类体力范围之外。若此城全部尽与吾所见之一部分相同,则吾可决言全世界各种有名工程虽尽合于一处,决不能与此中国长城之工程相敌。惜历年已久,毁坏者居其大半,似中国人不甚重视之者,亦有数处颇完好,似近日曾加以修理。余方拟就其完好者与破残者,研究其或修或不修之故,而华官已促余前行,谓:此城无足盘桓,贵钦使当以早日赶至热河为当。言时,意甚焦急,似不容吾有置答之余地。亦有数人窃窃私议,谓:此辈外国人留意考察此城,心中必怀不测。余恐此种无谓之疑虑酿成恶果,立即下城,登车前进。

车中余问樊大人前此曾来看过此城否,渠言:往来此地,前后已有二十余次之多,然以此城无关紧要,仅去看过一次。其余各华官则言,从来未去看过。想此城仅为历史上一种成绩,无关国势,故华人不复注意之也。

自古北口行十一英里,至辽金坊(译音)。其地有一皇帝行宫,吾辈即借宿其中。夜分,华人中发生一事,颇足证明鞑靼与中国人之恶感。一鞑靼下流社会人,乘人不备,至行宫中偷窃供张之物事数件,未及他遁,即为华官所执。樊、周二大人大怒,立命就其窃物之处痛答之。答已,鞑靼忽放声狂骂,谓:中国官在长城之外,例无答责鞑靼之权。(参考《中国旅行记》曰:华人见答于官长,答罢必向官长道谢,意谓答责之事,唯父母之爱其子女者为之,今官长代行父母之事,于理不能不谢。然鞑靼受责而后,则为状与此相反,或怒骂,或悻然不发一言而去。其为习俗之不同,或天性之不同,则非老于研究中国事情者不知也。)二大人益怒,复执而答之,责其犯上之罪。其人恐有第三次之答责,答后即默然而去。时余亦在旁,观此一出滑稽之短剧,心中甚疑两大人于地理之关系上,不知果否有答责此人之权。后乃知此实出于鞑靼小窃之不服华官,律例中并无不许华官在长城外答责鞑靼之规定,故尔时樊大人愤极而笑,语吾译人曰:此辈鞑靼一辈子教训不好,只可听他做他的鞑靼。周大人亦言:鞑靼与华人之不能融合,将来贵使觐见时自能见之云。

六日礼拜五

地去热河已近,不日可达。晓发,行十三英里抵锦章营(译音)住宿。自北京来此,天气逐日凉爽,今日清晨已大有秋气渐深之象,此半由于天时使然,半由于地理使然也。此间山光水色略如欧洲之阿尔伯司山,居是与居于瑞士无异,乾隆皇帝避暑于此,良有以也。

黄昏时,译员语我曰:近日《天津公报》(译意)登载一段新闻,读之大足令人捧腹,吾英报纸中万无刊登此种荒谬不经之谈者。余问所刊何事,译员曰:报中言英国钦使带来礼物悉系怪物,其中有小人数名,长不及十二英寸,然作军装,勇气知识与长大之人无异;有一象,大不逾猫,一马其形如鼠,一唱歌之鸟,其大如鸡,食木炭为活,日需五十磅;此外则有一魔枕,卧之可得奇梦,远至广东、台湾、欧洲等处,均可于梦中至之,不劳跋涉。此事虽类似神怪小说,无可记之价值,而吾以其可觇中国之民智,似不能屏诸书外也。

八日礼拜

自距热河十二英里之廓拉邱隘(译音)出发,午刻抵昆尔伦(译音),地去热河二英里而弱,除行李、什物依旧前行外,余及部下人员、夫役均止于其地,更换礼服、排列仪仗。仪仗之次序,详列如下:华官一百员骑马前导,(译者按:华官恐系华兵之误)陆军少佐彭森(英人)、德拉功四名(德拉功系英国步骑两用之轻兵)、陆军副官潘立熙(英人)、军鼓军笛(英国军队所用者)、炮手八人、炮军大尉一员、陆军副官克留维、步兵十六人、步兵军曹一人、仆役八人、急使二人、乐工四人(仆役、乐工、急使均穿绿色金缘之衣服)、随员六人(均穿大红色金绣之制服)。

余及史但顿勋爵及其子小史但顿合坐一英国式之军车,车后有仆役一人,亦穿绿色金缘之衣服。此项仪仗排列至二点钟之久,故得从容布置,弗损威仪。排列既毕,即循序鱼贯而进,直达热河。行李、礼物则以中途未停,早至一小时许。(参考安德生氏《随使中国记》曰:带至热河之礼物,详目如下:粗狭布二百匹,黑色及蓝色者居多,大望远镜二座,气枪二枝,鸟枪二枝,一枝刻金花、一枝刻银花,骑马用之手枪二枝,可悬诸鞍头者,均镂刻极精,爱尔兰所造太平内脱十四幅,[太平内脱系一种丝与羊毛混合织成之帏幔,相传昔有法人名太平内脱者避难至英,能自出心裁,织造此种帏幔,因以其名名其所织之物云。]七幅为一箱,计二箱,精制之马鞍、马缰二具,均熟皮制,绒毯二箱,亦英国绒毯中最上等者,各毯大小、质料相同,花色则互异。)

既抵热河,吾仍如前例,先取一路所见所闻未及尽记者补记之,然后接记热河之事。自北京至热河,为程不过一百二十余英里,而分作七日,故天气虽热,途中尚不甚困苦。

吾辈逐日寄宿之处均为皇帝之行宫,皇帝每自北京赴鞑靼,即驻跸于此。吾侪所住者,均为行宫之侧屋,其正屋则以名分上之关系,非皇帝亲来不能开启。各行宫建造式样大致相同,虽规模并不甚大,然为数极多,每过十数里即有一宫,估其建筑之费必大有可观也。

北京、热河之间道路颇平坦,末后二日所经之路尤完整可喜。然此路并非御道,御道乃为与此路平行之一路,平时严禁人行,必皇帝出巡,始能盛列鸾仗,驰骤于其上。此等帝王之尊荣,恐读遍世界各国历史,不能复有第二国似之者也。

本月下旬,皇帝将自热河回銮,故御道之上此时已开始修理,加敷黄土,黄土者,御道之特别标识也。御道之长凡一百二十六英里,所用修道兵丁有二万三千之多,故御道附近逐段有营帐可见,每帐所驻兵数自六人以至十五人不等。渠等虽在工程劳碌之际,亦颇知尽礼,每见余辈自隔道过,即升其帐顶之小黄旗,取一铜锣鸣之,且出铁铳,头作三分形者,声炮三门以为礼。至皇帝驻跸热河时,所用卫护之兵丁为数乃达十万以上云。

既至热河,行装甫卸,而金大人已来,以余在北京时所开觐见礼式单还我。谓:贵使可将此单交与相国和中堂阅之,必得适当之答复。余不解其意,亦姑受之,已而译员来言,谓:适见樊、周二大人,二大人言贵国钦使排列仪仗至热河时,皇帝已在山庄内一高台上看见了。目下龙颜甚喜,已命相国及另一国老立刻至钦使处请安。言至此,樊、周二大人自至,言:相国本欲亲自来此请安,只以此间房屋狭小,相国属员众多,不能容纳,而相国又因足有创伤,行动甚苦,故不能至此,特嘱吾等前来道歉。倘贵使能至彼处一谈,吾等愿为前驱。余言:敝使自去,当列仪仗,而吾仆役、卫队此时已觉甚累,行李等物亦亟待安置,不能分身。倘相国有事见教,敝使当于黄昏时,命史但顿勋爵至其行辕中叩见,敝使本人则请俟异日。

二大人皆曰:可。寻言:靰靼钦差金大人,今因办理贵使到中国后一切事宜,未能悉称皇帝圣意,已奉旨严加申斥,降三级示罚。余问:金大人办理公事尚无大错,何以遽撄皇帝之怒?二大人乃言:皇帝前此曾闻贵使所坐"狮子"船上,悬有皇帝御容一座,当任命金大人为钦差之时,面谕金大人:"狮子"船到埠,当亲自上船一看该像果肖御容与否。乃金大人天性怕水,不敢登船,不独御容未见,即"狮子"船亦未及寓目。至是,皇帝问汝往天津曾看见御容否,金大人仓卒无以为对,皇帝乃大怒,不一刻,申斥之旨遂下。(参考《中国旅行记》曰:金大人之花翎至此忽然革去,而易一老鸦之尾。盖花翎所以示荣,鸦尾所以示辱。)(译者按:此语不免误会,或者由花翎降为蓝翎亦未可知。)据华官言:皇帝之意本拟将此人重办,以念其年老,又有妻子之累,仅从宽申斥。

二大人去后,有高级华官数人至馆舍中拜见,中有穿黄马褂者数人。据云:黄马褂系中国最贵重之衣服,非有特别勋劳者不能邀皇帝之赏赐也。(参考安德生《随使中国记》曰:各华官拜见钦使时,其侍从之人颇形忙碌,每见吾英国仆役之着制服者,即群聚而围观之,捉襟掣肘,研究其缝制之法及其材料。又取一石就衣边所沿金线之上磨之,以验此金线之质料。验已,相顾微笑,以谓此种金线并非珍品,何以英国人取为衣饰,而又用于钦使部下执事之人者?然此等侍从之人大多和蔼可近,待人颇有礼貌,绝无歧视之心及排外之观念也。)

未几,樊大人又遣人来言:相国急欲与史但顿勋爵一面。史但顿乃立与其子小史但顿偕译员一人,至其行辕中谒见。行辕与馆舍相去可一英里,自馆舍至行辕当经过热河城中街道之大半。

抵门,金大人已候于门次,引史但顿等入内,至厅事见相国坐于正中,旁有国老四人站班。四人均戴红顶子,其二人则穿黄马褂。

史但顿归,余问:相国之意见何若?渠言:相国意欲一观英国皇帝致乾隆皇帝之书信,内容究作何语。余即命书记录一副本付之。史但顿又言:前次钦使因觐见时之礼节问题,自开一说帖,付予金大人,今金大人虽以说帖交还,而相国则已阅看一过。其所以必欲先观英皇书信内容者,盖鉴于两国礼节上既有不同之点,恐书信中存问皇帝之语,亦有不甚合宜者,故必先为仔细斟酌也。

余曰:既如是,彼金大人交回之礼节说帖,可即由汝正式递与和相国,看其作何等斟酌可也。

九日礼拜一

晨间,金大人、樊大人、周大人同来,劝余勉从中国礼节,不必再固执前议。余曰:敝使系西方独立国帝王所派之钦使,与贵国附庸国君主所遣贡使不同,贵国必欲以中国礼节相强,敝使抵死不敢奉教。争执多时,卒无成议而散。后有某华官以个人之交谊语予曰:此种争执,乾隆皇帝一点儿都不知道,患在其左右之人欲借此邀功固宠耳,其然岂其然邪。(参考《中国旅行记》曰:今日之事,言之乃大可喷饭,方钦使与华官争执觐见礼节之时,华官忽命减缩馆舍中供给之物,各桌所陈盛馔亦易以草具,其意盖欲以饥饿为威逼之具,令钦使不得不允其所请。后见此事无效,复改变方法,用和平柔软之手腕,为状直类儿戏,此亦吾笔记中一段趣闻也。又安德生《随使中国记》曰:今日钦使与华官开谈判时,大闹笑话,此等事本可一笑置之,不足记载,然即此亦可见吾英人办理交涉之精神,及中国人手段之卑陋,不可不记也。先是,钦使得一消息,谓中国人已决定一种办法,倘钦使不肯用中国礼节,即减缩钦使及其部下员役之食物,令人人饿至无可奈何,然后向华官自请改用华礼。钦使乃先自命令部下员役,若中国仆役以粗恶之食物,或以不敷一饱之食物送来,吾英人当自守礼法,切勿与送食物之仆役为难,但置之勿动,吾自有办法。至今日午餐时,食物果大为减少,往时人人尽量不能食尽者,今日则以供半饱,犹嫌不足。吾等乃确遵钦使之命置之不动,一面请钦使速筹对付之法。钦使自至各桌巡看一过后,即命翻译密司忒柏伦向华员据理力争,不及五分钟,华员自知此非正当办法,仍命仆役添送各种优美之肴馔至馆,一如往日之例。华人此举,实往古来今绝无仅有者也。)

十日礼拜二

早晨，金大人、樊大人、周大人同至，赓续前议。余曰：此事不必多说，以事理论，若欲一国特派之使臣对他国皇帝所行之礼，重于对于本国皇帝所行之礼，无论何人决不肯承认。如必欲相强，吾唯有坚执前议，请贵国先派一与敝使职分相同之大臣，向吾国皇帝、皇后圣像行三跪九叩之礼，敝使即唯命是听。彼等曰：倘贵使不肯行中国礼，即行英国礼亦属无妨，但不知英国礼是何式样？贵使亦能赐教否？余曰：英国礼乃系屈一膝，引手伸嘴，握皇帝陛下之手而亲之。彼等大诧曰：怎么？这事在咱们皇上面前使得么？余曰：自然使得，敝使以见本国皇帝之礼见贵国皇帝，已属万分恭敬，何言使不得？言次，屈一膝作行礼之状示之。三人颔首而去，容色似已满意，不复如前此之极力喧辩矣。

下午，周大人复来，言已回过相国的话，他说此时或由贵使径行英礼，或先派大臣向贵国皇帝、皇后圣像行中国礼，尚未商议妥当，晚半天可有回音。余无言。

未几，靰鞡钦差又来，言：目下已决议请贵使行英国礼。但照中国风俗说来，拉了皇帝的手亲嘴，总不是个道理，拟请贵使免去拉手亲嘴，改用双足下跪以代之。余曰：敝使早已说过不用中国礼，这双足下跪还不是中国礼么？此礼诸位行得，敝使行不得。金大人曰：既如是，双足、单足且不去管他，那拉手亲嘴总得免掉才是。余曰：此则悉听诸君之便，但诸君记者，此系诸君之意见，非敝使之意见。敝使本欲向贵国皇帝行个全礼，今屈从诸君之意，改做个半礼了。

至是，辩论已终，而中国朝廷之状况及华员宝贵其本国礼节之心，亦可因此窥其大凡矣。

十一日礼拜三

九点半钟，金大人、樊大人、周大人同来，偕吾往谒相国。相国行辕房屋颇大，有厅事甚多，吾行过数厅，始抵其接见宾客之室。室中什物及一切陈设并不华丽,而相国之颜色则蔼然可亲。史但顿勋爵言:此人今日容貌,与前数日几如判若二人,亦不知其何因而然也。

相国年事约在四十以至四十五岁之间,容貌端重,长于语言,谈吐隽快纯熟。其右边之人即福中堂,年不过三十,而衣服都丽,面上英气嶷然,一翩翩少年贵胄也。左边二人亦系国老,一礼部尚书、一吏部尚书,年老矣,以非軵鞁,于朝中乃颇无权力。又一人坐于末席,虽穿黄马褂,而就其外貌观之,品级、职位似多不能与其余诸国老相比也。

余与相国相见,首言:前数日,敝使以跋涉长途,身体颇累,又因亟待部署之事甚多,未能早日趋前拜见,殊以为歉。今身体已经复原,琐事亦已措置完毕,特来向中堂请安,且愿早日觐见皇帝,俾将吾英皇帝亲笔信札呈阅。次言:敝使到中国后,闻乾隆皇帝多福多寿,年逾八十而精神矍铄,乃过少年,其臣下亦多欢悦爱戴。此种盛境,不特敝使为之欣忭,即吾英皇帝以西方第一雄主之资格,亦当为此东方第一雄主额手相庆。

相国闻此称颂圣德之言,颇形满意,即用相当之问候语以为答。次乃言:贵使此来路途既远,而所携礼物复倍极珍贵。凡中国风俗,贵使以为不适者,自不能相强,将来觐见时,贵使可即用英礼,不必改用华礼。贵国皇帝之手书,亦可由贵使面呈。至此,礼节上之争执已完全终结,乃议决本星期六为吾觐见皇帝之期,由相国亲为引见。

正事之谈判既毕,相国又与吾闲谈若干时。先问余:路上情形如何?次问余:一路航海,曾在何处停泊?停泊时,所为何事?余一一约举告之。述至交趾支那多伦海湾时,相国言:彼处乃我们中国的藩属。余曰:贵国声威四布,远方臣服,敝使殊为欣喜。彼乃问曰:俄罗斯与英吉利相去多远?目下两国要好否?意大利与葡萄牙二国与英吉利国相近否?臣服于英吉利国否?余乃用中国里数说明英、俄二国相距之远近。又言:目前英吉利国与世界各国都甚要好,与俄国女皇亦很和睦。但吾英国皇帝陛下居心仁正,以保障和平、扶助弱国为心。尝有一次,俄罗斯女皇欲发兵与土耳其国打仗,侵夺其地面,吾英国皇帝出面干涉,使俄国不逞志于东方,以致两国不免稍有芥蒂,然现在仍很和睦,并无战事。至于意大利、葡萄牙二国则与英国相去甚远,且并非英国之属国。然吾英国皇帝乃西方盟主,对于各国均用友谊联络之,用正义保护之,对于意、葡二国亦然。二国之于英国,在实际上亦甚有关系也。

相国闻予讲西方各国之形势,大喜,至吾告别时,起立与吾握手。言:吾得与贵使相识,殊为欣幸,将来回北京后,得暇请常至圆明园与吾会晤。此时因皇帝万寿之期已近,吾须代备筵宴及一切供张之具,至觉冗忙,不能多谈为歉。

吾返馆舍后,下午,吾友樊大人、周大人同来,代相国传述致候之语,言辞备极恭敬。又言:贵使到热河后,一切情形均随时报告圣上,目下皇帝急欲与贵使相见,意中颇不耐候至礼拜六云。

有顷,鞑靼钦差至,亦为相国传述致候之语,辞意与樊、周二大人所述者大致相同。又带来糖食、水果若干,言是相国所赠,余受而谢之。是日,整理一切礼物。

十二日礼拜四

将礼物送至避暑山庄陈列。鞑靼钦差金大人又代相国送糖食、水果至,多少与昨日相若,种类则与昨日不同。

十三日礼拜五

樊大人、周大人同来,言:各种礼物均大蒙皇帝赞赏。(参考《中国旅行记》曰:各种礼物中,有英国名人集一册,皇帝见之大喜,立命人送至圆明园,嘱一鞑靼文学家译为清文。此鞑靼文学家颇擅译事,信笔写去,殊不费力。但于 BDR 三字,英国人名中习见者,此人往往不能译为正确之清音。如:Duke of Marlborough 译为 Too-ke-Ma-ul-po-loo 之音,Bedford 译为 Pe-te-fo-ul-te 之音,似是而非,殊不适当。又有一像系兰脑尔得勋爵所绘 Duke of Bedford 少年时之容貌,渠对于 Duke 一字,译之乃大费斟酌。[此字今译作公爵。]余告以当译作大人或译二等大人,渠乃大笑,言如此小孩子那能称得大人。余曰:此系先人积有勋德,世袭之爵位。彼曰：爵位安能世袭？吾国有爵位者悉从科甲出身。吾曰：此系两国制度不同，敝国则有自幼即得爵位者。渠思之有顷，乃曰：敝国亦有之，孔夫子之子孙亦有世袭爵位；旗人之有功者，皇帝亦赏以勋爵，世袭勿替，乃自择一与 Duke 相若之爵名译之，然不译为大人。言：皇帝并非愚人，倘以一小孩子译作大人以愚之，皇帝必不满意也。）然于望远镜一物，皇帝不谙用法，拟请贵使派人前去试演。余乃令吉伦博士偕一译员，往授以日镜、夜镜之用法及活落架之装卸法。吉伦归时，言：试演之际，有华官数人虽于望远镜各种运用之程序茫无所知，然犹自命在行，一知半解，指点一切。余惧其未能纯熟，反致偾事，仍依顺序教授之，至于完全明白而后已。明日为吾觐见之期，今日预备甚忙。

十四日礼拜六

（译者按：《东华录》乾隆五十八年八月庚午，上御万树园大幄次，英吉利国正使臣马戛尔尼、副使臣史但顿等入觐。）晨四时，樊大人、周大人即来，引吾等入觐。觐见之地为万树园，园与馆舍相距可三英里，行一小时许而达。吾部下各员均随吾同行，有骑马者，有步行者，吾则乘肩舆，舆前有卫队、音乐，仪仗虽不多，气概颇为整肃。

余穿绣花天鹅绒官服，上罩一爵士 Order of Bath 之外衣，缀以钻石宝星一座、钻石徽带一条。（参考安德生《随使中国记》曰：钦使所穿官服系桑子色之天鹅绒所制，上有点子花纹，另用丝带一条，缀宝星于其上，官服之外复罩以宽大之爵士制服，冠亦爵士之冠，上有羽缨，颇鲜艳夺目。又《中国旅行记》曰：华人对于外国使臣之服色，初不注意，一千七百九十五年，葡萄牙派所第三钦使至北京，以衣服垢敝，颇不雅观，自请免予入觐。礼部大臣曰：皇上要见你们人，不要看你们的衣服，衣服不好干得什么？卒带引觐见，皇帝亦无间言。）

史但顿勋爵亦穿绣花天鹅绒官服，以其为奥斯福大学法律博士，特于官服之外，加罩一红绸之法律博士大褂。余之所以必记此琐琐之事者，因欲表吾东来之后，事无巨细，莫不小心谨慎以临之也。

　　余辈至园门,下马出舆,步行而入。至于皇帝所居大幄之前,其旁有一幄系华官专为余等设备者。樊、周二大人即导吾等入内,言:圣驾顷刻且至,贵使等姑就幄中少待。待可一点钟,圣驾果至,驾前列鼓乐仪仗,备极喧嚇。(参考《出使中国记》曰:御驾之前有侍卫多人,一路高呼,宣扬皇帝之威德功业。)余等一闻圣驾已至,立即出幄,循地上所铺彩色地毯前行,以迎之。见皇帝坐于一无盖之肩舆中,用十六人抬之,舆前有执事官多人,手执旗伞旌节之属。驾过吾前,吾等曲一膝以为礼,华官则行其本国礼节。(参考《出使中国记》曰:皇帝所穿之衣系暗色、[当是天青色]不绣花之丝绸所制;冠则天鹅绒制,其状与苏格兰海伦德兵所戴军帽相似,帽前缀一巨珠,似系皇帝心中最贵重之宝物,[当是东珠]。)

　　皇帝抵御幄之前,即下舆入幄。余俟其升坐宝座之后,即恭捧英皇亲笔书信,入幄至宝座之旁,拾级而上,呈书信于皇帝手中。此信装于一木匣中,匣外用钻石为饰。皇帝手接此信之后,并未启阅,仅随手交与旁立之相国。相国亦并未启阅,仅置之于宝座之旁一锦垫之上。于是皇帝乃以赠予英皇之第一种礼物授我,嘱为转呈。其物名曰"如意",取诸事如意及和平兴旺之意,盖皇帝心中甚愿吾英国皇帝常与中国交好往来也。唯此种如意系一种长一英尺半之白石刻花而成,石质略类玛瑙,虽华人以为此物异常名贵,余则以为就此一物之原价而论,未必值钱。其次,皇帝复以一如意赐我,绿色,所刻花纹则与赠英皇者相若。余乃出镶嵌钻石之金表二枚赠之,此表盖系前此华官向余言及后,余特为预备者也。

　　复次,余引史但顿勋爵入觐,言:敝使奉命东来,敝国政府命史但顿勋爵为副,万一敝使遇有意外或有身故等情,即由此人代理。于是史但顿自至宝座之前,曲一膝以为礼,状与吾同。皇帝亦赐之以如意一支,亦系绿色,式样与赐余者相差无几。史但顿亦亲呈气枪二支,以为皇帝寿。已而余导入部下各员,使一一觐见,皇帝均以相当之物赏赐之。(参考《出使中国记》曰:觐见时,皇帝向钦使曰:你部下随员中有人懂得中国语言否?钦使答言:仅有一厮养之小童,[此系史但顿之子小史但顿,言厮养者,史但顿之谦辞。]年不过十三岁,颇能懂得几句。皇帝大喜曰:快叫他来见见。

钦使如命,引之至宝座之旁,亦令行曲一膝之礼。皇帝乃与此小童谈话,问答未几,遽欣然自腰带上解一所佩荷包,中实槟榔者,赐与小童。然不知此小童之言语,果能使皇帝娱意而赐之耶,或皇帝见其活泼温和之状而赐之也?又安德生氏《随使中国记》曰:皇帝接见钦使时,意态颇觉欢忻,后与史但顿之公子小史但顿相见,睹其天真烂漫之状,又闻其能解六国语言,乃大加叹赏,赐以极美之扇子一柄、荷包及小皮篓数事,谓此儿相貌既佳,天资亦高人一等云。)

觐见之礼既毕,吾等依引导者之指示,自宝座退下,至其左旁所铺锦垫之上坐之。中国各大员则依其官级之大小,坐于右旁锦垫之上。垫前设有食桌,桌上有桌盖盖之,宝座之前亦设一桌,式样与吾等面前者相同。至吾等及各大员坐定后,执事官乃启起桌盖,而桌面所具盛肴,遂呈于吾等目中矣。(参考《出使中国记》曰:此种食桌面积颇小,[译者按:此桌当是中国常用之八仙桌,所谓面积颇小者,与西人大餐桌相比,自显其小也。]然其上用碟子及碗堆成方锥形,碟中、碗中均盛有果子及他种食物,颇为丰满。皇帝面前亦设一桌,皇帝食时意态甚为舒适,且觉胃口甚好。饮宴时,酒馔而外,执事官兼以茶进,唯进馔或进酒于他桌之前,均用双手平托,进至御前则两手高举,出于额上,以示尊敬。)

此御前宴会开始后,吾桌上所有酒馔既备及丰盛,而皇帝复分外殷渥,命执事官取其桌上之盛馔数色及酒一壶送至吾桌。此种之酒,虽华人但称之曰酒,而实则并非葡萄所制,系以米及香草、蜂蜜等物混合制成,饮之颇甘美适口。(西人于各种酒类通称曰酒,于葡萄酒一种则简称之曰酒,他种之酒如白兰地、威士克等,均称以专名,不能以“酒”之一字代之。)

约过半点钟,皇帝招余及史但顿勋爵至其前,各亲赐温酒一杯,吾二人就其面前立饮之。

是日,晨间天气颇冷且有风,饮此温酒,体乃大畅。余等归坐后,皇帝与吾闲谈,问:你们英吉利国国王今年多少岁了?余据实告之。皇帝曰:朕今年八十三岁了,望你们国王同我一样长寿。言时,意颇自得,气概尊严若有神圣不可侵犯之状,然眉宇间仍流露其蔼然可亲之本色。余静观其人,实一老成长者,形状与吾英老年绅士相若,精神亦颇壮健,八十老翁望之犹如六十许人也。(参考《中国旅行记》曰:乾隆皇帝年已八十有三,而精神矍铄,貌似六十许人,其心思亦颇灵活,富于决断心及自信心,且宅心仁善,对于臣下恒取宽厚主义。民间偶有疾苦饥荒,即豁免其租赋,且令地方官切实赈济。以是万姓讴歌,颂功德者络绎于道。然对于所恨之人,则处置之唯恐不严。性又自是,当其固执之时,无论何事均不能移动其性,故所施政令亦有措置失当而贻后悔者。尝有一事,皇帝于暴怒时出之,直至今日,阅数十年之久,心中犹有自咎之意,未能释然。盖其事有关骨肉,所以刺激皇帝之神经者甚深也。皇帝中年南巡至苏州,苏州系全国出产美妇人最著名之处。皇帝至其地,宠一才貌兼备之女子,欲携之北归。一太监泄其事于皇后,皇后性妒,恨极,自缢而死。皇帝闻耗,心大戚,立自苏州回銮。至北京,有皇子一人将出接驾,而不能自决其服。如用吉服,则生母方死;如用凶服,则皇帝方于其新得之宠妃俱归。犹豫久之,乞教于一老师,其人乃汉人,告以援用汉之成例,吉凶二服并用。皇子乃御吉服于表,内隐凶服以见。时皇帝方痛皇后之死于非命,见皇子以吉服至,怒极,举足蹴之,适中要害,扑地而死。自是而后,皇帝即在眉飞色舞之时意中一念此事,兴致即立时消灭,然其自是刚躁之性,仍不以此少减。即如现在所存皇子仅止四人,而此四人之中乃无一人能略握政柄。宁举全国政柄畀诸相国和中堂一人,而绝不计及将来承继问题。其意见如何,颇非他人所能揣测。然论者每谓现存之皇子四人,均为皇帝所不喜云。)

此御前宴会,自始至终秩序异常整肃,执事官按序进馔,既恭谨万状,与宴者亦都沉默不喧,全幄上下人等不下数十,而侧耳听之,竟寂无声息,是可见东方人对于帝王所具之敬礼,直与吾西人对于宗教上所具敬礼相若也。(参考《出使中国记》曰:宴会时,除皇帝先自启口,与他人谈话,他人逐语回答外,其余与宴之人均不能自由谈话。即执事官进馔,亦多预先布置妥善,无有临时作耳语互相斟酌者。东方皇帝之尊严,即此可见一斑矣。)

全幄作圆形,圆径之长约在二十四码至二十六码之间,用圆柱多根支撑之。柱上有镀金者、有绘各种花纹者、有加漆者,各视其地位及距离之适宜而排列之。幄中一切陈设之物,如桌椅及一切木器既穷极华丽,而壁绒、帏幕、地毯、灯笼、缨穗、窗帘之属亦无一非最精之品,而且颜色之相配、光线浓淡之采择,无一不斟酌适当。置身其间,目之所及但觉金碧辉煌、五色相错,娱意之余,不禁念及亚洲人生活程度之高及帝王自奉之奢侈,乃远非吾欧洲人所能及也。

宴会时,有鞑济(译音)之贡使三人及中国西南回族部落喀尔麦克(译音)所派使臣六人均在座。然皇帝颇藐视之,各华官亦不甚加以敬礼。余观察诸使臣神情,亦卑谦万状,惴惴然唯恐仪节有亏,致陷于刑戮也。

此宴会自始至终为时有五点余钟之久,幄外有翻筋斗、拳术、走绳、戏剧诸技,以娱宾客。时时变换其节目,颇能令观者不倦,然以相距太远,观之殊觉模糊也。

宴会既毕,余辞别皇帝而归,自叹曰:吾今乃得见现世之苏罗门大帝矣。盖吾幼年读苏罗门大帝故事,每叹其极人世之尊荣,非后世人主所能及。而今之乾隆皇帝,则较之苏罗门大帝有过无不及也。(参考《出使中国记》曰:钦使归馆舍后,乾隆皇帝即遣人送礼物至。凡丝、茶、瓷三种,系送与钦使及其部下各员者。丝为已织成之匹头绸缎,颜色深晦,宜于男子之服,中有数种已织成衣料之形,所织花纹有四爪金龙、文虎、孔雀各种。瓷则日用之杯、盘、壶、皿,式样与欧人所制者大同小异。茶则并非散开之茶叶,乃以一种胶水与茶叶混合,制成球形者。据云:此种茶球为中国最贵重之品,然以吾英人视之,似不如华人习用之品较为轻便而易于取用也。又安德生氏《随使中国记》曰:未几,皇帝又令人以第二批礼物送来,其中有极珍贵之天鹅绒及绸缎甚多,且有不可多得之珍贵瓷器及华人所用之灯台多种,又有盒子数事,系用葫芦瓢雕刻精细之花纹制成者。)

十五日礼拜

先是,吾曾托华官转达皇帝,言:敝使来此颇不易易,意欲一穷中国之名胜而后归,不知热河之御园(原注:此御园华人称之为万树园,意谓树木多至不可胜数也。)能赐予敝使一观否?皇帝首肯且令余今日往观。(原注:此在中国制度上,为特别恩典。)

故今日早晨三点钟,吾等即起,至行宫门首,与中国各大员同候圣驾。候至三点钟之久,圣驾方至。(原注:候驾系中国礼节。)其状与昨日相同,皇帝自坐一极高之无盖肩舆,用十六人抬之,其前有音乐、卫队、旗伞、旌节无数。抵门,见吾辈立于门前,即一面令舆夫停舆,一面招吾至舆前谈话,为状颇觉亲切。言曰:朕此时要往宝塔上礼佛去,天天早晨,朕总得要去的,你愿跟我去么?余曰:敝使所奉宗教与陛下不同,礼佛即与教律有背。皇帝曰:那么不跟我去亦好,你要往万树园中去玩儿,我便找几个人陪你去。可是万树园地方太大了,一下子也玩儿不了许多,你到了园中爱玩儿什么地方,便叫他们引导,不必拘束。余亟向皇帝行相当之礼,称谢曰:敝使蒙陛下被以殊恩,使草野之人得增见识,实属感激不尽。又言:敝使抵热河后所见所闻,均足令远人称誉不置,贵国地大物博、财力殷富,即此已足见其一斑矣。于是皇帝喜甚,立命相国和中堂及国老数人为吾游园之伴侣,己则仍令舆夫前行,往宝塔礼佛。

吾与和中堂及诸国老端立道旁,俟圣驾前去已远,乃相偕至一幄休息片刻,略进果点。此幄盖专为予等预备者,陈设亦颇井井可观。已而余等离幄,骑马入园,曲折行三英里,所见风景略与吾英彼德福省之留墩相若,而气象之雄厚则过之。园中多奇树,逐路均有丛菁,修治整洁,自远望之,蔚然覆地,以其形态及大小之不同,遂令全园景色随地异趣。已而豁然开朗,面前突现一湖,临湖以望,彼岸乃渺茫不能悉见,则全湖之大,盖非吾目测所能计其面积也。此时湖中已有一装饰华丽之船停泊以待,其旁复有小船数艘,系预备装载侍从之人者。于是吾等乃登船泛湖。湖景不必言,即就船中所陈设之瓷瓶古董及壁间所悬书画等,仔细研究之,已足令吾终日不厌。然吾此行为游园而来,必不能专注船中也。

船既开行,吾等一见岸上有特别之建筑及可以注意之景物,立即停船登岸观之。统计是日停船之次数,约在四十五十之间,即一路所经宫殿及帷幄,共有四五十处之多也。此等宫殿及帷幄,建筑均雄大异常,其中有悬挂乾隆皇帝《秋狩图》及其《功业图》者,有藏各种绝大之玉瓶及玛瑙瓶者,有藏最良之瓷器及漆器者,有藏欧洲之玩物及音乐唱歌之器者,余如地球仪、太阳系统仪、时钟、音乐自动机以及一切欧洲所有之高等美术品,罔不俱备。

于是吾乃大骇,以为吾所携礼物若与此宫中原有之物相较,必如孺子之见猛夫,战栗而自匿其首也。然而华官复言:此处收藏之物若与寝宫中所藏妇女用品较,或与圆明园中专藏欧洲物品之宫殿较,犹相差万万。吾直不知中国帝王之富力,何以雄厚至此也。

所经各宫或各幄必有一宝座,宝座之旁必有一如意,其状与昨日赠与英皇者相若,盖亦代表和平兴盛之意云。吾欲缕述此万树园中之景物,势必成一无穷故事,篇幅有限,讵能多记,要而言之,凡吾侪英人以为天然之景色、人为之美术品,以及历史上遗传之古董,足令风雅之士流连把玩而不忍舍者,此园中罔不全备之也。

已而游兴渐阑,吾与同游诸大员告别。相国和中堂曰:今天我们只看了全园东边一小半,尚有西边一大半未曾走到,异日再陪贵使玩儿罢。

同游诸人除相国和中堂外,一为次相福中堂,一为福中堂之兄福大人,初为两广总督而近任四川总督者,一为松大人,青年之能员,曾任外交事务者。四人均系鞑靼,均穿黄马褂。松大人则新自俄边回华,闻余曾任驻俄公使之职,居圣彼得堡有年,乃与余谈俄事。自言:近来奉命赴察克图,与俄官会商通商事务,俄官所派者为一大将军,制服之上有一红色徽带,且有一宝星,式样与贵使所佩者相像。吾与俄将军相见后,意见颇洽,未及多时,即将交涉办妥。言时,颇有得色,且问余俄国之富力何若,兵力何若,若欲一探余学问之深浅,及余对于中俄两国之感情如何者。余均以相当之言辞答之。

是日园游之际,相国和中堂状貌最为恭恪,无一时不注意于礼节,无一时不保守其大臣之威仪。然余细察其隐衷,则与余甚不相得。

晨间,余与彼骑马同行之时,余曰:热河一处,本系荒僻之乡,今乃美如锦绣、烂若春花,令吾辈得徜徉其间,饱享清福,实不得不拜谢康熙大帝之赐,而大帝开创热河之奇功,尤足动后人之景仰也。和中堂大奇,问曰:你何以亦知康熙大帝?谁告诉你的?余曰:敝国系文明进化之国,学僮士子均习历史之学,岂有强大如贵国,声名威德震烁全球者,敝国人反有不知其历史之理邪?余为此言,所以称道中国、诹颂中国者至矣。而和中堂则始终不悦,以为吾辈英人不必具有学问知识,有之亦不能令华人起敬,吾诚不知其于意何居也?

次相福中堂意态洒脱,待人亦和善,颇不拘于虚礼。其兄福大人则一举一动无不谨守绳墨,且以前此人曾任两广总督,与西人时有交接之故,对于吾辈亦颇以能员之命。今晨,皇帝驾抵宫门之时,余与各大员趋前致敬,彼忽自后微掣余袖,余不解其故,方拟回首视之,而彼又举手轻叩余帽,意似告余皇帝之前,应免冠以为礼者。此免冠之礼,唯吾西方有之,中国人无论何时,万无科头见人之礼。此公惧余失仪,嘱余御前脱帽,不问即可知其以熟于西洋事务自命也。

职是之故,余至游园之时,自计此人既以熟于洋务自命,余当设法以娱之,使至皇帝之前为吾吹嘘一二,或者于吾此次来意不无小补。因曰:大人为中国兵家,功业彪炳,敝使良深仰慕。此次敝使东来,部下带有卫队一班,颇精于欧洲新式之火器操法,倘异日大人有暇,敝使拟请大人观操,借聆雅教,弗审大人亦肯赏光否?福大人意颇冷淡,岸然答曰:看亦可,不看亦可,这火器操法谅来没有什么稀罕。

余聆此答语,心乃不胜大异,余于福大人虽不能断定其曾否一睹火器之式样,而中国目下之军队,则可决言其必无火器。既无火器,而犹故步自封,以没有什么稀罕一言了之,吾诚不解其用意所在矣。此事当余发吻之初,吾料其必甚乐闻,乃不意得此冷谈之答语,吾心颇觉不怿。尤有一事,亦大足令吾丧气。

游园时,相国语我曰:方才得到个信息,说你们那"狮子"船与"印度斯坦"船已到了珠山了。余以"印度斯坦"船长麦金吐司有回船之意,即乘机言曰:此次敝使所携各项礼物大半均由"印度斯坦"船装载,而该船船长麦金吐司现在已见过皇帝，留滞此间亦无所事事，拟先令彼回船料理一切，俾将来回国时可减缩预备之时间，不知中堂能允许否？中堂未及置答，福大人即掺言曰：这哪使得，我们天朝万没有允许外国人个人往各省去旅行的规矩。言时面色至觉厉严。余竭力解释其理由，且竭力谀颂之，彼不唯置之不顾，且自此以后，终日不露笑容。

余静思其故，苟非此公在广东任内，曾遇有同样之事件而酿成棘手之交涉者，即此公自命能人，深恐吾英吉利人随地探察中国之民情风俗，于中国有所不利耳。此二种理由均有令福大人拒吾建议之能力，而后一种理由似尤较前一种为近情也。余见此项谈判既无进行之余地，即亦舍之，而谓相国和中堂曰：敝使尚有数事，拟与中堂从长计议，不知明日或后日，中堂能拨冗与敝使谈话片刻否？中堂为人外貌恭谨异常，谈话时，声色亦颇和悦客气，然于此事乃亦不肯应允，仅向余道歉数回。言：这几天，皇上万寿期近了，我要布置一切，忙得很。万寿之后，皇上即须预备回銮，料来也没有什么空闲，倒不如索性到了北京，我们在圆明园中常叙叙。

余思相国之言如此，其意盖以在热河之时，已不愿与吾再见，而吾心中所欲陈白之事，万不能即此缄默。因曰：中堂政事纷繁，既无暇赐见，敝使自当听命，但敝使尚有微忱未能伸达，拟于日内开一说帖，进呈左右。中堂政务之暇，能赐予批览否？中堂曰：那是无有不可，请送过来罢了。余思此进递说帖一举，已为吾最后之办法，既承中堂允许，自当于一二日中办妥送去。至于效果如何，则颇非余所能预测也。

十六日礼拜一

余来热河后，已与乾隆皇帝见面二次。按诸在北京时华官告我之言，则吾既与皇帝相见，即不得华官允许，亦已有外出游览之自由。然余恐偶一不慎，所事或与中国法律有背，即大足为吾此行效果上无形之障碍。因仍杜门不出，就馆舍中自择应行办理之事办之。

史但顿勋爵则于今日偕随员数人，同至乡村中作小游。据云：彼等行时，虽无人限制其举动，亦无人为之指示路径。而其后仍有华官及华兵多人一路尾随之,相距甚近,诸人一举一动咸不能脱于华人视线之外。由是言之,吾辈虽竭意示好于华官,冀欲自脱于华人疑忌范围之外,而华人之疑忌我英人者,犹与向之疑忌西洋别国之人无异也。意者华官以吾等服饰、语言与华人不同,仍守其原有见地,以野蛮目吾英人。恐吾英野蛮之人与地方人民不免有争闹情事,而按诸中国法律,外人之在中国者,万不许其与本国人争闹,若有此事,政府即唯地方官是问。故地方官不得不因此而从严防范吾等耶。

今晨,相国和中堂体忽不适,知吾部下吉伦博士业医,遣人来招之去。告以病状,且叩其疗治之法,其病盖系偻倔及偻貌质斯(病名从日人译音)。吉伦博士拟开一方案,详述疗治之法与之,且允录一副本与我云。(参考《出使中国记》曰:晨间,相国遣人来招吉伦博士,博士立与使者同去,至则见朝中各有名人物均已在相国行辕中问病。相国一见博士,立以病象告之,嘱研究其起病原因及疗治之法,开一详细之方案。博士允之,相国即赠以丝绸一匹。及博士以方案进,相国见之大喜,言曰:虽然你这方案与吾中国通行之医理不同,新鲜奇突,好似从别个世界上来的话,却是颇有意思,颇有道理。)

下午,一青年鞑靼戴亮红顶子及双眼花翎者至馆舍中拜见,其满洲名字曰:溥大藩,汉名则为毛廖(译音)。举动颇恂恂有儒者气,能自述其本国之历史、地理甚详。言:中国现代之皇帝系蒙古忽必烈大帝之后裔。忽必烈大帝者,即吾欧人历史书中之仇伯拉可汗成吉思汗之子也。十三世纪时,成吉思汗称霸,入主中国,是谓元朝。传百年而弱,明太祖起而代之。蒙古余族自知不能安居于中土,窜至满洲,与满洲人通婚,成为满蒙相杂之种族。尔时势力不张,但有部落,未建国家。及后,某部落中有一不世出之人物崛起,其名曰:奴儿哈赤。(原注:此项系统,余曾加以研究,历问多人,均言溥大藩之言全无根据。译者按:奴儿哈赤原文作 Bogdoi 音,与布库里里相近。然下文言:此人为满洲开国之主,而满洲开国之主实为奴儿哈赤,似以译为奴儿哈赤为是。)英明威武,卓绝一时,以一千六百四十年入主华夏,是为清朝,即当代皇帝开国之始祖也。溥大藩又言:

前日贵使觐见时,与贵使同邀圣上之恩典,得列席于御前会议者,朝中诸大员而外,均为满洲亲贵。此等亲贵各有一定之产邑,一旦国家有事,诸亲贵有带兵打仗之责,其所带兵队即由各产邑中征之。用各种颜色之旗以为识别,其产邑均传自先人,继袭之法则尚长子,父死,次子虽贤,万无袭产之例。故自开国至今,诸功臣之得有封产者,至今疆界仍与往时相若,初未闻有争产交涉情事发生于其间也。

各亲贵所娶妻,以皇族女子为多。娶妻后,皇帝以其为额附之故,恒于所受封产而外,授以一相当之武职。然平时不必常在京城供职,尽可自就产邑中安居,唯每年万寿之期,则须齐集京师,向皇帝拜寿。此外唯国家疆场有事时,当遵命听候调遣耳。

诸亲贵多不习文艺,朝廷亦不以文艺责之,但明定章程,以武事为诸亲贵之唯一教育,所用军器以弓箭、朴刀为主。青年亲贵殆无有不寝馈于此者,故国家有敌,大多恃旗兵之骁勇善战以戡定之。余曰:旗兵诚勇矣,但军器终当改良。吾欧洲诸国前此亦用刀、枪、弓、矢为战器,今则大半已用火器代之矣。

溥大藩作诧异之状,良久曰:弓箭毕竟是好东西,打起仗来少不了它。余无言,内念中国人之重视弓箭,殆较他种军器为尤甚。缘溥大藩之言既如此,而余在万树园中所见乾隆皇帝之《出狩图》,大都作骑马弯弓、射杀虎狼之状,未有一图绘他种军器,或绘火器之形者。则乾隆皇帝之爱用弓箭,盖可知也。

溥大藩又言:奉天为中国之陪京,地去北京可二百英里,人口之繁盛实在北京之上。(参考《出使中国记》曰:北京人口今仅三百万,一世纪前有一千六百万。)该处宫中亦藏有宝物甚多,以与北京相距太远,汉人鲜有至其地者,亦无有知该处之繁盛者。

十七日礼拜二

今日为乾隆皇帝万寿之期,余等早晨三点钟即起,仍由樊、周两大人导往行宫中祝寿。(参考安德生氏《随使中国记》曰:今日予随钦使往祝乾隆皇帝万寿,晨三时往,至下午一时始归。钦使所穿衣服及仪仗等,一与前日觐见时相同,吾辈之疲劳亦与前日相若。抵馆舍后,未几,皇帝又遣人送礼物至。仍为丝绸等物,唯花样、颜色与前两次送来者不同。丝绸而外,复加送果子及蜜渍物多许,亦属创见。)

抵宫门,吾等均步行而入,至朝房中小憩。朝房系门内之左右两厢,专供各大员上朝前休憩之用者。此时朝房中已集有中国大员甚多,见余等至,一一起立为礼,且延余等就坐。有间,执事官奉茶点、水果、温牛乳之属至,陈之桌上。余等与华官且进茶点且谈杂事,殊觉欣洽。约过二点钟,执事官入曰:寿筵已具,请诸位大人至万树园向皇上祝寿,恭与宴会。于是吾等循阶而下,步行至万树园。

至则中国诸大老已齐集于御幄之前,各穿朝服,向幄恭立,然皇帝则并未露面。但于幄中一锦帘之后,隐隐似有皇帝之御影,为状如高坐以享受其臣下之叩祝者。而各华官虽不能断定皇帝果在帘内与否,亦一律正容注目于帘中,屏息未动,似假定帘内之宝座即为皇帝。无论皇帝在座与否,其叩祝之礼要当对此宝座敬谨行之,不敢少慢。于时音乐徐奏,有金属制成之鼓以为之节拍,远处复有清脆之钟声,相间于其间。已而乐止钟歇,全场寂然,稍停,乐声复作,钟声复起,然不一刻复止,如是数起数止。即有数人往来进退于幄前,如优伶演剧时进退之状。

吾虽不解此辈何作,然以意度之,当是预备仪节无疑也。忽而乐声大作,各华官咸仰首上视,其意若谓皇帝之尊高与天齐,可望而不可见。欲见皇帝,唯有仰首向云表中求之。各华官仰首有时,乐声又作和美雄壮之曲,其为国乐或叩祝万寿之乐。余虽不知,而与乐声相和之赞礼声,则为"普天率土,齐向乾隆大皇帝叩首"字样(赞礼词译意)。于是除余及随从诸员仍依往例曲一膝为礼外,其余大小华官咸向乾隆皇帝行叩首之礼。叩首之迟速以乐节为律,乐声一扬,则无数之红顶子一齐扑地,乐声一舒,则又同时而起,凡三跪九叩而礼毕。嗟夫! 余毕生所见各种宗教上之礼拜亦多矣,即不以余所见者为限,而复求诸史乘,凡往古来今,各种宗教信徒之拜其教主若教王者,其仪式之隆重,殆均不能与此中国臣民之拜其乾隆大帝相比伦也。（参考《中国旅行记》曰：乾隆皇帝万寿之日，余在圆明园装置各种礼物，见园中各亲王、各华官亦在宝殿中举行叩祝之礼，仪式亦为三跪九叩。而御座之前，则设一三足架，架有小杯三，一容茶、一容油、一容米。余不解其用意所在，叩诸华官，始知茶、米、油三物为中国主要产品。乾隆皇帝为一国之主，列此三物于宝座之前，以示不忘国本之意云。

越二日，晨起，在园诸人自亲王贵胄以至执事之官，人人忽现惊异之色，集殿中，纷纷耳语，若有奇祸。老太监一人则尤惊骇万状，瞠目结舌，不能发声。余恐彼等之事与吾辈有关，往问其故，而华官咸不肯举以相告，但蹙额摇首，令吾勿声。移时，意国教士节第奥豆的至，惨然告余曰：顷得热河传来消息，贵国钦使忽然失踪。又一消息则谓钦使已为华人所害，恐君等处此，此后不能安枕矣。余奇骇，问曰：钦使以联络两国交谊而来，安能见害？但令华人非冥顽不灵，此事余必不敢信。节第奥豆的曰：今兹此事虽不能深信，然亦并非出自无因。据华官言，贵国钦使抵热河后，决意不肯改行三跪九叩之礼，而华官必欲相强。钦使乃言：英国并非中国之附庸，所派使臣与中国边陲诸小国贡使不同，倘中国必欲强人所难，亦应派一职位相同之官员，先向英国帝后圣像行一三跪九叩之礼，以为交换。华官闻此倔强之词，不能自决可否，奏其事于皇帝。皇帝顽固人也，谓：余一人奄有四海，天下之大，无一人不当向我叩首。今英国贡使不知天朝体制，妄欲改变天朝祖宗相传之礼节，实属荒谬已极。苟非蛮夷，决不至此，彼既以蛮夷之礼来，吾天朝即当以蛮夷之法治之。于是钦使遂遇害。

余初闻此言，犹不深信，后见自此日起，华官送来之饮食自盛筵一变而为草具。而园中诸皇子，往时每日必来与吾辈谈话者，至此亦绝迹不至。即彼老太监平日笑颜相向，竭力称许吾英吉利人为有能耐者，此后亦不复相见。于是吾辈乃大疑，惨然相对，不知所可。未几，热河有确耗来，始知钦使未觐见之前，以礼节上之争执，华官曾有绝食威逼之举，此间因交通不便，以讹传讹，遂至误为遇害。而且时间之相距几及一星期，华官又不肯明言其故,只知奉承命令,以草具进诸吾等,无怪其愈足滋吾疑窦也。)

是日全日,吾辈终始未与皇帝相见,即各大员亦未曾见面。缘各大员进祝之时,与吾辈同进,宴罢而退,亦与吾辈同退也。

已而相国和中堂、副相福中堂及其兄福大人、松大人等四人,同向余言:前日与贵使同游万树园,只游得东边一半,今天不妨再至西园一游。又言:东园富于庋藏之宝物,西园则富于天然界之景色。虽同属一园,而意趣各自不同,不知贵使亦颇有游兴否? 余亟向彼等道谢,谓:既承宠邀,万无不奉陪之理。

于是吾辈四人仍如前日之例,联辔游园。行有时,至一处少憩,执事官进水果、糖食、牛乳、冰水等物,佐以咸肉、细点,颇觉可口。食已将起,见内监数人正督同夫役,扛黄色之木箱数只,自路旁而过。箱作扁形,无盖,所容为绸缎、瓷器。华官言:此系皇帝送与贵使之礼物,俟贵使归馆舍后,即当令人送至。余一面向华官作道谢之辞,一面俟扛木箱者过吾面前时向之鞠躬为礼,以示敬重皇帝之意。

未几,又至一处,见广厅之中建一剧场,场中方演傀儡之剧,其形式与演法颇类英国之傀儡戏,唯衣服不同。剧中情节则与希腊神话相似。有一公主运蹇,被人幽禁于一古堡之中,后有一武士见而怜之,不惜冒危险与狮、龙、虎、豹相战,乃能救出公主而与之结婚。婚时,大张筵宴,有马技、斗武诸事,以壮观瞻。虽属刻木为人,牵线使动,然演来颇灵活可喜。

傀儡戏之外,有西洋喜剧一折,其中主要角色乃本其夫妇及彭迪米阿、史加拉毛克四人所扮。(译者按:万树园中,何以能有西剧? 原书并未明言其故,以意度之,当系乾隆重视英使,特命在华供职各西人会串以娱之。否则各西人自行组织,以为皇帝上寿,亦属近理。)据云:此项傀儡戏,本系宫眷等特备之游戏品,向来不轻易演与宫外人员观看。此次华官因余到廷叩祝之故,请于皇帝,皇帝特颁恩典,始许送至宫外一演。故各华官观看之时,均兴高采烈。中有一场,各华官同声喝好,声震屋瓦。余就各华官神色间观之,知此项游戏品,皇帝及内廷各宫眷必甚爱之也。

今日游园,相国和中堂乃大显其神力,时时与吾谈论园中景物,指东画西,娓娓不绝。余欲乘间与彼一谈正事,谓彼前日许我呈递之说帖,兹已预备妥当,拟于明日送至相府云云。而和中堂议论风生,终始不令予有插口之机会。候之有时,予不能复耐,急乘其语气略作逗顿之时,与彼言之。言简意赅,仅三数语而了。和中堂唯唯否否,答曰:此刻已三点钟,我尚有些要事不能久陪了,倘贵使有什么见教,反正将来见了面可以细细谈论的。又言:宝太来庙一带(庙名译音)风景颇好,请松大人陪着贵使去逛逛,兄弟少陪了,再见!再见!言已,自偕福中堂、福大人而去。

宝太来庙系一绝大建筑,中央为宝塔及佛殿,四周建有房屋甚多。佛殿之中有喇嘛多人,衣黄衣,手捧经卷,高诵佛号,其声音状态大类天主教堂中之弥撒。吾虽不解其语言文字,而听之亦殊不刺耳。殿中又有佛台、佛像及神龛、香炉、烛台、琉璃灯等物,均式样古拙,质料精贵,极庄严绚烂之致,为状与欧洲富强各国之大礼拜寺相同也。殿之中央有佛台三座,高出地板三级,台式构造绝精,一台之上建佛像,一台建佛妻之像,(佛妻二字译意,佛而有妻,殊堪发噱,想系观音大士之误。)又一台则建一神像,作鞑靼衣饰,云是鞑靼人所奉之天神,其名字余已不能记忆。三像均纯金所铸,体积极大,像后为圣场,意是诸佛菩萨退隐之所。场顶悬一琉璃灯,光色黯淡,若用以吸收宗教上之恐怖,而使人永远虔敬之者,灯后为一大龛,有锦幔垂于其前。余等未近龛时,锦幔微启,及吾等行近,司幔之僧遽扯之令蔽,勿任神像为吾辈所见。僧面目微露骇异之容,吾不知其用意如何也。

庙中有一宝塔,塔中供宝太来像。宝太来者,佛之化身,据信仰佛教者言:佛为天上最高之神,然不常居天上,恒降临下界,附于人类或一切众生体中,以察世变。因之塔中广建佛菩萨之化身像,有独身者,有骑龙、骑犀牛、骑象、骑驴、骑骡、骑狗、骑鼠、骑猫、骑鳄鱼及骑一切奇禽怪兽者,总计其数不下数千。其中有相貌狰恶之妖怪像千余,尤觉穷奇极丑,不特为人世中所万不能见,即高至九天,深至九渊,亦决不至真有此物。至于普通之佛像及女神像,则尤多至不可胜计,是盖因鞑靼人酷信喇嘛,故喇嘛按经典之所载,令鞑靼不惜工本造之。而乾隆皇帝复笃信佛教,自言其圣体虽非佛菩萨化身,而践祚以后,国势兴隆,遐龄克享,深信确有一佛已附入其体中云云。此说虽怪诞不近情理,而皇帝自信甚笃,故综计其晚年前后所造佛像及一切皈依佛教、蓄养喇嘛之费,颇不赀也。

十八日礼拜三

先是,余得华官通告,谓皇帝万寿之庆祝典礼虽已于昨日举行,而今日宫中尚有戏剧及各种娱乐之品,为皇帝上寿。皇帝亦备有珍品多种,亲赐群臣,且将以礼物赠诸贵使,贵使可仍于晨间入宫,一观其盛。

今日晨间,余如言与随从各员入宫。至八时许戏剧开场,演至正午而止。演时,皇帝自就戏场之前,设一御座坐之。其戏场乃较地面略低,与普通戏场高出地面者相反。戏场之两旁则为厢位,群臣及吾辈坐之,厢位之后,有较高之座位,用纱帘障于其前者乃是女席,宫眷等坐之,取其可以观剧,而不至为人所观也。

吾等入座未几,皇帝即命人招余及史但顿二人至其前,和颜言曰:朕以八十老翁,尚到园子里来听戏,你们见了可不要骇异。便是朕自己,平时也以为国家疆域广大,政事纷繁,除非有什么重大庆典,像今天一般,也总觉没有空儿常到此间来玩。余曰:贵国治安日久,方有此种歌舞升平之盛况。敝使东来,适逢其盛,殊以为快。皇帝喜吾对答得当,随自座旁取一髹漆之木匣授我,曰:此一匣宝物乃自我们祖宗传下来的,到如今已有八百年了。你可好好的带回去,替我代赠与你们英吉利国王。

余受而观之,见玛瑙及各种宝石数块,均华人及鞑靼人视为至可宝贵者,匣顶则有小书一册,中有图画及文字,均皇帝御笔。(参考安德生氏《随使中国记》曰:皇帝以礼物授钦使时,言曰:[以下直译其意]你将此项礼物亲手递与你们国王,且向他说,这一些儿东西虽然算不了什么,却是我所能送的与我们天朝所能供给的礼物之中,要算这一匣宝物最贵重的了。因为这宝物是我们列祖列宗传下来的,到如今已有八百年之久。我本来并无送人之意,只打算仍旧将他遗传给子孙,使子孙见了可以追念祖宗的功德，光大祖宗的基业。今因尔国国王倾心内向，才特意加恩，将这件重宝送给他，你该向他言明其故，叫他切莫轻视云云。）

同时皇帝又以小书一册，亦御笔书画者，及槟榔荷包数事授余，余谢而受之。史但顿亦得一荷包，式样与吾所得者相同，其余吾部下随员亦均由皇帝赠以小件之礼物。吾等退，皇帝乃以丝绸数匹、瓷器若干事分赐各鞑靼亲王及各大员。吾自旁观之，虽所赐之物似不甚值钱，而受之者向皇帝谢恩时，其卑微感激之状，则有非吾笔所能形容也。

戏场中所演各戏时时更变，有喜剧，有悲剧，虽属接演不停，而情节并不连串。其中所演事实有属于历史的，有属于理想的，技术则有歌有舞，配以音乐，亦有歌舞、音乐均屏诸勿用，而单用表情科白以取胜者。论其情节，则无非男女之情爱、两国之争战以及谋财害命等，均普通戏剧中常见之故事。至最后一折，则为大神怪戏，不特情节诙诡，颇堪寓目，即就理想而论，亦可当出人意表之誉，盖所演者为大地与海洋结婚之故事。开场时，乾宅、坤宅各夸其富，先由大地氏出所藏宝物示众，其中有龙，有象，有虎，有鹰，有鸵鸟，均属动物；有橡树，有松树，以及一切奇花异草，均属植物。大地氏夸富未已，海洋氏已尽出其宝藏，除船只、岩石、蛤蚧、珊瑚等常见之物外，有鲸鱼，有海豚，有海狗，有鳄鱼，以及无数奇形之海怪，均系优伶所扮，举动神情颇能酷肖。

两氏所藏宝物既尽暴于戏场之中，乃就左右两面各自绕场三匝，俄而金鼓大作，两方宝物混而为一，同至戏场之前方盘旋有时，后分为左右二部，而以鲸鱼为其统带官员，立于中央，向皇帝行礼。行礼时口中喷水，有数吨之多，以戏场地板建造合法，水一至地即由板隙流去，不至涌积。此时观者大加叹赏，中有大老数人，座与吾近，恐吾不知其妙，故高其声曰：好呀！好呀！余以不可负其盛意，亦强学华语，连呼"好""好"以答之。

演戏时，吾辈所坐厢位作通长之式，不似欧洲戏场各厢互相分隔者，故座客尽可自由往来，随意谈话。于中有大员数人，情意颇为殷恳，时时离其原定之坐位至吾座旁闲谈，然以鞑靼为多，汉人则甚少。（参考《出使中国记》曰：演剧时在座各华员来与钦使谈话者，悉系鞑靼。即以全场观客而论,亦鞑靼多而汉人绝少,此因皇帝驻跸热河山庄之时,非亲信汉员有要务商榷者,不许来此也。)

其与吾谈论最为亲洽者有二人,虽作中国装,而面貌不类华人,亦不类鞑靼。与吾相见,首问吾能解波斯语或阿拉伯语否。余问曰:然则两君其中央亚细亚人耶?彼等乃自言邦族,谓是喀尔麦克之回人,其先人游牧之处,在中央亚细亚里海之滨,近因与俄人交涉,相牵迁至中国西南部边境,倾心内向,派彼等二人为曼尔石司,至天朝进贡。曼尔石司者,回语言使臣也。乾隆皇帝见二人至,圣心大悦,各赏以蓝顶蓝翎,且许其留居热河,恭叩万寿,以示柔怀远人之意。二人来此之后得见天朝文化,自言心中至以为快云。

下午一时,晨会已毕,余等退。至四时,复往观夜会。夜会地点在一广场之上,地在吾初次觐见皇帝之大幄之前。吾辈到场未几,御辇即至。皇帝降辇后,自就一临时所设之宝座坐之,挥手发一起始开演之记号,于是广场之上即有拳术、跳舞、走绳、刀剑以及种种有趣之武艺陆续献技。此项技师均穿中国宽大之衣服,蹑寸许高之厚底大靴,而演技时仍纯熟活泼,似不见碍于衣履者也。吾乃不得不加以赞誉,唯旗人好马,中国历史上殆无有不记旗人善于骑射者,而此种盛会乃未有马技列乎其间,令吾一观旗人之马技何若,亦憾事也。武技即毕,以花火为夜会之殿。此项花火大有陆离光怪之奇观,在余来华后所见各项娱乐品中,当推此为第一。余昔在勃打维亚所见花火,虽变化之众多、火力之雄大较胜于此,而以趣味言,则此胜于彼。花火之末一场为绝大火景,有火山之爆裂形,有太阳与星辰之冲突,有爆火箭,有开花大炮,有连环炮,一时火光烛天,爆声隆隆。至光消声歇而后,余烟之缭绕于园中树木之间者,犹至一小时后方散也。

观技时,皇帝使人送茶点至,虽为极精之品,而余以时去晚膳未几,腹中尚饱,颇不愿食,然因其为皇帝所赐,按诸中国礼节不可不食,遂略进少许。

此一夜会与晨会相较,其到观场看者及场中秩序大致相同,唯晨会则皇帝坐于戏场之前,而群臣咸坐于两厢,夜会则皇帝坐于中央,群臣分作左右二行,列于其旁,有坐者,有立者,有跪者,卫队及执旗持节之人多至不可胜数,则站于宝座及群臣之后。其尤异之点,则晨会时观者可以自由谈话、喝彩鼓掌,在所不禁;夜会则全场寂然,自始至终未有一人敢发声谈笑者。

夜会即毕,吾等未出,樊大人即来谓余曰:目下万寿庆祝之礼已经完毕,皇帝定于本月二十四日启跸回銮,贵使为便利计,宜先期启节,回至北京。鄙意以二十一日为便,不知颇蒙贵使许可否?余曰:可。樊大人遂欢然而去。

返抵馆舍,见余所拟致相国和中堂之说帖已由译员译就。内容大致谓甲必丹麦金吐司目下已由英伦承领各项礼物,用所管"印度斯坦"船装运来华,妥密交卸,其本人亦已蒙贵国大皇帝恩赐引见。兹因"印度斯坦"船停泊珠山海港修理,船中不宜久无统率之人,故拟令该甲必丹即日回珠山原船办事。倘该甲必丹到珠山之后,意欲就近购买茶叶或他种土货,以便随船带回英国发卖,或该船船上员役等人有随船带来之英国物品,意欲卖与珠山一带之中国人民者,亦望照准。再者,敝使来时,同船有精于算学者二人,拟请贵国大皇帝酌予录用,听其当差。该二人曾同至大沽口,今则尚在"印度斯坦"船中。倘蒙中堂俯允该甲必丹回船,能否特加恩典,另派一欧洲教士偕其同去?俾该教士得带同二人,同至北京云云。

此项说帖虽已译就,而苦无相当之呈递人。因鞑靼钦差既为吾辈所不信,而前此皇帝所派之欧洲教士亦未有同来热河者。樊、周二大人则以此事与鞑靼有关,不敢贸然经手。普通之送信人又不宜用之,免致唐突相国。吾思之竟夕,终不得一适当之解决法也。

十九日礼拜四

晨起,吾译员来言,自愿担任呈递说帖之事。余斟酌许久,以为随从诸员中堪当此任者,当以此人为最宜。因以说帖付之,嘱其慎重将事,译员欣然而去。

未几,归馆复命曰:微员往递说帖,以所穿为英国衣服,不特途中惹人注意,即呈递时亦因此略有阻碍。然说帖则已递去,但未能亲手递与相国和中堂,仅能交其书记马老爷代为呈递而已。此马老爷待人颇觉和气,自言此项说帖当立即呈与中堂阅看,不久即有回文,由专员送至馆舍。余以此人既肯代递,则余事已了,遂出身间所备金钱的敬礼,奉诸马老爷,求其收纳。而马老爷必不肯受,说你们外国人的钱,我不能受的,可是将来到了北京,若蒙你们钦差大人送我几件外国玩意儿,那么兄弟一定领情。余不敢相强,遂辞别而退,谅和中堂之复书今日必可送来也。

入夜,金大人、樊大人、周大人三人果联袂而来。坐甫定,金大人即出一纸,向吾宣读其意,而令译员译之。其言曰:英国钦使所请拟令甲必丹麦金吐司先行回至珠山一节,碍难照准。该甲必丹既已到京,自当在京守候,至将来该钦使回国时同时启程,方为合理。至所请该国洋船"印度斯坦"号船上官员、夫役等欲在珠山一带收买土货、出卖洋货,事属可行,且可从优体恤,不必收取进出货税。其随船同来之洋人二名,据该钦使言,系精于算学之人,欲求天朝录用,准予当差,亦可照办。但天朝自有办法护送该洋人进京,该钦使毋庸越俎代谋也。

金大人宣读既竟,即折叠其纸,藏诸怀中。余欲向其抄录一份,而彼固执不肯,且其倔强及反对吾西人之态度,仍与前此未经申斥时无二。吾殊不觉其用意何若。(参考《出使中国记》曰:鞑靼钦差金大人者,相国和珅之私人也,虽前此以办事不善受皇帝申斥,且降三级以示辱,而以和珅之故,仍能保其职位,且其对于吾辈西人之气焰并不以降级及申斥之故而少减也。又《中国旅行记》曰:据华人言:乾隆皇帝以金大人办事不善,颇不满意,拟俟吾等归国后,即革去其钦差之职,而令其督造皇陵。因督造皇陵一缺为中国庸劣大员最后之啖饭地,必屡次误事、无可安插者,始委以此差。其意以为此人已失其与人类办事之能力,只能令其效力于鬼物也。)

其尤异者,则余闻华人言:中国朝廷对于吾辈之事,视为一种极重要之问题,数日前,相国和中堂曾招集各大员会议此事。会议时不特前任两广总督之福大人在座,即前任广东藩司之某大人,因犯罪多款,锢诸狱中有年者,至是亦出之于狱,令报告广东洋务情形,以为对付吾辈之张本。虽此次会议之结果,余现在尚未有所闻,然以意度之,恐利少而不利居多也。

二十日礼拜五

因明日为启节回北京之期,故今日预备极忙。除余及部下员役所备行李照旧归束外,凡皇帝赠与英皇之礼物,如明角灯、匹头丝绸、茶球、图画之类,一一于今日之晨请华官监视,督令工人另行装箱。箱外大书"乔治第三收受"字样,俾华官得尽心照料,工人搬运时得分外留意,而彼等亦深知吾意,以为此项货箱,其价值之大无与伦比也。

据樊、周二大人言:吾等来时所携物件甚多,故途中延搁至七日之久。今车轻物简,六日即可抵京,较来时可缩短一日也。鞑靼饮差金大人今日亦来拜见一次,并未提起昨日之事,只言明日吾等出发,彼必与吾等同行,一路停止之所,彼当时时过来与吾谈话云。

二十一日礼拜六

晨七时出发,为状与来时相同,唯天气冷而多风,虽有日光,而淡然殊不能令人生暖也。

今日,余卫队中有一兵士曰极尔密李德者,以暴病身死。此人本为皇家炮兵队中炮手,今兹之死乃系多食水果所致。据其同伴所言,彼于朝食时,连啖橘子四十枚之多云。(参考《出使中国记》曰:今日将启行时,忽传卫队中有一人以多食水果之故,暴病身死。此事初无足异,唯其死处不在馆舍之中,而在某处皇宫之内。因此人早食之后,尚偷闲至皇宫中游玩,不图急病骤发,以此丧其生也。吾辈闻此信后,初亦以为无关重要,而樊、周二大人闻之,惶骇不知所措,向吾言曰:此事万万不可声张,因皇宫重地向来不许外人在内身故。倘此事为皇上所闻,不特我等必罹重谴,即贵国钦使亦大有不利。余曰:然则奈何?曰:不如先用一轿秘密异尸出宫,声称此人尚活,唯身罹重病,不能行走,故用轿。至出发后,行十数里,乃言此人已死,则可保无虞。余如其议,事果未为皇帝所觉。)

二十二日礼拜

晨间,葬李德。行十八英里,至锦章营下宿。黄昏时,金大人至寓中拜见,谈话未几,即去。

二十三日礼拜一

行二十四英里,至古北口。抵口之前一点余钟,万里长城已蜿蜒相望。就车中观之,前、左、右三方景色极佳,而气象之雄厚磅礴,尤为吾辈生所未见。既至其地,吾随从各员中有欲复做第二次之游者,惜吾辈来时所走登城之路,已有砖石、瓦屑塞之,不能复行矣。(参考《出使中国记》曰:登城之路,今已用砖石、瓦屑塞去,推原其故,则以护送吾辈之华员既承上官命令,有敬礼吾辈之责任,吾辈意有所欲,彼等万无峻阻之理,而中国之万里长城若使外人自由观览,又必为上官所不许,事属两难,不得已而出此愚策。乘吾辈往热河时,用砖石填塞其登城之路,俾吾辈回京过此,不能复为第二次之观览,其用心亦苦矣。又马戛尔尼另著之《中国游记》一书曰:中国之万里长城系用淡蓝色之砖造之,其基础则用坚固之石。城凡内外二层,其一层与鞑靼相对者,自顶至地,垂直线高二十六英尺,每层之厚,近地处五英尺,愈高则愈薄,顶上不过一英尺半。内外二层之中间,用瓦砾、泥土填之,至近顶处,则铺之使平,而敷大砖于其面,成一路形,光洁整齐,阔约十一英尺,可用马车二乘或有骑马者五人驰骤于其上也。城顶之上,每过五十英尺以至二百英尺,即建一方形之塔,供防守之用。余尝入此方塔之一而观之,见其对于鞑靼之一面突出十八英尺,对于中国本部之一面则平而不突,乃知此塔专为防御鞑靼用也。中国书籍关于长城之记载甚多,咸谓此城之建筑期在耶稣降生二百年以前云。)后伊等寻觅许久,始得一间道,卒能偿其登临之愿焉。

二十六日礼拜四

晨四时出发,行二十七英里,抵北京馆舍,时正午。综计自热河至京师,仅费时五日有半,一路停顿之处仍系借住行宫之厢房,为状与去时相若。

樊、周二大人招待颇为周到,且情意殷挚,凡权力所及,无一处、无一事不表示其真正之友谊。鞑靼钦差金大人则仍守其桀骜不驯之态度,虽中途亦有数次诣吾寓中谈话问安,而其不满意于外人之神情则时时流露于言外也。(参考《出使中国记》曰:吾等回京时,北京馆舍中所留之英人[此等人盖系钦使赴热河时,令其留居馆中照料什物、行李者。]均异常欢慰。因彼等自吾辈赴热河后,虽无所事事,尽可安居休息,而在京各国教士有甚愿与彼等交接者,每日必有神父多人至馆舍中与彼等谈话。因此大起华人之疑虑,深恐此等外国人民常相交接,于中国有所不利,故用种种之方法,使内外交通隔绝,而居于馆舍以内之外人遂至全无生趣。今见吾等自热河归来,自觉欢慰万状矣。又《中国旅行记》曰:钦使赴热河时,其部下人员、夫役,除随从者外,分为二起。一起在圆明园装配礼物,一起则在北京馆舍中照料行李。以表面而论,居北京之人既无所事事,自较居圆明园者安逸。而北京馆舍之前门有兵队驻之,名曰保护,而实则监察。内部之人既不易外出,而除华人外,欲入馆内一窥状况者亦难若登天。偶有素在北京当差之欧洲教士数人,再三设法,欲入内与人相晤,虽见许,亦必有华官一二人带同进出。此等华官职位虽不高,而对待外人之态度乃如侦探之伺人,不特吾人一举一动当然列入其侦伺范围之内,即眉目开合之状亦受其注意,一一笔之于书,以为报告上官地步,亦无谓极矣。)

二十七日礼拜五

取所余各种礼物之存在馆舍中者,督率部下整理之,以便运往圆明园陈列。此事初不必汲汲,而华官颇有催促之意,余就其神情中观察之,似系外国派来之钦使,不能在中国久居。余来此之后,既经觐见,华官遂有不愿留吾在此度岁之意,故频加催促,使吾速了其事也。

二十八日礼拜六

各项礼物已大致措置完备,即于是日交与华官,运至圆明园。且派吾译员同去,令其以各种仪器及机器之用法,向当差各教士详为解释。此等当差之教士,即系受皇帝之命在圆明园中掌司各种外国珍品者,吾令译员向彼等详解各物之用法,盖备吾等归国后,各教士或华官能自由运用之,而无所阻隔也。(参考《中国旅行记》曰:中国人不论平民、大员,无一不笃信星相,人苟不精通星相之术,即不能视为一有学问之人。故余在圆明园时,有华官多人见余熟悉天文仪器之用法,即来问我能相面否,能推算将来吉凶否。余告以不能。而彼等必不肯信,百口辩之,终属无效,不知其用意如何也。又《出使中国记》曰:中国人以天上星宿与人事有关,又以天上二十八宿分为二十八分野,使与全国各区域相合。每年岁始,钦天监能本诸天象,预推各地之吉凶、丰歉,著为历本,布告国人。故中国人之所谓天文,乃系一种阴阳学,与吾西人之所谓天文学不同。彼圆明园中官员,以摆劳熟悉天文仪器之用法,遽向其叩问休咎,乃误以西国之天文学与中国相同也。)

靼靼钦差金大人来言:皇上定于下礼拜一回銮,按照成例,凡在京各大员及各国派来使臣均须行郊迎之礼,其迎接之处离北京可十二英里。贵使既在北京,照例当屈驾前往迎之。余曰:既如此,敝使必去,但相隔既远,贱躯亦小有不适,往来奔波,颇以为苦。金大人曰:其地去圆明园较近,贵使可于明日移住圆明园馆舍中,后日破晓而往,当可节劳不少。余曰:敬如教,敝使虽惫,亦甚愿自勉也。

二十九日礼拜

上午未事事,下午往圆明园,至馆舍后,疲劳甚,早睡。

三十日礼拜一

晨四时即起，行二小时，至郊迎皇帝之处。其地有一广厅，厅中设茶点，吾等略进茶点后即出，至迎銮场。场在一大道之左旁，吾辈至时，见两旁及对面已站有大小官员及兵队执事人等，有数千之多，延长几及数英里。人人咸侧目向远处而望，以待驾至。

未几，御驾至矣。皇帝自坐一大轿，（参考《出使中国记》曰：此轿以黄绸为衣，有玻璃窗，抬者八人，更替者亦八人。）轿后有一二轮车随之，式样既重笨可厌且无弹簧，坐之至不舒适。吾料将来皇帝得坐吾所赠马车后，必将此车置之高阁也。（此语殊不尽然。参考摆劳氏《中国旅行记》曰：吾回英后可一年，得一荷兰人在中国当差者之书曰：去年马戛尔尼伯爵带来各种赠品，有数种并不为华人所重，仅置诸普通物品中，不甚珍惜之。至伯爵自赠之马车，在伦敦市上已为罕见之精品，而华人乃以此车与其原有粗笨之车弃置一处，不特不加以拂泽，且始终未尝一用也。）

御轿过吾前时，吾照旧行曲一膝之礼，华人则一律双膝下跪。皇帝见余，就轿中差一人来问余言曰：听说你身体有些不好，皇上牵挂得很。现在天气已渐渐冷了，若老住在圆明园颇不好，不如搬回北京居住，才觉得方便些。余作一简单之道谢辞，令此人回复皇帝。皇帝点首，龙颜颇悦。

皇帝之后，紧随者为相国和中堂，见余在路旁，行礼甚恭，然未曾少停，想系仪节如此也。

御驾过后，迎者渐散，余亦归圆明园少息，下午回北京。奔波一日，体又不适，抵馆舍时已倦极思睡矣。

十月一日礼拜二

余自热河回北京时，随从各员及技师等之在圆明园装配礼物者，齐至北京欢迎，即在北京馆舍中下榻。至今日，余以圆明园工作尚未完竣，命彼等回园治事，俾将天文仪、地球仪、行星仪等从速装配完备。据彼等言，各种礼物中，华人视之并不称异，唯于派克氏之大灵司，即余向甲必丹麦金吐司转购者，则视为一种珍重之物而颇注意之。然亦昧于事理，以为此种大镜并非世界稀有之物。曾有一次，一华官问摆劳曰：这座大镜子颇有意思，颇好玩，你能在北京再造一座否？摆劳答曰：此镜非专家不能制造，且此镜极大，为世界之冠，他国所有同式之镜决不能与此镜相比。

华官闻之，摇首作微笑，意若不信，后又问诸吉伦博士。博士以同样之言答之，始信。然彼等之意，以为此物虽奇，装之颇属易易，费一二日之功即可完毕。及摆劳告以此镜决非旦夕间所能装就，彼等乃大加催促。谓：现在皇上急于看看你们这些外国玩意儿，你们总得赶紧装配才好，若人手不足，要用帮手，别说一百二百，便自一千二千也可马上叫来，可是千万不可延缓。

鞑靼钦差金大人亦以吾辈装配各物，事属极易，不必多费时刻。吾初至圆明园时，告以此项工程统计当费数星期之时间云云。彼即大骇，以为不经之谈。至归自热河后，见工程犹未告竣，则催促益力。谓：皇帝已再三催促，欲即日到园观看，倘延缓过久，必非皇帝所喜。此语实非由衷之言。吾初抵中国，即有华官数人向吾谈及中国风俗，言：外国使臣无久驻中国之前例，以法律论，使臣到京至多不过勾留四十日，四十日后如不自去，亦必斥逐。贵使此来，当预算日期，尽四十日之内办妥一切事务，从速离京，方不至违背天朝体制。由是言之，今日金大人等之催促工程，显然挟有逐客之意。虽华官口中尚未有勒令余等于某日启程之明言，而要求互派使臣实为余此行主要问题之一，今金大人等之态度，既有此等表示，吾不得不设法先探中国朝廷究竟有无不许余等久留之意，然后自定进止。乃作书致和中堂，大致言甲必丹麦金吐司所驾船只，既承贵国大皇帝许其在珠山一带买卖货物，敝使感激之至，拟请中堂代向皇帝致谢。但该甲必丹为全船最有经验之人，船中若无此人料理，殊属不便，尚望中堂破格通融，许其即日回船办事。至于敝使本人，则将来拟由广州回国。缘时至明春，敝国必有多数船只自欧西驶抵广州，倘蒙贵国允许敝使小作勾留，敝使即可附乘此项船只回英也。书去，未几即得复书，约余明日早晨至圆明园面谈。

二日礼拜三

晨间赴圆明园,面相国和中堂,福中堂兄弟亦在座,然未有其他之国老侍立。即见,互问安好后,中堂即出书信数封,授余曰:此系珠山寄来者。余接视其信,见其中一封为"印度斯坦"船大副所写,书明复甲必丹麦金吐司收拆,余二封则系古完勋爵所书。余略视信面,即拟置诸怀中,而中堂乃问余曰:信中说些什么? 有什么消息? 讲给我听听。余乃不得不启封而以书中内容告之,言:目下"狮子""印度斯坦"二船,均停泊珠山。"狮子"船已预备就绪,一得敝使命令,即可启碇回国;"印度斯坦"号则非俟甲必丹麦金吐司回船,不能开驶。述毕,以原信授中堂,令其自阅,俾不疑吾言之虚伪。中堂乃曰:你那"狮子"船可以不必回去,因为你们离家已久,谅来对于故乡风物必定牵记得很。皇上的意思,也以为你部下的人到中国后已死了几个,你自己身体又不舒服,想来北京天气太冷,与你们洋人的体质不甚合宜。将来交了霜降,天气还要冷得紧,替你们设想,还是早一点儿回国的好。而且我们天朝的宴会礼节,新年时与万寿时差不多,贵使既在热河看见了万寿礼,也不必再看新年礼了。

余曰:敝使颇堪耐冷,北京天气虽寒,敝使来华之前已有御寒之备,即久处北京亦可于身体无碍。承贵国皇帝及中堂垂念,敝使感激万状。又曰:在热河时,承中堂面允回京之后,可时时与敝使相见讨论一切。今日得蒙中堂赐见,俱见中堂诚实不欺,敝使愿于此时,将此次来华各项重大问题与中堂妥商。因曰:敝国皇帝此次派敝使来此,非为暂时的联络感情计,实欲与贵国永远共敦睦谊计。故敝国皇帝之意,拟令敝使久驻北京,倘此后两国国际上发生何等之问题,即由敝使代表敝国皇帝,就近与贵国政府直接商量。至敝使在北京时所用一切起居饮食之费,概由敝国政府开发,不必由贵国供给。倘贵国皇帝有与敝国互派使臣之意,尤为敝国所欢迎,所有船只一切以及到英国后种种供给之物,均可由敝国代为具备。敝国皇帝、臣民,亦当以极尊荣之敬礼待此使臣。此种互派使臣之法,系目下欧洲各国国际通行之惯例。倘蒙贵国皇帝允准,则东西两大雄主既可常通往来,复可交换文明,不特两国之私幸,亦为世界文明进化之公幸。

余与中堂虽前后相见已有数次,而相见之时,中堂恒侈谈杂事,指东画西,不令余有讨论正事之机会。直至今日,余已不可复耐,始为中堂力疾言之,意谓中堂必可与吾从长计议矣。而中堂犹保守其置若罔闻之故态,时时向吾絮问身体何若、起居何若,而于吾认真陈白之事,则终始不作一答语。至吾述竟,则言曰:皇上的意思,本来也很愿你常驻北京,不过你身体不好,天气又不合宜,水土又不服,所以不能强留了。

余闻此言,知华人逐客之意已确凿可据,即起立兴辞。然面上仍不露失望之色,但以和易诚挚之言词动之,冀于万一之中,犹有转机之望。

乃返至馆舍后,即得馆外西人传来消息,谓乾隆皇帝致英皇之书信目下已经写就,方命人译为拉丁文,至译就后即可交付。嗟夫!此说果信,不特华人逐客之令可以证实,而促吾速即启程回国之意亦已见诸言外矣。然吾犹冀此项书信交付之后,希望未必遽绝,或者犹有婉商之余地。

乃未几,而樊、周二大人亦至,向吾曰:说不定明天和中堂还要你去见见他,也说不定那时候中堂便把皇上写给贵国皇帝的书信交付你。倘若果然交付了呢,我劝你还是立刻向中堂辞行,择期动身回国。可是此刻还说不定,咱们俩不知内中的底细怎样。余曰:闻命矣,两公此来,必有所授意者。二人力辩曰:否。我们俩来同贵使说起这句话,正见得我们的私交。老实说,咱们也很愿贵使常驻中国,贵使回国之后,我们虽未必闲散,却是再找不到这种好差使了。此言似颇足信。(*参考《中国旅行记》曰:未必尽然。钦使回国后,二人均以办事得力,升官加俸。*)

三日礼拜四

晨间,余卧病未起,鞑靼钦差金大人已至。言:目下相国和中堂及国老多人,均在皇宫中等候贵使前去谈话。余以连日奔走,所事又不能如愿,今日本拟少息,兹闻金大人之言,心中至觉不快。即四肢亦疲罢乏力,几令吾不能起床,然以事关重要,不得不勉强从事。乃立即披衣而起,命部下预备一切,匆促出门。

计自金大人至馆舍,至吾抵宫门之时,为时不过一点钟,而抵宫门后静候至三点钟之久,方见和中堂及诸国老联翩出迎。行相见礼后,即导余进宫。经华丽之厅事数座、长桥数道,始抵宝殿之前。殿基极高,有石级数十,如梯形,石级尽处,有黄缎褙成之圈手椅一行,状颇郑重。中有一椅,椅上有一黄封,即系乾隆皇帝致英皇之书信。

吾等在殿下行礼后,拾级而登至于宝座之前,和中堂乃指椅上之黄封曰:这是皇上赐与你们国王的书信,等一会儿便须叫执事官送往你馆舍里去。但是照规矩你得先到此地来行个接受礼,所以我叫金钦差请你来。(译者按:《东华录》乾隆五十八年八月己卯,赐英吉利国王敕书曰:咨尔国王远在重洋,倾心向化,特遣使恭赍表章,航海来廷,叩祝万寿,并备进方物,用将忱悃。朕披阅表文,词意肫恳,具见尔国王恭顺之诚,深为嘉许。所有赍到表贡之正副使臣,念其奉使远涉,推恩加礼,已令大臣带领瞻觐,赐予筵宴,叠加赏赍,用示怀柔。其已回珠山之管船官役人等六百余人,虽未来京,朕亦优加赏赐,俾得普沾恩惠,一视同仁。至尔国王表内,恳请派一尔国之人住居天朝,照管尔国买卖一节,此则与天朝体制不合,断不可行。向来西洋各国,有愿来天朝当差之人,原准其来京,但既来之后,即遵用天朝服色,安置堂内,永远不准复回本国。此系天朝体制,想尔国王亦所知悉。今尔国王欲派一尔国之人住居京城,既不能若来京当差之西洋人,在京居住,不归本国,又不可听其往来,常通信息,实属无益之事。且天朝所管地方至为广远,凡外藩使臣到京,驿馆供给、行止出入俱有一定体制,从无听其自便之例。今尔国若留人在京,言语不通,服饰殊制,无地可以安置。若必似来京当差之西洋人,令其一例改易服饰,天朝亦从不肯强人以所难。设天朝欲差人常驻尔国,亦岂尔国所能遵行。况西洋诸国甚多,非止尔一国,若俱似尔国王恳请派人留京,岂能一一听许。是此事断断难行,岂能因尔国王一人之请,以致更张天朝百余年法度。若云尔国王为照料买卖起见,则尔国人在澳门贸易非止一日,原无不加以恩视。即如从前博尔都噶尔亚意达哩亚等国,屡次遣使来朝,亦曾以照料贸易为请,天朝鉴其悃忱,优加体恤,凡遇该国等贸易之事,无不照料周备。前次广东商人吴昭平有拖欠洋船价值银两者，俱饬令该管总督，由官库内先行动支帑项，代为清还，并将拖欠商人重治其罪，想此事尔国亦闻知矣。外国又何必派人留京，为此越例断不可行之请，况留人在京，距澳门贸易处所几及万里，伊亦何能照料耶？若云仰慕天朝，欲其观习教化，则天朝自有天朝礼法，与尔国各不相同。尔国所留之人，即能习学，尔国自有风俗制度，亦断不能效法中国，即学会亦属无用。天朝抚有四海，唯励精图治，办理政务，奇珍异宝并无贵重。尔国王此次赍进各物，念其诚心远献，特谕该管衙门收纳。其实天朝德威远被，万国来王，种种贵重之物，梯航毕集，无所不有，尔之正使等所亲见。然从不贵奇巧，并无更需尔国制办物件。是尔国王所请派人留京一事，于天朝体制既属不合，而于尔国亦殊觉无益，特此详晰开示，遣令贡使等按程回国。尔国王唯当善体朕意，益励款诚，永久恭顺，以保全尔友邦，共享太平之福。除正副使臣以下各官及通事兵役人等，正赏加赏各物件，另单赏给外，兹因尔国使臣归国，特颁敕谕并赐赍尔国王文绮珍物，俱如常仪，加赐彩缎罗绮、文玩器具诸珍，另有清单，王其只受，悉朕眷怀，特此敕谕。又敕谕曰：尔国王远慕声教，向化维殷，遣使恭赍表贡，航海祝釐。朕鉴尔国王恭顺之诚，令大臣带领使臣等瞻觐，赐之筵宴，赉予骈蕃，业已颁给敕谕，赐尔国王文绮珍玩，用示怀柔。昨据尔使臣以尔国贸易之事，禀请大臣等转奏，皆更张定制，不便准行。向来西洋各国及尔国夷商赴天朝贸易，悉于澳门互市，历久相沿，已非一日。天朝物产丰盈，无所不有，原不借外夷货物以通有无，特因天朝所产茶叶、瓷器、丝绸为西洋各国及尔国必需之物，是以加恩体恤，在澳门开设洋行，俾得日用有资，并沾余润。今尔国使臣于定例之外多有陈乞，大乖仰体天朝加惠远人、抚育四夷之道。且天朝统驭万国，一视同仁，即在广东贸易者亦不仅尔英吉利一国，若俱纷纷效尤，以难行之事妄行干渎，岂能曲徇所请。念尔国僻居荒远，间隔重瀛，于天朝体制原未谙悉，是以命大臣等向使臣等详加开导，遣令回国。恐尔使臣等回国后禀达未能明晰，复将所请各条缮敕逐一晓谕，想能领悉。据尔使臣称尔国货船将来或到浙江宁波、珠山及天津、广东地方收泊交易一节，向来西洋各国前赴天朝地方贸易,俱在澳门设有洋行,收发各货,由来已久,尔国亦已遵行多年,并无异语。其浙江宁波、直隶天津等海口均未设有洋行,尔国船只到彼亦无从销卖货物,况该处并无通事,不能谙晓尔国语言,诸多不便。除广东、澳门地方仍准照旧交易外,所有尔使臣恳请向浙江宁波、珠山及直隶天津地方泊船贸易之处,皆不可行。又据尔使臣称尔国买卖人要在天朝京城另立一行,收贮货物发卖,仿照俄罗斯之例一节,更断不可行。京城为万方拱极之区,体制森严,法令整肃,从无外藩人等在京城开设货行之事。尔国向在澳门交易,亦因澳门与海口较近,且系西洋各国聚会之处,往来便益。若于京城设行发货,尔国在京城西北地方,相距辽远,运送货物亦甚不便。从前俄罗斯人在京城设馆贸易,因未立恰克图以前,不过暂行给屋居住。嗣因设立恰克图以后,俄罗斯在该处交易买卖,即不准在京城居住,亦已数十年。现在俄罗斯在恰克图边界交易,即与尔国在澳门交易相似。尔国既有澳门洋行发卖货物,何必又欲在京城另立一行? 天朝疆界严明,从不许外藩人等稍有越境搀杂,是尔国欲在京城立行之事必不可行。又据尔使臣称欲求相近珠山地方小岛一处,商人到彼即在该处停歇,以便收存货物一节,尔国欲在珠山海岛地方居住,原为发卖货物而起,今珠山地方既无洋行,又无通事,尔国船只已不在彼停泊,尔国要此海岛地方亦属无用。天朝尺土俱归版籍,疆址森然,即岛屿、沙洲亦必划界分疆,各有专属,况外夷向化天朝、交易货物者,亦不仅尔英吉利一国,若别国纷纷效尤,恳请赏给地方,居住买卖之人,岂能各应所求。且天朝亦无此体制,此事尤不便准行。又据称拨给附近广东省城小地方一处,居住尔国夷商,或准令澳门居住之人出入自便一节,向来西洋各国夷商居住澳门贸易,画定住址地界,不得逾越尺寸,其赴洋行发货,夷商亦不得擅入省城。原以杜民夷之争论,立中外之大防。今欲于附近省城地方另拨一处,给尔国夷商居住,已非西洋夷商历来在澳门定例,况西洋各国在广东贸易多年,获利丰厚,来者日众,岂能一一拨给地方分住耶! 至于夷商等出入往来,悉由地方官督率洋行商人随时稽查,若竟毫无限制,恐内地人民与尔国夷人间有争论,转非体恤之意,核之事宜,自应仍照定例在澳门居住,方为妥善。又据称英吉利国夷商自广东下澳门,由内河行走货物,或不上税或少上税一节,夷商贸易往来,纳税皆有定则,西洋各国均属相同。此时既不能因尔国船只较多,征收稍有溢额,亦不能将尔国上税之列独为减少,唯应照例公平抽收,与别国一体办理。嗣后尔国夷商贩货赴澳门,仍当随时照料,用示体恤。又据称尔国船只请照例上税一节,粤海关征收船料,向有定例,今既未便于他处海口设行交易,自应仍在粤海关按例纳税,无庸另行晓谕。至于尔国所奉之天主教,原系西洋各国向奉之教。天朝自开辟以来,圣帝明王垂教创法,四方亿兆,率由有素,不敢惑于异说。即在京当差之西洋人等居住在堂,亦不准与中国人民交结,妄行传教,华夷之辨甚严。今尔国使臣之意,欲任听夷人传教,尤属不可。以上所谕各条,原因尔使臣之妄请。尔国王或未能深悉天朝体制,并非有意妄干。朕于入贡诸邦,诚心向化者,无不加之体恤,用示怀柔。如有恳求之事,若于体制无妨,无不曲从所请,况尔国王僻处重洋,输诚纳贡,朕之赐予优加,倍于他国。今尔使臣所恳各条,不但于天朝法制攸关,即为尔国王谋,亦俱无益。难行之事,兹再明白晓谕。尔国王当仰体朕心,永远遵奉,共享太平之福。若经此次详谕后,尔国王或误听尔下人之言,任从事将商货船驶至浙江、天津地方,欲求上岸交易,天朝法制森严,各处守土文武恪遵功令,尔国船只到彼,该处文武必不肯令其停留,定当立时驱逐出洋。未免尔国夷商徒劳往返,勿谓言之不预也,其凛遵毋忽,特此再谕。)

殿中黄椅之旁尚有低桌数张,桌上累累然置有物品多许,均作卷筒之形,其上亦用黄绸盖之,不辨所盖者为何物。而和中堂则指而告余曰:这也是皇上赏赐给你们国王的东西,其中也有几种是赏给你自己和你部下官员的。因为你们英国与天朝相距极远,这回航海到此,路上苦也吃得多些,故皇上赏赐之物比平常外藩使臣多了一倍。余曰:即此可见贵国大皇帝优待远人,礼意隆渥,敝使感激异常,请中堂代为致谢。

此时中堂神情,与前在热河游园和蔼可接者大不相同,恭静之中颇挟有威严之气。此种威仪之气,凡为大臣者多有之,余见之亦不以为异。但在此时,则心中至觉不耐,盖余航海而来,其本意并非欲希冀中国区区之礼物。今中堂但言礼物而置正事于不问，吾即具忍耐功夫，心中亦断无不愤懑之理。余初来时，曾以所备各种优美之礼物分赠中堂及诸国老，意其必肯收受，乃送去之物一一打回，竟无一人肯收受者，余乃大异。至今思之，彼等之所以不肯受礼，即为今日以威严之气临吾之预备，亦无足异也。

余进宝殿后与中堂等略作数语，自觉四肢乏力，全身发抖，有不能支持之势。即向中堂告退曰：敝使病体未愈，今不特不能坐立，且不能复语，拟先行告退。中堂如有所命令，可与余副官史但顿勋爵言之。中堂曰：也没有什么话说了，你们正副二使不妨同时回去，若你有什么意见，可再开个帖儿来。余曰：遵命。遂与史但顿同退。退时，自思中堂虽有此言，而就其神气观之，余即有所陈白，亦万无成功之望。他姑不论，即如昨日所谈之事，余向彼竭力言之，意其无论如何，今日相见时，或成或否，必有相当之答辞，乃竟无一语提及。则今日之所谓开个帖儿云者，亦无非费吾纸墨而已。

抵馆舍未几，下午，有华官十六人率从者多人，合赍皇帝致英皇之书信至馆，仪式至为隆重。赍书信者甫去，礼物十数扛复相继而至。余就中挑选其送与英皇者，分别装箱，箱上仍书"乔治第三"字样以为标志。其送与余及随从各员者，则各自藏护之。

此时中国朝廷虽未有命吾即日回国之明文，而其命吾即日回国之决心则已彰明显著，无复可疑。（参考安德生氏《随使中国记》曰：据中国宫廷中人言：皇帝至北京，闻吾国使臣尚无回国之意，异甚，向左右言曰：他们英吉利人事情办完了，怎么还不想回国去？难道他们忘记了家乡不成？奇怪！奇怪！后闻吾英人至中国后，有得病身故者数人，又奇甚，言曰：他们英吉利人究竟不配到中国来，来了便要死的。）倘吾不知其用意所在，犹不再作归计，则华官或者以非礼之举相加，是不特于吾出使之荣誉体面有关，而对于吾此行之目的，尤必有至恶之结果也。然和中堂既有命吾开具说帖之言，吾虽明知其无效，亦不得不姑以为有效而开具之。乃不顾病体之痛苦，勉强捉笔开具六事如下：

第一，请中国允许英国商船在珠山、宁波、天津等处登岸，经营商业。

第二,请中国按照从前俄国商人在中国通商之例,允许英国商人在北京设一洋行,买卖货物。

第三,请于珠山附近划一未经设防之小岛,归英国商人使用,以便英国商船到彼即行收歇,存放一切货物,且可居住商人。

第四,请于广州附近得一同样之权利,且听英国商人自由往来,不加禁止。

第五,凡英国商货自澳门运往广州者,请特别优待,赐予免税。如不能尽免,请依一千七百八十二年之税律,从宽减税。

第六,请允许英国商船按照中国所定之税率切实上税,不在税率之外另行征收。且请将中国所定税率录赐一份,以便遵行。缘敝国商人向来完税,系听税关人员随意估价,从未能一窥中国税则之内容也。(译者按:前文所录两敕,《东华录》中同载一日之下,且首尾紧接,似系一日间事。然照此日记而论,前敕当是今日事,后敕乃今日以后之事也。)

四日礼拜五

昨日,安育德神父至馆舍中拜见,谓将有所陈白。余以病甚,不能见客,嘱史但顿见之。今日史但顿以安神父之言转告于余,余以其颇有记述之价值,又因安神父对于余奉命使华之举,心亦异常关切。凡中国政府中苟有若何之消息,与吾英国使臣有关而为吾所未知者,此人必预先通信,其望吾成功之心几与吾自望之心相若。

吾故乘今日病体较苏之时,补记其言于此。安神父曰:吾欧人之所谓钦使,多有常驻的性质,俾两国发生交涉,得以就近接洽。而华人对于他国之使臣,仅视为一种点染太平之具,苟非国家有庆祝宴会之盛举,则使臣可以不必来,来则亦万不许其久留,事毕,即促令回国。前此葡萄牙派来使臣,中国虽亦以至隆重之礼节款接之,而其居留中国之时期亦不过六礼拜。此因中国向来闭关自守,不知世界大势。初非挟有恶意,即如缔结条约、互相通商,为现今文明各国共有之办法,中国则从来未闻有与他国订结条约之事。然谓中国人固执不化,将来永无与他国人缔约交通之一日,则又未必尽然。不过无论何事,总当渐次做去,若能按部就班,逐节进行,将来必有成功之一日。倘躁急从事,抹去种种手续,则未克有济也。

安神父又言:钦使此次使华,所受困难实已不少,然使钦使到华较早,在中国朝廷未闻欧洲乱耗之前,则困难之事必可减去一半,因中国人向来以蛮夷戎狄目欧人。近来复得有一种风说,谓欧洲诸国方有战祸,其以蛮夷戎狄视欧人之心遂因此益甚,钦使到华后,亦因此大受影响。然钦使精干英明,仪表亦彬彬有礼,既来此邦,此邦人士心目之中必永远留此钦使之影像。虽现在之结果未必甚佳,而将来倘有成功之一日,终不能不归功于钦使也。据鄙见所及,以为钦使既经来华,来华之后,既经中国皇帝准予瞻觐,纵留华之时间极短,亦未始非英人在中国得有立足地之初步。倘自此以后,英人不以此自馁其气,仍由英皇陛下时时以书信与中国皇帝互相投报,每有商船到华,即奉以一书。一面于广东地方派一英侨司理其事,此英侨当以富有经历、长于交际之人充之,由英皇陛下赐予敕令,嘱其时时与两广总督联络感情。所有各项书信,即由此人面托两广总督代为呈递。倘将来中国之新皇登极,或有他种重大国庆,此人即可就近托两广总督转奏,自请晋京庆祝。如是在中国一面,既不背其使臣不许久留之定章,在英国一面亦可免去特派使臣之费用及心力,而两国感情仍可互相联络,无常驻钦使之名,可收常驻钦使之实。事之两全,无有过于此者,将来瓜熟蒂落,必有缔约通商及互派使臣之一日。至以目下而论,华人既不愿钦使久留,钦使自当立往辞行,准备回国,毋令华人逐客之令见诸明文,转使将来之事难于着手也。

安神父在华有年,所言至有经验,其对于将来应行事务之主张,至吾回国后,固可视为一种堪资讨论之计划。而其现在劝吾速即辞行,准备回国,亦属正当之忠告,吾思之再三,决意从之。然前据珠山来信,"狮子"船有即日启碇回国之意,今相去数日,该船已否启碇尚在不可知之数,故于决定速作归计之后,立草一函致相国和中堂。

函中内容,开首系通常问候之词,其次即言昨上说帖,计达左右,倘承赐以回复,敝使拟即于接到回复之日启行回国。其程途则拟先至珠山,一探"狮子"船已否启碇,倘系尚未,固属甚妙,其或已经启碇,则敝使可改坐"印度斯坦"船。因该船非至甲必丹到船后,决不能开行,今甲必丹尚留居北京,则该船必停泊港中无疑。然敝使部下随从之人既众,行李复多,"印度斯坦"船中仅能容其半数,故"狮子"船虽已启碇,亦必设法阻之。今附上一函,请中堂速即饬人飞送珠山,投交古完勋爵。倘该勋爵已经乘坐"狮子"船南驶,则请中堂饬送信之人飞急赶至广州截之。是为至要,下文复用通套之问候语结之,无关紧要,不赘。

夜分,鞑靼钦差金大人来,言:贵使致古完勋爵之信,已由和中堂饬人送去,贵使自请即日回国一节,亦已由中堂奏禀皇帝。皇帝说:如此办法很好! 很好! 但他们外国人受不起风浪的,朕为体恤他们起见,已饬钦天监选定本月七日吉日,着他们动身。又饬令该英国使臣沿途路经过各地的文武官员,一律优加保护,用敬礼接待,不得怠慢。金大人又言:贵使昨致和中堂之说帖,已定于贵使启行之日答复。因目下中堂尚在颐和园中,至贵使启行之一日方能来京,以复书面交贵使也。(**参考安德生氏《随使中国记》曰:圆明园中装配之各项礼物,因钦使启行在即,一律于今日赶就装成之后,乾隆皇帝亲自到园观看一周,见各物井井有条,龙颜甚喜,立命内监取银元宝八枚,分赐技师及办事人等,人得一枚。皇帝身材约高五英尺十英寸,虽背已微偻而精神甚好,目作黑色,鼻尖勾曲,略如鹰喙,举动神情颇具英明之气。所衣为黄色大袍;冠则黑天鹅绒制,上有红顶子及孔雀毛为以饰;靴亦绸制,以金线绣花于其上;腰间束一蓝色之带,亦丝织物。此盖在圆明园中办事诸人向吾言者。**)

五日礼拜六

时至今日,诸事多已无可为力,只能自作归计矣。

下午,樊大人与周大人同来,言:贵使归时,自北京往珠山,皇帝已特命大员二人为贵使之导护人。其一人为松大人,即前此游万树园时与贵使为伴者;又一人则为阿顺大人(阿顺二字译音),在热河时亦曾与贵使见过一次。至于金大人,则仅奉命护送贵使至于天津而止,余二人虽尚未奉明命,以意度之,行程亦当仅以直隶一省为限也。

六日礼拜

金大人、樊大人、周大人均于是日同至馆舍中,督饬夫役助余等收拾行李,以备明日启行。(参考《随使中国记》曰:收拾行李时,钦使以自乘之马车一辆,遣人送至圆明园,赠与和中堂。中堂不肯收受,然使者仅以回信送至馆舍,未曾将原车驱回。钦使以中堂既不肯受,自应索回该车,以便拆卸装运。因自作一信向彼索回,而中堂竟无回信,于是此车之命运如何,究竟落于何人之手,遂非吾等所能洞悉。及后来吾等抵通州时,忽见此车停于一处,其地与款接钦使之房屋相对。何以来此?真匪夷所思矣。)

渠等言:明日贵使启行时,尚当与和中堂行一握别之礼,但行礼之时间由中堂自定,故贵使当预先将行李等物装置妥当,俾一闻中堂之命即可启程。又言:中国朝廷诸大员中,颇有数人与贵使甚形相得,兹闻贵使来此未久即行回国,颇觉为之不快云。

下卷

十月七日礼拜一

午刻,由北京馆舍出发。(参考《出使中国记》曰:出发之前,忙迫万状,不特各种私人行李未及装束妥稳,即加拿派及英皇、英后之相片亦由华人代自壁间扯下,交钦使之仆役收之。其相片下所垫之小椅以代御座者,则以一时不及安放,赠与一中国官员。其他种种事物之杂乱无章,可推想而知矣。)

未出京城之前,途经一幄,和中堂及福中堂兄弟与高级官员数人,均已齐集幄中。身服官服,气象至为雍穆,似专候余等者。余入,与诸人行相见礼后,即见幄之正中设一桌,桌上覆以黄绸,黄绸之下有卷形之物二件。和中堂曰:此中一系敕书,即皇上答复贵使说帖之书信,一系物品清单,详开皇上赐与贵国国王各物之名目,俾贵使回国后,有所查照。(参考《出使中国记》曰:此种公文均系黄纸所书,卷成筒形,置于竹筒之内,行筒之外复用黄布包之。)

余曰:敝使来此观光未久,遽尔言归,心中自不能无所悒悒,但愿贵国皇帝俯允敝使所请,则今兹临别之悲或可稍杀。中堂闻言大愕,似深异吾言之不当,以至下文之答语竟无从说起者。默对有顷,中堂即改谈他事,言:贵使留京之时,不知饮食一项颇合贵国人士口吻否? 又言:今兹贵使自北京前往珠山,皇上已派定松大人为护送官,此人办事很好,谅能与贵使投合。言时,面有笑容,蔼然若友朋之送别。

福中堂兄弟则面色至觉不怿,且不喜与吾交谈。吾因此乃不能无疑,或者中国朝廷诸大员对于吾此次所上说帖,意见各自不同。当会同讨论如何答复之时,不免小有冲突,故有如是之现象欤。

吾与中堂谈话既竟,将告别出幄,中堂即呼一五品官,头戴水晶顶子者,至其前,使跪,别有二官捧案上之敕书及礼物清单,用黄色阔带二条缚于此五品官之背上。缚已，五品官起立出幄，上马向通州而行。吾及部下各员亦立即上马。

行二小时抵通州馆舍，前导之五品官复下马，入其厅事，跪于吾前，至吾以亲手接受其背上所缚之敕书及礼物清单后，始鞠躬而退。

通州一处有馆舍甚多，然大半僻处陋巷之中，荒废不治。吾所居之馆舍则与城垣相近，房屋尚新，建造之费达十万金镑，然其始并非特造之馆舍，乃某藩司之私宅。据教士言：此大员前此服官广东，以贪墨不法之故，为乾隆皇帝所斥罢。房屋财产悉数充公，其本人则今尚禁锢狱中，已终身无赦释之望。又言：此座房屋当以吾欧人居之最为合宜，因此房屋造之费，都系该藩司服官广东时，向吾欧人勒索而来者。

通州一处，地方虽小，然以密迩京师之故，中朝颇重视之。设有文武大员各一，武员即樊大人，汉人也，文员乃一满洲鞑子。今日见吾至，即来馆舍中请见，言：这几天河里的水已浅了，此后一天天儿浅下去，再过几天，大船即不能行走，若用小船装运或由陆路行走，实在太不便当。幸而贵使来得还早，明天即赶紧动身，或尚不至有什么阻碍。目下船只等项已由兄弟代为置办，明日早晨贵使即可上船，然而此刻已迟了几天了，若能早几日到此，路上必可格外方便些。

余聆其言，自至河畔观之，则河中水量，果较浅于吾辈自天津来时多矣。

八日礼拜二

上午，至河岸督饬苦力搬运什物上船，数小时始毕。华官对于吾辈之敬礼及代为照顾什物、行李之妥密，仍与来时相同。夜分启碇。

九日礼拜三

昨夜虽启碇，而所行不远，因水量极小，时时搁浅也。（参考《中国旅行记》曰：吾船行走时，不论风势之顺逆，不论水量之深浅，华官必督令舟子前进，不任少歇。如或船上夫役不敷应用，则令兵丁至岸上捉人拉纤。

此种拉纤之人均系穷苦百姓,捉来之后,每日仅予以六便士之工食,且令一路拉去,虽远至千里,倘不达目的地,决不许其还乡。故一至夜分,纤夫即就黑暗中纷纷逃去,于是兵丁复至各村庄中捉人。有已经就睡者,亦自床上拉出,倘不肯从则用鞭扑威吓之。)今日复搁浅二三次,天气则夜分及早晨甚冷,昼间颇温暖。

十日礼拜四

下午,樊大人来言:现在松大人奉到皇上手谕一道,那谕中所说的话,松大人打算自己过来与贵使谈谈。余曰:甚好。

未几,松大人已乘一快船,向余船疾驶而来。余即谓樊大人曰:请你先去招呼松大人,说等他的船停了,敝使先去拜见他。樊大人如言先驾一小船而去,至松大人之船与吾船相并时,吾即过船与松大人相见。

见面之初无非重提旧事,说前在热河时,承松大人引导游园,敝使感激之至,现在又承贵国皇帝命松大人为敝使之导护官,敝使更觉荣幸万分。松大人亦作相当之客套,言:兄弟蒙皇上派为导护官,得与贵使同往珠山一行,实在荣幸得很。因自怀间出皇上之手谕读之,谕中大致谓:着松筠导护英国使臣,前往珠山上船,一路当留心照顾,切实保护。倘英国洋船已不在珠山,即着松筠径行带同该使臣等,至广州上船。务须亲视该使臣等妥稳上船后,方得回京复命云云。

读毕,余问曰:现在敝使将往珠山,不知前日敝使托和中堂饬人送往珠山之信,现在已经送去否?松大人问:什么书信?余曰:即系敝使写与古完勋爵,嘱其停船守候者。松大人曰:这封信想来不关重要,怕还没有送去。余曰:此信并非不关紧要之信,缘敝国皇帝只命古完勋爵督驶"狮子"船,运送敝使到中国为止。到中国之后,倘敝使不令其留候,该勋爵即可自由督饬该船驶往他处。缘"狮子"军舰之事务甚多,非仅限于运送敝使也。松大人曰:那么兄弟立刻写信往北京去,请和中堂派人飞送珠山,想来不至于赶不上。余曰:如此甚好,费神,费神。遂辞别还船。

未及一点钟,松大人即过船回拜。客套即毕,因正式之谈话已于顷间说过,此时乃随意闲谈。

首由松大人讲述俄国情形,谓俄罗斯的百姓虽然凶狠野蛮,却还不能算得恶人。余曰:前此敝使奉敝国皇帝之命,亦在俄国居住至三年之久。松大人曰:奇事!怎么做一任钦差,会做到这般长久呢?余曰:我们欧洲各国,大家都讲交情,这一国派了钦差常驻在那一国,那一国也派了钦差常驻在这一国。如此两国之中,若发生了什么问题,便可由所派的钦差就近办理。此是欧洲各国向来通行之法,现在无论何国都一致办理的。松大人曰:我们中国的法律就不是这样,我们本国从来没有派使臣到外国去过。外国派来进贡的使臣,乃是一种临时的举动,照例至多只许在京城里耽搁四十天。倘有了重大事故,也许延长到八十天,可是虽有这句话,却是千载难逢的。又曰:中国自有中国的规矩,若这种规矩对于中国,并没有什么不便之处,决不该将他改变。所以外国人到了中国,遇了中西规矩不同之处,只能依了中国的规矩行事。因这种规矩,中国人行之已久,虽外国人眼中看了以为奇怪或行之以为不便,中国却决不能依了外国人的话,改变成法的。余曰:中外规矩既已不同如此,敝使此次到华,对于中国的种种规矩实在生疏得很,难保于觐见之时不无失误之处。但是这种种失误,不能算得敝使的过失。因敝使到中国后,自知人地生疏,非向一般富有经验的人讨教讨教,说不定要闹笑话。故一举一动都依了向在中国当差的西人的话干去,倘依了他们的话还是不对,那便不是我的不是,是他们的不是了。松大人曰:贵使这话从哪里说起?贵使此番到中国来,一切举动都颇能合式,即使有什么不周到之处,我们天朝也决不在这一些儿小事情上过事苛求的。

松大人此言颇合中国大臣身份,盖中国大臣所言莫不挟有此种语气也。松大人去后,樊、周二大人仍留吾船中,至夜分始去。

吾与彼等闲谈时,涉及一事,颇堪记述。彼等言:现在贵使自北京前往珠山,所用各项船只大小凡四十艘,执事之人自大员至苦力船户,为数约可一千。此项用费,皇帝规定数目,每天以五千两为限,倘或不敷,应由沿途地方供给。又言:贵使留居北京时,每日用费规定一千五百两云。夫一两之数,约合英金六先令八便士。以物价极廉之中国,而吾等一日之用费竟有此至巨之数目,宁非咄咄怪事!当吾等居留北京时,日用之费自起居饮食以至于一切杂物,虽颇有失之过奢者,而谓每日需用一千五百两,则吾无论如何决不肯信。或者乾隆皇帝为优待吾等计,定此极丰之数,而墨吏极多,层层剥削之,规定之数与开销之实数,相去乃不可以道理计耳。

记得周大人曾向余言:去年山东河决,淹没居户无数。皇帝中年曾在该省打猎,深知该省情形,闻奏立命拨发库银十万两赈济灾民。而户部先没去其二万两,以下每一转手则复去若干两,自二万、一万以至数千数百不等,层层干没之手续既过,最后之实利及于灾民者不过两万而已。嗟夫!孰谓中国人之道德,优胜于他人,窃恐东洋孔夫子之子孙与西洋美门(美门一字,源出叙里亚,言财帛也。《新约》尝用之,指执掌天下财富之神,今人有译作财神者。)之子孙,同其为不肖而已。

十一日礼拜五

船行极迟,船户及纤夫竭全日之力,所行不过十数华里。盖因河水极浅,水力已不能浮船,所以能前者,用人力强拉之,使船底与河底相擦而进耳。有一船体积较大,而所载较重,竭力拉之竟不进咫尺,后由密司忒麦克司惠尔、甲必丹麦金吐司、吉伦博士等进策于华官,令以大船所装之物分作数小船装之,始能前进。三人本在大船之上者,至此亦改乘较小之船矣。(参考《中国旅行记》曰:夜分,有一大船搁浅,不能复进,一时天气极冷,河水几欲结冰,而船户及拉纤人等因此系官家所雇船只,倘不设法令其前进,大人、老爷们必不答应。乃不避劳苦,合数十人之力,齐至水中推之、拉之,冀其少进。而自夜半以至日出,人人力竭神疲,船终不动。华官于此,苟稍具良心,似可不必发其虎威矣。而彼等见他船已进,此船独留,乃大发雷霆,命兵丁拉船户等至,一一用军棍重责之。呼号之声四彻于野,而华官之虎威自若,不为所动。后闻人言,船户因搁浅之故不特受责,且已由华官将其两日中应得之工资罚去,果尔,则船户费两日之光阴与劳力而所得之酬赏,乃为一顿军棍也。)

十二日礼拜

过船谒松大人，松大人言：据珠山最近来信，你们那洋船仍旧停在珠山等着，贵使可以不必性急了。又言：现在水浅船慢，若贵使老是坐在船中觉得有些气闷，不妨上岸走走，看看村景，但是走时当留心着，不要离船太远，太远了找不到船起来，就麻烦了。（参考《中国旅行记》曰：自松大人有此言后，吾等为随员者每觉不耐，辄至岸上散步，习以为常，华官不加禁阻。一日，忽有一武官不甚解事者，令其属下兵丁八九人勒令各西人回船，不许再在岸上散步。兵丁均野蛮异常，无可理喻，吾等虽不解其故，亦只得从之。未几，樊大人、周大人知其事，大怒，传各兵丁至，责以抗命之罪，用重棍重责。其起首之武官虽官爵并不甚低，亦由两大人责以四十大板。当此官受笞时，两大人遣人邀吾辈往观，意在令武官自知其辱，而吾辈则以为此种笞责之趣剧无观看之必要，谢之。）

谈论有时，余复提及正事。言：此次敝国皇帝令敝使远使贵国，意在开辟英中两国交际之萌芽，俾此后两国常相往来，感情益形亲密。而贵国大皇帝或可因此对于吾英国臣民之来华者，格外推诚相待，保护亦可因此格外周到。余言未及已，松大人即曰：我们皇上对于广州的外国人，不论是哪一国臣民，都是一体好好儿看待的。余曰：那自然，敝国侨民也没一个不敬爱贵国皇帝，故而贵国皇帝所颁布的命令，不论怎样，只须能力上办得到，敝国商人无不乐从。可是从我们两国通商至今，前后已有十二年之久，这十二年中，贵国皇帝对于我们侨商所颁布的上谕，已不止三道五道，而我们侨商却一道多没有见过。旁的不必说，单就税率一端而论，起初几年洋货的入口税收得极轻，现在一年重似一年，与从前相比已加了数倍。若贵国有正当的理由或有特别的支出，加税本来是可以的，无如加的是加，而理由却始终没有明白宣布。倘若贵国只顾加税，有增无已，敝使恐怕将来英国商人到了担负不起的那一天，那每年六十大船的商品简直不能再运到贵国来了。所以这一件事，总得望贵国想一个正当的方法才好。

松大人曰:方法是要想的,不过我们天朝的税则不是老不更变的。若遇国家用费少的时候,自然赋税轻些,连你们外国人也可沾些光;若国家费用太繁,或因某某数省出了重大事故,急待大宗款项使用,那么不得不在赋税上面酌量加些。这是不论本国商人、外国商人,多是一样的,并不是专门挖苦你们洋人。余曰:这话说得不差,即如一千七百八十二年的加税,敝使也知道贵国因安南西藏发生变乱,军饷浩繁的缘故,但是此种临时增加的税,到事平了就应该减少,恢复原状。自从那税增加了到如今已有十年了,中国并无减轻之意,故我们英国商人心上颇有些不舒服。

松大人曰:现在中国已太平了,这一宗税,便是贵使不说,中国朝廷也早已提议裁减的了。余曰:果使此项消息确凿,则贵国皇帝体恤英人之心大足令敝使欣喜敬仰。敝使甚愿贵国皇帝德泽四布,声威益张,使其祖宗相传之大业安然立于稳固不摇之地位。所惜者,敝使来此之后,为时匆促异常,未能将心中积悃与相国和中堂详细谈之,请其转达圣听。而敝使晋京时之导护官又适为金大人,其人天性倔强,排外之见甚深,敝使有所建议,辄为此人所阻,心中至以为闷。倘贵国皇帝于敝使晋京时即派大人为导护敝使之人,吾知以大人之开明和易,必造福于吾英人不浅。此非敝使面谀之言,盖事势然也。

松大人曰:那自然,那自然,兄弟是很熟悉洋务的,向来和洋人很要好。这一回的事,虽现在机会已过,敝使不能为力,然使将来别有机会,兄弟必从中出力。要知道咱们虽是国籍各异,言语不通,交情总还讲的。

语时情意之殷恳,足令吾深信其字字由衷,绝无虚饰。倘松大人此一席话犹含有虚伪敷衍之性质,而非推诚相待者,则松大人可谓世界第一虚伪家矣。

十三日礼拜

至天津,华官至岸上采办大宗供给之物,储之船中,以备航行之用。其中肉类有羊肉、猪肉、鹿脯三种;果类有梨、桃、橘、栗、葡萄各种;又有数种则非欧洲所有,吾不能举其名,但知其为味鲜美可口而已。此种供给之物,吾已记不一记,即此番自北京至天津,一路饮食,亦无日不有佳馔。今日必欲特别标出之者,以今日尝新之时,松大人曾亲至船中请安故也。尤有一事,吾亦不得不记,牛乳之为物,吾欧洲之人殆无一不视为通常食用之物,而华人则但视为母牛哺育子牛之用,人类鲜有取而食之者。后见吾等每食必用牛乳,即所饮之茶亦用牛乳调之,始知吾等有一日不可无此君之势,乃于供给物中增入牛乳一项,以投吾人之好。然以此物得之不易,航行之中更无从日取得鲜乳。松大人意在示好于吾,命人购得多乳之母牛二头,特用一船装之以备不时之需。此举于吾英国旅客至有益也。(参考《出使中国记》曰:牛乳、牛酪、乳油三物,中国人向来不用作食品。其牛酪、乳油二种则不唯不用,且无有解其名而识其物者;牛乳一种,虽通人咸知之,然知其挤法者绝少。今船上所用之挤牛乳人,乃访觅许久始能得之者也。)

吾于此时,意想中乃不得不重提往事。方吾来时,自天津登岸而后,一路供张之具既穷极侈靡,而抵热河之时,复由天朝相国费二日之光阴导吾游园。宫廷之中,皇帝万寿之大礼,余亦得躬与其盛。平心而论,一国之对待外国使臣,如此亦可谓克尽厥礼矣。然而居未二月,即欲令我回国,方其逐客之际,其势汹汹,几不容吾多作一日之勾留,则其情景亦不足令吾丧气。及吾既首途,供张之盛又复如前,即此牛乳一项,为事虽小,亦不得不感佩华官照料之周到。而始而热,继而冷,终乃复热,出尔反尔,此中起伏之波遂令余百索不得其解。就吾武断之意见言之,或者此番供张之所以复盛者,乃系中国朝廷自知其逐客之行为不合于理,而又不便直认其过,故为此以为弥缝之计耳。

十四日礼拜一

晨间天气极冷,亭午乃暴热,顷刻之间变化乃如易季,身体遂大受其影响,在卫队数人因此致病。

十七日礼拜四

路过大坟场数处,(参考《中国旅行记》曰:中国人喜厚殓,丧葬之费数倍于欧人。尤有一种风俗颇不足为训,凡上流社会之人,力能开设一行号者,父母死必停柩一年或十数月始葬,否则邻里亲友必责其不孝。夫停一陈死人于家中,而即谓之孝,且此种孝道又专责诸富人而不责诸贫人,诚可谓无谓之至矣。)以意度之,此地必与大市镇或大都会相近,即此地岸上所见之人民,数亦较多于前。据云:中国之人口南多于北,此后每日趋南,人数必按日递增也。今日于岸上人丛中,见妇女多人,相貌既不楚楚可观,衣服亦殊欠整齐。以状度之,彼田中劳动之人,现方力事秋收者,或即此辈妇女之所天也。

二十一日礼拜一

上午,往谒松大人,谈论甚久。谈论之要题,即系乾隆皇帝之敕书。谈论时,有一书记官(译意)亦在座,此人盖即代乾隆皇帝草敕书之人,今乃隶属松大人部下,随同办事者。既与吾相见,即向吾道歉,言:皇上所赐第二道敕书,实系兄弟起草,其中有以上所谕各条,原因尔使臣之妄说,尔国王或未能深悉天朝体制,并非有意妄干,及尔国王或误听尔下人之言等句均非皇上之意,乃系兄弟加入,兄弟今见贵使,殊觉抱歉。余曰:此数句既非皇上之意,阁下何必加入? 此中理由,愿即明示。

其人曰:此系政治上的哑谜(此句译意),中朝习用之。因皇上对于他国君主,倘欲却其所请,往往不用直斥之法,以顾全其体面。故敕书中不言所请各条出自贵国皇帝,只言贵使并未奉有英皇之命,发为妄谈,如是则虽加驳斥,于英皇体面仍无所亏缺。此系兄弟措辞之苦衷,想贵使闻之亦必颇表赞同,而加以原宥也。

此人之言虽难圆转有理,且言时为状甚恭,似系实情,而余则仍不能无疑。试问甲国君主,既自知降敕直斥乙国君主之非礼,则虽不直斥其君主而斥其君主之代表,亦岂得谓礼耶? 窃恐此种举动,在华人则为取悦英皇,在英皇则未必因此而快意。至于余者,得能代英皇承受其咎,已属荣幸,彼中国皇帝驳斥之词,吾唯一笑置之,决不以此事久蓄于心也。

余又言:皇帝第二道敕书中,有至于尔国所奉之天主教,原系西洋各国向奉之教。天朝自开辟以来,圣帝明王垂教创法,四方亿兆,率由有素,不敢惑于异说。即在京当差之西洋人等居住在堂,亦不准与中国人民交结,妄行传教,华夷之辨甚严。今尔国使臣之意,欲听任夷人传教,尤属不可等语。查敕使所开说帖之中,事事关于商务,未有一语及于宗教。今敕书之中忽节外生枝,羼入此事,殊不可解。

松大人曰:这是因为向来到中国的西洋人,大都很喜欢传教,皇上恐怕你们英国人也有要求传教之意,故声明在前。

余曰:此事虽本于华人对于欧人之经验,而吾英人对于宗教问题,意见与欧洲他国之人稍异,盖他国之宗教家主张一尊之说,以为世上既有天主教,余教悉无存立之余地,故必力布天主教,使余教一律消灭。吾英人之意则以为吾人既崇拜天主,而天主之意虽在化民为善,他种宗旨之宗教亦罔不与天主教相同。宗旨既同,则无论何种宗教,凡天主之意许其存立者,吾人即不必强用人力以摧残之。故英人虽笃信宗教,而传教之热度则不敌葡萄牙诸国。试观澳门、广州二处,他国人民之至其地者,恒有一二宗教家参错其间。吾英吉利则但有商人,终始未派一以传教为业之教士来此,即此次敕使随从各员之中,虽有一二人系属教友,而其职任乃在管理各种礼物,并无传教之责,仍不能以完全之教士目之。当知吾英人与葡萄牙人虽同隶一教,而传教之热心各不相同。今敕书之中忽有尔英吉利国人素喜传教,布为谬说等语,实与事实不合,想系葡萄牙教士欲令中英二国互起恶感,故以此种不经之说进于皇帝之前,皇帝从而引为敕书中之材料。否则华人素昧欧洲情形,决不作此揣测之辞也。

松大人曰:敕书中并没有这两句话,汉文、清文都是没有,若拉丁文中有了,便是翻译的不是。

余曰:汉文、清文,敝使悉不之解,唯拉丁文中则明明有此二句也。稍停,又曰:观第一敕书,其主意仅在不允互派使臣,而敕中乃有西洋诸国甚多,非止尔一国,若俱似尔国王恳请派人留京,岂能一一听许等语。又第二敕中,除前言之宗教问题外,每驳斥一条,必殿以若别国纷纷效尤,岂能各应所求等语。以意度之,颇似皇上深恐敝国帮助他国之人援据此项成例,复向贵国要求权利,不知敝使之所请悉系为推广敝国商业起见,并无帮同他国向中国要求权利之心。即他国以厚利啖吾英人,吾英人亦决不能允许,贵国皇帝预计及此似属过虑。至于广东入口税之繁重,敝国商人受其痛苦已久,苟中国朝廷再不设法清理,一任墨吏从中蒙蔽勒索,则异日英人之商业既衰,广州之繁盛亦必因此日见退步,此于吾英人固有所不利,于华人一方面亦未必是福。而敕书之中乃有粤海关征收船料,向有定例二语,若皇帝全不知该关征税近情者,则又未免失之昧于近事矣。

松大人曰:不要说了,不要说了。总而言之,贵使对于皇上所下的两道敕书,无非是满肚皮不快活。其实咱们皇上对于你们英国人非常要好,在他心上也恨不能畅快儿依了你的话,只因我们天朝祖宗的成法如此,便是皇上要依你,也依你不来。至于你所说的税关弊端,皇上也未尝不知。不过写在敕书上太不好看,于天朝体面攸关。故一面在公文上面仍是糊糊涂涂说了一句,暗地里却已派人切实整顿,保管不上多时便有眉目给你看了。

余曰:此派人切实整顿的信息不知确否?

松大人曰:哪得不确。目下新任两广总督长(名麟)大人乃是一位能员,皇上很信任他。他办起事来,对本国人是铁面无私,对外国人也很讲情理。前在浙江任内政绩甚好,故此次皇上特派他为两广总督,着他将该省前此各项弊端一一查明复奏,且许其便宜行事,酌量兴革。吾料此人到广东后,全省政务必可大有起色,然地方既大,积弊复深,整顿之颇非旦夕间事。即如关税一项,整顿后之办法恐非贵使在中国时所能听得,只可俟后日贵国船只到广东时,用书信通报的了。

余曰:该处税则但须切实整顿,迟早均系敝使所乐闻。但有一事,务请大人代为办到。松大人问何事? 余曰:此种整顿税则之消息,敝国皇帝必甚欢迎,而前此第二道敕书中既有一处系翻译上之谬误,亦难保他处不再有误点。故拟请大人代奏皇帝,请其写作一敕书,书中详述整顿广东税关之事,而于前二书之谬误则详叙而校正之。俾吾回国觐见英皇时,得有所交代。

松大人曰:再降一敕本是办得到的事,但现在贵使已经动身,若朝廷再降敕书,恐于成法有背。又曰:我们皇上自从贵使来后,非常欣喜。在热河时几乎没一天不提起贵使,连贵使的起居饮食也时时问起的。便是现在贵使离了北京,皇上还仍是牵记得很,这都是贵使举动文明,颇蒙皇上赏识的缘故。不过现在要请皇上再降一道敕书,虽然在情理上说来,皇上无不许之理,只恐向来没有这项规矩,能不能办到就说不定了。这件事,兄弟不妨给你写个信去,将来贵使到了杭州,与新任两广总督长大人相见之后,长大人必能将此中情形仔仔细细地告诉你,因为此刻写信去,预算回信到时,我们已在杭州了。

松大人与吾一路同行,吾见其每日必收发文书多件,用急使送之,想此事亦不过多发一文书之劳,松大人未必不践其诺。至于华人传递文书之迅速,则诚有出吾欧人意料之外者。大约为程一千五百英里,费时不过十日或多至十二日。(参考《出使中国记》曰:中国传递公文之急使,每行十英里或十二英里必一易人,行时用急马,公文则用一袋缚于其人背上,袋底系响铃多枚,行时声锵锵然,可闻于数百武外。此项急使,不论昼夜晴雨,必拼命前行,故速率之大至可骇异。然以每站必一易人马,虽速而人马均不觉疲也。)

二十四日礼拜四

松大人使人来言:顷奉皇上手谕一道,事与贵使有关,拟过船与贵使言之,不知何时为便? 余以今日病甚不能起床,请彼明日来。

二十五日礼拜五

松大人来言:皇上闻贵使启行后一路安吉,圣心甚悦,今特遣人送来牛酪一事、糖果若干,以为皇上厚爱贵使之证。又手书一谕,嘱兄弟代向贵使候安,想贵使闻之,意必甚乐。余亟称谢,且请其代为奏请圣安,已而复谈及前回相见时所谈之事。

松大人言:现在新任之两广总督长大人为人公正不阿,将来到任之后定能将从前积弊一洗而清,贵国人民之经商于该处者必能大受其惠。语时,神气殷恳,似欲吾深信其言。余意果使中国朝廷能以诚意待吾英人者,此诺迟早在所必践也。

二十六日礼拜六

仍在运河中航行,左方见一湖,面积甚大,盖系供给此河之水量者。

二十八日礼拜一

数日来,吾留心观察,乃知吾侪所乘船只,每船有纤夫十八人,用一头目领之。(参考《中国旅行记》曰:此辈纤夫多穷苦不堪,吾辈以残余之肉屑或他种残食与之,彼等必称谢,欢然若获珍馐;又吾等所弃用过之茶叶,彼等辄取而重煮之,以为饮料。其生活程度之低乃出吾欧洲乞丐之下也。)此辈举动素无秩序,至此乃稍觉整齐,或者此间之警察较严于它处欤?(此语误,尔时中国并无警察。)

据华人言:凡中国官船或公事船所过之处,纤夫应由沿路地方官代为招集,为状如德法二国邮局之代为旅客雇用马匹。唯中国之招集纤夫,工值极薄,普通人民每不愿承命,地方官乃不得不按户勒派。往往有较为殷实之农户自己不愿当差者,别出重值雇人以为代,亦云苦矣。(参考《出使中国记》曰:吾侪进白河时及此次自北京南下时,所用纤夫,多穿其原有之青布衫,亦有衣服不完,情状至觉可悯者。自是日起,乃改用一种红边之制服,头上戴一大帽,有红色之扁平结子,拉纤时,自远望之,为状较前整齐多矣。)

二十九日礼拜二

天气甚佳,有风自东南方来,吹人滋快。天作灰色,形如大理石,而时时浮云开动,日光由云隙中下射,烁烁挟有生气,着人颜面,不觉幻为笑容。

晨间,松大人来,言:顷得北京消息,"狮子"船及其同行之"戛考尔"等船目下已离珠山,"印度斯坦"船则尚未启碇。想来贵使回国,只能乘坐"印度斯坦"船前往澳门的了。

余曰:"印度斯坦"船系商船格式,能多载货物,不能多载搭客。敝使部下人员为数甚众,且向来不惯拥挤,若以此多数之人齐挤于"印度斯坦"一船之上,势必致病。

松大人曰:这话亦说得近理,兄弟当立刻写信至北京,请他们妥筹办法。至于我们现在,不妨到珠山后再作计较。若嫌"印度斯坦"船太小,尽可将行李等物由该船运载,其余官员、夫役仍用中国船只运往广东,想来没有什么不便之处。余曰:此种办法虽好,但不知敝使写与古完勋爵之信,现已由北京送去否?倘北京执政之人能早日送去,今日何至复有此等周折。

松大人一闻此言,意颇不悦,立即乱以他语。余乃不禁奇骇,念中国朝廷对于吾辈英人,虽表面上颇有推心置腹之状,几于无一事不以诚意相待,而其内容乃即此一信之微,亦不肯代为尽力。则其余种种事务,如改良广东之税则等,恐亦不免多成画饼。果然者,余此番跋涉之劳,其结果直等一个无字而已。

三十一日礼拜日

松大人复来,言:我们自从启行之后,一路情形和兄弟与贵使的谈话都由兄弟随时禀报皇帝。现据北京来信,皇帝见了这项报告之后非常欣喜。从前皇帝对于贵使到中国来的一回事,心上颇有些疑虑,现在却已完全明白,知道贵使此来无非为联络友谊及振兴商务起见。故新任的两广总督已由皇上特降谕旨,着其将外洋入口税务切实整顿,倘外洋人受了冤屈,许其直接禀报总督大人查办,不必依照从前的规矩由行家转手。

余曰:既承贵国皇帝加意照拂我们外洋人,敝使实在感激不尽。但此种情形,敝使自己回去向英皇说,总不如由贵国皇帝出一封书信的好。不知前数日所谈请贵国皇帝再降一敕的话,能否办到?

松大人曰:皇上办事自有主意,主意打定了便不愿意有旁人去干预他。这件事,我想既由皇上答应办理,将来无论如何自有必行之势,贵使可不必汲汲。若定要捏了他的字儿做凭证,恐怕越是催得急,事实上反不免别生变卦。况且贵使要请皇上再降一敕的话,兄弟早已有信去过,若皇帝心上以为此事可以办得,保管不久便有回信来。不过此时还没有,请贵使耐着守罢。

十一月一日礼拜五

自昨日路经一水闸后,河面渐阔。至今日所经之处,其阔堪与吾英柏得内地方之泰晤士河相埒也。

二日礼拜六

晨间,自运河横渡黄河。黄河为中国四大名川之一,于历史上颇有名。吾侪所渡之处阔可三英里,水急多泥,其色黄浊,黄河之名殆即以此。(参考《中国旅行记》曰:黄河水急难渡,船户于渡河之前先停船河岸,杀牲致祭河神,其所杀之物虽各船不一,而以猪、鸡二物为最多。杀牲之后,牲则置诸船头,血及羽毛之属则漦粘于船面,即不能尽粘,亦必粘其主要各部分。船头之上,除所杀牲畜外,别有小杯凡三,杯中所盛之物各船不一,有用粉、盐、茶三物者,有用酒、油、盐三物者,亦有用油、米、盐三物者。布置既竟,先由船主向船头磕头,然后开行。开行时船主立于船头之一旁,其又一旁则有一执铜锣者立之,至中流水势湍急处,执铜锣者鸣锣为号,船主即举杯倾油、米、茶、盐等物于河中,同时燃放爆竹,在船之人咸高举其手向河神行敬礼。急流既过,仍由船主向船头叩头三下而礼毕。)

渡黄河后,仍循运河曲折南行,预计不出数日可抵扬州。松大人曰:吾等至扬州后,当休息数日云。

五日礼拜二

至扬州,其地商业甚盛,吾等本拟在此略作休止。兹以松大人已改换计画,拟俟抵杭州后始命停船,故此间并未耽搁。扬州名胜之区,仅在吾眼帘中一闪而过也。

六日礼拜三

甫晓,即渡扬子江,渡口阔可一英里半,既渡,抵镇江。镇江为扬子江下游胜地,人口甚繁,昔时曾筑一巩固之城以卫之,今城已旧敝,无裨兵事矣。过镇江时,岸上有华兵二千人,左右整列,鼓乐而过,有军旗导之,观其状,似此间方举行阅兵式也。

七日礼拜四

晨间抵常州府,过一建筑极精固之三圜桥,其中央一圜甚高,吾船直过其下,无需下桅也。常州亦为南省头等都会之一,昔时衣冠之盛卓绝一时,今已渐就式微矣。已而又过三小湖,乃互相毗连者,其旁有一长桥,圜洞之多,几及一百,奇观也!(参考《中国旅行记》曰:此种世间不可多见之长桥,惜于夜间过之,当时吾船鼓帆而行,初未有一人注意此桥,后有一瑞士仆人偶至舱面,见此不可思议之建筑物,即凝神数其圜洞之数,后以数之再三不能数清,始入舱呼曰:诸君速出观彼奇桥。及吾等闻声出视,则桥已过其大半,夜色迷茫,不可细辨矣。按:此系苏州之"宝带桥"。)

松大人来,言:顷奉朝廷明谕,吾等同至杭州后,即由新任两广总督长大人导护贵使同往广东,贵使部下之甲必丹麦金吐司,既系"印度斯坦"船船长,即听其前往珠山地方,回原船办事。

余曰:该甲必丹回"印度斯坦"船时,敝使所带行李之重滞者及贵国皇帝赠与英皇之礼物,拟即由该甲必丹带往船上运回英国,即由敝使分遣卫队及侍从数人上船料理此事,不知可否?

松大人曰:可。此种办法甚好。(参考安德生《随使中国记》曰:此事后来议决,由钦使派彭森中佐、丁威德博士、密司忒亚历山大三人率仆役四人、机匠二人,随同甲必丹麦金吐司往"印度斯坦"船照料物件,其余各员仍随钦使同往广东。钦使又发出赏钱数百元给各船船主,每船十元,由船主均分与各船夫,船夫大乐。)又曰:贵使到了杭州,即有长大人与贵使作伴,同往广东,兄弟也不必再向南方走了。现在打算到杭州之后再往宁波,将甲必丹麦金吐司上船的事料理清楚了,立即回京,将贵使此次南下情形面奏皇上。想来此次兄弟与贵使同来,贵使心中未必有什么不满意于兄弟之处。

余曰:一路承大人照拂,敝使感激不尽,万没有不满意的话。

松大人曰:既如此,兄弟也勉强可以交卸得过了。又曰:前此贵使曾言,甲必丹麦金吐司到珠山之后,拟在该处收买土货,预备回国贩卖。当承和中堂允许,此次甲必丹前往珠山,若因时间匆促或因别种缘故,不能收买土货,那就不妨到广东去收买。兄弟可以代为招呼广东官吏,免其上税,以示优待,请贵使也招呼一声该甲必丹便了。

九日礼拜六

晨间,至杭州,在城外一处停泊。时新任两广总督长大人已自乘一船,自城中出迎松大人。且言见过松大人后,即当过船见余。此人将来至广东后,果能如松大人之言清理该处税务与否,现在虽在不可知之数,而此人得能与吾见面,实为吾所甚喜。

停船未几,长大人果来。余相其状貌,颇类读书明理之士,举动亦彬彬然如君子人。相见之后,长大人即言:兄弟此次要往广东,想松大人已与贵使说过的了。到广东后,凡是贵国商民,兄弟必格外出力照顾,那整顿税则一项固然不容说得,便是他种事务,凡贵国商人受了屈,也尽管直接报告兄弟。无论本人来也好,写信来也好,兄弟总凭公替他们理个清楚。

继乃与余闲谈,问余自英国至中国来回有多远?余如言告之。

长大人曰:原来有这么许多路,怪不得这回贵使到中国,咱们皇上分外的欢喜了。言时,遂命随从之人捧进数物,曰:这是皇上加赠于你们英皇的礼物,请贵使代为收着。其中盖系金色之丝绸数匹,皇上自佩之荷包数个,而其最贵重之物乃为御书"福"字堂轴。据华人言,此项堂轴非常名贵,不特外国人不易得,即中国大臣或贵族亦以得之为荣。

此数物余一一领受之后,长大人复以一"福"字堂轴授余曰:此系皇上赐与贵使者。余亦受而谢之。已而谈及同往广东之事,长大人曰:现在兄弟还没有将此间事务交代清楚,大约过了四五天方可动身,动身后咱们俩一路同行,尽可时时过船谈天。至于你部下的甲必丹麦金吐司,则现在已经商妥,由松大人陪他往珠山去上船,不过他到那边去,若说到购买货物一层,颇有些困难之处。

余曰:敝使与该甲必丹分路在即,倘大人意中以为他去时有什么困难,不妨叫他来,当面同他讲讲。

因传甲必丹麦金吐司至,长大人语之曰:广州的中国商人和洋人来往很多,珠山的情形则与广州不同,你到了那边,不特各种货物全须用现银购买,且恐该处出品未必即适于洋人之用,倒不如索性往广东去买的好。

以下复力言外洋人不便在该处购买货物之情形甚详,不必尽述。要之,吾初意拟令甲必丹麦金吐司在该处买卖货物者,心中为希望中国政府准吾英人在该处经营商业起见,故欲借此次之便开其先端。今该处将来之事既经中国政府批斥不许,则此仅有一回之交易似亦无足轻重,故长大人既力言珠山不便买货,吾亦即不与争辩。好在珠山可以免税,广州亦可以免税也。

十日礼拜

总督长大人复来拜见,所谈与昨日无异。仅言皇上既命兄弟去整顿广东的事务,兄弟万无不竭力之理。且兄弟向来很体谅外国人,到了那边决不令外国人负屈,贵使尽可放心得下。

十一日礼拜一

接到古完勋爵一信,系上月十五日自珠山寄发,其所以迟至今日,相隔几及一月始能送到者,谅系中国政府疑忌外人之心极甚,故为压搁之故耳。信中言:"狮子"船中病者甚多,医生、大副亦病,而又无药,不得已,只可开往广东江口购药,以苏同人之困。一俟药物购置完备后,立当返棹北旋,迎钦使于珠山原地云云。

余一见此信,立即往谒长大人,言:计算时间,目下"狮子"船当在澳门附近。倘能立即送一急信前去,该船必能接到此信,不知大人能代为措置此事否?

长大人曰:可以,可以。你快去写信,兄弟今夜就打发专差送去,送至广东,请密司忒勃郎转交,一定不至于有什么失误。

余乃立草一函,请长大人饬人送去。信中仅数语,即嘱古完勋爵停船在澳门守候,不必复开至珠山是也。

十二日礼拜二

长大人复来拜见一次,二人情谊因此益形亲密。

十三日礼拜三

松大人来辞别,观其情状,似与吾甚有友谊,不忍即别。谈话时,有数语颇足显其具有识见,盖系吾前后所见汉族人若满族人所不能言者。其言曰:各国有各国的法律习惯,决不能强同。中英二国相距既远,不同之处必较相距较近之国为多,故此次贵使到中国来,虽然见了许多可惊可异之事,却也不足为异。若易地以观,兄弟到了贵国,心中惊异之情也少不了和贵使一样。故贵使回国之后,请千万不要把心中对于中国有什么不满意的地方老是记着,这便是兄弟最希望于贵使的事了。

此人性情和易可近,在华官之中当推为一最为有识见者。此次自京至杭,一路颇受其照拂。至是,吾乃取礼物数种赠之,而彼必不肯受,谓受则有违国法,吾遂不敢相强。后又谈及俄国情形,渠言:俄罗斯人多是不可理喻的,往往中俄二国交界之处有什么流氓、盗贼闹了乱子,逃往俄国去了,去同俄国政府说说,老是个不理会,只是说你们中国人若是当场捉得到,便捉去杀了,若捉不到,还干得谁事? 这种人虽恃强逞霸,全不讲理,却是究竟不能算得恶人。(参考马戛尔尼自注曰:中国之普通人民与俄国之普通人民,同系半开化之民族。中国上等人之受有教育者,若任其居住本国,不与外界接触,其开化之程度已足称完备;若令其与世界民族相见,则知识殊形缺乏。俄国之上等人,则知识悉从旅行中得来,倘令其杜门不出,其程度必更在华人之下。此二种人各有所失,要不足称为全开化之民族也。)

此种议论,言者不仅松大人一人,尝有三数华人与吾谈及俄国事务,亦主此说。且谓渠等对于俄国女皇之性情及其得履皇位之历史,均研究有素云。

十四日礼拜四

晨间,自杭州府向南方出发,余坐一肩舆,至城中一行。方余初抵杭州城外时,就船上观看杭垣景象,即知此城必为南省名城之一,及今日入城后乃知此城之殷富,大过于吾前此之理想。

已而出城,抵一大湖之旁,景色绝佳。有一运河及小河数条贯注之,湖之一面有平稳之小山脉障之,自麓至巅遍植松柏杂树之属,远望一绿如锦。尤有一塔亦在湖边,高凡四层,塔顶一层尚不在内,全塔作八角形,用绝巨之红石及黄石砌成,高约二百英尺,古树槎枒杂出其下。塔之建造亦古拙有奇趣,土人称之为"雷峰塔",言其建筑之期乃在二千五百年前。此语虽不可信,然塔虽残废,蔓草荆棘杂生其上,而塔基仍巍然高峙,绝不顷坏,则谓非古人建筑之物不可也。

出杭州东门行六英里,览此湖景而后即抵一江(此系西湖与钱塘江),江中已有大船多艘,停泊以待,此种船只用棉布制篷,船前船后作尖形,颇与欧洲船只相似。底虽平阔而吃水不深,平均载重二吨有半,吃水不过十英寸。

方吾自杭州城内来此时,路上每过一兵站,站中兵士必出而行礼,礼节极隆,盖系跪于地上,至吾肩舆行过后始起立也。及至江岸,又有兵丁一大队,数在五百、一千之间,向吾行迎接之礼。此种兵队,衣服极整齐,军械亦极锋利,吾至中国后眼中所见,求其形式之像得兵队者,当以此队为第一。此队兵士对于吾卫队之军容亦颇注意,凡衣服、军械以至于进行时之快步、慢步,无不留心观察之。

十五日礼拜五

天明,见吾船已开至江之上游,此间江面虽仍有半英里之阔,而水力已不及下游,故昨日开船时悬帆而行,今日则改为拉纤。

午刻,过船往谒长大人,樊大人、周大人亦在座。樊、周二人本拟送吾至杭州后即回北京,后以此二人与长大人为旧识,而长大人以其与吾甚有友谊,故仍令其随同前行,俟将来同至广州后,乃令返京。

今日余与长大人谈晤虽久,然未尝提及正事,语调悉视长大人之谈锋为转移。盖因此人和易可近,而自此间前往广州,为程又甚长,吾二人既一路同行,则后此正有仔细讨论之机会,自不必于今日一日中向彼开若何之谈判也。(参考《出使中国记》曰:长大人待人礼貌甚恭,以其所处地位言之,则身为两省之总督,而又受皇帝之知遇,似可庞然自大、目空一切矣。乃今日与吾等相见时,樊、周二大人侍立,长大人即命其就座,谓咱们多是朋友,不必拘束。即其所带各中国译员,举动亦颇觉自由,不似其他各大员之随员,但知俯首唱喏,不敢正视也。)

十七日礼拜

长大人过船回拜,向余提起英国在中国之商务问题。言:这一件事,兄弟向来没有考究过,此番到了广东,一切情形很不熟悉,不知贵使心上要兄弟帮忙的是那几件事? 余照直告之。长大人曰:那么请贵使开个帖儿,一项项的写个仔细,不知可否?

余曰:此是敝使最乐闻的事,既承大人叫我开写,自当从速开写过来。

长大人曰:这事本不必写得,谈谈就可以了,不过兄弟事情很多,这一件事关系又极重,必得有了个底子,在空闲时自己仔细斟酌过一番,然后才可以着手办理。因为要办这事,决不是凭空说几句敷衍门面的话就能了的,必须凭公处置,筹议了一个妥当之法,将应兴的事兴起来,应革的事革去,然后才能办得好。而这回兄弟奉命往广东去,虽则皇上很信任我,我的地位颇能切实办事,不怕旁人掣肘。却是有一层,国家的政事上有了弊端,在于一方面,固然有许多人受他的害;在于另一方面,却必有许多人靠了作弊过活。现在要肃清弊窦,明明是打破他们的饭碗,他们要将兄弟恨得切骨,那么兄弟要办这件事就不免大做难人了。然而和这般小人作对,还算不了什么事,其中最麻烦的便是福中堂,因为福中堂现在已做了军机大臣,在朝中颇有权力。然而前几年,他也是个两广总督,说不定广东的种种弊端,多是他一个人养成的。如今兄弟到广东去,若将他在该省所办的事有意推翻,则他面子上既不好看,他必不肯与我干休,所以兄弟实在处于两难的地位,只能到了那边从长应付。但是有一件事,务望贵使听信兄弟的话,贵使此番进京,听说曾上了个说帖,由和中堂批驳不准,故贵使出京时心上颇觉失望,以为中朝对于英国很不要好。其实皇上很看重英国人,所以不能答应贵使之请求者,实在是受了成法的拘束,并非故意不肯。贵使回国复命之时,务请将此中原由明白奏禀贵国皇帝,心中不可稍存芥蒂,致丧两国之邦交。至于兄弟到广东后,无论如何困难,必定设法将该处洋人上税的事整理清楚,其有英人至广东经商者,亦必从优保护。不知贵使能看兄弟面上,将前此所成之意见破除否?

余曰:敝使出京时,心中至觉怏怏,颇疑贵国对于敝国不愿互相联络,今闻阁下及松大人前后解释之言,始知贵国不能允敝使之请,亦有苦衷,初非以一概驳绝为快。则将来回国后,自当据实奏禀敝国皇帝,至于广东之事,尚当仰仗大力。

长大人曰:那自然,那自然。不容贵使多说的。长大人去后,未几,即有使者数人送茶叶、扇子、香料等物至船,盖系赠与余及随从各员者。

黄昏时,樊大人带同少年绅士二人,至吾船拜见。问之,乃系琉球国王所派使臣,今将往北京进贡,道中适与吾船相遇,故请樊大人为介绍,过船相见。琉球为一岛国,位置在中国之东南,臣服中国有年。按照定例,每越二年,国王必派亲贵二人航海至福建省之厦门登岸,恭赍表章方物,至北京进贡。此二人亦系国中亲贵,能说华语甚熟,然其本国亦自有一种语言,佶屈聱牙,通者绝少。有谓此种琉球语与日本语相近者,亦有谓其与朝鲜语相近者。余于东方语言文字之学素欠研求,不能辨其说之孰是孰非也。

两人言:琉球国中,自古至今,从未有西洋船只到过。倘西洋商人愿往该国买卖,该国人士必一致欢迎,缘该国向无禁止洋人前往经商之成令。而于该国京城附近之处,则有一深阔之海港,足容极大之船只多艘。其京城人口既多,面积亦甚大,倘有洋船开往彼处,贸易必佳。又言:该国出产以粗茶为大宗,虽质味远不敌华茶,而价值极廉。此外复有铜矿、铁矿甚多,每年开出之矿质为数亦颇有可观,唯金银二矿,则以国中无娴习矿事者,至今尚未能采得其矿苗所在云。

二人所穿衣服颇奇异有趣,其上衣甚宽大,类一披肩,以琉球土布制成,染为棕色,缀以栗鼠之皮,远望之,作柳条花纹,颇觉美丽。首不冠,但用丝巾缠之。两人巾色不同,一人用黄色,一人用紫色,以东方之习惯言之,似黄巾之品级较高于紫巾人也。全身衣服多为单层之布,不用衬里,不铺棉花,且尺寸宽大,不着肌肉。至隆冬时,吾料其必不足以御寒也。

两人雅善谈论,举止、神色绝类中国人。以地理上言之,其岛国所处地位天然无独立之资格,不属中国,即当属诸日本。今日本尚取闭关主义,于其本国三岛之外,既无有攫取他国领土之心,而他国船只之抵其海口者,日本人亦殊形厌恶。故琉球国王不依附日本而依附中国,其对于中国所尽之义务,除上文所述二年一贡外,每有新王登极,当专差禀报北京政府,由北京政府降敕承认,后国人始得奉为国王云。

十九日礼拜二

此间河面虽阔狭与昨日经过之处大路相等,而深浅不同,且水量随地而异。有数处水深十英尺或十二英尺,船只仍可通行无阻;又有数处则河中但有泥沙,船只概从沙上强拽而过。吾辈所乘船只长约七十英尺,阔约十二英尺,每船居人十数名,复装有行李及他种重滞之物,估其重量必在万斤以上。而中国船户犹能出死力以拽之,吾英苦力见之,未有不为之咋舌者也。

一二日来,自船中举目外眺,见两岸都为荒野,虽人烟寥落,而风景至佳,其地面则有已辟、未辟二种。大都平地以已辟者为多,近山之处则半属未辟,但植以树木,山势亦不甚高峻,而近山之人则颇有山居民族之景象,与广东等处之人民为状微有不同也。

今日周大人来,言:长大人接到北京消息,古完勋爵已于前月三十一日抵澳门,特为知照。夫自澳门传出信息,至抵北京而后再传至此间,加入中途各种周折所费之时刻,通计尚不及二十天。则中国官场对于吾英"狮子"军舰之行动,必异常注意可知矣。

二十日礼拜三

自杭州启程后,至今日黄昏时,水路乃尽,拟于明日上岸,由陆路往玉山,再由玉山改乘船只前往广东。而今日停船之后,不一刻,长大人即过船道歉,言:贵使自杭州至此,必已累极了,兄弟招呼实在不周到得很,种种怠慢之处,尚望贵使见谅。

余曰:一路承大人照拂,敝使感激不尽。在船上时,一切起居饮食多和大人自己一样,敝使方以为受之不安,心中决没有什么不满意之处了。

长大人乃变其语调曰:虽然如此,兄弟以为贵使此次出使中国,所要求的几件事既已一件多没有办到,心中究竟总有些不快。前次兄弟与贵使见面时,曾言中国所以不能准允贵使要求的缘故,实在因为有背成法,并无他种恶意,不知贵使能相信兄弟的话否?

余曰:此事既经松大人和你长大人向敝使说过,敝使已深知其故,心中已一点芥蒂多没有了。

长大人似犹不肯深信余言,继续问曰:自此以后,不知你们英皇尚愿与我们皇上来往否? 尚愿与我们皇上通信否? 将来如果我们皇上,心中要你们再派个钦差来时,不知你们英皇愿派来否?

余曰:此次敝使来华,无论所请之事得蒙中国批准与否,而中国对于吾英感情之亲密,已可于款接敝使之优厚及贵国皇帝回赠英皇种种珍物见之。中国既有与吾英亲密之心,吾英自无有不乐与中国常常往来之理。至于通信一层,则此次敝使回国后,一将贵国皇帝所赠的礼物交与英皇,英皇立即写一谢信交与敝国商船带至中国。倘此后中国皇帝有什么书信,也尽可交商船带回。若论将来再派钦差的事,则中英二国意见稍有不同。我们英国本来主张两国互派钦使,常驻京城的,若中国能答应这句话,敝使便打算住在北京,俟满任之后回国。任内两国国际上起有交涉,即由敝使就近与贵国政府妥商办理,此因两国相去极远,为节省经费、办事妥便起见,自以此法为最善。后贵国政府以此事有背成法不允所请,敝使只得回国。然回国之后,将来倘有机会,英皇一定可以再派钦差到中国来的。不过敝使本人因为体质和东方不甚合宜,到了中国几乎无日不病,将来恐怕未必再来了。

长大人曰:不知这第二位钦使什么时候可以派来?

余曰:此则颇难说定,因派遣钦使非敝使权利所及,而英国与中国之间重洋遥隔,派一使臣,为事非易,敝使无从预算其时期也。

余与长大人谈论多时,长大人意殊欣喜,言:此事皇上闻之,意必甚悦。当立草一折,详述吾二人之谈话,由急使送往北京。临去时,余授以一纸,即前日所言之说帖,长大人欣然受之。

去后不数分钟,复至吾船。言曰:兄弟要请贵使用中国文体写一封信,算是写给兄弟的,信中的话除通常客套而外,略述贵使到中国后颇蒙中国皇帝优待,回国时又承皇帝简派能员妥为照料,心中感激之至,请为代谢圣恩云云。这封信贵使写来了,兄弟便把他附入折中,送往北京,皇帝见了准可格外欣慰,不知贵使亦赞成否?

余曰:赞成之至,明天便写好了送来。

此人办事颇具热心,且每与余相见一次即觉亲密一次。吾知其接广东任后,洋商必大受其惠也。

二十一日礼拜四

上午十点钟,登陆,行九点钟,历程二十四英里而至玉山,午饭则于半途用之。其地盖浙江、江西两省交界也。吾等船行已久,今日忽有一日之陆行,精神颇觉爽畅。

行时,华官备有敞轿、官轿、马匹三种代步,听人自择。吾辈以天气甚佳,路亦平整,颇堪驰骤,故骑马者居多。又吾随员中有喜研究博物之学者数人,沿路见奇异之虫、鱼、花、草,即采集之,长大人并不加以禁阻。

余则见一处种茶树甚多,出资向乡人购其数株,令以泥土培壅其根,作球形,使人舁之以行,意将携往印度、孟加拉种之。果能栽种得法,地方官悉心提倡,则不出数十年,印度之茶业必能著闻于世也。

今日,余以昨日长大人嘱余书写之信札面交长大人,长大人见其字迹端秀,即问这一封信是谁誊写的。余告以系小史但顿所写。长大人不信,诧曰:这么一个十二三岁的外国小孩子,怎能写得出这一笔中国字来?后见书末有小史但顿自书之乔治史但顿誊写字样,长大人乃曰:这人毕竟还有些孩子气,我们中国规矩,信上面誊写人决不具名的。现在具了名,好笑极了。

二十四日礼拜

昨晚抵玉山后,又复上船,改由水路进行。以近数日中,此间降雨极多,地面所受水分太足,夜来乃郁而为雾。

故昨夜开船后,虽河身较前此所经之处深阔几及一倍,而以雾重之故,航行乃转觉危险。两船互相撞击之事一夕可闻十数次,船中乘客因此咸不能安睡。至于两岸景色,则无论树木、房屋、寺院、宝塔之属,均模糊莫辨,但见其起伏于白色迷漠中,宛若天魔海怪獠牙张舌,做扑人之状而已。

二十八日礼拜四

船行至此,改乘一种较大之船只前进。从前所乘之小号船只布置颇雅洁可人意,只以船体太小,不能多置什物,处身其中略嫌局促。今江面较宽,故即改用大船也。

二十九日礼拜五

夜间停船于一距南昌府四英里之村庄。江西抚台特自省城到船拜见,随身带来礼物多种,有茶叶、茶杯、小珠、丝绸、红缎等物。余亦以镶珠时表一对及小刀、剪刀、葡萄酒,白兰地酒等物赠之。

三十日礼拜六

至此河身益宽,然极浅,仅中央一部可通舟楫。弥望两岸,都如沙滩,无树木、房屋。据云,每年夏秋水发,此种沙滩悉成泽国,望之一片汪洋,广袤可及数十里也。

今日天气甚寒,冻云蔽日,蛰居舟中至觉无聊。

夜分,长大人率樊、周二大人过余船作长谈,神情为之一畅。渠等来时乃八点钟,直至此时始去,此时盖已夜半十二点钟矣。

长大人为人极谦和,每谈一事辄喜道其详尽,其所不知者亦津津穷问其原委。今日与吾相见时,先问余英吉利人在广东之商业如何,贸易总数究有多少,余据实告之。彼乃曰:目下广东官员营私作弊、吞没公款的非常之多,皇上虽是在北京,却也颇有所闻,故此次特派兄弟前往整顿。但该省的事务复杂得很,再夹了许多洋人在里面,兄弟一时实在弄不清楚,若其中有什么事,贵使知道得很确凿的,还望指教指教。俾兄弟心中有了这个底子,查办起来可以容易些。

余曰:敝使从前并未到广东,故于该处情形除税关事务略知一二外,其余各事茫无所知,但此次到广东后,必可代替大人打听一二。缘该处积弊既深,英国侨商必有能道其详尽者。今大人既存剔清弊窦之心,彼等自无不乐举以告也。

长大人曰:那么很好,贵使倘有所闻,请告诉周大人。

随谓周大人曰:老兄文理很好,要是马钦差告诉你的话呢,你便将他记了下来给我看。语时,长大人偶欲点火吸烟,而其长随适出,余即自身间出一磷瓶(此系火柴之古制),取火与之。彼乃大异,诧曰:奇了,怎么一个人衣袋里放了火,会没有危险的呢?

余乃告以磷能取火之故,且即以磷瓶赠之。有此一事,吾辈之谈话乃由政治问题转入工业问题。中国工业虽有数种,远出吾欧人之上,然以全体而论,化学上及医学上之知识,实处于极幼稚之地位。吾至中国,见其人民中瞽者极多,跛者亦随处皆是,而目瞽则无良药以疗之,足跛则但能支之以棒,而不能装用木足。因曰:国家人口之繁盛与否,与医学、化学至有关系,倘医、化两学不能发达,则人民死于非命者甚多,国势必不能强盛。

长大人曰:这话说得很有道理。

余曰:敝国人士对于医、化两学研习颇勤,现在已发明妙术多种,如:溺水之人可用机械的手续使之复活;失明者可用 glaucoma 抽出法,使其重明;足抱残疾,则可装用木足,令其行动如常。凡此仁术,倘贵国朝廷能许吾英人自由来华者,吾英人必能悉心传授华人,于华人一面似属不无小补。

长大人及樊、周二大人一闻此言,为状乃如大梦初觉,意想中似深以中朝用冷淡之态度对待英人为不善,故向吾不得不示其抱歉之意。然因此二人之故,吾乃不得不回念和中堂之态度。前在热河时,一日,吾与和中堂谈及欧洲物质上之文明,言近日欧洲新发明之物事,日多一日。即如升天一事,昔人以为无论如何万非人力所能办到者,今则已有气球之发明,凌霄高举颇非难事。倘中堂有意,敝使可令一长于此技者到京演习。此事在他人闻之,吾料其必喜形于色,而中堂则不特以冷漠之态度对待此事,即对于其余一切物质上之进化,凡吾人以为奇妙不可思议者,均一律以唯唯否否置之,其态度与长、樊、周三大人相较,冷热几同冰炭。究竟和中堂之知识出于三人之下欤,抑中堂为成法所拘,不能为此空前未有之奇事欤?则非余所知矣。然吾闻康熙大帝御极之日,亦颇重科学,一时西洋教士来华当差者为数甚多,乃至大帝宾天之后,后嗣竟不克继其大志。虽当差洋人并未辞退,而政府对于彼辈初不重视,几有全不理会之态。此殆以当时教士所研究者初无成绩之可言,或即有成绩亦不切实用,遂致中国政府不复以科学为人生所急,而对于西洋物质上之进步,亦以此一概抹杀。果如是者,吾苟设为一言,谓中国上有鞑靼之政府,而其所属人民得有休养元气之福泽者,则此言必为大误。他姑不论,近年中国各省兵乱之事,几于无岁无之,虽此种兵乱旋起旋灭,于国家大势无关,而祸根不除,人民之当其冲者,宛如病虐大寒大热交克其身,日日不已,有不精疲力倦者乎?

十二月五日礼拜四

天晴日出,日与吾等久违矣,今日相见,同行者无不大表欢迎。两岸青山亦嫣然含笑,山下树木蔚然成林,树木深处、岩石之上,时有小村隐约可见。野人睹吾船衔接而过,则鼓噪以示欢。旅行至此,凡虑尽涤矣。

夜抵赣州,乃一头等城邑,有城垣围之。船到时,当地兵队整列出迎。至此吾当总括一笔,盖吾辈一路至此,每过兵站,兵士殆无有不行迎接之礼者,均高举军旗,奏乐鸣炮,鸣炮之数以三响为常,亦有略备果点,遣人送至船上者。

九日礼拜一

天色仍佳,而所过之地荒凉倍于从前。然有一事颇堪注意,即下流社会之妇女是也。此间穷苦妇女多不缠足,且不着履袜,能负重以行远,亦能为种种劳动之事,凡男子所能者,渠等无不能之。衣饰亦与男子大同小异,除绾发作髻及两耳戴有环珥外,其余无一不与男子相同。此等女子体质最强且能耐苦,中国下流社会之人咸以娶得江西老婆为交好运云。

今日下午九点钟,抵南安府。长大人手持一纸,来谓我曰:此系皇上所降御旨,顷自北京送来者。余问:谕中有何话说?长大人曰:谕中言,皇上对于贵使非常满意,若将来贵国再派使臣到中国,中国一定欢迎。但是来的时候,请在广东上岸,不必将洋船开往天津。此项谕旨,兄弟可叫人抄写一个副本,交给贵使存着。

余谢其意,内念向来洋人到中国者悉在广东上岸,中国东北部沿海一带如渤海、黄海等处,从未有洋人足迹。今乾隆皇帝虽降谕下次英使来时,当在广东上岸,而余此次之来,得至洋人向来未至之处,亦殊可欣慰也。

长大人又言:前日贵使嘱兄弟送往广东的书信早已送去,只是到现在还没有回信,不知"狮子"船究竟怎样了。

十日礼拜二

早晨登陆,自南安府出发。此府亦一繁盛之区,倚山为城,山势甚峻,自江上突起,形势绝佳。行时,华官亦如前此陆行之例,备马、轿二种听人自择。轿式与前此所乘者无异,而马则特小,然有力耐走,久行不疲。自南江至南州府,为程三十三英里,行九小时即达,中途休息及茶点之时间亦在其内。

今日所经之路盖在山南,山南之民,以外观言之,似较山北朴塞,其文明程度究竟相差几何,则无从臆测。

十一日礼拜三

自南州出发,仍由水道前进。南州人口甚繁,城池亦甚大。昨日吾等进城门后,行一点余钟始至馆舍。此馆舍乃系考试士子之贡院,华官以城中无特设之馆舍,即借为款接吾辈之用。吾随员中曾有数人宿于院内,吾则以到城之时船只已备,即径往船中居之。

今日晨起,开船之后见河水益形浅促,船户推挽船只之苦百倍于前。

（自注：自此以后，各船船户每日至少必匍匐于水中二十余次，合力推动船只，亦有终日匍匐于水中者。此种耐劳之苦力，不唯吾欧洲无之，即西印度之黑人恐亦不能如是也。）

两岸复多沙土，偶为雨水所冲，即坍入河身，为交通之障碍。此河苟不加以修治，恐再越数年或十数年，舟楫之利必致全废也。

据华人言：自此以往，过韶州而后，河水较深，即可改用较大之船只，唯装运货物之船则以仍用小船为便。又言：自南州至广州，通常不过七八日路程。然长大人之意，则拟先率其部下人员、夫役赶往广州，预备款接吾等之礼，以是吾等行程不得不特意延缓一二日，俾长大人得从容预备。

长大人自杭州至此，一路与吾同行，至今日乃来与吾辞别。言：兄弟在未抵广东之前，拟写一封信往北京去，说贵使此次回国，不特心中并不满意之处，而且对于皇上优待之意颇形感激。想来兄弟说这一句话，贵使无有不赞成的。

余曰：敝使至此，承贵国皇帝极意优待，又承特简一贤明大员如阁下者，至广东剔清弊窦，保护洋商。敝使个人固宜厚致谢意，即敝国皇帝陛下亦必能因此深悉贵国皇帝联络交谊之忱。请大人便照这句话写去便了。

于是长大人遂欣然登舟而去，留樊、周二大人与余做伴。樊、周二人自与余相见之后，即无一时、无一事不以诚意相待。今长大人待余殷恳至此，亦半系二人之力，盖二人与长大人为旧交，二人既与吾善，长大人自能听信其言而善吾也。

十四日礼拜六

自韶州府启行，抵昆桑港（译音）夜泊。

十五日礼拜

日间往游菩萨庙（**译音，游庙情形删**）。夜分开船。

十六日礼拜一

自此以往,船行于两山之间,山势极高且峻峭,绿树森立,江则平阔且深,船行极稳。自船中外望,见山之一峰有一黑色小径蜿蜒于其上,小径尽处则为一黑色之堆。问诸华人,始知黑堆系山中开出之石炭。此石炭一物,中国出产颇富,然中国以科学的工业未曾发达之故,无所用此也。

晚抵清远,樊、周二人同过吾船,与余作竟夕之谈。余自北京至此,见各处均有荒山荒地未经垦植者,因问此种荒地是否有主。

周大人曰:中国定制,凡已垦之地各有业主,未垦者不论平地、山地悉归官有,其有愿垦之人,可向官厅报明数目,自行领种,领种时无需缴费,但至垦熟后须照例完税而已。然余以为中国可以垦种之田地,至今已无一亩不有人垦种之矣。(译者按:此二语未必尽然。)

后两大人与吾谈及乾隆皇帝平居之状况,(自注:平居云者,指非旅行时期及非狩猎时期而言。)言皇帝每日破晨三点钟即起,起后立往宝塔中拜佛,此拜佛一事乃皇帝个人之私事,与国事无关。拜佛之后即浏览章奏,皇帝登极后,各处大员均许直接呈递章奏。章奏到京后,皇帝一一必亲自批阅,故每日必划出数时浏览之,至七时始进早食,(参考《中国旅行记》曰:皇帝起身时,仅服补药一剂,至七点钟乃进早食,有茶、酒、糖食诸品。)食后,在宫中小憩,与宫眷妃嫔、太监之属杂谈琐事。(参考《中国旅行记》曰:中国之太监有甲乙二种之分,甲种太监仅阉割其睾丸;乙种则有黑太监之名,凡属男子原具之形迹,无不割去。甲种太监责在管理房屋、花木,凡宫中粗重之事均此辈所司;乙种太监则为妃嫔宫眷之侍者,自照料衣服、装饰以至于梳头、敷粉及一切关于妇女之事,均此辈司之。

凡为太监者,往往受宫中诸皇子及在朝诸大员之憎恶威吓,因彼等职业虽贱,而能日与皇帝接近。皇帝在宫中时,除嫔妃宫眷外,有太监作伴,太监之见宠于皇帝者,其权力气焰,恒足劫持皇子、大臣而有余也。)

次乃召相国入与论时事,又次则临朝。国老、大臣之例须上朝者均至。

午饭时间恒在下午三点钟,饭后,或往戏园或为他种游戏,后此则为读书,直至就寝而止。其就寝之时间无迟至下午七点钟以后者。

皇帝有后一,今已死。贵妃二、妃六、嫔百,有已死者,有尚在者。子甚多,嫡出、庶出不一,然存者已不过数人。有数女均嫁鞑靼,不与汉族通婚。

皇帝天性豁略有大度,读书解事理,性质慈善而笃信佛教。对于臣下恒持恕道,然有与之为敌者,必穷治弗赦,又为国家兴盛、功业宏大之故,处事不免失之躁急。每有无关紧要之事,皇帝意中以为不善者,辄盛怒以临之,怒则其势汹汹,不可扼制。性又多忌,不特为大臣者不能操纵事权,即诸皇子中虽有年过四十者,而皇帝犹不许其与闻政事,故皇帝春秋虽高,将来大位谁属,尚未能定。唯以群议测之,皇长孙少年英俊且曾由皇帝命其办事,颇著功劳,在诸皇子、皇孙中或以此人为最有希望云。

数年前,皇帝以在位日久,倦于政事,曾定一日期预备传位,至日期将近,帝忽变意,言曰:朕年力尚壮,颇能办事,若此时即将大事传与孩子们去干,一定干不好。至近日,皇帝又定一千七百九十六年为传位之期,然国人尚疑其未必果肯传位。(参考《中国旅行记》曰:一千七百九十六年,乾隆皇帝传位于皇十五子,越三年而崩,寿八十有九。《中国旅行记》又曰:皇帝笃信宗教,每日必祷,其祷词谓上天若许朕亲政至一花甲子之数,朕即传位于诸皇子中之贤明者。至帝晚年,见花甲子之说将应,益信佛教之可恃,于关外敕建庙宇甚多,又自信已身系佛菩萨转生云。)

帝今年已八十三岁,体格强健,饶有臂力,行旅治事绝无龙钟之状。尝自命为古稀天子,其实不特古稀,亦中外各国之所稀见也。(参考《中国旅行记》曰:帝年已八十有三,而状貌绝类六十许人,吾尝向华人叩其养生之法。据云:其最得力之处,唯早起早睡四字。)

十七日礼拜二

至此河面极阔,且已与外海潮水相遇,故航行极易。其地距广州已不过三十英里,两岸均有山,两山相距则可七八英里。

夜抵三水县,县中华官已备有大号官船,供装运吾等至广州之用。余恐长大人尚未能预备就绪,拟迟迟而行,定于礼拜四至广东。

十八日礼拜三

早晨过佛山,乃一寻常之城邑。

午刻,抵一花园,系广州中国行家所建。入园后,有广东商务公司(英人所设)之书记哈尔及其经理人勃朗尼、爱尔英、杰克生等人同出欢迎。言钦使致古完勋爵之信已经送去,现在"狮子"船并未他往,仍停泊广东沿海。又出欧洲寄来之书信、包裹等物,分致余等。

余等自启行来华后,已十五个月未得欧洲息耗,今日得见此项信件,欢喜直无可伦比。后彼等又为余介见广东行家之执事人多人,盖均系来自广州,专诚欢迎者。余感其盛意,一一温辞慰谢之,且定于明日前往广东。

余在未至广东之前,有一事不可不补记。其事盖即自南州府以降,每过一城镇,即有极严肃之兵队向吾辈行礼,此军队行礼之事,吾于所经各处均遇之。此间之军队,想亦不过受长大人命令,向吾辈表示敬意。初无足异,然其人数之众多,军容之整肃,于行礼之中似挟有示威之性质,乃不能不令我无疑。广东一处地近海洋,洋人到中国者必在此间登岸,中国为防御洋人起见,特设重兵镇之。今兵队向吾等行礼而挟有示威之性质者,吾料其心中必蓄有一语,谓汝辈洋人看者,吾中国兵备甚佳,汝等若敢犯顺,吾辈无时不有对付之具。

然以余观之,此辈宽衣大袖之兵队,既未受过军事教育,而所用军器又不过刀、枪、弓、矢之属,一旦不幸,洋兵长驱而来,此辈果能抵抗与否,尚属一不易置答之疑问也。

十九日礼拜四

上午十一时,乘坐华官所备官船前往广州。

下午二时,登岸,经一大石级,复行五六十码,即抵一特设之馆舍。总督长大人及抚台、藩台与广东附近各地方之高级官员均官服出迎,导吾等至一广厅。厅中左右两面均有安乐椅二行,排列作相套之半圆形。

进厅后,长大人及其属员与吾等对面而坐,谈论约及一小时。所谈之事大半系吾辈自北京至此所经各种之情形,及"狮子"船已经开至广东黄圃之息耗(黄圃系广东沿海一小岛)。后长大人导吾辈至戏园中观剧,(自注:所演者为喜剧,优伶均系一时名角,长大人派人往南京雇来者。)即于园中设宴款接,肴馔之盛既为吾毕生所未见,而长大人招待之殷勤,亦足令吾心感靡既。据华人言:向来洋人之至广东者,中国官场从不加以礼遇,此次总督大人到任之初即设盛宴款接洋人,实为从来未有之奇举。故当地人民无不异常注意云。

吾辈所居之馆舍在一小岛之上,地与英国洋行相对。英国洋行盖建于大陆之上,地在广州城外,与馆舍相隔之河面,其宽不过半英里也。馆舍之中房屋极多,分为数院,互相隔离。各院之装置形式虽殊,而其精致华丽、适合卫生则一。中有数院用西洋陈设之法,有玻璃之窗及燃煤之火炉,于吾辈之生活尤为适合,盖际此冬季,吾辈惯于向火者非火炉不暖也。

馆舍四周,乃一绝大之花园,有奇异之花木及不易习见之名卉甚多。其一旁有一神庙,庙中有一高台,登台远望,广州全城之景色及城外江河舟楫,可尽入寸瞳间也。

二十日礼拜五

晨起,戏院中金鼓已作,优伶已粉墨登台。余乃大奇,后闻华人言:中国官场接待上宾,当于宾客到馆之一日起,至离馆之一日止,令伶人继续演剧,自晨至暮不可稍休,休则即系失礼。然吾以此间之戏园适建于吾所居院落之前,若终日连演不已,不特观之生厌,而且金鼓之声足喧扰人耳,使不能治事。苟于中国成法无背,吾必声请长大人罢此重礼,或请长大人令伶人不必日夕开演,至吾莅园之时乃演之。然吾恐将来乾隆皇帝遣使至英国时,雇用伶人演剧以娱之则可,若欲罗致名伶多人日夕开演,则势有所不能也。

二十一日礼拜六至二十三日礼拜一

三日中,接见宾客甚忙。(参考《中国旅行记》曰:近来数日,钦使接见宾客甚忙,吾辈为随员者乃无所事事,不论何时均可外出游览。一日,樊、周二大人与其老友相遇,此老友乃系前此服官北京,今乃调至广州者。既见樊、周二大人,即于一日之夕设盛宴于一极华丽之船上,为樊、周二大人洗尘。又以樊、周二人与吾契厚之故,特具一柬,请余以个人资格往与其宴。余至船时,见三人各有华服女子侍侧侑酒。余入座后,更有一女子自内出,坐于余侧,而先前之三女则各以温酒一杯奉余饮之。各女均都丽,长于应酬,且能唱,虽音调不甚佳,而聆之颇足娱意。吾辈畅饮多时,至夜阑始散,散时,周大人谓余曰:今天的事,请你不必同人家说起。)接见之人,长大人而外有本省之抚台、藩台、韶州之知府及地方官多人,来自远处者。

有一日,长大人及藩台均在座,余提及广东之商业及税务问题。长大人曰:兄弟知道本省弊端很深,非大大的改换办法,一辈子多整顿不好。

藩台即起与辩论,言本省并无何种弊端,依著成法办理最为稳妥,倘有了无谓的更张,反要误事。

二人辩论久之,终未能有若何之解决,然而即此一夕话,吾已知藩台必为此间作弊之大王。有此弊王作梗,吾虽甚望长大人之得以推行其志,而长大人之志之果能推行与否,则在不可知之数矣。

二十四日礼拜二

吾中国译员李君,向余言华官之中有数人意欲得吾礼物,以为纪念。余乃自开一单,命摆劳分赠之。

二十五日礼拜三

今日系耶稣圣诞,余及随从诸员均渡河至英国洋行,与行中诸英人同饭。

一千七百九十四年一月一日礼拜三

晨间,总督长大人盛列仪仗,至吾馆舍中拜见。言:顷由北京送到敕书一道,系皇帝赐与贵使者。因自一亭式之肩舆中,双手捧出黄纸一卷置吾手中,吾敬谨接受后即问:敕书中内容何若? 长大人乃为余解释其义。略曰:**(译者按:以下译意)**谕尔英吉利国使臣马戛尔尼:尔英吉利国地在海外,与天朝相去甚远。尔国国王以仰慕天朝文化之故,命汝赍运表章方物,到京进贡。朕披阅表章,见其情词恭顺,除将所呈贡物分别赏收及准汝瞻觐外,复以文绮珍玩等物赐汝,且令大臣等妥为保护。**(译者按:原文中略)**兹据大臣等转奏,尔意中尚拟恳朕再降一谕,说明天朝不能允准尔前此所请各节之故。尔于天朝体制原未谙悉,联前此所降二敕,尔既尚有未能明白之处,应即依尔所请,再为汝剀切言之,以示宽待远人之意。**(译者按:原文中略)**当知尔所请各节,实因碍于天朝体制,不能照准,即朕虽有允准之心,亦不能改变祖宗成法。尔回国后,务将此事禀尔国王,以见天朝并无恶尔英人之意。此谕到后,仰该使所在地方长官细为该英吉利使臣解释之云云。**(译者按:此谕汉文原本已无从查考,英文译本则语气与前二敕不类,盖二敕为大国对小国之口气,此谕则为平等国口气,显系译员从中改篡者。今依英文译出,虽意不失真,而字句则恐与原文相去远矣。)**

长大人又言:兄弟到了广东虽不多几日,却已出了两道告示,说凡有伤害洋人及欺侮洋人的,一概从重治罪。

余则以到广州后所探得之官场弊端之一告之,嘱其着手整顿。

今日为吾西历新年,余及随从诸员均渡河至英国洋行中宴饮。

八日礼拜三

上午十点钟,余及各随员同往英国洋行,此盖为中国官员及英国商人预定饯别吾等之地。故余等至行时,长大人、周大人、樊大人及本省抚台、藩台、潮州知府等已先在门首恭候。相见礼毕,即入行中饮宴,宾主异常欢洽。

下午一时,余与史但顿、小史但顿、古完、彭森及其他各随员,向彼等告别,同坐驳船至黄埔地方,登"狮子"船。驳船之上悬以旗帜,船户亦着用制服,诸船衔接自江中过时,状殊整齐可观。

上"狮子"船后,至晚,樊、周二大人上船话别。余命庖丁治馔享之。二人自与余相见之后,无一事不竭诚照料,至今日话别时乃不禁向余挥泪,其爱我之性决非伪饰。吾苟受其惠而忘之,上帝必不吾许也。

九日礼拜四

樊、周二大人以个人资格,遣人送来蔬果二十大篓。

十日礼拜五

启碇,俟至澳门时略作勾留后,即径行回国。

以上日记三卷,乃吾出使中国时逐日随笔记述者。其关于国际与社会之观察及他种重要问题,另有《中国游记》一书详述之。(译者按:乾隆六十年十二日壬寅,即高宗退位之前八日,又下一敕与英王乔治第三,实为英使马戛尔尼来华行朝觐礼最后之结束。敕曰:军机大臣等朱珪奏英吉利国呈进表贡一折,该国王因前年贡使进京赏赉优渥,特具表文土物呈进,具见悃忱。虽未派专使来粤,有何不可,已准其赏收,并发给敕书一道。谕以尔国远隔重洋,上年遣使恭赍表贡,航海祝厘,朕鉴尔国王悃忱,令使臣等瞻觐与宴,锡赉骈蕃,颁发敕谕回国,并赐尔国王文绮珍玩,用示怀柔。兹尔国王复备具表文土物,由夷船寄粤进呈,具见恭顺之诚。天朝抚有万国,琛赆来廷,不贵其物,唯贵其诚,已饬谕疆臣将贡物进收,俾申虔敬。至天朝从前征剿廓尔喀时,大将军统领大兵深入,连得要隘,廓尔喀震慑兵威,匍匐乞降,大将军始据情入奏。天朝仁慈广被,中外一体,不忍该处生灵咸就歼除,是以允准投诚。彼时曾据大将军奏及尔国王遣使前赴卫藏投禀,有劝令廓尔喀投顺之语,其时大功业已告成,并未烦尔国兵力。今尔国王表文内，以此事在从前贡使起身之后，未及奏明，想未详悉始末。但尔国王能知大义，恭顺天朝，深堪嘉尚，兹特颁赐尔国王锦缎等件。尔国王其益励荩诚，永承恩眷，以副朕绥远敷仁之至意。朱珪接到后，可即交与该国大班波郎转送回国，俾该国王益加感戴恭顺，以示怀柔。至天朝官员例不与外夷交际，其致送前任总督监督礼物，朱珪饬令寄回，所办亦是。）

刘半农译事年表^①

1891 年

5 月 29 日,刘半农出生于江苏江阴一个清贫的知识分子家庭,原名寿彭,后改名复,初字半侬,后改为半农,晚号曲庵,参加新文化运动后,用过笔名寒星和化名范奴冬女士。

1912 年 (22 岁)

1 月,因向往革命,赴清江参加革命军,担任文牍和翻译工作。

春,赴上海,在开明剧社任文字编辑,编译剧本《好事多磨》。翻译两篇小说,经徐半梅介绍,分别发表于《时事新报》和《小说界》。

1913 年 (23 岁)

春,经徐半梅介绍,进入中华书局编辑部工作,任编译员。

1914 年 (24 岁)

7 月,在《中华小说界》第一卷第七期发表根据丹麦安徒生的《皇帝之新衣》改写的《洋迷小影》,译者署名半侬。

8 月,在《中华小说界》第一卷第七期发表译文《伦敦之质肆》(社会小

① 刘半农译事年表主要参考徐瑞岳编著《刘半农年谱》(徐州:中国矿业大学出版社,1989)和鲍晶编《刘半农研究资料》(北京:知识产权出版社,2011)。特此致谢!

说),原著者英国狄更斯,译者署名半侬。

11 月,在《中华小说界》第一卷第十一期发表译文《此何故耶》(哀情小说),原著者俄国托尔斯泰,译者署名半侬。

12 月,在《礼拜六》第二十七期发表译文《橡皮傀儡》(实业小说),原著者美国 Edward Eggleston①,译者署名半侬;在《礼拜六》第二十九期发表译文《奉赠一圆》(实业小说),原著者美国 Franklin Conger,译者署名半侬。

1915 年(25 岁)

2 月,在《礼拜六》第三十六期发表译文《哲学家》(滑稽小说),原著者美国夸德,译者署名半侬;在《礼拜六》第三十九期发表译文《幸运之怪物》(实业小说),原著者美国 George Jean Nathan,译者署名半侬。

3—5 月,在《中华小说界》第二卷第三至五期连续发表译文《帐中说法》(家庭小说),原著者英国 Douglas Jerrold,译者署名瓣秾。

4 月,在《小说海》第一卷第四号发表译文《八月二十》(短篇小说),署名半侬。

5 月,在《小说海》第一卷第五号发表译文《阜田院客》(短篇小说),原著者法国 Marcel Prévost,译者署名半侬;在《中华小说界》第二卷第五期发表译文《烛影当窗》(外交小说),原著者英国柯南达里②,译者署名半侬;在《中华小说界》第二卷第五期发表译文《悯彼孤子》(哀情小说),原著者日本德富芦花,译者署名半侬;在上海中华书局出版译著《欧陆纵横秘史》(外交小说),译者署名刘半侬。

7 月,在《中华小说界》第二卷第七期发表译文《杜瑾讷夫之名著》(名家小说),署名半侬;在《中华小说界》第二卷第七期初次发表译文《黑肩巾》(国事小说),署名天游原译,半侬润辞,后在第二卷第八至十二期、第

---

① 原著者按照原书刊实际署名的中文或外文给出。
② 又译柯南道尔,今译柯南·道尔。

三卷第一至六期连载。

8月,在《中华小说界》第二卷第八期发表译文《英王查理一世喋血记》(历史小说),原著者法国Guizot,译者署名半侬。

10月,在《中华小说界》第二卷第十期发表译文《希腊拟曲·盗讧》,原著者希腊珞珞披端,译者署名半侬,初收在《半农杂文》第一册,改题为《两盗》;在《小说大观》第二集发表译文《玉簪花》(政治小说),原著者法国W.H.G.C.,译者署名半侬;同期,发表译文《戌獭》(独幕喜剧),原著者英国F.J.Fraser,译者署名半侬。

11月,在《中华小说界》第二卷第十一期发表译文《如是我闻》(社会小说),原著者俄国托尔斯泰,译者署名半侬。

12月,在《中华小说界》第二卷第十二期发表译文《暮寺钟声》(哀情小说),原著者美国欧文,译者署名半侬;在《小说大观》第四集发表译文《一身六表之疑案》(侦探小说),原著者英国柯南达里,译者署名半侬。

同年,与中华书局同人严独鹤、程小青、陈小蝶、天虚我生、周瘦鹃、陈霆锐、天侔、常觉、渔火开始合译《福尔摩斯侦探案全集》(侦探小说)。

1916年(26岁)

3月,在《中华小说界》第三卷第三期发表译文《托尔斯泰之情书》,署名半侬;在《小说大观》发表译文《X与O》(侦探小说),原著者英国威廉勒苟,署名半侬、小青。

春,中华书局同仁合译完成《福尔摩斯侦探案全集》,负责全书的校阅工作,5月校完。

5月,译著《福尔摩斯侦探案全集》由中华书局出版,原著者英国柯南道尔,附刘半侬撰《跋》和《英国勋士柯南道尔先生小传》;在《小说海》第二卷第五号发表译文《二十六人》(短篇小说),原著者俄国高尔基,译者署名半侬;译著《乾隆英使觐见记》(日记)由上海中华书局出版,英国马戛尔尼著,刘半侬译述。

6月,在《小说大观》第六集发表译文《塾师》(社会小说),原著者美国霍桑,译述者半侬;同期,发表译文《韩卢忆语》(宫廷小说),署名半侬;同期,发表译文《铜塔》(侦探小说),原著者英国维廉勒苟,署名半侬、小青。

10 月,在《新青年》第二卷第二号发表《灵霞馆笔记·爱尔兰爱国诗人》,含柏伦克德《火焰诗七首》《悲天行三首》,麦克顿那《咏爱国诗人三首》,皮亚士《割爱六首》《绝命词两章》,署名刘半侬;初收人民文学出版社 1958 年 2 月版《刘半农诗选》,《咏爱国诗人三首》未收;在《小说大观》第七集发表《柳原学校》(社会小说),原著者英国柯南达里,译者署名半侬;同期,发表译文《看护妇》(哀情小说),原著者法国 Max O'Rell,译者署名半侬。

11 月,在《新青年》第二卷第三号发表《灵霞馆笔记·欧洲花园》(散文),原著者葡萄牙席尔洼,译者署名刘半侬。

12 月,在《新青年》第二卷第四号发表《灵霞馆笔记·拜轮遗事》,署名刘半侬,后收入《半农杂文》第一册,改名《拜轮家书》;在《小说大观》第八集发表译文《髯侠复仇记》(侦探小说),原著者美国 Norman Munro,译者署名半侬。

1917 年(27 岁)

1 月,在《新青年》第二卷第五号发表译文《磁狗》(短篇小说),原著者英国麦道克,译者署名刘半侬;译著《黑肩巾》(国事小说)上下册由上海中华书局出版,天游、半侬译述。

2 月,在《新青年》第二卷第五号发表《灵霞馆笔记·阿尔萨斯之重光》(散文),原著者法国 Pierre Loti,译者署名刘半侬,初收《半农杂文》第一册;文中另收有法国李塞尔作、刘半侬译词的《马赛曲》,初收《刘半农诗选》;在《小说月报》第八卷第二号发表译文《交谪》(寓言),署名半侬;在《小说时报》第三十期发表译文《文明》(刺世小说),原著者为英国著名滑稽杂志 Punch 记者,译者署名半侬。

3 月,在《小说月报》第八卷第三号发表译文《钱虏之言》(寓言),原著者日本式亭三马,译者署名半侬;同期,发表译文《万国肤箧会》,原著者英国维廉勒苟,译者署名半侬。

4月,在《新青年》第三卷第二号发表《灵霞馆笔记·咏花诗》,文内收有他翻译的英国瓦雷作《寄赠玫瑰四章》、英国摩亚作《最后之玫瑰三章》、英国拜伦《哀尔伯紫罗兰三章》、托德作《同情一首》、无名氏作《不忘我三首》、史密司作《颂花诗十五首》;译著《猫探》(侦探小说)由上海中华书局出版,美国梅丽维勤著,刘半农译述。

6月,在《新青年》第三卷第四号发表译文《琴魂》(短剧),原著者英国梅理尔,刘半侬译述;同期,发表《灵霞馆笔记·缝衣曲》(诗),原著者英国虎特,译者署名半侬,初收《刘半农诗选》。

6—12月,在《小说大观》第十至十二集发表译文《卖花女侠》(社会小说),原著者法国耶米曹拉,译者署名刘复半侬。

8月,在《新青年》第三卷第六号发表《灵霞馆笔记·倍那儿》(散文),节译自美国Cleverland Moffett所作《今世女界第一人物》,译者署名刘半侬,初收《半农杂文》第一册,改题为《马丹撒拉倍儿那》。

12月,在《小说月报》第八卷第十二号发表译文《猫之圣诞》(短篇小说),原著者英国Ella Higginson,译者署名半侬。

1918年(28岁)

2月,在《新青年》第四卷第二号发表译文《天明》(悲剧),原著者英国P. L. Wilde,译者署名刘半农,初收《半农杂文》第一册。

5月,在《新青年》第四卷第五号发表译诗《我行雪中》(诗),原为印度歌者Batan Devi所唱之歌,译者署名刘半农。

7月,在《太平洋》第一卷第十号发表译文《最后之一叶》(短篇小说),原著者美国O. Henry,译者署名刘复。

8月,在《新青年》第五卷第二号发表译诗《泰戈尔诗二章》(《恶邮差》《著作资格》),原著者印度泰戈尔,译者署名刘半农,初收1921年群英版《白话文趣》(苕溪孤雏编)。

9月,在《新青年》第五卷第三号发表译诗《译诗十九首》,译者署名刘半农,含印度泰戈尔《海滨五首》《同情二首》,印度奈都夫人《村歌二首》《海德辣跋市五首》《倚楼三首》,俄国屠格涅夫《狗》《访员》,初收《刘半农诗选》。

同年,译著《帐中说法》(滑稽小说)由上海中华书局出版,英国唐格腊司著,刘半侬译述。

1919 年(29 岁)

4 月,在《太平洋》第一卷第十一号发表译文《哲学家》(短篇小说),原著者 Rollo Peters,刘复重译。

9 月,在《新生活》第五期发表印度寓言《虎与牡鹿与鳄鱼》《狗与狼与月》,署名刘复,初收于 1930 年版《印度寓言》(刘北茂原译,刘半农校改)。

1920 年(30 岁)

4 月,在《学艺杂志》第二卷第一号发表译文《人的生活》(短篇小说),原著者俄国高尔基,译者署名刘复,初收商务印书馆出版的《短篇小说集》。

1921 年(31 岁)

3 月,译完长诗《十二个》,原准备将该诗寄回国内发表,后因译稿需要修改而搁置。

8 月,在《新青年》第九卷第四号发表译诗《夏天的黎明》,原著者 Wilfrid Wilson Gibson,译者署名刘复。

11 月,在《小说月报》第十二卷第十一号发表译诗《王尔德散文诗五首》,署名刘复。

1925 年(35 岁)

5 月,在《语丝》第二八期发表译诗《海外民歌译》,为法国民歌《巴黎有一位太太》和《约翰赫诺》,署名刘复,初收北京北新书局 1927 年 4 月版

《国外民歌译》第一集。

1926 年（36 岁）

4 月，在《语丝》第七四期发表法国饮酒歌《一人能有几天活》，署名刘复，初收《国外民歌译》；在《语丝》第七六期发表译诗《莪默诗八首》，署名刘复。

5 月，在《语丝》第七七期发表译诗《国外民歌二首》，分别为《高丽民歌》和《鞑靼民歌》，署名刘复，初收《国外民歌译》第一集；在《语丝》第七九期发表法国民歌《为的是我要上巴黎去》，署名刘复，初收《国外民歌译》第一集。

6 月，在《语丝》第八一期发表译诗《今希腊的民歌二首》，分别为《在这一个区域里》和《我要变做了——》，署名刘复，初收《国外民歌译》第一集；在《语丝》第八二期发表法国古歌《大真实》，署名刘复，初收《国外民歌译》第一集；在《语丝》第八三期发表译歌《饮酒歌》，该歌选自《茶花女》第一幕第八场，署名刘复。

7 月，在《世界日报·副刊》第一卷第一号发表《印度寓言》，署名北茂译、半农校，至翌年 2 月共计在该刊发表《印度寓言》105 则；在《世界日报·副刊》第一卷第二号发表波斯民歌《哦！你喝了些酒》，署名刘复，初收《国外民歌译》第一集；在《世界日报·副刊》第一卷第三号发表法国民歌 Verdaronnette，署名刘复，初收《国外民歌译》第一集；在《世界日报·副刊》第一卷第六号发表译诗《今希腊民歌一首》，署名刘复，初收《国外民歌译》第一集，改题为《已经过了四十五个礼拜日》；在《世界日报·副刊》第一卷第十三号发表法国民歌《我的女儿你要买只帽子么?》，署名刘复，初收《国外民歌译》第一集；在《语丝》第八八期发表《译〈茶花女〉剧本序》，署名刘复，初收于上海北新书局 1926 年版《茶花女》，后收入《半农杂文》第一册；在《世界日报·副刊》第一卷第二十四号发表法国民歌《爱情的欢乐只是一时的》，署名刘复，初收《国外民歌译》第一集；在《语丝》第八九期发表译诗《阿尔萨斯的〈呜儿歌〉》，署名刘复，初收《国外民歌译》第一集，改题为《睡罢！睡罢!》；译著《茶花女》(剧本)由上海北新书局出版,法国小仲马著,刘半农译。

8 月,在《世界日报·副刊》第二卷第七号发表波斯民歌《在山中往往来来的走》,署名刘复,初收《国外民歌译》第一集;在《世界日报·副刊》第二卷第十七号发表译诗《女郎的歌》,原著者阿米尼亚 Bedros Touriam,译者署名刘复;在《世界日报·副刊》第二卷第十八号发表译诗《中央亚细亚 Kafiristan 的民歌》,署名刘复,初收《国外民歌译》第一集,改题为《为的是你爱着我我也爱着你》;在《语丝》第九三期发表译诗《小亚细亚的情歌》,署名刘复,初收《国外民歌译》第一集,改题为《唉！医生啊!》;在《世界日报·副刊》第二卷第二十七号发表译诗《英国古歌二首》,署名刘复,初收《国外民歌译》第一集,改题为《海盗》《格林维志的养老人》;在《语丝》第九四期发表译诗《柬埔寨的民歌》,署名刘复,初收《国外民歌译》第一集,改题为《看见了你的面》。

9 月,在《语丝》第九六期发表译诗《俾路芝斯坦的民歌》,署名刘复,初收《国外民歌译》第一集,改题为《在一个半开半掩的门里头》;在《世界日报·副刊》第三卷第十四号发表译诗《尼泊尔的民歌》,署名刘复,初收《国外民歌译》第一集,改题为《哦！蕾衣拉》;在《世界日报·副刊》第三卷第二十五号发表译诗《满洲里的民歌三首》,署名刘复,初收《国外民歌译》第一集,改题为《一个人断然说不出来》《从这棵树上》《要是你不愿意》。

10 月,在《世界日报·副刊》第四卷第二十四号发表译诗《罗马尼亚民歌三首》,署名刘复,初收《国外民歌译》第一集,改题为《一只秃鹫》《小姑娘,你不要弄错了》《女郎,美好的女郎》。

11 月,在《语丝》第一〇五期发表译诗《西班牙的短民歌二十二首》,署名刘复,初收《国外民歌译》第一集;在《语丝》第一〇六期发表译诗《西班牙的短民歌六首》,署名刘复,初收《国外民歌译》第一集;在《语丝》第一〇七期发表译诗《西班牙的民歌八首》,署名刘复,初收《国外民歌译》第一集。

12 月,在《莽原》第一卷第二十三期发表译文《猫的天堂》(短篇小说),

副题为"献给打猫打狗的鲁迅翁",原著者法国左拉,译者署名刘复,初收北京北新书局 1927 年 6 月版《法国短篇小说集》第一册;在《语丝》第一〇九期发表译诗《西班牙的民歌九首》,署名刘复,初收《国外民歌译》第一集。

1927 年(37 岁)

1 月,在《世界日报·副刊》第七卷第二号发表译文《戈姆与尸体》(短篇小说),原著者法国底得啰,译者署名刘复,初收《法国短篇小说集》第一集;在《语丝》第一一三期发表译文《游地狱记》(短篇小说),原著者弗洛倍儿,译者署名刘复,初收《法国短篇小说集》第一册;在《语丝》第一一五、一一六期发表译诗《西印度 Pueblo 族的民歌》,共计六首:《妇女们唱的收成歌》《筐子歌》《妇女们唱的穀歌》《替向日葵求雨的时候唱的歌》《求闪电的歌》《吹笛子的法师求雨的时候唱的歌》,署名刘复,初收《国外民歌译》第一集;在《莽原》第二卷第二期发表译文《黑珠》(短篇小说),原著者法国丹梭,译者署名刘复,初收《法国短篇小说集》第一册。

2 月,在《语丝》第一二〇期发表译文《爱情的小蓝外套的故事》(短篇小说),原著者法国左拉,译者署名刘复,初收《法国短篇小说集》第一册。

3 月,在《语丝》第一二一期发表译诗《木马歌》,署名小蕙译,半农校改;在《莽原》第一卷第二十三期发表译文《失业》(短篇小说),原著者法国左拉,译者署名刘复,初收《法国短篇小说集》第一册;译著《猫的天堂》(法华对译短篇小说集)作为北京孔德学校小丛书之一,由北京北新书局出版,法国左拉著,刘复译。

4 月,在《语丝》第一二五期发表译文《八巴贝克与法奇吥》(短篇小说),原著者法国服尔德,译者署名刘复,初收《法国短篇小说集》第一册;在《语丝》第一二七期发表序跋《海外民歌序》,署名刘复,初收上海良友图书印刷公司 1935 年版《半农杂文二集》,改题为《国外民歌译·自序》;译著《国外民歌译》(第一集)由北京北新书局出版,刘半农译,收录法国、英国、西班牙、希腊、罗马尼亚等国的民歌 81 首。

5 月,在《语丝》第一二九期发表译诗《钉匠歌》,原著者法国柏里欧,署名小蕙译,半农校改;在《语丝》第一三二期发表译文《猓猓人的创世纪》(传说),依 Paul Vial 的法文译本译出,署名刘复,初收《半农杂文二集》。

6 月,在《语丝》第一三四期首次发表译文《苏莱曼东游记》,原著者阿刺伯苏莱曼,译者署名刘复,后在《语丝》第一三六、一三七、一三八、一四〇、一四四、一四五、一四七、一五一、一五三、一五六期及《地学杂志》1928年第一、二期,1929 年第一期,1930 年第四期,1931 年第一、三、四期续载,初收上海中华书局 1937 年 5 月版《苏莱曼东游记》;在《语丝》第一三五期发表译诗《祖父的歌》,原著者法国嚣俄,署名小蕙译,半农校改;译著《法国短篇小说选》(第一集),作为北京中法大学丛书之一,由北京北新书局出版,刘半农译,收录底得啰、嚣俄、弗洛倍儿、左拉等法国著名作家的短篇小说共计 14 篇。

7 月,在《语丝》第一三八期发表译诗《我的饮酒歌》,原著者德国 Richard Behmel,译者署名刘复;在《语丝》第一四一期发表译诗《土耳其民歌五首》,署名刘复;在《语丝》第一四二期发表译诗《土耳其民歌》,署名刘复。

8 月,在《语丝》第一四六期发表译诗《秋歌》,署名小蕙译,半农校改。

9 月,在《莽原》第二卷第十七期发表译文《比打哥儿》(短篇小说),原著者法国服尔德,译者署名刘复。

12 月,在《北新》第二卷第三号发表译文《服尔德文抄》,原著者法国服尔德,译者署名刘复。

同年,译著《失业》(法华对译短篇小说集)作为北京孔德学校小丛书之一,由北京北新书局出版,法国左拉著,刘复译。

1930 年(40 岁)

2 月,译著《比较语音学概要》作为中华教育文化基金董事会编委会主编大学丛书之一,由上海商务印书馆出版,法国保尔巴西著,刘复译,赵元任作序;该书目录:引言、本书之趣旨、语言之构成、语言中的节落、长短、音素之研究、子音、元音、声音的结合、法语、英语、德语。

1931 年(41 岁)

10 月,撰写《〈朝鲜民间故事〉校后语》,初收刘小蕙译、上海女子书店 1932 年 6 月版《朝鲜民间故事》。

1937 年

5 月,译著《苏莱曼东游记》由上海中华书局出版,阿剌伯苏莱曼著,刘半农、刘小蕙合译。

中華譯學館 · 中华翻译家代表性译文库

许 钧 郭国良／总主编

第一辑	第二辑
鸠摩罗什卷	徐光启卷
玄 奘卷	李之藻卷
林 纾卷	王 韬卷
严 复卷	伍光建卷
鲁 迅卷	梁启超卷
胡 适卷	王国维卷
林语堂卷	马君武卷
梁宗岱卷	冯承钧卷
冯 至卷	刘半农卷
傅 雷卷	傅东华卷
卞之琳卷	郑振铎卷
朱生豪卷	瞿秋白卷
叶君健卷	董秋斯卷
杨宪益 戴乃迭卷	

图书在版编目(CIP)数据

中华翻译家代表性译文库. 刘半农卷 / 刘云虹编. —
杭州:浙江大学出版社,2021.8
ISBN 978-7-308-21478-0

Ⅰ.①中… Ⅱ.①刘… Ⅲ.①刘半农(1891−1934)
—译文—文集 Ⅳ.①I11

中国版本图书馆 CIP 数据核字(2021)第 110844 号

中华翻译家代表性译文库·刘半农卷

刘云虹 编

出 品 人	褚超孚
总 编 辑	袁亚春
丛书策划	张 琛 包灵灵
责任编辑	诸葛勤
责任校对	黄梦瑶
封面设计	润江文化
出版发行	浙江大学出版社
	(杭州市天目山路 148 号 邮政编码 310007)
	(网址:http://www.zjupress.com)
排 版	浙江时代出版服务有限公司
印 刷	杭州高腾印务有限公司
开 本	710mm×1000mm 1/16
印 张	27.75
字 数	399 千
版 印 次	2021 年 8 月第 1 版 2021 年 8 月第 1 次印刷
书 号	ISBN 978-7-308-21478-0
定 价	88.00 元